한국 문화의 발달 배경과 특징

The Developmental Background and Characteristics of Korean Culture

Kim, Yong-kab · Park, Hye-gyeong

The Developmental Background and Characteristics of Korean Culture

Kim, Yong-kab · Park, Hye-gyeong

어문학사

Preface

If someone eats kimchi with rice and celebrates holidays such as *Chuseok* or New Year's Day, he or she is either a Korean or one of the Korean people who share Korean culture. This book is written to provide an answer to Korea's representative cultural phenomena. For example, the book answers the questions such as 'why Koreans eat rice, not bread or noodles, as a staple food', and 'why they use red and spicy pepper(*Gochu, Koch'u*) as a seasoning for kimchi'. Likewise, the book also provides an answer to the reasons for the development of *Jeolsik*, the representative food Korean's tradition holidays, such as *Song-pyeon* of *Chuseok*, and red bean porridge of *Donggi*(the winter solstice.) Therefore, the book can be said to be a self-cultural education book for people of South and North Korea, who inherit and share Korean culture, as well as compatriots abroad. The book will also serve as a guide to Korean culture for people around the world who want to know about Korea in the face of globalization and multiculturalism.

Then, why have the Korean people developed boiled-rice(*Ssalbap*) and kimchi? The book suggests that one of the reasons for that is the result of the Korean people's desire to eat precious *Ssalbap*(*Me*, non-waxy rice) dedicated to deities as a daily food. In addition, around 400 years ago, when *Gochu* was introduced from abroad, it was recognized as a poisonous plant that could cause death if eaten. However, since the Korean people already had a culture of eating *Cheoncho*(川椒), which was similar to *Gochu* in taste and color, it was possible to accept *Gochu* in kimchi. As such, this book found some answers about the curiosities of Korean culture through various cultural phenomena of Korea and their organic relationships. In addition, in order to answer the questions of Korean culture, the book examined various aspects such as cultural exchanges in East Asia, ethnic migration, botanical characteristics, and climate of the Korean Peninsula, etc.

Interesting contents about Korean culture that can be found through the book are as follows.

- Rice is one of foundations for the birth of the Korean people and for the formation of Korean culture.
- The common period of eating boiled-rice and some *Jeol-sik*(Food) representing Korean's tradition holidays occurs after the 1970s.
- *Chuseok* is a holiday of gratitude for completing the hard work of farming, and *Songpyeon* means wishing for a good

harvest.

- The representative food of *Dano* is *Ssuk-tteok*(Mugwort rice cake), and the name of *Dano-tteok* came to be called *Surich-wi-tteok* by misrepresentation.
- The traditional manner of celebrating Korean's tradition holidays was centered on food(*Jeolsik*), not rituals(*Charye*, Ancestral rites.)

Among these contents, the Korean's traditional manner of celebrating holidays make it possible to review the appropriate manner for commemorating the holidays and ancestral rites in the future. That is a food-centered manner. Furthermore, that manner will be one of the solutions to reduce the housework during the holidays and ancestral rituals.

The book consists of six papers published in domestic journals and two papers that have not yet been published. Two unpublished papers were written in English and Korean respectively, in order to introduce Korean culture to overseas readers. Since customs change as the regions change(百里不同風, 大同小異), and each house has its own unique manner of ritual and etiquette(家家禮), there may be several answers to questions about Korean culture. Nevertheless, it is hoped that the book will be helpful in understanding the background of the development and characteristics of Korean culture and serve as a milestone in finding more persuasive answers.

Lastly, authors of the book express appreciate to all the people involved, including the president of *Eomunhaksa*, Yun, Seok-jeon, for willingly publishing the manuscript as a book. We would like to share the joy of publishing with the family who has been silently supporting the research work.

On a winter morning in January 2022
Kim, Yong-kab and Park, Hye-gyeong

Contents

Keywords

Chuseok (Korean traditional holiday), ***Songpyeon***, wishing for a good harvest, Seasonal customs, self-sufficiency in rice, ancestral ritual

The Background of the Development of *Songpyeon* as the Representative Food of *Chuseok*

Kim, Yong-kab

The purpose of this paper is to investigate the background of why Koreans chose and developed *Songpyeon* as a representative food of *Chuseok*. (Korean's tradition holiday.)

Above all, the development of *Songpyeon* originated from the traditional agricultural rituals of Koreans. Koreans had a tradition of holding a brief ritual to thank when certain processes were completed during farming. In that ritual, Koreans prepared simple foods and thanked their ancestors and deities, while encouraging the workers in charge of the arduous agricultural work. *Songpyeon* was one of the foods used in that ritual. Such background, *Songpyeon* was used as a food for *Chuseok*, the most big agricultural thanksgiving ritual, and has become the representative food of *Chuseok* as it is today.

In addition, *Songpyeon* has developed as a representative food of *Chuseok* due to the following backgrounds. Koreans' perception that *Songpyeon* is a symbol of wishing for a good harvest, Confucian ritual tradition of valuing rice cakes such as *Songpyeon* and offering them as sacrifices, achieving self-sufficiency in rice, urban migration of rural populations, and national spread of *Chuseok* holiday culture, etc. By the comprehensive effects of these backgrounds, *Songpyeon* began to become a food representing *Chuseok* after the mid-1970s.

It is hoped that the study will be helpful in understanding Korean traditional holidays and food culture in the age of globalization and multiple cultures.

Keywords

Korean food culture, Chinese fermentation culture,
kimchi, red pepper, folk beliefs

The Background of the Use of Red Pepper in Kimchi

Park, Hye-gyeong · Kim, Yong-kab

Kimchi is one of Korea's representative foods. Red pepper powder, garlic, and salted fish, etc. are used as seasonings for the kimchi. However, among those seasonings, red pepper (*Koch'u*) was introduced from foreign countries. According to records, ancient Koreans regarded red pepper as a poisonous plant when it was first introduced. Nevertheless, *Koch'u* was used as an ingredient for kimchi not long afterward. This study examines how *Koch'u* came to be used despite such negative perceptions.

This paper suggested the followings as the background for the acceptance of *Koch'u* into kimchi. The Korean people's preference for spicy taste, Korean food culture that used *Ch'ŏnch'o* (Korean pepper) for food, which were similar in taste and color to red pepper, before *Koch'u* was introduced from abroad, vegetable characteristics of *Koch'u* that not only produce many fruits, but can also be eaten before or after the fruits are ripe, Korean people's preference for raw vegetables and '*Sukch'ae*' (blanched vegetables food), botanical characteristics of *Koch'u* that can be cultivated in combination with other crops, and ingredient properties of *Koch'u* that make it possible to use a large amount of *Chŏtkal* (salted fish) for kimchi, etc. are the backgrounds for the acceptance of *Koch'u* into kimchi.

In addition, the influence of fermentation culture in southeast China, as well as the symbolism of red color and the influence of folk beliefs, also served as the background.

I. Introduction

Kimchi is a traditional Korean food. It is usually made by seasoning salted vegetables such as Chinese cabbage and radishes, etc. with red pepper powder, garlic, and salted fish, etc.[1] As it can be seen from the fact that kimchi is eaten by North Koreans, Korean-Chinese in Jilin Province in China, and Korean compatriots abroad, it is a food of the Korean people.[2] Kimchi is the result of lactic acid fermentation of pickled vegetables. The taste, color, and recipe of kimchi as it is today have been developed in the long-standing food culture of the Korean people. Therefore, the taste, color, and seasoning of kimchi are somewhat different depending on the times, regions, and families, etc.

It is difficult to determine when the majority of Koreans began to eat 'kimchi-kinds(or pickled vegetables)' as a daily food.[3] However, considering that salted radish appeared in the records of *Koryŏsa*[高麗史] and *Tongguk-Isanggukjip*[東國李相國集], it can be said that some of the Korean people have eaten pickled vegetables(kimchi-kinds) since at least the 10th century.[4]

Modern kimchi is a comprehensive fermented food. The per capita consumption of kimchi by Koreans is 104g per day(as of 2001), and 38kg per year. Its red color and spiciness is due to the large amount of red pepper(*Koch'u*) powder and garlic that are used as seasoning in kimchi. In a head of cabbage(*Peach'u*)-kimchi, about 145g(based on the year 2000) of red pepper powder was used.[5] But, the history of using *Koch'u*(or its powder) as an ingredient of kimchi is not long. This is because red pepper(*Koch'u*) was introduced to Korea in the mid or late 16th century. At a time when not long after red pepper was introduced, Koreans' perception of pepper was very negative.

For an example, *Chibong-yusŏl*[芝峯類說], a book in the early 17th century, recorded that 'there are many people who have died after eating *Wekaecha*(*Koch'u*) because it has a great poison.' Such negative perception was even similar in China and Japan. For that reason, in Japan and China, the use of red pepper(*Koch'u*) in pickled vegetables is nonexistent or difficult to find. Nevertheless, not long after *Koch'u* was introduced, Koreans began to eat *Koch'u*, which was said to cause death if eaten, as an ingredient for kimchi, and to have developed a unique food culture called kimchi, which is red in color as it is today.

The use of *Koch'u* as a seasoning for kimchi can be said to be a key factor that distinguishes the kimchi culture in Korea from the general pickled vegetable culture in East Asia. It is also a representative example showing the characteristics of Korean food culture. This is because by using *Koch'u*(its powder), Korean kimchi has become today's kimchi that is red in color. Its taste is even spicier, and can be mixed with a large amount of salted fish(*Chŏt-kal*.) Also, by mixing *Koch'u*, Korean kimchi(especially Peach'u-kimchi) came to have umami and harmony of taste, not just a salty taste, and developed as a comprehensive fermented food.[6] For that reason, '*Kimjang*, making and sharing kimchi' in South Korea and 'Tradition of kimchi-making' in North Korea were designated on the UNESCO Representative List of Intangible Cultural Heritage in 2013 and 2015, respectively. As much as that, 'kimchi(Kimjang-making)' is currently the food and culture representing Korea and the Korean people, and it can be said that the formation and development of kimchi came from the acceptance *Koch'u* and its fixation as an ingredient. Accordingly, the study tries to find out the backgrounds and reasons why Koreans accepted *Koch'u* in kimchi. It can be said that such research is necessary not only to make know Korean culture, but also to enhance understanding Korean food culture, and even to find the identity of Korean culture in the face of globalization and a multicultural era.

In the paper, along with ancient writings, studies on kimchi and *Koch'u* conducted by Chinese, Japanese, and Korean researchers are used. In addition, the modern folklore survey report, *Sesi-p'ungsok*[歲時風俗, Seasonal Customs] is used in discussion, and folk beliefs are also reflected in the research results. This is because religious beliefs are humanistic and social factors that profoundly influence human thoughts and behaviors as well as the food culture.

Ⅱ. Research Review

No papers consistent with the subject of the study have been found so far. However, partial studies related to the use of *Koch'u* can be found in the studies of Joo Young-ha, Choi Jun-sik, and Park Cha-lin, etc. First, Joo Young-ha's research revealed that 'There is a high possibility that *Koch'u* or *Koch'u*'s powder was used as a ways to improve the taste of *pop*(Boiled Rice) while offsetting the saltiness.'[7] Choi Jun-sik insisted that 'Since the Korean people originally had a food culture that prefers spicy taste and red color, *Koch'u* spread quickly after its introduction.'[8] Yun Deok-no presented arguments that '*Koch'u* can provide the taste of vegetables in addition to the spicy and stimulating taste that *Sanch'o*(Japanese pepper) and black pepper can provide, so the use of *Koch'u* as a substitute for spices has increased.'[9] Park Chae-lin argued that '*Koch'u* was first used for medicinal purposes, and then in food.'[10]

This paper supplemented and accepted some of those studies and opinions. In addition, this study looked for the backgrounds of the use of Koch'u in kimchi and the expanding its use by considering the botanical characteristics of *Koch'u*, folk beliefs, and the influence of Chinese fermentation culture, along with the Korean people's food culture such as the consumption of *Ch'ŏnch'o*.

Research on kimchi and *Koch'u* can be found in Jang Ji-hyeon, Yoon Seo-seok, Lee Seong-woo, Kim Sang-bo, Lee Hyo-gee, Jo Jae-seon, Ahn Yong-geun and Lee Gyu-chun, Lee Cherl-ho, Joo Young-ha, and Park Chae-lin, etc. In the food culture, Yoon Seo-seok looked at the introduction route of kimchi and *Koch'u* by era through "Minsokkwa ŭmsik[-Folklore and Food]"(1977), "Han'guk siksaenghwal munhwaŭi kochal[A review of Korean diet culture]"(1986), and *Urinara siksaeng-hwalŭi yŏksa*[History of Korean dietary culture](2001.) Lee Seong-woo traced the origin and development of Korean kimchi through "Chung·han·ilesŏŭi kimchiryu pyŏnch'ŏnkwa kyoryue kwanhanyŏngu[Research on the changes and exchanges of kimchi in China, Korea, and Japan]"(1975), "Kimchiŭi munhwa[The culture of kimchi]"(1983), *Han'guk sikp'um munhwasa*[Korean food culture history](1984), and *Han'guk Siksaenghwalŭi yŏksa*[History of Korean dietary life](1997). Jo Jae-seon classified and comprehensively looked at the ingredients and methods of making kimchi that appear in ancient books by period through "Kimchiŭi yŏksachŏk kochal[The historical review of kimchi](1994)", *Kimchiŭi yŏngu*[Kimchi research](2000), and "Change History of kimchi's Ingredients and Manufacturing Technology"(2013). Lee Hyo-gee examined the types and ingredients of kimchi by time period, and specifically presented the time being used *Ch'ŏnch'o*, *Koch'u*, and *Chŏtkal* through "History Review of Korean Kimchi Culture"(1995) and "A Study on Kimchi, or Korean Traditional Dishes, Culture"(2000). Lee Chul-ho and Ahn Bo-seon presented the history of making kimchi in "Literature Review on Kimchi, Korean Fermented Vegetable Food"(1995). Ahn Yong-geun and Lee Gyu-chun clearly showed the types and ingredients of kimchi that appear in ancient Korean as well as Chinese books through *Chŏnt'ong-kimchi*[Traditional kimchi](2008). The study of cultural perspectives on kimchi and *Koch'u* has been mainly conducted by Joo Young-ha, Choi Jun-sik, Park Chae-lin, Song Hyea-suk, Han Gyeong-gu, Noh Young-keun, and Jin Sang-beom, etc.

Additionally, regarding the researches on the efficacy and function of kimchi, its ingredients such as *Koch'u* and *Chŏt-kal*(Salted fish), and the kimchi industry etc., Kim Myung-hee et al. and Kim Sang-soon respectively show that *Koch'u* and garlic have an absolute influence on the fermentation process of kimchi in the article, "Quality Characteristics of kimchi with different Ingredients"(1987) and the book, *Han'guk chŏnt'ong sikp'umŭi kwahakchŏkkoch'al*[Scientific review of Korean traditional food](1985)

III. Ingredients for Kimchi and the Perception of *Koch'u*

1. Ingredients for Kimchi

In general, vegetables that are pickled in salt(water), and undergo lactic acid fermentation are called kimchi. According to a study, there are 187 kinds of kimchi, including 25 kinds of *Peach'u-kimchi* in Korea.[11] Just as there are many types of kimchi, there are various methods making kimchi, as well as the ingredients and spices used in kimchi. *Koch'u* powder, garlic, ginger, and *Chŏtkal* etc. are the main seasonings used, and modern kimchi is mainly made with ingredients such as pickled *Peach'u* and radishes.

The main ingredients(seasonings) for kimchi have been slightly different depending on the times. In the Samkuk-sidae(Three kingdoms period in Korea), eggplant, gourd, radish, and bamboo shoot were used for the ingredients for kimchi by pickling them in salt, vinegar, and soy-source etc. At that time, kimchi was close to today's pickled vegetables[12]. In Koryŏ Dynasty, in addition to those pickles in Samkuk-sidae, there were green onion 'kimchi-kinds' and *Tong-ch'i-mi*, which were pickled in green salt, and *Napak-kimchi* appeared. In the early Chosŏn Dynasty, main ingredients and seasonings were distinguished. Also, radish, cucumber, and eggplant were used as universal ingredients for kimchi, and bamboo shoot, *Tong-a*(Wax Gourds), taro stem, butterbur, clematis berry, pheasant, mountain leaf mustard, green onion, garlic, and curled mallow, etc. were also used as ingredients for kimchi. Ginger, *Ch'ŏnch'o*, garlic, Japanese pepper(*Sanch'o*), and Pulsatilla were used for condiments. In the late Chosŏn Dynasty, radish, eggplant, and cucumber were used as the main ingredients, and Tong-a, water parsley, *Peach'u*, leaf mustard, abalone, and cod were also used. Green onion, garlic, ginger, *Ch'ŏnch'o*, pomegranate, *Ch'ŏng-kak*(Spong Seaweed), Chinese lemon, and pear were used as condiments, and especially *Koch'u* and *Chŏtkal* began to be used as seasonings during the late Chosŏn Dynasty. (This study considered that in the case of *Chŏtkal*, its use has been expanded.) After the end of Chosŏn Dynasty, the use of *Koch'u* gradually expanded, and after the mid-20th century, kimchi, which used a lot of *Koch'u*(its powder), appeared nationwide.[13] Through that, garlic and ginger have been the main seasonings since the early Chosŏn Dynasty, and it can be seen that especially garlic, along with *Koch'u* and *Chŏtkal*, is still used as a key seasoning for kimchi. However, *Ch'ŏnch'o*, which was used until the late Chosŏn Dynasty, is now used only for a few dishes. It can be said that *Koch'u* has replaced the *Ch'ŏnch'o*.[14]

It can be found in a cucumber-kimchi in *Sanrim-kyŏngje*[山林經濟](1715) or in *Yorok*[要錄](1689) recorded the use of *Koch'u* in kimchi.[15] However, until the end of Chosŏn Dynasty, *Koch'u* was used very little as seasoning, and even the shape used was *T'ong-Koch'u*(Whole red pepper) or *Sil-Koch'u*(Red-pepper cut as thin as thread.)[16] A mention of *Chŏtkal* used for kimchi can be found in a method for making '*Sŏkpakchi*' in *Kyuhap-ch'ongsŏ*[閨閤叢書](around 1810.) In that kimchi, yellow tail *Chŏtkal*, *Chun-ch'i-chŏt*(Chinese Herring *Chŏtkal*), *Sŏ-ŏ-chŏt*(Large-eyed Herring *Chŏtkal*), and *Saeng-kul-chŏt*(Raw Oysters *Chŏtkal*) were used.[17]

Garlic, along with *Koch'u*, plays a key role in the fermentation process of kimchi. This is because garlic suppresses the production of microorganisms in kimchi, maintains proper acidity, and increases volatile organic acids. As a result, the process makes kimchi ferment without odor.[18] Garlic and *Koch'u* also promote the development of lactic acid bacteria, and improve the taste of kimchi.

2. Introduction of *Koch'u* to the Korean Peninsula and the Perception of *Koch'u*

Red pepper(*Capsicum annuum* L.) is a perennial plant of the eggplant family, and grows in more than 1,600 species in 60 countries around the world.[19] Regarding the time of introduction of *Koch'u*, *Chipong-yusŏl*[芝峯類說](1613) recorded that red pepper(*Koch'u*) was introduced to the Korean Peninsula during the Japanese Invasion in the late 16th century. However, as can be seen from the record of *Ch'engjangkwan-jŏnsŏ*[靑莊館全書](book 65), *Koch'u* is widely believed to have been introduced to Korea before the period of the Japanese Invasion around 16th century.[20]

According to records, at the time of the introduction of *Koch'u*, Koreans believed *Koch'u* was highly poisonous and harmful. *Chibong-yusŏl*(book 65) recorded that '*Nammanch'o*(*Waekaecha=Koch'u*) has a great poison' and 'a lot of people die after drinking *Sochu* mixed with *Waekaecha*.' In addition, *Oju-yŏnmum-changjŏn-san-go*[五洲衍文長箋散稿] recorded that Japanese troops brought *Koch'u* and used it as a weapon that prevented the opponent's soldiers from opening their eyes, and made them cough with the smoke that came from the burned *Koch'u*.[21] The awareness of toxicity of *Koch'u* was similar in Japan. *Chinch'ongtam*(1814) recorded that 'people who enjoy eating red pepper(*Koch'u*) lose their teeth because of the poison of *Koch'u*, and they would be unable to eat.'[22] The perception of red pepper toxicity is also found in South America and other countries where red pepper was considered to be native. The Incas temporarily blinded Spanish invaders by setting fire to piles of dried red peppers; the Mayans also put their disobedient children into *Koch'u* smoke, and even rubbed *P'ut-Koch'u*(Unripe *Koch'u*) on the genitals of women who had poor behavior. In addition, young people of the Brahman class in India did not eat spicy peppers for self-purification.[23] In Europe, it was believed that if a dog ate red peppers, he would die.[24]

The toxicity perception related to *Koch'u* can also be found in modern *Sesi-p'ungsok*. In many regions of central and southern Korea, *Koch'u* was burned to ward off bad luck or evil spirits. For example, in the region of Jŏmtong in Yeŏchu, people chased the 'moon ghost' with the very strong smell of burning hair and *Koch'u* seeds, etc. on the night of the 16th day in lunar January. (Kyŏnggi, 846-847.) In the region of Songak in Asan city(Ch'ungnam, 169), people burned *Koch'u* at the four corners of their houses on *Taeporŭm*(15th day in Lunar January), and then they drove out evil spirits with the smell of burning *Koch'u*. The vigilance and use of the toxicity related to *Koch'u* is found in both the East and the West. Nevertheless, the Korean people used *Koch'u* in kimchi, and have developed kimchi as a part of Korea's unique food culture that distinguishes itself from the culture of East Asia.

IV. The Background Using *Koch'u* as an Ingredient for Kimchi

1. Food Culture Eating *Ch'ŏnch'o*

The fruits of *Koch'u* are spicy and turn red when ripe. This is unusual for vegetables. For this reason, in order for such a foreign plant to be used as food, within the related food culture, a plant with similar taste and color to the exotic plant had an absolute influence. From this point of view, it can be said that the Korean food culture that eating *Ch'ŏnch'o*(川椒) as a food was a decisive factor of being used *Koch'u* in kimchi, because *Ch'ŏnch'o* is also spicy and turns red when ripe like *Koch'u*.

Before using *Koch'u* as an ingredient, the spicy taste of kimchi was mainly produced by *Ch'ŏnch'o*(Ch'op'i), garlic, and ginger,[25] However, as can be seen in *Kyuhap-ch'ongsŏ*, the use of *Ch'ŏnch'o* was replaced by *Koch'u* in the 18th century.[26] Nevertheless, *Ch'ŏnch'o* used in some food such as *Ch'uŏt'ang*(A fish soup) in some areas.

Ch'ŏnch'o is also called the fruit of the *Ch'op'i* tree. It grows wild in mountains and fields. *Ch'ŏnch'o* was also planted in the fields around the house. The height of *Ch'ŏnch'o* is about 1.5 m, and bears fruits between its leaves without flowers and ripens in lunar September. The fruit of *Ch'ŏnch'o* is round like *Sotu*(Red Beans) and the skin is reddish purple,[27] although it is blue before ripening, gradually turning red as it ripens.[28] The taste is spicy both before and after it is ripe. *Koch'u* also ripens from blue to red color, and the spicy taste is similar before and after it is ripe. This shows that both the taste and color of *Ch'ŏnch'o* and *Koch'u* are almost same. However, along with the difference in appearance, there is a difference in that *Koch'u* is a vegetable and *Ch'ŏnch'o* is a tree. Also, unlike red pepper, the fruits of *Ch'ŏnch'o* naturally fall when ripe, so it is difficult to artificially harvest the ripe fruits.

Therefore, it can be said that this botanical similarity between *Koch'u* and *Ch'ŏnch'o* reduced Koreans' reluctance and unfamiliarity with the use of *Koch'u* in food, along with the Korean food culture that dyed food red with cockscomb.[29] It can be said that *Koch'u* that have been begun eating in this way were gradually accepted in kimchi as recognitions and edible experiences of *Koch'u* were shared and spread. In addition, *Koch'u* bore many fruits at a customized height, and they were easy to harvest red ripe fruits. This ease of harvesting can be said to have served as a positive factor for eating fruits of *Koch'u*.

Eventually *Koch'u* became the number one spice in the eighteenth century, replacing black pepper as well as *Ch'ŏnch'o*.[30] According to one study, the use of large amounts of *Koch'u* powder in Korean kimchi originated from Chŏlrato region(The southern part of South Korea) along with the increase in *Koch'u* production in the 1960s. After that, as the custom spread across the country due to the prevalence of '*Namto-ŭm-sik*'(The food of the Southern area) in the 1980s, the use of a large amount of red pepper powder in kimchi became common as it is today.[31] As a result, Korean kimchi has come to have the same red color as it has today.[32] Therefore, it can be said that the Korean food culture, which ate *Ch'ŏnch'o* before the introduction of *Koch'u*, was one of the key factors that has made the color of kimchi red.

2. Influence of Fermentation Culture in Southeast China

The influence of the food culture in Southeast China can also be said to be one of the backgrounds for the use of *Koch'u* in kimchi. This is because the Korean people and Korean culture are closely related to the southeastern part of China, as can be seen from the racial similarity as well as tangible and intangible cultures such as *Ssal*(Rice) and *Maru*(Wooden floor), along with holidays such as *Ch'usŏk*. Some archaeological and anthropological evidence shows that the Korean people originated from the combination of southern and northern ethnic groups(extractions.)[33] In particular, it is believed that the culture of paddy rice farming in the Korean Peninsula was influenced by the southeastern China around the 10th century B.C.[34] Therefore, it is highly probable that the culture of kimchi in Korea, which developed along with rice, was also influenced by the culture of pickled vegetables of that region.

This is because the southeastern China was a Fish Sauce cultural sphere(魚醬文化圈), a food culture area where a sauce was made with fish. It was also a rice farming area and close to the sea, so in the case of food, the combination of rice and fish or salted fish was prominent.[35] People in the lower reaches of the Yangzi River and indigenous people of South China used fish or meat when making pickled vegetables.[36] That is a typical difference between southern and northern China in terms of processing methods of pickled vegetables. Both regions have the custom of pickled vegetables. However, in the northern region, only vegetables are used for pickling, and shrimp, chicken, duck, fish, and meat are not used as condiments or ingredients. On the other hand, in the southern region, people knew that an appropriate amount of animal ingredients prevents pickled vegetables from decomposition and improves their taste by adding sourness. As a result, they developed the culture of pickled vegetables using animal ingredients.

This processing method commonly appears in southwestern Asia and Korea, including among ethnic Koreans(*Chosŏnchok*) in China.[37] It also occurs especially, among the regions of the southeastern area in China related to paddy rice farming culture of the Korean Peninsula. For that reason, it can be said that the pickled vegetables culture of that area was introduced to the Korean Peninsula with the culture of paddy rice farming, or at least, influenced the ancient Korean food culture. Although it is a common belief that *Chŏtkal* was used with *Koch'u*, such an assumption provides a clue to why '*Chŏtkal*-kinds' were used for some pickled vegetables('kimchi-kinds') in the early Chosŏn Dynasty when before *Koch'u* introduced and to why various spices such as Ginger, *Ch'ŏnch'o*, and garlic were used for '*kimchi*-kinds'. Of course, garlic performs the key function of fermenting kimchi along with its spicy taste, and *Ch'ŏnch'o* provides spiciness. However, another important function of garlic is to remove a fishy odor(taste.) The use of spiced vegetables to attenuate a fishy taste was mentioned in *Tong-guk-Isanggukjip*[東國李相國集](book 4, *Kap'o-yukyŏng*, *Uch'ŏng*) in the 13th century. It is recorded that putting cut green onions in 'fishy soup'(*Sŏng-kaeng*(腥羹)) improves its taste. Therefore, if 'pickled vegetables' are made with only vegetables, there is little or no need for spices in that food. It is highly possible that some pickled vegetables('kimchi-kinds') of ancient Korea used some fish such as '*Chŏtkal*-kinds' or animal ingredients due to the influence of the southeastern region. But it can be said that the use of '*Chŏtkal*-kinds' was suppressed by the influence of Buddhism that prevailed in the late Samkuk-sidae and Koryŏ Dynasty,[38] along with difficulty of getting '*Chŏtkal*-kinds'. As a result, vegetable spices such as garlic, etc. were mainly to be left in pickled vegetables.

It can be said that the use of '*Chŏtkal*-kinds' did not completely disappear from ancient 'kimchi-kinds', but remained in as a form of *Chŏt-kuk-chi*(A type of kimchi that made by using the soup of *Chŏtkal*) such as *Sŏkpakchi* etc. or *Kŏt-chŏl-i*(A type of kimchi that eaten by seasoning immediately after slightly pickled cabbage, etc..) Since then, there is a possibility that the use of '*Chŏtkal*-kinds' had been revived or expanded with the use of *Koch'u*.

The basis for this argument is that 'kimchi-kinds'(pickled

vegetables) using '*Chŏtkal*-kinds'(The soup of *Chŏtkal*) was recorded in books published before the introduction of *Koch'u*. *Sechong-silrok*[世宗實錄, The annals of king *Sechong*] in the 15th century and another book in the early 16th century recorded *Cha-ha-Chŏt*(A kind of salted fish) and *Sŏkpakchi* made with cucumber.[39] In addition, among the methods of making kimchi in *Sanrim-kyŏngje*, in where the first record case of using *Koch'u* in kimchi appeared, only a couple of methods used *Koch'u*, and almost all of the methods are making kimchi with salt or *Chŏtkal* as before.[40]

Although the method of making those 'kimchi-kinds' is different from the current method of making kimchi that uses *Chŏtkal* as a seasoning. However, it can be said that the use of '*Chŏtkal*-kinds' in those kimchi is clear. In addition, a large amount of *Koch'u*(*Koch'u* powder) must be used in order to sufficiently obtain the effect of preventing rancidity of *Chŏtkal* by using *Koch'u*. However, it is believed that a large amount of *Koch'u* has been used in kimchi since the 1980s.[41] This can also be seen to mean that the time when *Koch'u* started to be used in kimchi('kimchi-kinds') may not precede using *Chŏtkal*. In other words, it can be said that spices such as garlic were used to offset the fishy odor and taste, since '*Chŏtkal*-kinds' were used in some 'kimchi-kinds'. Or, if '*Chŏtkal*-kinds' were used in 'kimchi-kinds', garlic, etc. were used in 'kimchi-kinds'. In that food culture, *Koch'u*, a spice, was used in 'kimchi-kinds', and that is supported by the fact that *Koch'u* is almost indispensable in food such as *Maeunt'ang*(Spicy fish soup.) Therefore, it can be said that the fermentation culture of the southeastern region, where '*Chŏtkal*-kinds' used in pickled vegetables, influenced the use of *Chŏtkal* in 'kimchi-kinds' and the acceptance *Koch'u* in kimchi.

3. The Symbolism of red color and the Influence of Folk Beliefs

Traditional dietary culture is formed by the basis of its own native culture along with humanities and social factors such as natural environment and religion.[42] Therefore, it can be said that the perception of red color and the folk beliefs of the Korean people became the basis for the use of *Koch'u* in kimchi. The Korean people believed that the color red, which resembles the sun and has a positive energy, drives bad luck and ghosts away.[43] Accordingly, on *Tongchi*(The winter solstice), the Korean people made porridge with boiled red beans and sprinkled it over various places in the house, including the bathroom(A toilet) and kitchen.[44] In addition, on *Taeporŭm*, *O-kok-pap*(Five-grain boiled rice) or *Ch'al-pap*(Waxy-grain boiled rice)[45] with red beans was sprinkled around the house to ward off bad luck and ghosts. *Sesi-p'ungsok* shows that such '*Pyŏksa-ŭirye*'(A ritual to defeat evil spirits) was performed in Kalkot-tong in Osan(Kyŏnggi, 475), Ich'ung in P'yŏngt'aek(Kyŏnggi, 660), Chŏnŭi in Yŏnki-kun(Ch'ungnam, 526), and Samkye in Changsŏng-kun(Chŏngnam, 692), etc.

The red colored *Koch'u* was also used according to similar folk beliefs.[46] *Sesi-p'ungsok* tells of a custom that the house that gave birth to a child hung *Kŭmchul*(A straw rope) with *Koch'u, etc*. prevented bad luck. Koreans also floated red peppers in soy sauce jars to improve the color of soy sauce. In particular, *Koch'u* used in soy sauce also served as a function of '*Pyŏk-sa*'(Defeating evil spirits)[47] as well as a preservative. In *Sesi-p'ungsok*, a custom similar to that appeared in 49 regions. For examples, in Hail, Koseong(Kyŏngnam, 494), people hung a straw rope(*Kŭmchul*) around clay-jars of soy sauce and put dates, *Koch'u*, sesame seeds, and charcoal, etc. in the jars. The customs not only prevented evil spirits from invading, but also removed the bad odor of soy sauce. Therefore, it can be said that the custom is an example of the use of *Koch'u* as a food ingredient influenced by folk beliefs.

Such soy sauce with folk beliefs like that was used to season most Korean food, including stew and soup, etc. and was also used to make kimchi. Therefore, if soy sauce was made with the meaning of folk beliefs, it can be interpreted that the food used this soy sauce contains folk beliefs related to *Koch'u*. In *Sesi-p'ungsok*, the customs of folk beliefs such as wishing for a good harvest and defeating bad spirits, etc. related to *Koch'u* appeared in 86 regions. Therefore, it can be said that Korean folk beliefs regarding the red color had a function of *Pyŏksa* and served as a factor accepting *Koch'u* in kimchi.

Figure1. Number of Seasonal Customs Appear Regions Related to *Koch'u*

Province / 86	Customs Types / Number of Regions			Used in Rituals	
	Soy sauce / 49	Good Harvest / 9	Others / 11	Taboo / 15	Non-Taboo/4
Kangwŏn / 9	2		5	2	
Kyŏnggi / 9	1	3	1	4 (Ich'ŏn Sŏlsŏng)	
Kyŏngnam / 6	6				
Kyŏngbuk / 11	6		1	3	1
Chŏngnam / 19	14	3	1	1	
Chŏngbuk / 14	6	2	1	3	2

Cheju / 1	1				
Ch'ungnam / 7	1 (Tangchin Sunsŏng)	1	2 (Tangchin Sunsŏng)	1	1
Ch'ungbuk /10	10 (Okchŏn Tongi)			1(Okchŏn Tongi)	

*Source: *Sesi-p'ungsok*[Seasonal Customs] 9 series books, published by the National Institute of Cultural Heritage. There are 471 survey regions in the books. The use of *Koch'u* included the appearance of *Koch'u*'s powder, red pepper threads, and *Koch'u-chang*.

**Ich'ŏn Sŏlsŏng does not put kimchi on the ritual table. Tangchin Sunsŏng and Okchŏn Tongi appeared two times.

4. The Korean People's Preference for Raw Vegetables and *Sukchae*

In *Sanrim-kyŏngje*, it is recorded that '*Namch'o*(*Koch'u*), also called *Waech'o*(倭椒), produces many fruits when its seedling is transplanted to a land that can block the wind after rain between April and May.'[48] In fact, *Koch'u* is a high-yielding plant from which 97 green-fruits and 162 red-fruits can be harvested depending on the variety in an experimental study.[49] Therefore, *Koch'u* is a vegetable with high productivity and utility as a food. *Koch'u* can be eaten as *P'ut-Koch'u* from late April and as raw vegetables until September when red-fruits are harvested. *Koch'u* is a customized food for Koreans who like to eat vegetables raw and enjoy vegetables and *Namul*(Edible grasses and leaves) seasoned after parboiling or blanching them.

The fact that the Korean people enjoyed raw vegetables('*Ssam*') can be found in the record in Koryŏ Dynasty. *Sŏngho-Sasŏl*[星湖僿說](book 5, Manmulmun) recorded the following: 'Korean people wrapped *pop*(Boiled-rice) with leaves of '*Saeng-yach'ae*'(Raw vegetables) and eat it. The custom of Chosŏn Dynasty was also same as that of the Koryŏ Dynasty. All vegetables with large leaves were wrapped and eaten, and a lettuce wrap(*Ssam*) was considered the best, and every house planted the lettuce.' Even today, Koreans enjoy '*Yach'ae-ssam*'(Vegetables wrap), and *P'ut-Koch'u*(Unripe *Koch'u*) is almost essential in this dish along with *Toenchang*(Soybean paste, *Ssamchang*) and garlic. Therefore, in the case of *Koch'u*, there is a possibility that it was eaten as a raw vegetable at least at the time *Sanrim-kyŏngche* was written, in which *Koch'u* was appeared as an ingredient for kimchi. In particular, late April, when *Koch'u* bears fruits, was a period of '*Pori-kokae*'(A period of spring poverty) ahead of the harvest of barley in Chosŏn Dynasty, and most Koreans suffered from severe food shortages. Therefore, it can be said that at that time, *Koch'u*, which has about 100 fruits per plant, had value as a '*Kuhwang-sikp'um*'(Food that can be eaten instead of grains to relieve hunger) supplemetnting food shortages beyond simple spices and vegetables. This is because *Koch'u* not only yields a lot as a fruit vegetable, but is also rich in nutrients such as vitamins. In particular, *Toenchang*, eaten with *Koch'u*, also contains a lot of protein. For this reason, Koreans believed that 'Eating only *Toenchang* with *Namul* alone does not cause yellowish swelling caused by undernourishment.[50] Therefore, there is a high possibility that Ko*ch'u m*ight have gone through the process of being accepted into kimchi as it began to be eaten as a raw vegetable such as '*Ssam*', rather than an ingredient or seasoning for kimchi.

Along with that, the Korean people have developed a custom of blanching vegetables and *Namul*. This is revealed in the fact that most common vegetable-side dishes eaten by Koreans are blanched vegetables, such as soybean sprouts, bean sprouts, seasoned spinach, and Chwinamul. Koreans eat Korean-leeks, water parsley, onions, green onions, garlic stems, bamboo shoots, and even potato leaf stems by blanching them. Those vegetables are eaten by seasoning with condiments such as sesame oil, soy sauce, and *Koch'u*, etc. after lightly blanching or parboiling them.[51] As such, the method of blanching vegetables and the food made by the method are called as '*Sukch'ae*'. In Chosŏn Dynasty, '*Sukch'ae*' was used for the elderly, and its recipe was called as '*Sukch'ae-Ch'imch'ea-pŏp*'. (熟菜沈菜法.)[52]

Ŭmsik-Timipang(Written in the mid 17th century) recorded a 'Tonga Tonch'ae method', which is seasoned *Tonga* with oil sauce, mustard, vinegar, and soy sauce after slicing and blanching Tong-a. There are also 'day lily flowers-kimchi' and bamboo shoots-kimchi, etc. made by parboiling or blanching them, as cited in the books, *Sanrim-kyŏngche*, *Chŭngpo-sanrim-kyŏngche*, and *Imwŏn-sipyukchi*. In addition, *Siŭi-chŏnsŏ*[是議全書] recorded that 'bell-flowers are, first, soaked in water to remove their toxicity, then blanch them slightly in water and season them with *Koch'u*, and bracken is made in the same way.'

This shows that the ancient recipe of vegetables and *Namul* is the same or similar to the modern '*Sukch'ae*' recipe, and that the recipe has been handed down to modern times. It can be said that *Sukch'ae* and *Namul* have been developed because they are not only convenient to eat, but also able to be eaten in large quantities. In addition, the *Sukch'ae* recipe has been developed because when vegetables and *Namul* are blanched or parboiled in water, the bitter taste or toxins of those plants are removed.[53] Therefore, considering that many modern Koreans eat '*Koch'u-Sukch'ae*', which is, after blanching *P'ut-Koch'u*, cooked by seasoning it with *Koch'u* powder and soy sauce, etc., it is believed that such '*Koch'u-Sukch'ae*' culture started shortly after the introduction of *Koch'u*.

Therefore, it can be said that Koreans' preference for raw vegetables(*Ssam*) and the food culture of *Sukch'ae*(blanched vegetables) contributed to the natural eating of *Koch'u* as a food and, in this food culture, *Koch'u* was used in kimchi.

5. The Korean People's Preference for Spicy Taste

According to the statistics of the 'Ministry of Agriculture, Food and Rural Affairs' in Korea, as of 2016, the annual per capita consumption of *Koch'u* was 3.3kg, Garlic was 6.6kg, and onion was 26.7kg. The consumption of those three items amounts to 36.6kg. Arithmetically, each Korean consumed about 100g of spicy ingredients per day, and the entire Korean population consumed 165,000 tons of *Koch'u* per year. This annual consumption of *Koch'u* is more than 16 times higher than the 10,000 tons of Japan.[54] In terms of *Koch'u* powder consumption, Korea is 40 times more than the US or Hungary.[55] The amount of *Koch'u* powder used in per 1 head of Chinese-cabbage kimchi has increased from 26g in the 1960s to 145g in the 2000s. Each Korean has been consuming 5 heads of cabbage kimchi per year since 2000.[56] As much as that, Koreans prefer spicy taste.[57]

Figure 2. Korean's Consumption Amount of Spices

Category	Consumption Amount/ per capita/ kg		
Years\Items	Koch'u	Garlic	Green Onion
2000	4.7	8	-
2005	2.2	6.2	17
2010	2.6	6.8	28.6
2018	3.1	7.6	30.8

*Source: Statistics of *Nongrim-ch'uksan-sikp'um t'ongkye* in 2017. 347.

Before the use of *Koch'u* expanded, the spicy taste of kimchi mainly came from *Ch'ŏnch'o*(Ch'op'i) and garlic, etc.[58] That is confirmed in the records of books. First of all, garlic, ginger, and *Ch'ŏnch'o*(椒) appeared in *Kŏka-p'ilyong*[居家必用, Chinese encyclopedia around the 13th century], of which about 60% of the contents is similar to *Sanrim-kyŏngche*[59] in Chosŏn Dynasty. In addition, spiced vegetables such as ginger, green onion, and *Chaso*(Beefsteak plant) appeared in *Sakachip*[四佳集, Collection books of poetry and essays](volume 51) in the 15th century, and *Ch'ŏnch'ochang* made of *Ch'ŏnch'o* powder appeared in *Tongŭi-pokam*[東醫寶鑑, Chinese encyclopedia around the 13th century]. Several spiced vegetables also appeared in books such as *Ŭmsik-timipang*(pepper, *Ch'ŏnch'o*, ginger garlic, *Chaso* leaves), *Kosa-ch'walyo*[攷事撮要](1554)(ginger, green onion, garlic), and *Sanrim-kyŏngje*(garlic, fennel seeds, cinnamon, Japanese pepper, tangerine peel, ginger.)[60] Through those records, it can be seen that various spicy spices and vegetables were used prior to *Koch'u*.

Koch'u, which was introduced around the mid or late 16th century, also had not only a texture as a vegetable besides the spicy and stimulating taste of *Sanch'o*(Japanese pepper) and pepper, but also the advantage of high production. Along with those advantages, *Koch'u* seems to have been used as a food for the low-class at first. Since then, the demand and supply of *Koch'u* have gradually expanded, *Koch'u* can be said to have established itself as a representative seasoning(ingredient) of kimchi today.[61] Therefore, it can be said that the Korean people's preference for spicy is one of the factors for the use of *Koch'u* in kimchi.[62]

6. 'Action of Adding Flavor' of *Koch'u* and *Chŏtkal* Acceptance

As can be seen from the record of *Imwŏn-sipyukchi*(1827), 'When eating kimchi with *Koch'u*, it feels like spring has suddenly come', *Koch'u* improves the taste of food. In addition, as *Koch'u* is used as a seasoning for kimchi, the use of *Chŏtkal* is expanded, and kimchi has more umami. *Koch'u* is not only an ingredient for kimchi, but also adds taste to kimchi by providing a refreshing taste and umami, etc. In this study, the function of improving the taste of *Koch'u* is named as '*P'ungmi-chakyong*'(豐味作用, Action of Adding Flavor.) Also, as shown by the fact that one of the native areas of soybeans is the northern part of the Korean Peninsula, since ancient times, the Korean people have developed the '*Tuchang-munhwa*'(豆醬-文化, Soybean and soy sauce culture), which related to *Toenchang* and *Kan-chang*(Soy sauce.) For that reason, the Korean people are accustomed to and enjoyed the taste of fermented food represented by umami. Therefore, to obtain the umami, Koreans make a rich and savory broth by boiling various vegetable and animal ingredients with water for a long time, and use condiments such as sesame oil and sesame seeds, etc. in various foods. In addition, although the high-quality Chinese-cabbage was introduced to the Korean Peninsula from China in the late 19th century, Koreans did not accept that cabbage for some time because it had no umami and didn't have many outer leaves.[63] As such, Koreans valued the umami. Therefore, it can be said that the function of improving the taste of food provided by *Koch'u* served as a background of being used *Koch'u* in kimchi.

The '*P'ungmi-chakyong*' caused by the use of *Koch'u* in kimchi can be looked at from two aspects. First, the 'Action of Adding Flavor' provided by *Koch'u* itself. Above all, the red color of *Koch'u* promotes appetite.[64] Also, *Koch'u*, which is commonly eaten by Koreans has a thick skin and a slightly sweet taste as well as a spicy taste. In particular, the red pepper contains a large amount of capsaicin, so when eating *Koch'u*, endorphins are secreted, as a result, one feels better and the food tastes fresher.[65]

Next is the 'Action of Adding Flavor' creating umami. The umami is made by the combination of various components of *Koch'u* and several ingredients for kimchi. *Chŏtkal*, an ingredient for kimchi, gives off a fishy and bad smell. However, the capsaicin of *Koch'u* gets rid of the fishy smell, and its vitamins prevent the rancidity of the fat of *Chŏtkal*.[66] As a result, lots of *Chŏtkal* can be used in kimchi while reducing the burden of the odor. Also, in that process, kimchi has umami, which comes mainly from animal(fish) protein of *Chŏtkal*. Therefore along with the spicy taste of *Koch'u* the combination with *Chŏtkal* became the basis of using *Koch'u* in kimchi.

7. *Koch'u*'s Mutation and Combination Cultivation

Koch'u is a one-year herbaceous plant in Korea, but in tropical regions, it is a woody plant that grows as a perennial plant. *Koch'u* is highly adaptable to the natural environment and is prone to differentiation of varieties. In addition, a considerable level of cross-pollination is possible, so various varieties suitable for the local natural environments can be made through the continuous selection by humans.[67] Therefore, it can be said that *Koch'u* introduced to the Korean Peninsula has undergone numerous local adaptations and selections over time. That is supported by records indicating that by the time *Koch'u* was introduced to the Korean Peninsula, there were already various varieties of *Koch'u* in Europe. A Portuguese booklet published in the late 16th century recorded that Red pepper(*Koch'u*) was eaten raw or grilled depending on its degree of spiciness.[68] Also, *Sŏngho-sasŏl*[星湖僿說](book 4, Manmulmun, Punch'o), which is considered to be the work of the mid-18th century, recorded that '*Ch'ŏnch'o*(=*Koch'u*) is slightly spicy with lots of seeds, Japanese call it Punch'o and Koreans Waech'o.'

Those records show that there were various varieties of *Koch'u* before or after *Koch'u* was introduced to the Korean Peninsula. Therefore, if the spread route of *Koch'u* was 'Europe → Japan → Korean Peninsula', it is highly likely that there were several varieties of *Koch'u* introduced to the Korean Peninsula. Based on this premise, it can be said that *Koch'u* appearing in the record of *Chibong-yusŏl* was a particularly spicy variety. In addition, *Koch'u* introduced to the Korean Peninsula was developed mainly for sweet and less spicy varieties as it adapted to the natural environment of the Korean Peninsula and was selected by the taste of the Korean people.

Additionally, *Koch'u* is an herbaceous plant unlike *Ch'ŏnch'o*, and the cultivation period is also shorter than that of *Ch'ŏnch'o*. Such botanical characteristics do not occupy arable land semi-permanently, and after harvesting *Koch'u*, it makes possible the cultivation of other crops, that is, 'combined-cultivation.' The efficiency of the cultivation of *Koch'u* was a great advantage for medieval Koreans who had to efficiently utilize limited arable land. Therefore, the excellent environmental adaptability of *Koch'u* and the ease of 'combined-cultivation' promoted the spread of *Koch'u* cultivation, and in that environment, it was possible to accept *Koch'u* in kimchi.

V. Conclusion

This study examines the background of the use of *Koch'u*, which was originally perceived as a poisonous plant, then came to be used as an ingredient for kimchi.

In the study, as the background of the use of *Koch'u* in kimchi, the ethnic food preference that favored spicy and blanched vegetables was presented, as well as the Korean people's use of *Ch'ŏnch'o* for food. In addition, the study was able to present the influence of fermentation culture in southeast China, the symbolism of red color, the influence of folk beliefs, and the 'Action of Adding Flavor(*P'ungmi-chakyong*)', etc.

Before the introduction of *Koch'u*, the Korean people used spicy *Ch'ŏnch'o*, which is similar to *Koch'u* in color and taste, in food. As of 2017, Koreans consumed 3.1 kg of *Koch'u* per capita per year. That is 16 times and 40 times more than Japan and the United States, respectively. As well as, the Korean preference for spicy tastes, the Korean people believe that red color and spicy smell repel the evil spirits and bad luck. So, Koreans floated

Koch'u in soy sauce jars, hung *Kŭmchul*(A straw rope) with *Koch'u*, and burned pepper's seeds. Naturally, it can be said that such a food culture and folk beliefs also acted as the basis for the use of *Koch'u* in kimchi.

In Korean food culture, *Sukch'ae*, made by blanching vegetables developed, as the Korean people like to eat vegetables such as lettuce and *Koch'u*, etc. raw or wraps. In particular, *Koch'u* can produce about 100 fruits per plant, and those fruits(blue fruits) are edible from around late April. For that reason, it is highly possible for *Koch'u* to have been used as '*Kuhwang-sikp'um*' for Koreans in the Middle Ages. That is because, before food self-sufficiency in the 1970s, a lot of Koreans suffered from severe food shortages in the spring before the barley harvest. Also, *Koch'u* has excellent climate adaptability, and 'combined-cultivation' with barley or winter vegetables is possible because its cultivation period is short. In particular, *Koch'u* itself has a sweet taste, and it removes the fishy odor of *Chŏtkal* and prevents rancidity of fatty acids. Because of that, *Koch'u* expands the use of an animal ingredient(*Chŏtkal*) for kimchi, and improves the taste of kimchi. Therefore, the use of *Koch'u* in kimchi can be said to have developed in Korean food culture along with the characteristics of *Koch'u* as a food. From the point of view of the correlation between *Koch'u* and *Chŏtkal*, it can be said that the fermentation culture in the southeastern China also influenced the use of *Koch'u* in kimchi. That is because, unlike the north of China, the southeastern area in China used *Chŏtkal* in pickled vegetables, and the Korea's paddy-rice farming(水稻作) culture, which is paired with kimchi, was closely influenced by that region.

It is hoped that this study will be helpful in improving the understanding of kimchi and Korean traditional culture.

Endnotes

1 * This article is written in McCune-Reischauer Romanization.

2 Kimchi is one of the UNESCO's 'Representative List of Intangible Cultural Heritage of Humanity' of South and North Korea. It is also designated on a non-material cultural heritage of Jilin and Liaoning provinces in China, where many ethnic Koreans(*Chosŏnchok*) live. This shows that kimchi is a food of a cultural community rather than a national concept. Therefore, kimchi is the food of the Korean people. -Hahm, H., "Arirang, kimchi and Statism," 425. ; Noh, Y., "The Aspect and Meanings of kimchi for Choseonin who live in China(Chaoxianzu)," 110. ; Joo, Y., "Red Pepper and Spiciness," 38.

3 Some people believe that it is not long that the history of Koreans starting to eat kimchi as a daily food. One reason for this was because 'Kimchi-kinds' did not appear in the meal of Seongho Yi Ik who lived in 18th century, and the side dish was soybean paste. (Jeong E., "A study of Sŏngho Lee ik's Samduhoe," 263.) In addition, even under the Japanese occupation period, the record that 'Kimchi is very precious to both the upper and lower classes of Koreans' supports that. (Chapgimit-chapjaryo(2.), Food, clothing and shelter, plants.) 'Kimchi-kinds' includes both simple pickled(salted) and fermented vegetables. -Lee C. and Ahn B., "Literature Review on kimchi, Korean Fermented Vegetable Food - Ⅰ. History of kimchi making," 311.

4 *Koryŏsa*(book 59.) -'In the first row, pickled water parsley, pickled bamboo shoots, and pickled radish are placed in order.' ; *Tongguk-Isangguk-jip*(Re-selected Edition, book 4) -'In summer, eating radishes with soy sauce, and in winter, eating radishes salted.'

5 Song H., "Munhŏngochalŭl t'onghan kimchimunhwa hwalsŏnghwa bangan." 115.

6 Han G., "Kimchiwa Kimjangŭi munhwainryuhak." 296. ; Choi J., *Han'guk munhwanŭn chungguk munhwaŭi aryuinga?*. 79.

7 Joo Y., *Ŭmsikinmunhak*, 121.

8 Choi J., *Han'guk munhwanŭn chungkuk munhwaŭi aryuinga?*. 99.

9 Yun D., "Kimchi resip'i pyŏnhwaŭi gyŏng je jŏk ŭimi," 237.

10 Park C., *The Birth of Kimchi in the Joseon Dynasty*, 199.

11 Gu N., *Segyesokŭi ŭmsik-munhwa*, 36.

12 Lee H., "A Study on Kimchi, or Korean Traditional Dishes, Culture," 87.

13 Lee H., "A Study on Kimchi, or Korean Traditional Dishes, Culture," 90.

14 Joo Y.. "Red Pepper and Spiciness," 132.

15 In relation to the first case of using Koch'u in kimchi, Ahn Y. and Lee G. (*Chŏnt'ong kimchi*, 48-49.) and Noh Y. ("The Aspect and Meanings of kimchi for Choseonin who live in China(Chaoxianzu.)", 117) presented the cucumber kimchi in *Yorok* [要綠](1689.) On the other hand, Lee H. ("Han'gukŭi kimchimunhwa," 88.) and Joo Y. (*Ŭmsikjŏnjaeng Munhwa-jŏnjaeng*, 333.) saw cucumber-kimchi in *Sanrim-kyŏngje* (1715) as the first case.

16 Lee H., "A Study on Kimchi, or Korean Traditional Dishes, Culture," 90.

17 Joo Y., "A Review of the Process of Symbolizing Red Pepper," 342. ; Lee H., "A Study on Kimchi, or Korean Traditional Dishes, Culture," 88.

18 Noh Y., "The Aspect and Meanings of kimchi for Choseonin who live in China(Chaoxianzu)," 117.

19 Kim G., *Han·chung·il pabsang munhwa*, 177.

20 Joo Y., "Red Pepper and Spiciness," 128-129. ; Kurita E., "Etymological Study on 'Koch'u'" 255.

21 Kim G., *Han·chung·il pabsang munhwa*, 178.

22 Jeon D., *Koch'unŭn naŭi him*, 42.

23 Kim G., *Han·chung·il pabsang munhwa*, 184-185.

24 Yamamoto N., *Pepper Road-The Table Revolution Caused by Red Pepper*, 76.

25 Seokmojikdo, *World food culture*, 35.

26 Kim S., *Chosŏnsidaeŭi ŭmsikmunhwa*, 280; Joo Y., *Ŭmsik inmunhak*, 117.

27 Shin M. et al., *Kukyŏk hyangyak jipsŏngbang*, 1897.

28 '*Ch'ŏnch'o*'s fruits are crushed in a mortar, and only red powder is used.' -Heo G., *Sindaeyŏk Tongŭi-bogam*, 2018.

29 Lee H., "A Study on Kimchi, or Korean Traditional Dishes, Culture," 91.

30 Joo Y., *Hyangsinryoŭi chigusa*, 245.

31 Joo Y., "Red Pepper and Spiciness," 130.

32 However, there is no proportional relationship between the amount of *Koch'u* used and the depth of red color. 'As the use of red pepper powder increases, the equivalent of capsaicin increases proportionally, but the depth of red color does not increase' -Shin H. and Lee S., "Attempts to Estimate the Use Level of Red Pepper in kimchi and Kochujang," 303.

33 'The genes of Koreans are a mixture of the ethnic groups of Northern extraction, ethnic group, (70-60%) and Southern extraction(40-30%.) The mix occurred after the Neolithic period.' -Pang M., "A Study on Korean People's Origin Based on Biological Anthropology," 1224. ; Park C., "Han'gukinŭi chosangŭn nuguinka... hakgye chinsilgongbang." ; Also, Jo Y. (*Han'gukŏ ŏwŏnsajŏn*.) found many Korean etymologies in Dravidian languages, which is Southern languages.

34 Wian R., *Tojakmunhwaro bon Hankugmunhwaŭi giwŏn*, 75.

35 Yoon S., *Urinara siksaenghwalŭi yŏksa*, 61.

36 Wian R., *Tojakmunhwaro bon Hankugmunhwaŭi giwŏn*, 188.

37 Wian R., *Tojakmunhwaro bon Hankugmunhwaŭi giwŏn*, 187, 196.

38 'The prosperity of Buddhism weakened the meat diet and greatly developed the vegetarian diet and the temple food centered on vegetable ingredients.' -Mun B., *Korean Food, The Challenge to the World*, 39.

39 Yun D., "Kimchi resip'i pyŏnhwaŭi gyŏngjejŏk ŭimi," 238.

40 Kim M. et al., *Kimchi ch'ŏnnyŏnŭi mat-hagwŏn*, 182.

41 Joo Y., *Ŭmsikjŏnjaeng Munhwajŏnjaeng*, 228-235.

42 Shin M. and Chung H., "Comparative Study on Seasonal Festival and Food Culture among the Korea, China and Japan," 278.

43 Kim Y., "A Study on the Identity of *Dano* and the Developmental Background of the Mugwort rice cake(*Ssuk-tteok*) as a Representative Food in *Dano*," 45. ; Lee H., "A Comparison of fusion between the season-customs of Korea and China -focused on the January holiday-," 322.

44 Kim Y., *Han'guk myŏngjŏlŭi jŏlsikgwa ŭirye*. 194.

45 In many regions of Korea, *Okok-pop* and *Chalpap* were used in the same meaning. -Kim Y. and Park H., "A Study on the Directionality of the Way to Celebrate Korean Traditional Holidays," 24.

46 'Red color and spicy smell ward off evil spirits and remove the bad things.' -Korean Cultural Symbol Dictionary Compilation Committee, *Han'gukmunhwa Sangchingsachŏn* 2, 33.

47 Joo Y., "A Review of the Process of Symbolizing Red Pepper," 347.

48 Joo Y., *Ŭmsik inmunhak*, 114.

49 Lee H. et al., "The Effects of High Air Temperature and Waterlogging on the Growth and Physiological Responses of Hot Pepper," 75.

50 Bae Y., "Tradition and Change of Ethnic Cuisine through the Doenjang," 58.

51 Jeong H., *Chaesoui inmunhak*, 216.

52 Lee H., "A Study on Kimchi, or Korean Traditional Dishes, Culture," 89.

53 Jeong H., *Ch'aesoŭi inmunhak*, 216-218.

54 Kim S., "World Dried Red Pepper Industry Trend." 14.

55 Song H., "Munhŏngochalŭl t'onghan kimchimunhwa hwalsŏnghwa bangan," 117.

56 Song H., "Munhŏngochalŭl t'onghan kimchimunhwa hwalsŏnghwa bangan," 118.

57 Choi J. et al., *Han'guk munhwanŭn chungguk munhwaŭi aryuinga?*, 99. ; Joo Y., *Ŭmsik inmunhak*, 121.

58 Seokmojikdo, *World food culture*, 35.

59 Lee S., *Han'guk sikp'umsahoesa*, 33.

60 Yun D., "Kimchi resip'i pyŏnhwaŭi gyŏngjejŏk ŭimi," 235. ; Joo Y., *Ŭmsik Inmunhak*, 121.

61 Yun D., "Kimchi resip'i pyŏnhwaŭi gyŏngjejŏk ŭimi," 237. ; Park C., *The birth of kimchi in the Joseon Dynasty*, 201.

62 Joo Y., *Ŭmsik inmunhak*, 121. ; Choi J. et al. *Han'guk munhwanŭn chungguk munhwaŭi aryuinga?*, 99.

63 Joo Y., *Sikt'ak wiŭi Han'guksa*, 160-161.

64 Kim S. and Park G., "Relationship between Red Pepper Intake, Capsaicin Threshold, Nutrient Intake, and Anthropometric Measurements in Young Korean Women," 79.

65 Ahn Y. and Lee G., *Chŏnt'ong kimchi*, 48.

66 Seokmojikdo, *World food culture*, 35.

67 Ahn W., *Han'guk t'ojong-jakmul togam*, 258.

68 Yamamoto N., *Pepper Road-The Table Revolution Caused by Red Pepper*, 72-75.

REFERENCES

Primary Sources

Chapgimit-chapjaryo [Miscellaneous Records and Materials] (2) (Food, clothing and shelter, plants)

Chibong-yusŏl [芝峯類說] (An encyclopedia written by Lee, Su-kwang of Chosŏn Dynasty), book 29.

Ch'engjangkwan-jŏnsŏ [青莊館全書] (A complete collection of poetry and essays, etc written by Lee Teok-mu, a scholar in Chosŏn Dynasty), book 65, *Mulsan*.

Kim Munhui et al. "Korean agriculture in the world by statistics (Other Research Reports, 2019)," Korea Rural Economic Institute, www.krei.re.kr/krei/researchReportView.do?key=67&pageType=010101&biblioId=519808 (Accessed November 17, 2020.)

Kim Seongwoo et al. "*Trend and Prospect of Seasoning vegetables' Supply and Demand* (Other Research Reports, 2018)," Korea Rural Economic Institute, *www.dbpia.co.kr/journal/articleDetail?nodeId=NODE07315825* (Accessed November 17, 2020.)

Kim Sounghun. "*World Dried Red Pepper Industry Trend 2014),*" Korea Rural Economic Institute, *library.krei.re.kr/pyxis-api/1/digital-files/605ba745-b296-2a94-e054-b09928988b3c* (Accessed November 17, 2020.)

Korean Cultural Symbol Dictionary Compilation Committee. 2007. *Han'gukmunhwa sangching sachŏn* (Korean Cultural Symbol Dictionary) 2. Tusan tonga.

Koryŏsa [高麗史] A history book about the Koryŏ period, book 59.

National Research Institute of Cultural Heritage. *Sesi-p'ungsok* [Seasonal customs]. Kangwŏn, Kyŏnggi, Kyŏngnam, Kyŏngbuk, Chŏngnam, Chŏngbuk, Cheju, Ch'ungnam, Ch'ungbuk. Seoul: National Research Institute of Cultural

Heritage, 2001-2003.

Oju-yŏnmum-changjŏn-sango [五洲衍文長箋散稿] (An encyclopedia written by Lee, Kyu-kyŏng in Chosŏn Dynasty), book 10.

Park, Chi-hyen. "Han'gukinŭi chosangŭn nuguinka... hakgye chinsilgongbang" (Who are the ancestors of Koreans... Academic truth workshop]. *Sisa-jŏnŏl* [Journal of current events]. October 10, 2020. www.sisajournal.com/news/articleView.html?idxno=204520.

Saga-chip [四佳集] (Collection books of poetry and essays written by Seo Kŏ-chŏng, a scholar and bureaucrat in Chosŏn Dynasty), book 51.

Sanrim-kyŏngje [山林經濟] (A book on daily life and agriculture by Hong Man-sŏn in Chosŏn Dynasty.)

Sigyŏng [詩經] (Shih Ching. Confucian scriptures collected of ancient Chinese poetry and songs), *Chaebin*.

Sŏngho-sasŏl [星湖僿說] (An encyclopedia written by Lee Ik in Chosŏn Dynasty), book 5, *Manmulmun*.

Tongguk-Isanggukjip [東國李相國集] (Collection Books of poetry and essays written by Lee Kyu-bo, a scholar and bureaucrat in Koryŏ Dynasty), Re-selected Edition, book4. *Kap'o-yukyŏng*.

Tongŭi Pokam [東醫寶鑑] (Chosŏn Dynasty Medical Books Compiled by Hŏ Chun et al.)

Secondary Sources – Papers

Bae Youngdong. "Tradition and Change of Ethnic Cuisine through the Doenjang." *Han'guk Minsokhak* (Korean Journal of Folk) 35, (2002): 51-78.

Hahm Hanhee. "Arirang, kimchi and Statism." *Asian Comparative Folklore* 59, (2016): 411-438.

Jeong Eunjin. "A study of Sŏngho Lee ik's Samduhoe." *Journal of Dong-ak Language and Literature* (dongak) 55, (2010): 253-282.

Jo Jaeseon. "Historical Review of kimchi." *Journal of the East Asian Society of Dietary Life* 4, no.2(1994): 93-108.

Joo Youngha. "A Review of the Process of Symbolizing Red Pepper." *The Journal of Korean Historical-fork life* 11, (2000): 331-357.

Joo Youngha. "Meal, Taste, and Ethnic Food : The Folkloric View on Food." *Asian Comparative Folklore* 31, (2006): 19-48.

Joo Youngha. "Red Pepper and Spiciness : A Study on Trend towards Spiciness in Northeast Asia." *Asian Comparative Folklore* 34, (2007): 123-153.

Kim Eunkyung, Ju Seyoung, and Choi Eunok. "A Study on the kimchi Consumption of Korean Adults." KFN International Symposium and Annual Meeting [Abstract book], (2015): 349-350.

Kim Hyunjung. "A Comparative Study on the Administration and Utilization of UNESCO's Intangible Cultural Heritage —Kimjang and Washoku in Korea and Japan." *Cross-Cultural Studies* 50, (2018): 197-224.

Kim Seokyoung and Park Gyeongmin. "Relationship between Red Pepper Intake, Capsaicin Threshold, Nutrient Intake, and Anthropometric Measurements in Young Korean Women." *Journal of Nutrition and Health* 38, no.1(2005): 76-81.

Kim Yongkab and Park Hyegyeong. "A Study on the Directionality of the Way to Celebrate Korean Traditional Holidays." *Journal of Asiatic Studies* 63, no.1(2020): 9-43.

Kim Yongkab. "A Study on the Identity of *Dano* and the Developmental Background of the Mugwort rice cake(*Ssuk-ttŏk*) as a Representative Food in *Dano*." *Journal of Asiatic Studies* 61, no.3(2018): 33-67.

Kurita Eiji [栗田英二]. "Etymological Study on 'Kochu'(red pepper.)" *Journal of the humanities* 18, (1999): 253-269.

Lee Cherlho and Ahn Bosun. "Literature Review on kimchi, Korean Fermented Vegetable Food - I . History of kimchi making." *KOREAN J. DIETARY CULTURE* 10, no.4(1995): 311-319.

Lee Heeju, park Sungtae, Kim Sungkyeom, Choi Changsun, and Lee Sanggyu. "The Effects of High Air Temperature and Waterlogging on the Growth and Physiological Responses of Hot Pepper." *Horticultural Science & Technology*(HST) 35, no.1(2017): 69-78.

Lee Hwahyung. "A Comparison of Fusion between the Season-customs of Korea and China -focused on the January Holiday-." *DONG ASIA KODAEHAK*(The East Asian ancient studies) 40, (2015): 321-346.

Lee Hyogee. "A Study on Kimchi, or Korean Traditional Dishes, Culture." *Asian Comparative Folklore* 18, (2000): 85-99.

Lee Seongwoo. "Kimchi Culture." *Food Science and Industry*(Food Sci. Ind) 21, no.1(1983): 40-45.

Noh Youngkeun. "The Aspect and Meanings of kimchi for Choseonin who live in China(Chaoxianzu.)" *Tongil-Inmunhak*(Journal of Unification Humanities) 79, (2019): 107-133.

Pang Minkyu. "A Study on Korean People's Origin Based on Biological Anthropology." *The Journal of Humanities and Social science* 9, no.3(2018): 1211-1226.

Shin Hyunhee and Lee Surae. "Attempts to Estimate the Use Level of Red Pepper kimchi and Kochujang(Hot Soy Paste.)" *Korean journal of food science and technology* 23, no.3(1991): 301-305.

Shin Meekyung and Chung Heechung. "Comparative Study on Seasonal Festival and Food Culture among the Korea, China and Japan." *Tongasia Siksaenghwal Hakhoeji*(Korean journal of East Asian dietary life) 18, no.3(2008): 277-293.

Song Hyeasuk. "Munhŏngochalŭl t'onghan kimchimunhwa hwalsŏnghwa bangan"

[A consideration how to improve culture related kimchi, through literature search]. *Journal of Korea Culture Industry* 15, no.3(2015): 115-125.

Secondary Sources - Books

Ahn Wansik. *Han'guk t'ojong-jakmul togam [Korean native crop resource encyclopedia]. Seoul: Iyu, 2009.*

Ahn Yonggeun and Lee Gyuch'un. *Chŏnt'ong kimchi* [Traditional kimchi]. Seoul: Kyomunsa, 2008.

Choi Junsik et al. *Han'guk munhwanŭn chungguk munhwaŭi aryuinga?* [Is Korean culture a subclass of Chinese culture?]. Seoul: Sonamu, 2010.

Gu Nansuk, Kwon Sunja, and Lee Kyongae. *Segyesokŭi ŭmsik-munhwa* [Food culture in the world]. Seoul: Kyumunsa, 2004.

Heo gyun. *Sindaeyŏk Tongŭi-bogam* [Newly and widely translated Tongŭi-bogam]. ranslated by Tongŭi Literature Research Room. Seoul: Bŏbinmunhwasa, 2007.

Park Chaelin. "Baldalgwajeng chaejomyŏngŭl t'onghae bon kimchi kiwŏnŭi chaejomyŏng" [Uniqueness of the origin of kimchi through re-examination of the development process]. In *Humanities understanding of kimchi,* edited by World Institute of kimchi, 101-178. Kwangju: World Institute of kimchi, 2014.

Jang Jihyen. *Han'guk chŏnrae balhyosikp'umsa yŏngu* [Study on the history of traditional fermented food in Korea]. Seoul: Suhaksa, 1989.

Jeon Dogeun. *Koch'unŭn naŭi him* [Red pepper is my power]. Seoul: Pukosyŏn, 2011.

Jeong Hyegyeong. *Ch'aesoŭi inmunhak* [The humanities of vegetables]. Seoul: Ttabi, 2017.

Jo Jaeseon. *kimchiŭi yŏngu* [kimchi research]. Seoul: Yurimmunhwasa, 2000.

Jo Yeongeon. *Han'gukŏ ŏwŏnsajŏn* [Korean etymology dictionary]. Busan: Tasom, 2004.

Joo Youngha. *Ŭmsikjŏnjaeng Munhwajŏnjaeng* [Food war culture war]. Seoul: Sagyejŏl, 2000.

Joo Youngha. *Ŭmsikinmunhak: Ŭmsikŭrobon Han'gukŭi munhwawa yŏksa* [Food humanities: Korean history and culture through food]. Seoul: Humanist, 2011.

Joo Youngha. *Sikt'ak wiŭi Han'guksa* [Korean history on the table]. Seoul: Humanist, 2013.

Joo Youngha. *Hyangsinryoŭi chigusa* (Earth history of spices.) Seoul: Humanist, 2015.

Kim Gyeongeun. *Han·chung·il pabsang munhwa* [Korea, Japan, and China's dining table culture]. Seoul: Igasŏ, 2013.

Han Gyeonggu. "Kimchiwa Kimjangŭi munhwainryuhak" [Cultural Anthropology of kimchi and Kimjang]. In Humanities understanding of kimchi and kimjang culture, edited by World Institute of kimchi, 283-300. Seoul: Minsokwŏn, 2013.

Kim Manjo et al. *Kimchi ch'ŏnnyŏnŭi mat-hagwŏn* [The taste of a thousand years of kimchi]. Seoul: Design house, 1996.

Kim Sangbo. *Chosŏnsidaeŭi ŭmsikmunhwa* [Food culture of the Josŏn Dynasty]. Seoul: Karamgihoek, 2006.

Kim Yongkab. *Han'guk myŏngjŏlŭi jŏlsikgwa ŭirye* [Representative food and rituals of Korean traditional holidays]. Seoul: Ŏmunhaksa, 2019.

Lee Seongwoo. *Han'guk sikp'umsahoesa* [Korean food society history]. Seoul: Gyomunsa, 1995.

Lee Seongwoo. *Han'guk Siksanghwalŭi yŏksa* [History of Korean dietary life].

Seoul: Suhaksa, 1997.

Ministry of Agriculture, Food and Rural Affairs. 2017 *Nyŏn nongrimch'uksan-sikp'um t'ongkye* [Major Statistics of Agriculture, Forestry and Livestock Food in 2017]. Ministry of Agriculture, Food and Rural Affairs, 2017.

Mun Byeonghun. *Korean food, the challenge to the world*. Seoul: Han'gukhaksuljŏngbo, 2009.

National Research Institute of Cultural Heritage, eds. *Sŏyangini ssŭn minsok-munhŏn haeje* [Brief description of folk books written by westerners]. National Research Institute of Cultural Heritage, 2007.

Park Chaelin. *The Birth of Kimchi in the Joseon Dynasty*. Seoul: Minsokwŏn, 2013.

Seokmojikdo. *World food culture*. Translated by Tongasia Siksaenghwal yŏnguhoe. Seoul: Gwangmungak, 2001.

Sin Mingyo et al. *Kukyŏk hyangyak jipsŏngbang* [Local medicine collection book of treatment methods written in Korean]. Seoul: Yŏngrimsa, 1998.

Sinoda Osamu. *Chungguk ŭmsik munhwasa* [Chinese food and culture history]. Translated by Yoon Seoseok et al. Seoul: Minŭmsa, 1995.

Wian Ri [苑利]. *Tojakmunhwaro bon Hankugmunhwaŭi giwŏn* [Origin and development of Korean culture in rice farming culture]. Translated by Choe Seongeun. Seoul: Minsokwŏn, 2005.

World Institute of kimchi, eds. *Translation and annotation of Kŏgap'ilyong-Food part* [Encyclopedia of life in the Chinese Yuan Dynasty]. Translated by Kim Ilgwon et al. Kwangju: World Institute of kimchi, 2015.

Yamamoto Norio. *Pepper Road-The Table Revolution Caused by Red Pepper*. Translated by Choi Yongu. Seoul: Sagyejŏl, 2017.

Yoon Seoseok. *Urinara siksaenghwalŭi yŏksa* [History of Korean dietary culture]. Seoul: Singwang, 2001.

Yun Deokno. "Kimchi resip'i pyŏnhwaŭi gyŏngjejŏk ŭimi" [The economic meaning of hanging kimchi recipes]. In Humanities understanding of kimchi and Kimjang culture, edited by World Institute of kimchi, 217-249. Seoul: Minsokwŏn, 2013.

This paper is written in Korean Romanization
of National Institute of Korean Language

Keywords

rice (*Ssalbap*), staple food, Korean, Korean culture,
Ethnic preference for food, rituals

The Background of the Development of Rice(*Ssal-bap*) as the Staple Food of Korea

Kim, Yong-kab and Park, Hye-gyeong

The staple food of Koreans is rice(*Bap*, Boiled Rice) made from non-waxy rice(*Mepssal*) of the Japonica type. The only countries in the world that use this non-waxy rice as a staple are Korea, Japan, and some parts of China. In Korea, this *Mepssal*(non-waxy rice) is used to make various rice cakes and alcoholic beverages, and even traditional holidays such as *Chuseok*, rice-related, are celebrated. For this reason, *Mepssal* is a symbol of Korean culture.

This study looked at the background of the development of *Mepssal-bap* as a staple for Koreans, focusing on food culture, climate and geography, and socio-economic factors. *Mepssal-bap*(*Ssalbap*) has become a staple food as many Koreans ate it since the late 1970s, thanks to the Korean government's efforts to increase rice production, achieving self-sufficiency in rice, falling domestic and foreign rice prices, and improving economic power.

Unlike many countries in Asia, it can be said that 'artificial selection' and 'natural selection' played an important role in Koreans eating *Ssalbap* as their staple food. In terms of artificial selection, the ancient Koreans, the ancestors of Koreans, were accustomed to hard grains such as millet and Italian millet, and did not prefer soft and sticky grains. (Preferring for *Meseong*.) Such ethnic food preferences have become a key background for Koreans' staple food to become the *Mepssal*, not waxy rice(*Chapssal*.) Next, in terms of natural selection, the climate and geography of the Korean Peninsula were more suitable for the cultivation of Japonica varieties than Indica. For this reason, the first rice introduced to the Korean Peninsula was Indica-type waxy rice, but Japonica-type non-waxy rice developed as a staple for Koreans.

It can be said that the development of fermented foods such as kimchi and soybean paste, and watery foods such as soup, which are significant features of Korean food culture, also acted as a background to *Ssalbap* becoming a staple food. This is because these foods and *Ssalbap* not only harmonize with each other, but also enhance the taste of food and are nutritionally sufficient. In addition, Koreans' desire and efforts to regard rice as a precious food and try to eat it as a daily food, excellent taste and nutrition of rice, and combined cultivation with minor cereals can be also said to become factors in *Ssalbap* becoming a staple food.

I. Introduction

The Korean people in South and North Korea eat *Ssalbap*(Boiled-Rice), which is made from only rice(*Ssal*) or from rice and minor cereals such as beans and sorghum, etc. Most Koreans eat *Ssalbap* every day. So, it can be said that *Ssalbap* is a staple Korean food. However, unlike Southeast Asia such as Thailand, the rice is a Japonica-type and non-waxy(non-glutinous) variety. In the world, only Korea, Japan, and three provinces of China eat the non-waxy Japonica-type rice(*Mepssal*) as a staple food. Koreans refer to the rice as *Mepssal*, and *Bap*(*Ssalbap*) made from only that *Mepssal* is simply called *Ssalbap*(*Mepssalbap*).

Modern Koreans eat *Mepssal* as a staple, and it is used as sacrifice in ancestral rites and *Gosa*(Ritual for Folk Beliefs) etc. When *Ssalbap* is used in Confucian rituals, etc., it is sometimes called '*Me*'. As non-waxy rice are widely used in this way, the customs related to rice are highly developed in Korea. Among those customs, there are traditional holidays such as *Chuseok*(15th day in Lunar August) and New Year's Day, *Daeboreum*(15th day in Lunar January), and *Baekjung*(15th day in Lunar July.) In particular, among the countries that eat *Mepssal* as a staple, *Chuseok* is celebrated only in Korea. Koreans, furthermore, make *Songpyeon*(A Kind of Rice Cake, which is a representative food for *Chuseok*) from *Mepssal*. Therefore, it can be said that *Mepssal* and *Ssalbap*, along with kimchi, represent Korean food culture, and play a key role in distinguishing Korean culture from that of Northeast Asia.

Nevertheless, it is difficult to find a research on why Koreans choose *Mepssal* and *Ssalbap* rather than wheat, potatoes, and corn, and developed it as a staple. Accordingly, this study looked for some reasons that Koreans developed *Mepssal-bap*(hereinafter referred to as *Ssalbap*) as a staple. It can be said that a study like this paper will be necessary to explain the uniqueness and characteristics of Korean food culture, and to maintain the identity of Korean culture in the face of globalization and the spread of the Korean Wave in a multicultural era.

This study used modern '*Seasonal customs*' data in discussions, along with research results in neighboring academic fields such as agriculture and food processing, as well as old literatures. Through that, the backgrounds of the development of *Ssalbap* as the staple food of Koreans were investigated by dividing into food culture and socio-economic aspects, perceptions of rice and climatic and geographical aspects.

A research similar to this study in terms of direction of discussion has been conducted by Kim. (2017.) Kim studied the background of the development of *Mepssal-tteok*, which is made from *Mepssal*. Kim's research and this paper have in common that the material is non-waxy rice. Therefore, this paper has the character of a follow-up study on Kim's research, and some of his research results were supplemented and accepted as the result of the discussion.

Regarding the related fields of the study, such as agriculture, food, and traditional culture, there are studies by Jang, Ju-geun, Ku, Ja-ok, Lee, Seong-woo, Jang, Du-sik, Lee, Hyo-ji, Lee, Yeong-Gu, Shin, Mal-shik, Kang, Hee-kyeong, and Joo, Yeong-ha etc., including Lee, Chun-nyeong, Heo, Moon-hoe, and Yoon, Seo-*seok*, etc. Some studies that may be relevant to this paper are as follows. First, Yoon, Seo-*seok* et al. (2000.), An, Seung-mo(1999), and Heo, Moon-hoe et al. (1986.) reported on the ecology, spread, and the origin of rice. In particular, Yoon, Seo-*seok*(2001) summarized the origin and history of rice, and showed Korean culture related to rice farming. Shin, Jung-jin(2012) and Kim, Tae-ho(2008) studied the varieties and characteristics of Korean native rice as well as the rice varieties introduced during the Japanese occupation period. Jeong, Yeon-sik(2008) investigated the value and characteristics of the rice in the late Joseon Dynasty. Kim, Cheon-ho(1991) presented a perspective on the culture and the use of ***Mepssal*** in ancient Korea through the ritual food of a Japanese temple, which is regarded as being influenced by ancient Korean culture. A Chinese scholar Wian, Ri(2005) suggested that the time when rice farming was introduced to the Korean Peninsula was around the 10th century B.C. after examining the relationship between the Korean Peninsula and the ancient East Asian culture. Huh, Tak-un(2013) reported some information which helps understand the ancient agriculture of Korea by systematically organizing the history of agricultural development in China through excavated artifacts and the birthplace of civilization. A book, *Sesi Pungsok* [歲時風俗](Seasonal Customs) showed the various uses of *Ssalbap* in rituals before industrialization and modern times.

Ⅱ. Meaning of Rice and *Ssalbap* becoming a Staple

The rice(*Ssal*), the ingredient for *Ssalbap*, refers to grains obtained by milling the fruit of Oryza sativa L. Therefore, *Ssal* is obtained through processes such as the rice(禾, the plant itself) → fruits of the rice plant(稻, before the milling rice) → grains of the rice(米, milled rice).(Yun 2011, 32.) This rice is largely divided into Indica-type and Japonica-type according to the shape, and is divided into non-waxy rice and waxy rice by its ingredients. In addition, the characteristics of waxy rice are called '*Chalseong*(waxy)', and on the contrary, the characteristics of non-waxy rice are called '*Meseong*(non-waxy)'.

Non-waxy rice of Korea is a Japonica-type variety, and contains around 85% of amylopectin depending on the variety, (Kim et al. 2005, 124) so it has a little stickiness. (In this regard, the content of amylose depending on the non-waxy rice variety is considered to be 15-35%(Korean Rice Research Society 2010, 736), and the amylopectin content of non-waxy rice reaches up to 85%). This rice was written as *Gaengmi*(粳米) in Chinese characters, and *Gaengmi* referred to the rice of good quality, well-polished and milled among rice in the Joseon Dynasty. (Shin 2012, 92). That *Gaengmi* was used as a sacrifice in Confucian memorial services, and the boiled-rice is called '*Me*'.

It is unclear whether the rice was native to the Korean Peninsula, or foreign countries. Nevertheless, it is persuasive to think that rice was brought from abroad rather than native to the Korean Peninsula. This is because in Korean culture, northern elements such as *Ondol* and making-*Kimjang* and southern ones such as *Maru* and salted fish are mixed. Among them, the rice belongs to the southern elements.

The route of rice introduction is believed the most likely to have been the western coast of the Korean Peninsula from the lower Yangzi River in China. This is because the sea in Northeast Asia around the Korean Peninsula and China was relatively easy to navigate and frequent in ancient times to the extent that it was called the Mediterranean Sea of Asia. That is also supported by a study that 'the native rice of the Korean Peninsula was same as the rice cultivated in the middle and lower reaches of the Yangzi River 8,000 years ago.'(Hong 2003, 51.)

According to a book, *Geumyang Japrok*[衿陽雜綠] published

in the 15th century, there were 27 rice varieties in Korea at the time. Rice varieties reached over 1,000 in the early 20th century. (Huh et al. 1986, 376-378.) However, Korea's native rice almost disappeared under the influence of the supply of new varieties during Japanese occupation period and the Korean government's policy to prioritize food production after the 1970s. As a result, modern Koreans eat new varieties of rice such as *Saenuri*, *Saechucheong*, *Shindongin*, and *Baekokchal*, etc. instead of native rice, which usually has *Kkarak*(or *Kkakkeuragi*, Arista) like thread at the end of the seed.

[Table1] Rice Varieties Cultivated in Korea in the Past and Present

Time	Sources	number of varieties	Names of some varieties
1429	*Nongsa Jjikseol*	10	*Beodeuloryeo, Doeori, Dadagi, Mildari, Jatdari*
1492	*Geumyang Japrok*	27	*Kuhwangdaeeori, Sanori, Hieungeombugi, Aeudi, Gureongchal*
1825	*Haengpoji*	67	*Doeori, Jagalbyeo, Daguri, Haenambyeo, Gureongchal*
20th	Kang's paper (Kang 2003, 80)	Around 1,000	*Waejo, Noinjo, Nokdujo, Dadajeo, Eedal*
2015	National Institute of Agricultural Sciences	228	*Saenuri, Saechukongbyeo, Shindongjin, Ansanbyeo, Baekokchal*

*Sources: *Sanrim Kyeongjae*[山林經濟](gwon 1, Chinong) and Jang 1988, 346.

Most of the *Bap* eaten by modern Koreans is *Ssalbap*, or *Japgokbap* made by mixing beans, barley, etc. with rice. When Koreans add specific grains to the rice or emphasize its name meaning, they refer to them as *Hyeonmi-bap*(Brown Rice), *Pat-*

bap(Red Bean Rice), *Yeongyang-bap*(Nutritious Rice), and *Ogok-bap*(Five Grains Rice). For example, *Patbap* refers to *Bap* that contains red beans in *Ssalbap* or *Bap* made mainly with red beans. However, Koreans usually refer to all of those as *Bap* or *Ssalbap* for short. Therefore, the *Bap* means not only *Ssalbap* made from only rice, but also the other *Bap* made from various grains. This study also wrote *Mepssalbap* as *Ssalbap* for short, considering that most *Bap* eaten by Koreans is *Ssalbap*, and that *Ssalbap* is almost made from *Mepssal*.

Koreans cook *Bap* by boiling *Ssal*, but some Koreans make it by steaming. *Sesi Pungsok*(The Research Book on Modern Customs), edited by National Research Institute of Cultural Heritage, recorded several regions in where *Bap* was cooked by steam. For example, Nodong-myeon in Boseong-gun steamed *Ogok-bap* on a *Siru* at dawn on *Daeboreum*. (Jeonnam region of *Sesi Pungsok*, 512.) Hakon-dong in Gwangmyeong-city also steamed *Chalbap*(Waxy-rice *Bap*) on *Daeboreum*. (Gyeonggi region of *Sesi Pung-sok*, 39.) That method of making *Bap* lets us rethink the question of which came first, *Bap* or rice cakes. Boiling is easier than steaming, and the process and time required to make *Bap* are simple and take less time.

It is related to agriculture that the Korean people began to eat *Bap* made from grains not *Ssalbap*, and that period was around 10,000 years ago considering that the northern region was included in the ancient activity area of the Korean people. This is because the Yellow River basin in China belonged to an early agricultural area, and relics such as *Gijang*(Common Millet), *Jo*(Italian Millet) were excavated in some areas. In addition, that is supported by the fact that the Yellow River basin is not geographically far from Liaoxi and Liaodong regions in China, where the ancient Korean people were vigorously active. (*Songseo*

[宋書], Baekje. 'Goguryeo ruled over Yodong, while Baekje ruled over Yoseo. 高驪略有遼東, 百濟略有遼西'.) Therefore, it is highly likely that the ancient Korean people, who shared time and space with these regions, also ate minor cereals(*Bap*) at about the same time as the Yellow River region.

The fact that the Korean people began to eat *Ssalbap* is related to the introduction of the paddy rice farming(水稻作) to the Korean Peninsula, and the period is highly possible to be around the 10th century B.C. This is because a pot for cooking rice was excavated in Hamodo, an ancient historical site in southeast China, which is believed to have spread paddy rice farming to the Korean Peninsula. Hamodo site has a history of more than 7,000 years depending on the regions. (Wian 2005, 222.) It is also supported by the record that 'rice was put in a pot made of clay'(瓦鏖置米其中) in the Chinese history book, *Samgukji* [三國志](Three Kingdoms), which records the ancient culture of the Korean people. In addition, the age of the excavated relics of the Japonica-type variety, which the Korean people eat as a staple, dates back to around 2400 B.C. (Yoon 2001, 125-126; Kang 2000, 68.) Around the 10th century B.C., the excavation frequency of carbonized rice grains and rice seeds is high, and the area is also relatively widely distributed. (Park and Lee 2004, 123.)(It is not confirmed whether the varieties of those excavated artifacts are non-waxy or waxy rice.) Therefore, it was highly likely that at least some of the Korean people ate rice cooked using a cauldron(pot) as a tool around the 10th century B.C., the period when paddy rice farming was introduced to the Korean Peninsula.

Nevertheless, it was only in modern times that Koreans got to eat *Ssalbap* as the staple food.

III. Developmental Backgrounds of *Ssalbap* Becoming a Staple

1. *Food Cultural Aspects*

1) Ethnic Food Tendency Preferring '*Meseong*'

Many researchers in the fields of archeology and anthropology argue that Korean culture and people were formed by the fusion of the northern ethnic groups(extractions) who lived in the Korean Peninsula in ancient times and the southern ones who migrated to the Korean Peninsula. Researchers believe that, in the 10th century B.C., the culture of pattern-less earthenware, which was characteristic of rice farming, replaced the previous culture of Comb-pattern Pottery, (Kang 2000, 68 ; Yoon 2001. 114) and during that time, the culture of paddy-rice farming in the southeast of China spread to the Korean Peninsula. (Wian 2005, 75 : Kim 2017, 43.) They also reported that the genetics of Koreans consist of a mixture of northern(70-60%) and southern(40-30%) ethnic groups. (Bang 2018, 1224.) In addition, in terms of etymology, they presented that a significant number of Korean is related to the southern Dravidian languages. (Jo 2004.)

However, the ancient Koreans of northern origin did not like waxy grains('*Chalseong*') because they were accustomed to non-waxy grains, that is, '*Meseong*'. This food preference for *Meseong* became a key factor Koreans began to cultivate and consume the non-waxy rice. (This study named a feeling or preference for a certain food that an ethnic group has as 'ethnic food tendency'.)

The fact that the ancient Korean people had the preference for *Meseong* is supported by the geography of plants, ancient five grains, rice variety introduced to the Korean Peninsula, literature records, and Japanese ancient ceremonial food, etc.

First, in terms of plant geography, in ancient times, the area around the Korean Peninsula mainly belonged to the *Meseong* area. For example, the northerners of China were accustomed to *Gijang* and *Jo*, which are non-waxy, so they did not like the waxy(sticky) rice, and the waxy rice was used as a raw material for brewing mainly. (Sinoda 1995. 65.) As the territories of the ancient Korean nation states such as Gojoseon, Buyeo, Goguryeo, and Balhae show, the northern region beyond the Korean Peninsula, which is now Chinese territory, was the main activity area of ancient Koreans. The ancient Korean people who lived there in the northern area and in the Korean Peninsula also cultivated *Gijang* and *Jo* as five grains(*Ogok*).(Cheon 1976, 36 ; Seong and Lee 2007, 74.) In particular, the Korean people mainly ate non-waxy foods made from barley, wheat, and millet in ancient times. (Bae 1996, 18.) Therefore, it can be said that the ancient Korean people had a food culture, preferring *Meseong* or not favoring *Chalseong* like the northern Chinese. This assumption is supported by the record of *Goryeo Dogyeong*[高麗圖經](A travel story about Goryeo), which was written about 2,000 years later after the rice was introduced to Korea Peninsula. It recorded that 'there is *Mepssal*(non-waxy rice) in Goryeo, but no *Chapssal*(waxy rice).' In addition, as shown in ancient agricultural books such as *Geumyang Japrok*[衿陽雜錄] and *Haengpoji*[杏蒲志] (An Agricultural Book), the ratio of non-waxy rice and waxy rice was 89-87% to 11-13%, and even in the Joseon Dynasty, the cultivation ratio of waxy rice was extremely low. Rice cultivation based on non-waxy rice continued until the present day, and the number of rice varieties in the Joseon Dynasty collected by Gweoneop Mobeomjang between 1911 and 1913 was 993 of *Gaengmi*(non-waxy rice), compared to 458 of the waxy rice. (Heo et al. 1986, 376-378.)

Next, the Korean's five major grains(*Ogok*) were *Bori*(Barley), *Gijang*, *Pi*(Japanese Millet), *Kong*(Soybean), and *Chamkkae*(Sesame) in the Samhan(三韓, A name of Ancient Korean Countries). In the Goryeo and Joseon Dynasty, there were five major grains, *Ssal*, *Bori*, *Kong*, *Jo*, and *Gijang*. (Cheon 1976, 36 ; Seong and Lee 2007, 74.) As indicated by the fact that soybean, which has no waxy variety, was one of the five major grains of the ancient Korean people, the Korean people's preference for *Chalseong* was weak. Also, 'the first generation of Japonica type propagation in Asia was all *Chalseong* cultivars', (Yoon et al. 2000, 111) as confirmed by the ancient book's record. *Nongjeong Hoeyo*[農政會要](An Agricultural Book) recorded that 'rice is waxy rice(糯), waxy rice is rice.' However, the waxy rice became the non-waxy rice in the Korean Peninsula because *Chapssal* was not selected by the Korean people who preferred *Meseong*.

Next, rice cakes made from the non-waxy rice such as *Bong-hwang-tteok*(Rice Cake) and *Maehwa-tteok*, etc. are served as the ritual food in Beopryung temple(The name of a Buddhist Temple) in Japan. The temple adheres to the tradition of 1400 years. (Kim 1991, 227.) By the way, the non-waxy rice cakes of the temple are different from the Japanese tradition, which is for waxy rice cakes. The Non-waxy rice cakes of the temple were influenced by the Buddhist rites of ancient Korea. Therefore, the non-waxy rice cakes of the temple show that they were used by ancient Koreans more than 1,400 years ago in Buddhist rituals, which can also be interpreted as meaning that Koreans at that time preferred non-waxy rice, that is, *Meseong*. In conclusion, it can be said that the familiarity with hard, non-sticky texture of grains made the ancient Korean people prefer *Meseong*, and this food preference has led to *Ssalbap* becoming the staple food of Korea.

2) Development of Fermented Food and the Harmony of Nutrition

In Korean traditional food culture, *Bap*(*Ssalbap*), kimchi, *Ganjang*(Soy Sauce), and *Deonjang*(Soybean Paste) occupy a key position. This is because *Ssalbap* is a staple and kimchi and '*Deon*(*Gan*)*jang*' are side dishes that pair with *Bap*. Those foods, except for rice, are all fermented foods.

As shown by the fact that *Kong*(Soybeans), the main ingredient for fermented food such as soybean paste, is native to the northern areas of the Korean Peninsula and Manchuria, Koreans have a long history of making and eating fermented soybeans. According to records, soybeans were introduced to China in the early 7th century B.C. under the name of *Yungsuk*, (Jang 2014, 121) and northeast Asian countries such as China and Japan developed various fermented food using *Kong* based on their respective environments and preferences. Nevertheless, as it is clear that Chinese '*Medu*' came from Korean *Meju*(Lumps Made by Crushing and Fermenting Soybeans), (Lee 1990, 315) the birthplace of soybean-related fermented foods is Korea. (Kim 1993, 19 ; Bae 2002, 54-55.) In addition, it was Koreans who actively developed and consumed that fermented food. From ancient times, the Korean people made *Deonjang* from *Kong*, and used it to make *Ganjang*, which became an essential food for the lowest classes.

Next, kimchi is also an important food for Koreans. Koreans eat an average of 104g of kimchi per day. (Song 2015, 115.) Kimchi originated from the pickled vegetables in salt water and so on in East Asia. However, Korean kimchi developed as a comprehensive fermented food in the late Joseon Dynasty. As shown in the Korea's 'Kimjang, making and sharing kimch' and North Korea's 'Tradition of kimchi-making' were designated respectively in the UNESCO Representative List of Intangible

Cultural Heritage of Humanity in 2013 and in 2015. Kimchi is currently not only a symbol of Korean food culture but also a food representing Korea.

Korean Fermented food such as kimchi and *Deonjang* has in common that they promote *Bap* taste, and make it possible to compose a nutritionally perfect diet with *Ssalbap*. This is because *Deonjang* made from *Kong* provides protein and fat, kimchi provides vitamins and various minerals, and *Ssalbap* provides carbohydrates. (Seong and Lee 2007, 74.) Therefore, this food completely provides three major nutrients required by the human body. However, the fermented food is usually salty and spicy. So, it is necessary to have a food offsetting the strong taste of fermented food. *Bap* made from grains is the most suitable food for this role. (This can also be interpreted vice versa. That is, the intake of plain *Bap* leads to the development of the strong side dishes.) This is because *Bap* has a large amount of carbohydrates, and those carbohydrates form sugar during chewing, the salty and the spicy taste is offset. However, among the various kinds of *Bap*, *Ssalbap* has the highest carbohydrate ratio(About 80%). In addition, the color of *Ssalbap* is jade color(White) revered by the Korean people, and the size of its grain is large and soft enough to be called *Daemi*(大米), so *Ssalbap* is considered the best. (In Northeast Asia, rice with thick grains was called Daemi, compared to Somi(小米). such as Italian millet, millet, and sorghum. -Heo 2013, 332.) Therefore, it can be said that the development of fermented food and the Nutritional balance were the main factor for *Ssalbap* becoming a staple.

3) Development of the Watery Food and Action of Adding Flavor

In Korea's food culture, there is a tradition that Koreans like to eat hot or warm food and a lot of food. In addition, Koreans enjoy *Guk*(Soup), *Tang*(Mainly Meat Soup), and *Jjigae*(Stew). Therefore, the food culture of Koreans is characterized by the development of *Seupseong* food(濕性, Food that contains a lot of water) along with *Onsik*(溫食, Warm Food) and *Daesik*(大食, Eating Large Amount Portion).(Bae 1991, 155 : Bae 1996, 18.) That food culture has become a factor making *Ssalbap* a staple. In this study, the food containing a lot of water, such as *Guk* and *Tang*, is named 'Watery food'.

Watery food includes the following: *Guk*(Soup), *Gom-tang*(Beef Soup), *Seolleong-tang*(Beef Soup), *Yukgae-jang*(Meat and Vegetable Soup), and *Maeun-tang*(Fish Soup), etc. That food is usually cooked by cutting and chopping food such as meat, fish, tofu, and vegetables, etc. into appropriate sizes, and then seasoning them. Next, all the prepared ingredients are boiled with a large amount of water. The ingredients used in each of the food vary according to individual tastes. Other watery food, *Kimchi-Jjigae*(Kimchi Stew) and *Deonjang-jjigae*(Soybean Paste Stew) are also cooked similar to *Tang* and *Guk*, but the difference is that the amount of water is smaller than *Guk*. Korean's watery foods also include food such as *Dongchimi*(A kind of kimchi containing a large amount of water) and *Nurungji* made by pouring water in the rice-cooker, which has lightly burned grains, and boiling them. For this reason, the proportion of watery food in Korea reaches 80-90%(Kim 1994, 206), and the use of spoons is high unlike China and Japan.

It can be said that it is natural that the watery food, which make up the mainstream of Korean food, and its development, has been a factor for *Ssalbap* becoming a staple. In Korean food culture, *Seolleong-tang* and *Gukbap* are usually served with *Ssalbap*. A lot of Koreans eat them by putting a lump of *Ssalbap* into the soup and then scooping the *Ssalbap* with a spoon after stirring and loosening it. So, compared to other food, *Tang* and *Gukbap* do not need much chewing and can be eaten quickly. Therefore, Koreans can easily eat *Tang* and *Gukbap* as if they were drinking water. Koreans describe eating like this as '*mal-a-meok-neun-da*'. For this reason, most of *Bap* used in *Tang* and *Gukbap* is *Ssalbap*, not *Boribap*(Barley Rice) or *Japgokbap*(Boiled-Rice made from Minor Cereals). This is because only the grains of *Ssalbap* are easily loosened and soft in the broth, and can be easily swallowed after chewing a few times. However, *Bap* cooked with various minor cereals such as barley, brown rice, and soybeans is difficult to eat like *Ssalbap* because it is hard to chew, and not easily loosened in the broth. Therefore, only the soft grains of *Ssalbap* go best with food such as *Tang* and *Guk*.

Along with that, the Japonica-type rice has an appropriate amount of sticky ingredient, so its sticky ingredient is naturally dissolved when the grains of *Ssalbap* are put in broth. As a result, the broth of soup not only thickens, but also enhances the taste. In addition, the surface of grains is also softened, so the grains absorb a little broth, and they are expanded appropriately within a short time. (The starch grains of rice flour are not only the smallest among grains, but also very soft because the amount of starch reaches 90%. -McGee 2011, 729.) That phenomenon leads to the same effect as seasoning food. This is because almost all the grains of *Bap* in the broth of soup absorb the salty and savory taste of the broth. As a result, the taste of *Bap* and soup is improved. That is 'Action of Adding Flavor' created by the combination of the watery food and *Ssalbap*.

It can be said that a similar result happens in stew(*Jjigae*). The 'Action of Adding Flavor'(*Pungmi-jakyong*) of *Guk* occurs inside the bowl, but the *Jjigae* takes place in the mouth. This is because the unique taste of *Jjigae* seeps into the grains of *Bap* in the mouth while eating one spoonful of *Bap* and another spoonful of *Jjigae* repeatedly. Of course, that phenomenon can be said to occur not only in *Jjigae*, but also in various other foods. However, unlike other foods, *Jjigae* contains a lot of water, so it is easy to swallow *Bap* like *Guk*. For that reason, *Ssalbap* goes best with *Jjigae* because *Ssalbap* is soft and does not need to be chewed much. Such 'Action of Adding Flavor' does not occur so easily in a short time with *Bori-bap* or *Japgok-bap*. This is because the kernels of the grain are hard and not easily chewed. Especially in the case of waxy rice(*Chalbap*), most of the grains of rice stick together, so even if they go into the broth, they hardly come loose. For this reason, only *Ssalbap* harmonizes well with food such as *Guk* and *Jjigae*. Therefore, it can be said that the development of the watery food was a factor in *Ssalbap* becoming a staple.

2. *Socio-Economic Aspects*

1) Efforts to Increase Food Production and Achieving Self-sufficiency in Rice

Just as *Songpyeon* spread widely as a food representing *Chuseok* along with the self-sufficiency in rice in the late 1970s, (Kim 2018, 217) *Ssalbap* was also able to develop into a staple food as many Koreans ate it from around this time. Before the 1970s, many Koreans suffered from severe food shortages due to a shortage of not only rice but also other grains such as barley, as indicated by the saying '*Bori-gogae*.' According to data from the 〈National Archives〉 of Korea, the number of households that ran out of food during the *Bori-gogae* was 430,000 households(as of 1960), basing on the government statistics, and more than 900,000 households according to the estimates of agricultural experts. (National Archives of Korea, Major food production projects.) This means that 1 out of 5 households suffered from severe food shortages in 1960 considering the total number of households in Korea was 4.36 million. (National Statistical Office, 'Census'.)

The food shortage was similar in the previous period, and in the case of the Joseon Dynasty, the common food for the ordinary people was *Bori-bap*(Barley Rice), *Japgok-bap*(Minor Cereals Rice), and *Chogeun-mokpi*(Grass Roots and Bark).(Bok 2007, 722.) Such phenomena are confirmed through literary records. *Seongho Seonsaeng Jeonjip*[星湖先生全集](Complete works of Verses and Essays) was worried about the food shortage and wrote the following: 'what to eat in the spring when the rice and barley run out'. *Jeungbo Munheonbigo*[增補文獻備考](A Book That Summarizes Pre-modern Korean Institutions and Cultures) recorded that about 1.56 million people starved in Jeolla Province alone as a result of a great famine in 1671. (Oh 2010, 247.) In addition, *Takjiji*[度支志](A Book on Takjibu(Hojo), which was in Charge of Finance and Other Affairs) (Summary in gwon 1) wrote the following: 'the production of rice fields was only 57 million *Seok*, so the shortage was 3 million *Seok* in 1786.'(Oh 2010, 253.)

During the Japanese occupation period, there was a particularly serious shortage of rice. Japan took rice produced in Korea out of the country, and in 1930, 5.43 million *Seok*(During the Japanese occupation period, one *Seok* weighed 144 kg. -Chung 2008, 317), which was about 40% of the total production, were taken out. As a result, the annual per capita consumption of rice at that time was only 57 kg. That is about 2.4 times lower than in 1978, when Korean rice consumption peaked. (Refer to [Table 2, 3])

The rice shortage was very different from region to region as shown in the record of *Imwon Sipyukji*[林園十六志](An Agricultural Book) that 'the people in the south cook *Ssalbap* well, and the people in the north cook *Jobap* well', so it was more difficult of the foodization of rice in island regions, as well as in minor cereals farming regions such as Gangwon-do and Hamgyeong-do. In this regard, *Sesi Pungsok*(Gyeongbuk region, 657) also reported that 'a maiden in Ulleungdo gets married without eating less than one *Doe*(A unit of volume, about 1.8 liters) of rice until she is 20 years old.'

[Table 2] Annual Rice Production and Consumption of Rice and Barley

Year	Rice		Barley
	Production (10 thousand tons)	Annual consumption (per person/kg)	Annual consumption (per person/kg)
1965	350	121	50
1970	394	136	37.3
1974	444	128	39.9
1975	467	124	36.3
1976	521	120	34.7
1977	601	126	28.5
1978	580	135	18.1
1985	563	129	4.6
1990	561	120	1.6
1995	469	107	1.5
2020	363	58	1.4

*Sources: National Archives -Food production statistics / National Statistical Office -Grain consumption survey

[Table 3] Rice Production, Shipping out and Consumption during the Japanese Occupation Period(K *Seok*= 1,000 *Seok*)

Year	1912	1915	1921	1926	1930
Production /K *Seok*	11,563	14,130	14,882	14,773	13,511
Shipping out /K *Seok*	2,910	2,058	3,080	5,429	5,426
Remaining /K *Seok*	8,658	12,072	11,802	9,344	8,085
Annual Consumption per capita/*Seok*	0,772	0,738	0,675	0,533	0,451

Estimated Population /K people	16,840	17,330	18,090	19,330	20,240
Annual Consumption as a Percentage of the Population / kg	74	100	94	70	57

*Sources: Park, Gyeong-suk. 2009. "Movements and structure of the population of Joseon Dynasty during the colonial period(1910-1945)". Korean Population Studies 32-2: 29-53, p.32. ; Calculation of rice consumption per population by using data from OhmyNews September 16, 2019, 'The truth of rice production expansion plans and rice extortion'.

In order to overcome the shortage of rice and grains, Koreans introduced advanced farming methods of Gangnam, China since ancient times, and did not neglect national efforts. Koreans also implemented policies such as farmland creation, reclamation, and installation of irrigation facilities. (Gwon 199, 597-599 : Kang 2000, 112.) In particular, since the 1960s, the Korean government has actively promoted food production projects such as land clearing, reclamation, and land improvement at the national level, double grain price system, the food consumption saving campaigns, new varieties development, agricultural mechanization projects, and cultivation technology development. At that time, in order to achieve self-sufficiency through the increase in rice production, the government implemented the double grain price system from the end of 1960s, in which rice was purchased at a high price during the harvest season and sold at a low price to consumers. Also, in the early and mid 1960s, about 110,000 hectares of land was reclaimed and 4,000 *ha* of wetlands were developed as agricultural land. The Korean government also focused on supplying new varieties of rice, and in 1971, 'Tongil Rice' was developed by Heo, Mun-hoe, which hybridized Japonica and Indica-type varieties. Compared to the conventional rice production of 400kg per 10a, Tongil Rice was able to harvest up to 624 kg. (Kim 2008, 406.) With the above-mentioned pan-governmental efforts, Korea was able to achieve more than 100% rice self-sufficiency in 1976. As a result, Koreans'consumption of rice per capita reached 135 kg in 1978. Therefore, it can be said that Koreans' efforts to increase rice production and achieve self-sufficiency in rice became the basis for *Ssalbap* becoming a staple.

2) Improvement of Economic Power and Fall in Rice Price

The *Ssalbap* becoming a staple was also affected by the improvement of economic power, falling domestic and foreign rice prices, and the government's freeze on rice purchase prices since the end of the 1970s.

The Korean government promoted the five-year economic development plan seven times from 1962 to 1997. The second plan, which began in 1967, promoted the modernization of the industrial structure, food self-sufficiency, and laying the foundation for the advancement of the industrial structure. After that, the 3rd plan was carried out from 1972, and efforts were made to achieve an independent economic structure and achieve self-sufficiency of main grains. (National Archives of Korea, Five-Year Economic Development Plan in Records.)

As a result, Korea's per capita income was $1,720 in 1979 when the 4th economic development plan was completed, which was 9.6 times higher than $178 in 1968, the beginning of economic development. This improvement in economic power helped Koreans purchase rice, which was relatively expensive compared to other groceries, and as a result, it can be said that improvement of economic power contributed to *Ssalbap* becoming a staple. (National Statistical Office, consumer price survey.)

In 1968 and 1979, the government's purchase price of fall rice was KRW 4,200 and KRW 36,600, respectively, based on 80kg. This is because it shows this the rate of increase in national income per capita(9.6 times) during this period is higher than the rate of increase in rice prices(8.7 times).

In addition, at the end of the 1970s, Southeast Asian countries such as India and the Philippines also, like Korea, became able to produce high yields of rice and improved self-sufficiency, resulting in a decrease in domestic and overseas rice prices. (Lee Ho-jin 1998, 221.) As a result, in 1970, Koreans purchased 80 kg of rice at about 7.9% of their annual income per capita, but in 1978, they were able to purchase it at about 4.4% of their annual income, making the purchase and consumption of rice easier than before. Therefore, it can be said that the popularization of *Ssalbap* has also improved significantly.

[Table 4] National Per Capita Income and Trend of Purchase Price of Fall Rice

Year	Per Capita Income / US Dollar(KRW)	Purchase Price of Fall Rice / KRW
1968	178(56,400)	4,200
1970	258(88,000)	7,000
1974	565	15,760
1975	613	19,500
1976	830	23,200
1977	1,053	26,600
1978	1,464(682,000)	30,000
1979	1,720(862,000)	36,600
1985	2,427(2,112,000)	60,530
1990	6,602	76,720
1995	12,522	91,380

2010	23,118(26,730K)	90,320
2020	31,881(37,620K)	143,600

*Based on 80kg and second-class rice(grain)
*Sources: National Statistical Office(https://kosis.kr) ; Lee, Ho-jin(1998), "Consequence and Reflection of High-Input and High-Yielding Technology in Rice Culture", For 50th Anniversary GSNU, p.222. ; Ministry of Agriculture, Food and Rural Affairs(https://www.mafra.go.kr.)

3. *Perception and Value Aspects*

1) Expansion of the Use of and Pursuit of *Ssalbap*

Faith(religion) is one of the humanistic and social factors that influenced the dietary culture. (Shin and Jeong 2008, 278.) Therefore, Buddhism and Confucianism introduced from foreign countries, including Korean indigenous beliefs, became a factor in bringing about changes in Korean food culture. For example, due to the influence of Buddhism introduced in Samguk(Three Kingdoms) period and which prospered greatly during the Goryeo Dynasty, Korean food culture, along with the taboo of meat eating, changed into the vegetable-centered foods such as *Namul*(Edible Grass or Leaves) and *Dujang*(豆醬, Soybeans and Soy Sauce), etc.

Among those beliefs, *Seongrihak*(性理學, A School of Confucianism) and indigenous Korean beliefs influenced *Ssalbap* becoming a staple through offerings used in their rituals. This is because those beliefs were based on the following world-view and values: The world is maintained and operated by *Ingwa-eung-bo*(因果應報, Punitive and Justice), 'All deities pay the price they eaten if they eat, and pay the price not eaten if they not eat', (Kim and Hwang 1988, 222) and a man should do the *Bobon-bansi*(報本反始, Repaying One's Ancestors.)

A lot of Koreans devoted themselves to these religious beliefs to practice these values, and at this time, rice was used as a way to show their sincere devotion and hospitality to deities and ancestors. This is because before rice self-sufficiency was realized, *Ssalbap* was a special and precious food that was difficult to eat in daily life. According to the ***Mangi Yoram***[萬機要覽](A book on Military Administration and Finance), the price of the rice was around 5 Nyang(A Currency Unit of the Joseon Dynasty) per a *Seok*(A grain sack woven with straw to contain grains) based on Gyeonggi-do in the late Joseon Dynasty. (In 1794, one Seom of rice was worth five Nyang. -Jeong 2010, 262, Footnote 17 ; During the Joseon Dynasty, one Nyang was worth about 30,000 won. -Chung 2008, 318.) That price was worth that of two *Seok* of barley or salt, and 2.5 *Seok* or so of soybeans or red beans. As much that, rice was a very precious grain, and *Ssalbap* made from rice was recognized as a high-quality food for the upper class to such an extent that there was a saying, '*Hayanibape gogitguk*(white *Ssalbap* with meat soup)'. (Bok 2007, 722.)

Accordingly, in rituals such as memorial service and *Gosa*(A Ritual of Folk Beliefs), etc., *Tteok*(Rice Cake), and *Cheongju*(Rice Wine), which are made from the *Ssal*, were used as indispensable sacrifices. In addition, *Ssalbap* was used in shamanic rituals for ancestors and the dead, (Kim et al. 2011, 198-199) and there were many families offering rice as a sacrifice even on holidays such as *Chuseok* and the New Year's Day. *Ssalbap* is still served with seaweed soup as food for mothers who gave birth and people celebrating their birthdays.

The use of *Ssalbap* like this has greatly raised the value and status of rice, and in this background, a desire to eat precious *Ssalbap* every day may have sprouted. Therefore, it can be said that the Koreans' desire to eat *Ssalbap* as daily food, in other words, pursuit of rice, which is offered to deities and can only be eaten on special days, has been a factor in making *Ssalbap* a staple. This desire was realized along with achieving self-sufficiency in rice and improving economic power.

2) The Excellence of Rice and the Efficiency of Cultivation

Rice has a variety of nutrients, such as protein, lipids, calcium, phosphorus, iron, riboflavin, and niacin(mg), etc. along with carbohydrates. The composition ratio of rice ingredients is about 80% carbohydrates, 6.5% protein, and about 1% fat, etc. based on white rice. (Lee et al. 2008, 252.) In particular, rice contains a higher content of the essential amino acids(lysine) than that of wheat and corn. In addition, the usefulness of protein is 73%, which is significantly higher than that of wheat or other minor cereals. Also, rice does not contain wheat gluten, which can cause digestive disorders, and contains unsaturated fatty acids. (Shin 2009, 3.)

For that reason, rice(i.e. any kind of rice) is consumed as the staple food by about half of the world's population, and Asian people in the rice culture, including Koreans, get more than half of the energy needed and more than 20% of needed protein from rice. (Kim et al. 2005, 122.) The excellence of rice as a food can also be seen in the perception in *Jibong Yuseol* [芝峯類說](An Encyclopedia.) The book states the following: 'The word 'Gok'(穀, Grains) contains the word 'Hwa'(禾, Rice plant), which means the plant of rice, and the energy(氣) and the spirit(精) of people also come from that rice.' Since *Ssalbap* is made from rice with such nutrition and meaning, it can be said that *Ssalbap* contains all the benefits of rice.

The taste of *Ssalbap* is closely related to the content of

amylopectin and glutamic acid. Although there are differences depending on the varieties, non-waxy Japonica-type rice contains about 80% of amylopectin, so its taste is excellent. (Kim et al. 2005, 124-127.) Therefore, since taste and consumer preference are the core of food, it can be said that the fact that *Ssalbap* is delicious and an excellent source of nutrition has been a factor in making *Ssalbap* a staple food.

In addition, it can be said that the cultivation efficiency of rice, which is possible to cultivate in rotation and combined cultivation with grains such as barley, is also related to the development of rice.

Yunjak(輪作, Rotation Cultivation) refers to cultivating different crops in rotation on the same land every year, and combined-cultivation refers to cultivating two crops or more on the same land according to seasons per year.

Before development of fertilization, the Korean people principally used these methods. (Lee 2004, 45.) By the way, the rice introduced from abroad could be grown in rotation cultivation with the existing grain such as soybeans or in combination cultivation with barley. This is because the rice was a summer crop and the barley was a winter crop. Additionally, soybeans fertilized the soil because they fixed nitrogen in the air into the ground. (Seong and Lee 2007, 75.)

For that reason, a lot of Korean people cultivated rice and barley in paddy fields, and the barley and soybeans in fields by using the rotation and combined-cultivation methods. As a result, it was possible to produce food throughout the year, and to increase grain production. Therefore, the crop rotation and combined-cultivation were the elements that promoted *Ssalbap* becoming a staple.

IV. *Climatic and Geographical Aspects*

Minor cereals such as *Gijang* and *Jo* grow well in poor land and low rainfall conditions. However, rice requires high temperatures and large amounts of water. As well as major rice-producing regions such as China, India, Indonesia, Vietnam, and the Philippines, India's Assam and China's Yunnan, which are believed to have propagated paddy rice farming to the Korean Peninsula have high temperature with a lot of precipitation.

Despite the cultivation conditions of rice vary depending on the variety, the rice requires more than 3,000 degrees of heat accumulation and 1,200 mm of rainfall per year. (Kang 2000, 70.) In addition, the most suitable site for rice cultivation is the alluvial plain in the river basin with the average temperature of 17 to 18 degrees or higher during the growing period of about 150 days. (Yoon 2001, 73.)

The summer climate of the Korean Peninsula is almost identical to that which is necessary for the cultivation of rice. This is because the average annual rainfall in the Korean Peninsula is 1,300mm, and precipitation is concentrated during the summer months, from June to August. During the summer in Korea, the amount of precipitation is 840mm. In addition, the average annual temperature of the Korean Peninsula is about 12 degrees Celsius, but the temperature in the southern region is higher due to the geographical characteristics of the peninsula. In particular, the average temperature in the southern part is 25 degrees Celsius in August. It can be said that the climate of the Korean Peninsula, especially in summer, is suitable for paddy rice farming.

In addition, rice shows the characteristic that the cultivated variety varies according to the altitude above sea level.

According to a study by the Chinese Academy of Agricultural Sciences, the distribution regions of Japonica and Indica were clearly distinguished according to the elevation above sea level. In the case of Yunnan in China, the Indica area is below 1,750 meters above sea level and the Japonica area is above 2,000 meters, the two varieties crossed in the middle. (Wian 2005, 84.) Also, in the case of Guizhou, the distribution of the two varieties was divided into those below 1,400 meters and above 1,600 meters. (Yoon et al. 2000, 101.) It shows that Indica varieties are suitable for cultivation in low altitude and high temperature areas, and Japonica varieties in opposite areas. Through this, it can be observed that 'due to the ecological characteristics of rice to adapt to the environment, rice grown from the same ancestor has settled as Indica in Southeast Asia and southern China, and as Japonica in Korea and Japan'. (Yoon 2001, 130.)

Therefore, it can be said that the geographical characteristics and climate of the Korean Peninsula, located on a peninsula and in Northeast Asia, became the natural background of the development of Japonica rice. On the one hand, this also means that it was not suitable for wheat cultivation, which was disadvantageous to the development of foods such as bread and noodles.

V. Conclusion

The Korean people, who share Korean culture including South and North Korea, eat rice as a daily food. The rice is Japonica-type, which is different from Indica commonly consumed in Southeast Asia. The rice is also non-waxy in terms of ingredients.

This study investigated the background of why Koreans choose *Mepssal*(non-waxy rice) and developed it as a staple food. Through this investigation, this paper wanted to help find and maintain the identity of Korean culture in the era of globalization and multicultural society, while also providing answers to questions about Korean food culture.

This paper consists of 4 chapters. In the second chapter, the various types of rice, the introduction of rice to the Korean Peninsula, the meaning of rice to Koreans, and the timing of rice becoming a staple food are presented. *Ssalbap* was used almost as an essential food for celebrations as well as for various rituals, and in some regions and classes including islands it was a very precious food that could not be eaten on a regular basis. It can be said that *Ssalbap* has been started to establish as the staple food since the late-1970s as many Koreans began to eat it as a daily meal due to the achievement of self-sufficiency in rice and the improvement of economic power, etc.

In chapter 3, the conclusion of this study, the developmental backgrounds of *Ssalbap* as a staple are presented by dividing into food culture and socio-economic aspects, perceptions of rice and climatic and geographical aspects. Above all, it can be said that rice as a staple food derived from the food preference of the ancient Korean people who were familiarity with and preferred non-waxy grains, ('artificial selection') along with the self-sufficiency in rice. The development of fermented foods such as kimchi and soybean paste, as well as watery foods such as soup, also became a background. This is because those foods and *Ssalbap* not only harmonize with each other but also enhance the taste of food. In addition, the climatic and geographic environment of the Korean Peninsula, which was more suitable for cultivation Japonica than Indica, became also a factor. ('natural selection') The perception and value of *Ssalbap* that Koreans had, who regarded rice as a precious food offered to deities and ancestors and the craving and effort of Koreans who tried to eat it in their daily life can also be said to be a factor in the development of *Ssalbap*.

Since then, *Ssalbap* can develop into a staple as many Koreans eat it at the end of the 1970s thanks to the Korean government's efforts to increase rice production, achieving self-sufficiency in rice, falling domestic and foreign rice prices, and improving economic power.

This paper may be meaningful in that it is actually the first study of *Ssalbap* as the staple food of Korea. The paper looks forward to follow-up studies on the deficiencies, and it is expected that this study will increase interest in Korean food culture.

REFERENCES

Primary Sources

Geumyang Japrok[衿陽雜綠](An Agricultural Book)

Goryeo Dokyeong[高麗圖經](A Travel Story about Goryeo). gwon 23.

Goryeosa[高麗史](book 59)

Haengpoji[杏蒲志](An Agricultural Book)

Imwom Sipyukji[林園十六志](An Agricultural Book). Jeongjoji.

Jeungbo Munheonbigo[增補文獻備考](A Book that Summarized Pre-modern Korean Institutions and Cultures)

Jibong Yuseol[芝峯類說](An Encyclopedia). gwon 19.

Mangi Yoram[萬機要覽](A Book on Military Administration and Finance). Jaeyongpyen.

Ministry of Agriculture, Food and Rural Affairs(www.mafra.go.kr)

National Archives of Korea(https://theme.archives.go.kr/)

National Institute of Agricultural Sciences(http://www.naas.go.kr/)

National Research Institute of Cultural Heritage, ed. 2001. *Sesi Pungsok*(Seasonal Customs) Gyeonggi region. Seoul: National Research Institute of Cultural Heritage.

National Research Institute of Cultural Heritage, ed. 2002. *Sesi Pungsok*(Seasonal Customs) Gyeongbuk region. Seoul: National Research Institute of Cultural Heritage.

National Research Institute of Cultural Heritage, ed. 2003. *Sesi Pungsok*(Seasonal Customs) Jeonnam region. Seoul: National Research Institute of Cultural Heritage.

National Statistical Office(https://kosis.kr)

Nongjeng Hoeyo[農政會要](An Agricultural Book)

Rural Development Administration(http://www.rda.go.kr/main/mainPage.do).

Sanrim Kyeongjae[山林經濟](A Book on Daily Life and Agriculture). gwon 1.

Seongho Seonsaeng Jeonjip[星湖先生全集](A Complete Collection of Verses and Essays). Samduhoe Si Seo in gwon 52.

Songseo[宋書](A History Book about the Song Dynasty in China)

Takjiji[度支志](A Book on Takjibu(Hojo) Which was in Charge of Finance and Other Affairs During the Joseon Dynasty)

Secondary Sources

An, Seung-mo. 1999. *Asia jaebae-byeo-ui giwon-gwa bunhwa*(Origin and Differentiation of Rice Cultivated in Asia). Seoul: Hakyeon Munhwasa.

Bang, Min-kyu. 2018. "A Study on Korean People's Origin Based on Biological Anthropology." *The Journal of Humanities and Social science* 9, no.3: 1211-1226.

Bae, Young-dong. 1991. "In search of the prototype of Korean culture:(2) Our spoon". *Hanguk Nondan*(Monthly magazine) vol. 26: 147-175.

Bae, Young-dong. 1996. "The food-cultural characteristics and significance of the Sujeo(spoon and chopsticks)". *Munhwajae*(Korean Journal of Cultural Heritage Studies) 29: 211-232.

Bae, Young-dong. 2002. "Tradition and Change of Ethnic Cuisine through the Doenjang". *Hanguk Minsokhak*(Korean Journal of Folk) 35: 51-78.

Bok, Hye-ja. 2007. "The Literary Investigation On Types and Cooking Method of Bap(Boiled Rice) During Joseon Dynasty(1400'~1900')". *KOREAN J. FOOD CULTURE* 22(6): 721-741.

Cheon, Gwan-u. 1976. "Samgukji Hanjeonui Jaegeomto(A review of Korean records in the historical book Three Kingdoms". *Jindanhakbo* 41: 1-45.

Chung, Yeon-sik. 2008. "The relatives value of unhulled rice & polished rice and the method of indicating their quantity since Chosun Dynasty". *Yeoksawa Hyensil*(Korean Journal of History Study)(69): 293-321.

Gangseoilho. 2003. *Ssal-ui pum-jil-gwa mat*(The Quality and Taste of Rice). Translated by Gu, Ja-ok et al. Rural Development Administration.

Gu, Seong-ja, and Kim, Hui-seon. 2007. *Sae-rop-ge Sseun saegye-ui eum-sik-munhwa*(Newly Written Food Culture of the World). Seoul: Gyomunsa.

Gwon, Yeong-guk. 1999. "A review of the history of agricultural productivity in the Goryeo Dynasty". *The Review of Korean History*(58.59): 591-606.

Heo, Moon-hoe et al. 1986. *Byeo-ui yujeon-gwa yukjeong*(Rice Genetics and Breeding). Seoul National University Press.

Heo, Tak-un. 2013. *Jungguk munhwa-sa sang*(Chinese Culture History, the first). Translated by Lee, In-ho. Seoul: Chenjiin.

Hong, Keum-soo. 2003. "A Diffusion of Transplanted Rice Varieties in Colonial Korea". *Journal of Korean Geographical Society* 38(1): 48-69.

Jang, In-yong. 2017. *Saesang-eul baggun ssi-at*(Seeds Changed the World). Seoul: Dareun.

Jang, Myeong-ho. 2014. "Look over Kordan paste in Civilization Studies". *Mun-myeong Yeonji*(Korean Journal of Civilization Study) 15(1): 119-137.

Jeong, Eun-jin. 2010. "A study of Seongho Lee ik's Samduhoe(A Study on the Meeting of Soybeans Food Sharing, Samduhoe, made by Lee Ik)". *Journal of Dong-ak Language and Literature* vol. 55: 253-281.

Jeong, Hye-kyeong. 2017. *Chaeso-ui inmun-hak*(The humanities of vegetables). Seoul: Ttabi.

Jo, Yeong-eon. 2004. *Hangukeo eowonsajeon*[Korean etymology dictionary].

Busan: Dasom.

Joo, Young-ha. 2007. "Red Pepper and Spiciness : A Study on Trend towards Spiciness in Northeast Asia". *Bikyo Minsokhak* (Korean Journal of Folklore Study) 34: 123-153.

Kang, Hee-kyoung, An, Dae-hoan, and Park, Yong-jin. 2003. "Agronomic Characteristics of Korean Landrace in Rice". *Korean Journal of Organic Agroculture* 11(3): 77-92.

Kang, In-hi. 2000. *Hanguk-ui sik-seanghwal-sa* (Korean Dietary Life History). Seoul: Samyeongsa.

Kim, Chen-jung. 1994. "A Study on the Characterization and Representativeness of Korean Traditional Food". *Jeontong Sanghak-yeongu* (Korean Journal of Traditional Commercial Science) 7: 193-217.

Kim, Gi-deok et al. 2011. *Hanguk jeon-tong-munhwa-ron* (Korean Traditional Culture Theory). Seoul: Book Korea.

Kim, Gi-hong. 1993. *Sae-rop-ge Sseun Hanguk go-dae-sa* (Newly Written Old History of Korea). Seoul: Yeoksa Bipyeongsa.

Kim, Rae-young, Kim, Chang-soon, and Kim, Hyuk-il. 2009. "Physicochemical Properties of Non-waxy Rice Flour Affected by Grinding Methods and Steeping Times". *JOURNAL OF KOREAN SOCIETY OF FOOD SCIENCE AND NUTRITION* 38(8): 1076-1083.

Kim, Sang-bo, and Hwang, Hae-sung. 1988. "A Study on the Sacrificial Rite Food of Korean Traditional Religion: Primitive Ethnic Religion". *KOREAN J. DIETARY CULTURE* 3(3): 219-243.

Kim, Tae-ho. 2008. "New Rice 'IR667'(Tongil) and the New Epoch of Korean Agronomy". *Journal of the Korean Society for History of Science* 30(2): 383-416.

Kim, Wan-su, and Shin, Mal-shik. 2005. *Jori-gwahak-mit won-ri* (Cook Science and Principle). Seoul: Life Science.

Kim, Yong-kab. 2017. "A Study on the Developmental Background of Korean *Me-pssal-tteok*(Non-waxy Rice Cake)". *Journal of Asiatic Studies* 60(4): 39-74.

Kim, Yong-kab. 2018. "A Study on the Developmental Background of *Songpyeon* as a Representative Food of *Chuseok*". *JOURNAL OF HUMANITES* 75(2): 185-223.

Lee, Chunn-nyeong et al. 1984. *Hanguk gwahak-sa*(Korean Science History). Seoul: Seoul newspaper.

Lee, Gwang-Ho. 2010. *Ingan-gwa gihu-hwangyeong*(Human and Climate Environment). Seoul: Sigma press.

Lee, Gyeong-ae et al. 2008. *Sikpunghak*(Food Science). Seoul: Power book.

Lee, Ho-jin. 1998. "Consequence and Reflection of High-Input and High-Yielding Technology in Rice Culture". *For 50th Anniversary GSNU.*

Lee, Seong-woo. 1995. *Hanguk sikpum-sahoe-sa*(Korean Food Society History). Seoul: Gyomunsa.

Lee, Yeong-gu, and Yu, Byeng-gyu. 2004. "The study of Population and Agricultural Productivity of the Early Choson Dynasty". *Nongeop-sa Yeo-ngu*(Korean Journal of Agriculture History) 3(2): 39-59.

McGee, Harold. 2011. *Eumsik-gwa yori*(On Food and Cooking). Translated by Lee, Hui-Gun. Seoul: Baeknyeonhu.

Moon, Su-jae, and Son, Kyeong-hee. 2001. *Sik-saenghwal-gwa munhwa*(Di-etary Life and Culture). Seoul: Singwang.

Oh, Ki-soo. 2010. "Provincial Population and Farmland in the Joseon Dynasty and Analysis of Tax Burden". *Saemu-hak Yeongu*(Korean Journal of Tax Study) 27(3): 241-277.

Park, Gyeong-suk. 2009. "Movements and Structure of the Population of Joseon Dynasty during the Colonial Period(1910-1945)". *Korean Population Stud-ies* 32-2: 29-53.

Park, Tae-shik, and Lee, Yung-jo. 2004. "Origin of Early domesticated Rice in Korea Excavated by Unhulled Rice(Oryza sativa L). Grains(15,000BP) from Sorori Site". *Nongeopsa Yeongu* (Korean Journal of Agricultural History) 3(2): 119-132.

Korean Rice Research Society. 2010. *Byeowa Ssal* (Rice plant and Rice). Seoul: Hangukbangsongdaehakgyo Chulpanbu.

Seong, Rak-chun, and Lee, Chul. 2007. *Ingan-gwa sikryang* (Human and Food). Seoul: Korea University Press.

Shin, Jung-Jin. 2012. "A study on the etymology of "ice lexicon" in Yeongyeong je Jjeonjip(硏經齋全集)". *Dong-asia Munhwa Yeongu* (Korean Journal of East Asian Culture) 52: 83-118.

Shin, Mal-shick. 2009. "Rice - Processed Food". *Food Science and Industry* 42(4): 2-18.

Shin, Mee-kyung, and Chung, Hee-chung. 2008. "Comparative Study on Seasonal Festival and Food Culture among the Korea, China and Japan". *Dongasia Siksaeng-hwal Hakhoe-ji* (Korean Journal of East Asian Dietary Life) 18(3): 277-293.

Sinoda Osamu. 1995. *Jungguk eumsik-munhwa-sa* (Chinese Food and Culture History). Translated by Yoon, Seo-seok et al. Seoul: Mineumsa.

Song, Hyea-suk. 2015. "A Consideration How to Improve Culture Related kimchi, through Literature Search". *Journal of Korea Culture Industry* 15(3): 115-125.

Wian, Ri 苑利. 2005. *Dojak-munhwa-ro bon hanguk-munhwa-ui giwon* (-Origin and Development of Korean Culture in Rice Cultivation Culture). Translated by Choe, Seong-eun. Seoul: Minsokwon.

Yoon, Seo-seok et al. 2000. *Byeo·japgok·chamggae jeonpa-ui-gil* (Propagation Road of Rice plant· Coarse Grains· Sesame). Seoul: Singwang.

Yoon, Seo-seok. 2001. *Uri-nara siksaenghwal munhwa-ui yeoksa* (History of

Korean Food Culture). Seoul: Singwang.

Yun, Deok-no. 2011. *Sin-ui seonmul bap* (God's Gift Boild Rice). Seoul: Cheongbori.

Keywords

Korean dialects, designation as the intangible cultural properties, intangible cultural heritage, Korean standard language, Korean cultural properties

Measures to Preserve Korean Dialects as Intangible Cultural Heritage

-Focusing on Cultural Property Designation and Standard Language Policy-

Kim, Yong-kab

A lot of dialects (local accents) of Korea retain local characters, life history of the Korean people, and the etymology of indigenous languages. In addition, a number of dialects become important data for examining the formation and history of the Korean people and culture. For that reason, dialects have sufficient value as cultural property (heritage). However, due to the standard language policy, etc., a lot of people are reluctant to use those dialects. This is because those dialects are recognized as languages used by uneducated people in the countryside. As a result, some dialects have already died out, or many are in danger of disappearing. Accordingly, it is required a plan which is to preserve dialects and make Korean language enrich by increasing the use of unique dialects of local areas.

As ways to that, it is necessary to designate dialects as an intangible cultural property, and to abolish the standard language policy or to introduce multiple standard language systems. For this purpose, it is necessary to amend related laws such as the 〈Cultural Heritage Protection Act〉 and the 〈Intangible Cultural Heritage Act〉, etc. For example, through the amendment of the 〈Cultural Properties Protection Act〉, the local community should be recognized as a transmission entity. In addition, the concept and use of the term 'intangible cultural heritage' in a broad sense instead of 'intangible cultural properties' should be accommodated in laws related to cultural properties. In particular, succession and conservation measures, which are centered on the typical type rather than the original cultural heritage type are also required.

Keywords

mugwort rice cake (*Ssuk-tteok*), *Surichwi-tteok*, *Dano*,
Jeolsik (the representative food of traditional holidays), exorcising wickedness

The Identity of *Dano* and the Background of the Development of Mugwort Rice Cake (*Ssuk-tteok*) as the Representative Food of *Dano*

Kim, Yong-kab

The purpose of this study is to investigate the background of why Koreans chose mugwort rice cake (*Ssuk-tteok*) and developed it as a representative food in *Dan-o* along with finding the identity of *Dano*.

Dano is a traditional holiday to prepare and pray for a healthy summer rather than the farming-related. That is because most customs of *Dano* are to eliminate misfortune and to pray for blessings and health. In addition, this identity of *Dano* is supported by the fact that around *Dano* is not only a busy farming season, but also the beginning of a summer. For those reasons, *Ssuk-tteok* was made as the representative food of *Dano*.

Surichwi-tteok is generally spoken as the representative rice cake in *Dano*. But it came from the misrepresentation of '*Suluichwiae* (戌衣翠艾)' meaning of the blue mugwort of *Dano*. *Surichwi* grows only in high mountains, and the rice cake made from *Surichwi* is appeared in only a few regions such as Gangwon province in Korea. On the other hand, mugwort is native to all parts of the Korean Peninsula and it is used as an ingredient for rice cakes. Therefore, the representative food of *Dano* is *Ssuk-tteok*.

The developmental backgrounds of *Ssuk-tteok* were came from the tradition of Balhae people making *Ssuk-tteok* on *Dano*, and the ancient Korean's tradition using mugwort for praying happiness, health, and eliminating misfortune, etc. Achieving self-sufficiency in rice also served as a background for the development of *Ssuk-tteok*.

Keywords

Jeolsik (the representative food of traditional holidays,
New Year's Day, *Dongji* (winter solstice), *Patjuk* (red bean porridge)

The Appearance Frequency of the Traditional Holidays' Representative Food(*Jeolsik*) in Jeonnam Region

Kim, Yong-kab

The purpose of this study is to find the holidays with a high frequency of appearance of *Jeolsik*, food representing the holiday among Korean traditional holidays. Through this, the importance of holidays perceived by people in Jeollanam-do was examined.

For this purpose, this study used a book, '*Seasonal Customs* -Jeonnam area', which recorded customs from traditional times to modern times, as a main source of data. It was high in the following order that the appearance frequency of tradition holidays' representative food(*Jeolsik*) in Jeonnam region(22 cities and counties-66 survey areas). The order is *Dongji*(winter solstice's day), *Chuseok*, and lunar New Year's Day. In all Jeonnam regions, *Patjuk* or an alternative *Jeolsik*, *Aedongji-tteok*, was prepared to celebrate *Dongji*. In 9 out of 10 regions in Jeonnam, *Chuseok* and New Year's Day were respectively celebrated with *Songpyeon* and *Tteokguk*(rice cake soup). That means that *Dongji* is most widely celebrated as traditional holidays in terms of the appearance frequency of *Jeolsik* in Jeonnam.

In addition, it can be said that the high appearance frequency of *Dongji* was influenced by the custom of the ancient Korean people to use the month of the winter solstice as the first month of the new year, along with the shamanic beliefs that worshiped the sun.

Keywords

Korean traditional holidays, *Songpyeon*,
household labor, aging society, gender equality

Directionality of the Manner to Celebrate Korean Traditional Holidays

Kim, Yong-kab · Park, Hye-gyeong

The purpose of this study is to resurrect the unique holiday celebration manner of the Korean people and maintain and inherit the fading traditional holidays' culture. That is because, prior to the current manner of celebrating the holidays, the Korean people have a tradition of commemorating the holidays mainly with simple food. Such a food-centered holiday celebration manner has the advantage of reducing the burden of excessive household labor, as well as solving problems such as gender inequality.

Accordingly, the study suggested that one of the appropriate celebration holiday ways is to omit the ritual and cerebrate holidays with a representative food-centered. Such directionality is persuasive in that the Korean people's unique holidays celebration manner was based on food as shown in *Ogokbap* (the five-grain rice, *Chalbap*) of *Daeboreum*, *Patjuk* (red bean porridge) of *Dongji* (the winter solstice). The ancient Korean people celebrated Holidays with that the food-centered manner preceding '*Charye*'. That manner is practiced even today by many Koreans.

It is hoped that the study will help reconsider the paradigm of holiday celebration and relieve stress and excessive household labor caused by the traditional holidays.

Keywords

non-waxy rice, *Mepssal-tteok*, *Songpyeon*,

Korean culture, the Korean people

The Background of the Development of *Mepssal-tteok* (Non-waxy Rice Cake) in Korea

Kim, Yong-kab

Mepssal-tteok (non-waxy rice cake) refers to rice cakes made from *Mepssal* (non-waxy rice) of the Japonica-type. This *Mepssal*, the material of that rice cake, contains higher amylopectin than Indica-type non-waxy rice. Because of that, this rice has a little stickiness. There are *Baekseolgi*, *Garaetteok*, *Songpyeon*, *Jeolpyeon*, *Ssuktteok*, and *Kong-pattteok*, etc. in the representative *Mepssal-tteok*s.

It can be said that the Korean people have eaten *Mepssaltteok* since B.C., due to the paddy-rice farming introduced from abroad.

The development of *Mepssal-tteok* is based on the ease of processing that can make a lump shape by the sticky component of *Mepssal* and the ancient Korean people's preference for *Meseong* (non-waxy characteristics). Ecological characteristics of non-waxy rice with high yield and genetic superiority, the Korean Peninsula climate suitable for growing Japonica-type rice, the sentiments and values of the ancient Korean people who revered white color and were negative about waxy rice, and the development of seasonal customs (*Sesipungsok*), etc. also belong to the backgrounds of the development of *Mepssal-tteok*.

This book is compiled together in Korean and English,
and this page is the last in English.

한글과 영어가 함께 묶인 책으로,
이 페이지는 한글의 마지막 페이지입니다.

The Developmental Background and Characteristics of Korean Culture

한국 문화의 발달 배경과 특징

김용갑 Kim, Yong-kab · 박혜경 Park, Hye-gyeong 지음

The Developmental Background and Characteristics of Korean Culture

한국 문화의 발달 배경과 특징

김용갑 Kim, Yong-kab · 박혜경Park, Hye-gyeong 지음

어문학사

한국 문화의 발달배경과 특징

초판 1쇄 발행일 2022년 01월 28일
지은이 김용갑·박혜경
펴낸이 박영희
편집 박은지
디자인 어진이
마케팅 김유미
인쇄·제본 제삼인쇄
펴낸곳 도서출판 어문학사
서울특별시 도봉구 해등로 357 나너울카운티 1층
대표전화: 02-998-0094 / 편집부1: 02-998-2267, 편집부2: 02-998-2269
홈페이지: www.amhbook.com
트위터: @with_amhbook
페이스북: www.facebook.com/amhbook
블로그: 네이버 http://blog.naver.com/amhbook
다음 http://blog.daum.net/amhbook
e-mail: am@amhbook.com
등록: 2004년 7월 26일 제2009-2호

ISBN 978-89-6184-968-5(93910)
정가 26,000원

일러두기

본책은 한글과 영어가 함께 묶인 책이다..

목차

한국 문화의 발달 배경과 특징

김용갑 · 박혜경 지음

어문학사

서 문

누군가 쌀밥에 김치를 먹고 추석이나 설날 등의 명절을 쇤다면 아마도 그는 한국인이거나 한국 문화를 공유하는 한민족(韓民族)일 것이다. 이 책은 한국의 대표적인 몇몇 문화 현상들에 대해 답을 제시하기 위해 쓰였다. 예컨대, '왜 한국인들은 일상의 음식으로 빵이나 국수가 아닌 쌀밥을 먹게 됐는가?', '김치에는 왜 색상도 붉고 그 맛도 매운 고추를 넣게 됐는가?' 등과 같은 물음에 답을 하고 있다. 또한 추석의 송편과 동지의 팥죽 등과 같은 그 명절의 대표 음식인 절식(節食)이 발달한 이유에 대해서도 답을 제시하고 있다. 따라서 이 책은 한국의 문화를 계승하고 공유하는 남한과 북한의 국민은 물론, 해외의 동포들을 위한 자문화(自文化) 교양도서라고 할 수 있다. 또한 세계화와 다문화 시대를 맞아 한국에 대해 알고자 하는 세계인들에게는 한국 문화의 길라잡이가 될 수 있을 것이다.

그렇다면 왜 한국 민족은 쌀밥과 김치를 발달시켰을까? 이 책은 그 이유 중의 하나로 신에게 바치는 귀한 멥쌀밥(메)을 일상의 음식으로 먹고자 했던 한국 민족의 바람과 이를 이루기 위한 노력의 결과물이라고 보았다. 또한 4백여 년 전, 고추가 외래에서 전래됐을

무렵, 고추는 먹으면 죽을 수도 있다는 독성의 식물로 인식됐으나 한국 민족은 이미 맛과 색상 면에서 고추와 유사한 천초(川椒)를 식용하는 문화가 있었기에 이 고추의 김치 수용이 가능했음을 밝혔다. 이 책은 이처럼 한국 문화의 몇몇 궁금증에 대한 답을 한국의 여러 문화 현상과 사회·경제, 종교 등의 유기적 관계 속에서 찾는 것은 물론, 동아시아의 문화적 교류와 민족의 이주, 식물적 특성, 그리고 한반도의 기후 등과 같은 다양한 측면의 고찰을 통해 제시했다.

이 책을 통해 살필 수 있는 한국 문화에 대한 흥미로운 내용은 다음과 같다.

- 쌀은 한국 민족의 탄생과 한국 문화를 형성시킨 근간 중 하나다.
- 쌀밥과 한국 명절을 대표하는 일부 절식의 대중적인 식용 시기는 1970년대 이후다.
- 추석은 농사의 수고로움을 마친데 대한 감사이며, 송편은 풍년을 기원하는 의미다.
- 단오를 대표하는 절식은 쑥떡이며, 단오떡의 명칭은 와전에 의해서 수리취떡으로 불리게 됐다.

- 한국 명절(속절)의 전통적 기념 방식은 의례가 아닌 음식(절식) 위주다.

이들 내용 중 한민족의 고유한 명절 지내기 방식이 의례(차례) 중심이 아닌 간소한 음식 위주라는 것은 현재 음식과 함께 의례 중심으로 행해지는 명절과 제사를 지내는 방식을 대체할 수 있는 적절한 방향성을 살피게 한다. 더 나아가 간단한 음식 위주의 명절 축하 방식은 명절의 가사노동을 줄일 수 있는 하나의 해답이 될 수 있을 것이다.

책의 구성은 국내 학술지에 발표된 논문 6편과 아직 발표되지 않은 논문 2편으로 이뤄졌다. 한국 문화에 대한 궁금증의 답을 해외 독자들에게도 알린다는 차원에서 미발표 논문 2편은 영어와 한국어로 각각 작성됐다.

풍속은 지역을 달리하면 같지 않고(百里不同風, 大同小異), 의례의 방식과 예절은 집집마다 각자의 고유한 방식이 있는 것이기에(家家禮), 한국 문화에 대한 궁금함의 답은 여러 개일 수 있다. 그럼에도 이 책이 한국 문화의 발달배경과 문화의 특징을 이해하는 데 도움

이 되고, 보다 설득력 있는 답을 찾아가는 하나의 이정표가 되었으면 하는 바람이다.

끝으로 졸고를 흔쾌히 책으로 출판해주신 어문학사 윤석전 사장님을 비롯한 관계자 여러분에게 감사의 인사를 드린다. 연구 작업을 묵묵히 응원해준 가족과 함께 출판의 기쁨을 나누고자 한다.

2022년 1월의 어느 겨울날 아침에

김용갑 · 박혜경

목차

주제어

추석, 송편, 풍년기원, 세시풍속, 쌀 자급, 제례

추석 대표 음식으로서 송편의 발달 배경

김용갑

본 연구는 한국인이 추석 명절의 대표 음식으로 송편을 선택해 발달시킨 배경을 규명하는데 목적이 있다.

송편의 발달은 한국인의 전통 농경의례에서 비롯됐다. 한국인들은 농사가 진행되는 동안 일정한 과정이 마무리되면 이에 감사하는 간략한 의례를 지내는 전통을 갖고 있었다. 이 의례에서는 간단한 음식을 차리고 조상과 신에게 감사하는 한편, 힘든 농사일을 담당한 일꾼들을 격려했다. 송편은 이 의례에 쓰인 음식 중 하나였다. 이런 배경에서 송편은 가장 성대하게 치러지는 농경 감사의례인 추석의 음식으로 쓰였고, 현재와 같은 추석의 대표 음식이 됐다.

송편은 이 밖에 다음과 같은 배경에 의해 추석의 대표 음식으로 발달했다. 그 배경으로는 송편을 풍년 기원의 상징물로 여긴 한국인의 인식, 쌀의 자급자족 달성, 농촌 인구의 도시 이주, 추석 명절 문화의 전국적 확산, 그리고 송편과 같은 떡을 귀하게 여기고 제물로 사용한 유교 의례의 전통 등을 들 수 있다.

송편은 이상과 같은 배경들이 종합적으로 작용해 1970년대 중반 이후 추석의 대표 음식으로 자리 잡기 시작했다.

본 연구가 세계화와 다문화시대, 한국의 명절과 전통 음식문화를 이해하는 데 도움이 되길 기대한다.

Ⅰ. 서론

추석과 설날은 한국의 2대 명절이다. 이 중 음력 8월 15일의 추석은 벼 수확과 관련해 동북아시아의 쌀 문화권 국가에서 한국만이 기념한다. 한국인들[1]은 추석을 맞아 송편을 빚고 햅쌀과 햇과일 등의 음식으로 '차례상'을 차려 추석을 쇤다. 추석을 기념한다는 것은 이처럼 그 형식면에서 음식 마련과 차례 의례의 시행으로 요약된다. 추석에 마련되는 음식 중 송편은 추석의 대표 음식이며, 이를 추석의 절식(節食)[2]이라 한다.

본 연구는 추석의 많은 음식과 여러 떡 중에서 왜 송편이 추석을 대표하는 음식으로 선택되고 발달됐는지를 규명하는데 목적이 있다. 송편을 차리는 추석의 성격이 무엇이고, 이 같은 떡을 마련해 지내는 추석이 언제부터 한국인 대다수에 의해 기념됐는가를 살펴보고자 한다.

'추석 대표 음식으로서 송편의 발달 배경'이라는 문제 제기는 많은 사람들에 의해 송편이 우리 민족의 고유 명절인 추석에 빚어지는 오랜 전통의 떡으로 인식되고 있지만, 불과 150여 년 전의 세시기에도 송편은 추석 음식으로 기록돼 있지 않고, 심지어 현대의 세시풍속 조사에서도 추석에 차례를 지내지 않거나 송편을 빚지 않는 지역이 상당수에 달하기 때문이다. 특히 추석이 추수감사제의 성격이라면 왜 한국인들은 벼 수확을 목전에 둔 시기에 이 같은 축하의례를 행하며, 추석이 위치하는 음력 8월은 쌀의 수요와 공급 측면에서 쌀이 가장 귀한 시기에 속한다는 점에서 쌀을 주재료로 한 송편을 빚는 게 합리적 풍속인지에 대한 의문에서 출발한다.

이에 본 연구는 한민족이 추석의 시기를 '음력 8월 15일'로 고정한 배경과 추석 기념의 주된 목적이 추수감사제인지 또는 농공감사제이거나, 아니면 이들 모두이거나 다른 이유가 있는지를 살펴, 한국 추석의 성격을 규명하고, 더 나아가 추석이 대다수 한국인에 의해 언제부터 폭넓게 기념됐는지, 즉, 추석의 '대중화시기'[3]를 살피고자 한다. 이를 통해 송편이 추석의 대표 음식으로 발달된 배경과 함께 추석의 한글 이름으로 '보름'도 있음을 제시하고자 한다.

본 연구는 이의 규명을 위해 중국 및 한국 관련 고문헌(역사서, 세시기, 문집, 농서, 조리서 등)과 (근)현대의 『세시풍속』(10편)을 주요 자료로 활용하고, 역법, 농업, 중국문화사 관련 자료와 현대의 연구 결과물을 논의에 사용했다. 특히 논의의 다양성을 위해 토종곡물의 수확시기, 쌀 수확량, 인구 이동 등과 같은 인접 학문분야를 적극 수용했다.

본 연구는 음식인문학적 측면에서 한국의 전통 명절을 탐색하고 국내 처음으로 송편이 추석의 대표 음식으로 발달한 배경과 추석의 대중화시기를 규명했다는 점에서 연구사적 의의가 있을 것이다.

현재, 본 연구의 소재 및 주제와 유사한 논저의 결과물은 「한국 멥쌀떡 발달배경」(김용갑, 2017)으로 김은 송편과 그 주재료 면에서 같은 종류인 멥쌀떡이 메성의 잡곡문화와 멥쌀의 가공 용이성 등에 의해 발달됐음을 밝히고 있다. 본 연구는 김의 주장 일부를 수용했다. 명절 및 떡과 관련된 연구들은 다음과 같다. 하수민과 채미하는 각각 '한국 명절의 역사와 휴일의 변동 연구' 및 '신라의 오묘 제일과 농경 제일의 의미'를 통해 추석의 기원과 성격에 대한 규명 작업을 시도했다. 하수민(2016)은 설과 추석의 차례와 성묘는 조선시

대 가례에서 연원을 찾을 수 있다며 이들 명절은 사중월 사시제의 의의를 공유한다고 주장했다. 하의 주장은 가례에 의한 사시제가 확대되기 전 고려의 '대부사서인제례(大夫士庶人祭禮)'와 조선의 『경국대전』에 의해 사중월의 제례 등이 법제화됐다는 점을 살피게 한다. 채미하(2015)는 신라가 8월 15일 등의 제사를 중국에서 받아들였지만 신라는 농경과 관련한 시간관념 안에서 운용했다고 밝혔다. 채의 주장은 추석이 시기적으로 제사 대상의 곡물 수확시기와 맞지 않는다는 점에서 본 연구의 결과와 차이가 있어 보인다. 임재해(2013)는 「세시풍속의 변화와 공휴일 정책의 문제」, 「단오에서 추석으로-세시풍속의 지속성과 변화」를 통해 공휴일 지정으로 추석과 단오 문화권으로 대별되는 한국 지역의 명절 쇠기가 일부 지역의 명절이었던 추석 중심으로 변화하고 있다며, 지역 명절 회복 및 남북한의 문화 동질성 획득 등을 위해 단오도 공휴일화해 명절로 부활시켜야 한다고 주장하고 있다. 임의 주장은 경북 내 안동지역 추석 문화의 특이성, 추석이 문헌 기록상으로도 이미 19세기 후반 한양을 제외한 전국적인 명절이었고, 공휴일 지정 역시 고려시대 이래 현재에 이어지며, 북한에서도 추석을 최대 명절로 기념하고 있다는 점을 고려할 때 본 연구와 차이가 있다. 김인희(2014)는 한국 추석과 중국 중추절의 기원에 관한 한중의 논쟁을 소개하며 중국 중추절의 기원이 신라의 8월 15일 명절일 가능성을 제기했다. 이 제기는 신라 가배절이 달 감상이라는 기록이 12세기 『삼국사기』에도 나타나지 않고 진나라 이전의 배월행사와 위진 시대 중추절 달구경 풍속이 있었다는 주장[4]을 상기시킨다. 노성환(2011)은 일본의 추석은 '오봉'이 아닌 '츠키미〔月見〕'로 현재는 달구경 중심이지만

원래 수확제와 조령제적 성격이 강하고, 일본 추석이 달제사인 반면 한국 추석은 조상숭배와 밭작물의 수확제였다고 주장했다. 노의 주장은 추석 음식으로서 토란의 지역적 출현이 한정적이고, 수확량이 미미한 토란을 위해 왜 한민족이 명절로 기념했는지에 대해 설명을 필요로 한다. 권오영(2010)은 조선시대 후기 『경국대전』의 관혼상제 법적 구속력이 상실되고 『가례』의 4대봉사가 일반적으로 행해졌다며 추석 등의 제사는 유교의례의 의식 절차 등을 많이 따랐지만 근본적으로 한국 고유의 명절에서 전승됐다는 의견을 제시했다. 권의 지적은 추석의 내용적 측면에서 본 연구의 결과와 맥을 같이 한다. 양금평(2010)은 중국의 추석이 달 제사인 반면 한국은 조상숭배라는 차이를 제시했다. 양의 주장은 본 연구와 궤를 같이 하지만 한국 추석의 주요 목적인 햇곡식 천신을 담고 있지 않다. 최인학(2008)은 한국 세시풍속의 정체성을 밝히기 위한 한국인의 시간관에 대한 연구 등이 필요함을 지적하고 있다. 조후종(1996)은 한국 명절을 시대 순 정리와 함께 추석의 절식은 햇곡식으로 만든 떡과 술, 과일이란 의견을 제시하고 있다. 조의 주장은 문헌기록과 부합하지만 현재 풍속으로서 왜 추석 송편인가에 대한 답은 담고 있지 않아 본 연구의 필요성을 보여준다. 이종미(1992)는 한국 떡 출현의 역사를 고고학적 자료와 함께 의례와 세시 등으로 나눠 제시하고 있으며, 이효지(1988)는 조선시대의 떡을 문헌별로 살펴 198종을 제시하고, 떡의 종류를 만드는 방법에 따라 '빚는떡' 등 4종류로 분류하고 있다.

본 연구와 관련된 분야별 주요 단행본은 다음과 같다. 먼저, 세시풍속 및 떡과 관련, 장주근(2013)은 한국 세시풍속의 특징과 유래

를 소개했으며, 총 10권의 『세시풍속』(2001-2003)은 현대와 피조사자의 기억 속에 존재하는 한국(근·)현대의 세시풍속을 폭넓고 상세하게 제시하고 있다. 또한 송편을 비롯한 떡 자료를 지역별, 세시별로 비교적 상세히 담아, 한국 음식문화사 연구의 자료 부족을 채워주고 있다. 선희창(2010)과 김내창(1998)은 북한의 명절을 중심으로 한국 세시풍속과 떡을 소개했다. 역법과 관련, 샤오팡(2006)은 중국의 역법과 세시풍속의 변천을 담아 고대 한국 명절 형성의 이해를 제시했다. 한국과 중국의 농업 및 음식문화와 관련, 허탁운(2013)은 한국 농경과 밀접한 중국 농업의 발달을 고대 문명지역과 발굴 유물로 보여주고 있고, 주영하(2011)는 음식문화를 인문학적 관점에서 소개하고 있다. 위안리(苑利)(2005)는 한반도의 수도작이 중국 동남방에서 전래했음을 밝혔으며, 윤서석(2001)은 한민족의 식생활문화를 선사부터 조선시대까지 통시적으로 고찰해 송편의 쓰임새를 살피게 한다. 곡물과 관련, 왕런샹(2010)은 중국 곡물 재배의 역사와 세시풍속을 담았으며, 박철호 외(2008)와 성락춘 외(2007)는 한국 재배곡물의 파종과 수확시기 및 곡물 전파의 역사를 상세히 기술하고 있다. 왕과 박의 자료는 천신과 농공감사 측면의 추석에 대한 시각을 제공한다.

Ⅱ. 송편의 추석 음식화

1. 송편의 유래와 추석 음식화

송편은 멥쌀가루를 주재료로 해 끓는 물로 반죽한 다음, 덩이를 납작하게 펴 콩, 깨 등의 소를 넣고 반원 형태로 접어서 쪄낸 빚은 떡이다. 떡 중에서는 공정이 복잡하고 정성이 필요한 고급 떡에 속한다. 명칭은 솔잎을 깔고 찐다는 의미에서 비롯됐으며, '송편(松鯿)', 송병(松餠)과 함께 '엽발(葉餑)', '엽자발(葉子餑)' 등으로도 나타난다.[5]

현재 반타원형으로 만드는 송편이 언제부터 빚어지고 어떻게 만들어졌는지 그 유래는 발견되고 있지 않다. 그런데 반죽을 넓게 펴 소를 넣고 감싼 다음,[6] 솔잎과 함께 찌는 형식임을 고려할 때, 만드는 과정과 끝 부분의 각이 진 반원형 형태는 곡물 가루를 나뭇잎으로 감싸 찌는 '각서'(角黍)[7]류 또는 주악[8]에서 비롯된 것으로 보인다. 이는 『임원십육지』에 송편 모양이 조각떡[角餠, 주악]과 같고, 크기를 손가락 마디만하게 만들기도 하며, 작은 떡 3~5개를 큰 떡 소 안에 넣기도 한다는 기록과[9] 함께 송편의 다른 이름이 '엽발(葉餑)'로 나뭇잎을 의미하는 데서 뒷받침된다. 또한 주악의 경우, 그 모양과 만드는 방식이 송편과 비슷하지만 작게 만들어지고 떡의 윗부분을 장식하는 웃기용으로 사용됐기 때문이다. 이와 함께 '송병'이란 명칭이 문헌에 등장하기 이전, 각서류의 떡이 빈번하게 출현하는 것도 한 근거가 될 수 있다.[10] 따라서 송편의 유래는 음식을 나뭇잎에 싸서 가공하는 방식에서 기원해 나뭇잎 대신 곡물 반죽을 사용하는

주악 형태의 떡으로 빚어지다가 작게 빚어 기름에 튀기는 주악과 크게 빚는 송편 형태로 나눠 정착한 것으로 보인다.[11]

이 같은 송편의 명칭과 유래는 송편이 추석음식으로서 태동한 것이 아닌, 떡의 한 종류가 종교적, 농경 문화적 요인으로 인해 여러 의례 등과 함께 추석 음식으로도 수용됐음을 살피게 한다.

다음으로, 송편의 반원 또는 원형 형태는 『삼국유사』의 기록에서 유추되듯[12] 달을 형상화한 것으로 초승달에서 보름달로 성장하는 모습을 본떠, 생산성의 향상과 풍년을 상징하고 기원한 것으로 이해될 수 있을 것이다. 『열양세시기』는 "쌀가루로 만두 모양의 떡을 만든다"고 기록하고 있으며,[13] 『임원십육지』는 "모양과 크기가 서로 다르고 남당(南唐)의 만두를 빚는 방법처럼 만들기도 한다"고 소개하고 있다.[14] 이어 『동국세시기』와 『한계유고』에는 각각 "둥근 옥의 절반모양"[15] 및 '반달 모양'[16]으로 나타나고 있다.

이를 통해 19세기 초의 송편은 크기가 다르고, 그 형태의 일부는 만두(둥근 형태 추정)에 가까운 떡이었으며, 최소 19세기 중엽 이후 반달 형태가 확산됐음을 살피게 한다. 이는 온달(둥근 모양) 형태의 송편을 보고하고 있는 『세시풍속』 조사보고서에 의해서도 일부분 뒷받침된다. 강원도 속초의 경우, "이북 이주민들은 만두형태의 반달"로, "원주민은 그냥 동그랗게" 송편을 빚고 있으며,"[17] 경북 경산과 청도도 반달과 온달 형태의 송편을 빚고 있기 때문이다.[18]

송편과 관련한 기록은 17세기부터 찾아진다. 『성소부부고』「도문대작」(1611)에 봄철 시절 음식으로 '송병(松餠)'이, 『상촌집』에는 유두일(6월 15일)에 송편을 빚어 선물한다는 구절이 등장한다. 또한 『택당집』에는 "등석일(사월초파일)에 송편을 올린다"는 기록이, 『요

록』(1680)에는 한글 명칭(송편)이 처음으로 나타난다. 이어 『승정원일기』[19]는 "어가가 화전동을 지나니 백성들이 송병 2기(器)를 올렸다"는 기록을 싣고 있다. 이처럼 송편의 쓰임새는 봄철 시식, 선물, 간식, 세시 절기의 절식 용도와 함께 추석과 제례의 음식,[20] 그리고 농사일꾼의 격려와 감사의례 등에 쓰였으며, 심지어 아들 낳기를 기원하는 민간신앙의 제물로도 사용됐다. ([표1] 참조.)

[표1] 송편〔松餅〕 관련 주요 기록과 쓰임새

시기	문헌명	내용	쓰임새
1611년	『성소부부고』「도문대작」[21]	松餠	봄철 시식
17세기 초	『상촌집』 제10권, 시, 유두일제	松餠餽鄕鄰	유두일
1680년경	『요록』	송편	
1740년께	『성호사설』 권4 만물문(萬物門)	松葉爛蒸者爲松餠	제례
1816년	〈농가월령가〉	숑편	추석
1827년경	『임원십육지』		기자(祈子)
1849년	『동국세시기』 2, 8월 풍속	賣餠家造早稻松餠	2월 노비일, 8월 세시
1864년	『운양집』 4권, 시	葉餑	추석

다음으로 송편이 추석 음식으로 쓰였음을 보여주는 자료는 1816년 정학유가 경기도 마현에 머물며 지은 것으로 보이는 〈농가월령가〉에서 찾아진다. 이 가사의 8월령에 '오려송편'이란 명칭이 등장한다.[22] 또한 서울지방의 전승 민요인 〈떡타령〉에도 2월 한식 송병과 함께 8월 가위 '오려송편'이 나타나고[23] 『운양집』(1864)에는 "송편〔葉餑〕이 그 절기의 음식"이라고 기록돼 있다.[24] 이는 19세기 초

이후에는 지역에 따라 송편이 추석 음식으로 사용됐음을 살필 수 있다. 그런데 19세기의 『동국세시기』에는 송편이 등장하지 않는다. 『동국세시기』는 8월중 풍속으로 "떡을 파는 집에서는 올벼(일찍 수확한 쌀)로 송편(오려송편)을 만들어 판다"고 기록하고 있다.[25] 18세기 말 쓰인 『경도잡지』[26]도 송편은 2월 1일 머슴날(노비일)에 만드는 풍속으로 소개하고 있으며, 1936년 실시된 『중추원 풍속조사서』도 "(2월 1일) 도시와 시골의 각 가정에서는 성대하게 송편을 빚으며"라고 적고 있다.[27] 이는 최소한 1930년대까지 송편이 한반도 전역 또는 모든 계층의 일반적인 추석 음식이 아님을 살피게 한다. 추석날 마련되는 명절음식이라면 송편이 이들 모두의 기록에 빠질 수 없기 때문이다. 그런데 추석은 고려시대부터 잔치하는 풍속을 갖고 있었으며,[28] 19세기 무렵에는 설날과 함께 2대 명절이었다. 『오주연문장전산고』는 "지금 풍속에 나라 곳곳의 양반과 상민, 일반사회를 막론하고 상원을 대망, 추석은 한가회라 한다"고 밝히고 있다.[29] 『동국세시기』(1849)와 『운양집』(1864)은 추석을 농가의 중요한 명절로 소개하고 있다. 이어 『매일신보』(1917.9.19.일자)는 "추석은 오려송편에 햅쌀로 술 담아 선영에 제사하고 즐겁게 노는 명절이다"는 기사를 게재하고 있다.[30] 이를 통해 기록상 최소 19세기 초 농촌 및 일부 양반을 중심으로 송편이 추석 음식으로 쓰였지만 명절로서 추석의 기념은 이 시기에 이르러 한반도 여러 지역과 계층으로 확산됐음을 살필 수 있다.

송편이 추석 명절의 음식으로 대중화된 시기는 "빨라야 1970년 초 텔레비전을 보고 추석에 송편을 만들었다"는 전남 여수시 초도 조사 자료와[31] "추석을 명절로 여기기 시작한 것은 산업화 이후"라

는 『세시풍속』 조사[32]에서 찾을 수 있다. 『세시풍속』[33]은 남한 172개 시·군 중 태백, 마산, 해남, 서귀포 등 최소 41개 시·군의 일부 지역에서 추석날 송편이 나타나지 않고[34] 거제, 곡성, 울주 등 8개 지역에서는 추석에 송편 대신 다른 떡을 만들고 있음을 보고하고 있다.[35]

이를 통해 송편의 추석 음식화는 1970년대 이후, 쌀 자급의 실현과 함께 산업화에 따른 농어촌인구의 도시이주, 대중매체의 발달, 그리고 핵가족화 등과 같은 사회변화에 의해 송편이 전국적으로 알려지면서 추석 음식으로 확대됐음을 살피게 한다. 따라서 송편의 추석 음식화 또는 명절 음식화 시기는 1970년대 이후라고 할 수 있을 것이다.

2. 추석의 성격

추석의 성격은 의례의 형식과 그 의례를 지내는 목적인 내용적 측면에서 살필 수 있다.

먼저, 음력 8월 15일의 추석 시기는 베짜기 경주가 끝나는 8월 15일에 이르러 승자를 대접하는 신라의 가배행사가 원천으로 작용했으며, 여기에 가락국의 수로왕 제사, 백제의 '사중지월(四仲之月)' 제사[36]가 기념일 시기의 고정과 추석의 의례형식, 조상숭배의 의미에 영향을 끼쳤다. 이후 8월 15일은 중국 문물 수용에 적극적이었던 신라의 특성에 힘입어 달 감상의 추석 문화를 받아들인 것으로 보인다.[37] 이는 고려시대 8월 15일의 명칭이 '추석'으로 나타나는 것에서 살필 수 있다.

다음으로 내용적 측면에서 추석은 새로 수확한 과일과 곡물을 조

상과 자연신에게 바쳐 감사를 지낸다는 점에서 천신제 성격의 추수감사제다. 이 같은 추석의 성격은 고구려의 '동맹', 예의 '무천', 그리고 마한의 '10월제'에 그 기원을 두고 있다. 이들 고대 3국의 세시풍속 행사가 모두 10월로 이는 한민족이 고대시기 재배한 곡물의 수확 후에 해당하기 때문이다. 고대 한국인들은 '5월에 밭일을 마치고 10월에 농사일이 끝나면'과 같은 마한기록에서 보이듯,[38] 공통적으로 10월에 하늘에 제사지내고 추수감사 축제를 행했다.

하지만 한국의 추석은 실제 내용적 측면에서 농공(農功)감사와 풍년기원의 성격이 강하다. 이는 추석이 기념되는 음력 8월 15일이 추석의 핵심 수확 곡물인 벼를 수확하기에는 이른 시기이자, 논농사를 마무리하고 기상 피해 없이 벼가 잘 수확되기를 바라는 시기이기 때문이다. 이 같은 추석의 성격 규명은 문헌 기록과 함께 한민족이 재배하는 곡물의 수확시기에 의해서 파악이 가능하다. 한반도에서 벼를 비롯한 콩, 기장, 보리, 밀, 조, 메밀, 수수, 녹두, 팥, 깨 등은 청동기시대부터 근래에 이르기까지 주요한 한국인의 식량자원이었다.[39] 따라서 한민족이 고대부터 재배한 주요 곡식의 파종과 수확시기를 파악할 경우 한민족이 고대시기 행했던 5월제와 10월제 등의 추수감사제 대상 곡물을 살필 수 있는 것은 물론, 추석의 성격 이해가 가능하다. 재배해 수확한 곡물이 천신의 대상이기 때문이다.

한민족의 주요 재배 곡물인 오곡은 3세기 이전의 경우, '마, 콩, 보리, 조, 기장',[40] 고려시대는 노란 색의 조와 검정색 기장, 검은 참깨, 보리, 밀, 그리고 조선시대는 쌀, 기장, 피, 보리, 콩(팥)이었으며,[41] 현재는 쌀, 보리, 밀, 콩, 조 또는 옥수수다. 이 중 쌀, 보리, 콩, 조, 기장은 조선 후기는 물론 근대까지 5곡의 위치를 점했다. 따라

서 추석에 천신하는 곡물은 쌀, 보리, 콩, 조, 기장이라고 할 수 있을 것이다.[42]

[표2] 한국의 시대별 5곡 작물

시대	5곡	시대	5곡
삼한시대	보리, 기장, 피, 콩, 참깨	조선시대	쌀, 보리, 콩, 조, 기장
고려시대	쌀, 보리, 콩, 조, 기장	근래	쌀, 보리, 콩, 옥수수, 밀

*〈출전: 성락춘 외(2007), 『인간과 식량』, 서울: 고려대학교출판부, p. 74.〉

이들 다섯 곡물의 수확기는 콩이 그루콩을 기준으로 중부가 10월 상~하순이며, 그루조는 10월 상~중순, 그루기장은 9월 하순~10월 상순, 보리는 5월 말~6월 중순, 그리고 벼가 9월 하순~11월 상순이다.[43] 이는 월동 작물인 보리를 제외한 4개 곡물의 수확기가 10월 상순으로 모아지고 있음을 보여준다. 따라서 추석이 추수감사제의 명절로 기념된다면 가장 적절한 시기는 10월 중순(음력 9월 중순)이 된다.[44] 이는 음력 8월 15일의 추석이 시기상 한민족이 경작한 곡물의 수확기보다 한 달가량 빨라 천신제의 추수감사제 명절로는 부적절함을 보여준다. 하지만 『삼국지』에 나타난 마한의 10월제나 고구려의 동맹(10월), 예의 무천(10월)과는 그 시기가 맞음을 살필 수 있다. 따라서 곡물의 수확시기보다 한 달가량 앞선 추석의 실제 내용적 성격은 최남선의 해석처럼 '힘든 농사를 마쳤다는 농공(農功)감사제'[45]에 더 부합하다고 할 수 있을 것이다.

추석의 성격 규명은 그 명칭에서도 찾아진다. 충남 공주시,[46] 논산시, 당진군, 부여군, 경상남도 고성군,[47] 남해군, 경기도 남양주시,[48]

강원도 철원군[49]의 일부 지역에서는 8월 15일을 '보름'으로 칭하고 있다. 또한 '설은 질어야 풍년이고 보름은 맑아야 풍년이다'의 속담은 날씨를 보고 한해의 풍년을 전망하는 속신으로 주로 정월 대보름과 8월 추석 보름에 행해진다. 정월 15일을 일반적으로 '대보름'으로 일컫는 점을 고려할 때, 이 속담의 보름은 '8월 15일'로도 이해할 수 있을 것이다. 이 같은 추석 명칭으로서 보름은 달의 상징성에서 나타나듯, 추석의 성격이 풍년 기원과 관계됨을 살피게 한다.

이상을 종합하면 한국 추석은 그 시기와 의례의 형태적 측면에서 가을의 중간 달인 8월 보름에 지내는 가배행사와 시조제사 등에서 유래했고, 그 내용은 고대시기 한반도 여러 국가에서 기념된 추수감사제 및 천신제가 그 기저에 깔려 있다고 할 수 있을 것이다.

III. 추석 송편의 발달 배경

1. 농공 격려와 감사 음식으로서의 전통

송편의 쓰임새 중 하나는 힘든 농사일에 대한 감사와 격려다. 이 같은 농공 관련 풍속은 음력 2월 1일 노비일을 비롯, 6월 15일 유두, 7월 7일 칠석, 그리고 7월 15일 백중과 복날에 행해졌다.[50]

먼저 한해 농사의 계획과 시작 시기인 2월 1일이다. 이날은 지역에 따라 노비일, 머슴날, 영등날, 일꾼의 날 등으로 불리며, 한해 힘든 농사를 앞두고 송편 등을 차려 일꾼들을 대접했다. 강원도 원주의 경우, 무병장수를 기원하고 가을까지의 힘든 농사일을 대비해

송편('나이떡')을 빚어 먹었다.[51] 홍천에서는 이날 일꾼을 대접한다는 의미로 송편을 만들고 옷 한 벌과 용돈을 주었다.[52] 특히 횡성에서는 일꾼들에게 하루 휴식을 주고, '좀생이떡'이란 송편을 빚어 농사의 큰 일꾼인 소에게 먹였다.[53] 또한 충북 충주에서도 일꾼들이 힘이 붙어 농사를 잘 짓도록 손바닥만 한 송편을 만들어서 대접했다.[54] 다음으로 한창 더위가 기승을 부리고 가장 힘든 농사철인 6월 15일을 맞아 농가에서는 논밭에 나가 농사가 잘되기를 기원하는 제사를 지냈다. 이날은 흐르는 물에 머리를 감는다는 유두(流頭)[55] 농민들은 시기적으로 농사의 가장 바쁘고 힘든 고비를 넘겼기에 하루 일하지 않고 쉬었다. 충북 영동과 청원에서는 송편과 밀전병을 준비해 논에서 풍년기원을 비는 고사를 지내고 일꾼들을 위로했으며,[56] 전북 정읍에서도 주민들이 농사일을 잠시 멈추고 술과 송편을 마련해 마을잔치를 벌였다.[57]

이 같은 농공 격려 성격의 송편 빚기 풍속은 음력 7월이 넘어가면서 농공 감사의 의미로 바뀐다. 7월이 되면 세벌매기가 끝나는 등 어느 정도 농사일이 마무리되고 곡식이 여물어 수확만을 기다리는 시기이기 때문이다. 이에 7월 칠석과 15일 백중[58], 그리고 7월 중의 복날 농가에서는 힘든 농사일이 큰 고비를 넘긴데 대해 일꾼의 노고에 감사하는 행사를 가졌다. 먼저, 7월 7일 칠석에 전남 장성과 전북 고창에서는 송편(고창군은 쑥개떡·쑥송편·시루떡) 등의 음식을 장만해 마을 잔치를 가졌다.[59] 이어 주로 백중날, 강원도 강릉에서는 세벌매기가 끝났다 하여 호미 씻기인 '세서회(세서연)' 행사를 동네잔치로 행했으며, 주민들은 꼬챙이에 낀 송편을 하나씩 돌리고, 큰상을 차려 지신밟기 등을 하며 하루를 놀았다.[60] 전남 장성에서는 이날(농부

날)은 농사일을 어느 정도 끝내고 논에서 발을 씻고 나오는 날이라 해 머슴에게 닭을 잡아줬다.[61] 경북 울진에서는 '소머듬 먹는다'하여 이날 송편 등을 만들어 여름내 일해준 일꾼들을 잘 먹였다.[62] 7월 중 복날에도 농공 감사의 송편이 빚어졌다. 경북 문경과 상주에서는 송편을 만들어 용제를 지내고 농사일을 하느라 수고한 일꾼들을 먹였다.[63] 특히 상주에서는 세벌 논매기가 끝나고 나면 일꾼들을 위로, 대접하기 위해 하루를 노는데 이것을 '풀꾸믹'이라 했다.[64]

이상에서 살필 수 있듯, 송편은 추석의 대표절식으로 자리 잡기 이전, 주로 벼 농사일에 애쓴 일꾼을 격려하고 감사하는데 쓰였다. 이는 추석 기념 의례가 벼농사 풍년기원 및 추수감사와 함께 농공감사제[65]의 성격에 기반하며, 의례 음식으로서 송편을 마련하고 있음을 고려할 때, 송편의 추석 대표 음식화는 이처럼 송편을 농공에 대한 격려와 감사의 음식으로 여기는 식문화의 전통 속에서 탄생했다고 할 수 있을 것이다.

2. 풍년 기원 및 상징음식으로서의 전통

송편은 그 모양이 반원 형태인 것에서 나타나듯, 달과 관련되며 달의 상징적 의미는 초승달이 차올라 만월이 되듯, 풍년과 다산이다. 이 같은 상징성은 추석음식으로서 송편 발달의 중요 배경이 됐다.

먼저, 송편을 차려 풍년을 기원하는 세시풍속은 정월 14일, 2월 1일, 유두, 그리고 7월 복날이다.[66] 음력 1월 14일, 강원도 평창에서는 그 해 농사가 잘 돼 곡식을 많이 거두기를 기원하며 '섬(송편)'을 빚어 먹었다.[67] 2월 1일, 경북 영덕에서는 송편 등을 마련해 한해 농

사가 잘되게 해달라고 영등제를 지냈으며,[68] 영천에서 이날 '섬떡'이라는 쑥을 넣은 큰 송편을 하나 빚었다. 섬떡 안에는 새알을 일곱 개 넣었으며, 이를 크게 세 개 만들어 각각 뒤주(두주)·조왕·성주에 갖다 놓고 1년 농사가 잘되기를 기원했다.[69]

한창 농사일이 바빠지고 벼가 성장하는 즈음인 유두일을 맞아 충남 금산과 충북 영동, 청원, 전북 진안과 무주, 경남 거창, 함양에서는 송편 등을 만들어 나락이 잘 여물고 풍년들라고 논에서 제사를 지냈다.[70] 이어 7월 복날에는 경북 예천의 경우, 송편을 준비해 참외밭에서 참외 농사의 풍년과 물 부족 예방을 위한 용제를 지냈고,[71] 상주에서는 세벌논매기 후 풍년 기원의 용제에서 송편을 가장 중요한 제물로 삼았다.[72] 이는 일 년 농사력 측면에서 송편이 추석에 앞서 풍년을 기원하는 의례 음식으로 쓰였음을 보여준다. 또한 출현 지역이 강원도를 비롯, 경북, 경남, 충남, 충북, 전북 등에 거쳐 광범위하게 분포하는 것으로 보아, 이 같은 풍년 의례의 송편 사용은 전통이었음을 살피게 한다.

다음으로 풍년기원 상징음식으로서의 전통이다. 송편의 모양은 달을 형상화 한 것으로[73] 성장과 흥함, 풍년 기원 등의 의미를 담고 있다.[74] 따라서 송편의 모양도 반달과 함께 온달 형태도 존재한다. 경북 경산의 경우 추석에 반달 송편을 미리 만들고 나중에 온달 떡을 만든다. 보름은 반달이 온달로 바뀐 것이기 때문이다. 그래서 반달 떡은 그릇 아랫부분에 놓고 그 위에 온달 떡을 올려놓는다.[75] 청도에서도 추석 송편으로 반달과 온달 떡을 빚으며,[76] 강원도 속초에서도 동그랗게 빚는 떡과 함께 만두형태의 반달모양으로 빚고 있다.[77] 또한 경남 함양에서도 유두날에 보름달 모양의 송편을 빚었

다.[78] 이처럼 송편은 그 모양이 반달과 함께 원형의 온달 형태로 빚어지는 것에서 나타나듯 달을 상징하고 있으며, 농사가 잘 되도록 지내는 제사에서 중요한 제물로 차려진다는 점에서 송편이 갖는 풍년기원의 상징성을 살필 수 있다.

송편이 풍년 또는 생산과 관련돼 있음은 속신에서도 나타난다. 송편을 예쁘게 빚으면 예쁜 자녀를 낳거나, 신랑을 만날 수 있고,[79] 바늘이나 솔잎을 넣은 송편으로 임신 중의 태아를 감별할 수 있으며,[80] 송편이 여성의 성기를 닮았다고 보는 믿음 등이 여기에 속한다.[81] 이들 속신은 소를 넣어 빚는 송편이 태아를 잉태하는 여성의 몸 구조와 비슷한 것은 물론, 대지에 씨를 파종하는 것과 닮았다는 인식에서 비롯된 것으로, 파종된 농작물의 풍요한 결실을 송편으로 상징화해 구체화한 것으로 볼 수 있다. 이 같은 송편의 풍년기원과 풍년 상징음식으로서의 전통은 송편이 추석의 대표 음식으로 발달하는 주요 배경으로 작용했다고 할 수 있다.

3. 빚는떡 숭상과 떡을 의례의 대표 음식으로 하는 전통

떡은 명절을 대표하는 절식이자, 생일이나 혼인, 환갑 등과 같은 경사는 물론,[82] 제례의 중요한 음식이다.[83] 그만큼 한국의 떡은 전래 음식 중 토착성과 전통성 및 보편성이 깊은 음식이다.[84] 이 때문에 전통시기 한국인들은 절기에 따르는 명절에 떡을 먹어야 명절을 쇠는 것 같다고 하여 떡을 만들어 먹기 위해 애썼으며,[85] 떡이 없는 명절은 생각할 수 없을 정도로 떡은 중요한 음식이었다.[86] 특히 제례에서는 떡 중에서도 고급 떡에 속하는 송편과 같은 빚는 떡류를 숭

상했다. 이처럼 떡을 의례의 대표 음식으로 여기는 전통과 빚는 떡을 숭상하는 유교의 제례 음식 전통이 추석 음식으로서의 송편 발달에 크게 기여했다고 할 수 있다.

먼저, 의례의 대표 음식으로서 떡은 통과의례의 경우, 백설기, 콩설기, 가래떡, 팥시루떡, 송편, 절편 등이 쓰였으며, 세시절기에는 가래떡, 수리취떡, 송편, 팥시루떡, 팥떡 등이, 그리고 고사와 굿 등과 같은 민간신앙과 무속의례에서는 백설기와 팥설기, 절편을 비롯, 송편 등이 올려졌다.[87] 민간신앙 의례의 경우, 정초 안택고사와[88] 6월 보름 유두제의 논고사[89] 등에서 송편이 사용됐다. 이를 통해 송편이 통과의례와 세시절기는 물론, 고사 등의 민간풍속에서도 폭넓게 사용됨을 살필 수 있다.

다음으로 제례에서의 송편 사용은 한국 유교의 전통에 바탕을 두고 있다. 『성호사설』은 제향의 풍속이 차츰 사치해져 18세기 중엽 무렵 제향에는 인절미를 쓰지 않고 가루떡인 '자고'를 쓰며, 그 한 종류에 송편이 있음을 기록하고 있다.[90] 즉, 송편은 조상 숭배를 최고의 가치[91]로 여기는 유교의 핵심 의례인 제례에서 숭상되는 떡이었다. 이 같은 풍속에 따라 가장 많은 정성과 시간이 소요되는 빚는 떡인 송편 등이 왕실의 전작례와 정조 다례 등에 사용됐으며,[92] 일반인의 제례에도 쓰였다.[93] 이는 차례가 낮에 지내는 간단한 제사 의례인 것에서 나타나듯, 추석의 기념 의례인 차례 또한 제례의 한 형태로 빚는 떡 숭상의 제례 전통에 따라 송편을 차리고 '송편차례'라 칭했으며,[94] 이는 송편의 추석 대표 음식화를 가져오는 한 요인이 되었다고 할 수 있다.

4. 쌀 자급과 대중매체의 확산

추석이 기념되는 음력 8월 15일은 송편의 주재료인 쌀과 관련해, 그 공급 및 소비의 시기가 반비례의 관계에 해당된다. 한국에서 벼는 대개 10월에 수확된다.[95] 이는 음력의 일반적인 양력일이 한 달 뒤임을 고려할 때 추석이 위치하는 9월 15일 무렵에는 대체로 벼가 수확되지 않는다. 따라서 9월 중순의 추석 즈음은 쌀의 공급과 소비 측면에서 공급이 가장 부족한 때에 해당한다. 특히 쌀이 여유롭지 않았던 전통시기, 쌀 수확을 앞둔 시기는 더욱 쌀이 귀할 수밖에 없으며, 이런 시기에 쌀로 송편을 만들고, 이 음식이 추석을 대표하는 절식으로 자리 잡기는 사실상 곤란하다. 이는 19세기 세시기에서 추석 음식으로서 송편이 등장하지 않고, 〈농가월령가〉[96]의 경우 추석 송편으로 보통의 벼보다 일찍 수확되는 '올벼'[97]로 '오려송편'을 빚고 있는 데서 살필 수 있다. 또한 앞서 살펴봤듯, 고문헌 자료의 송편 출현시기가 2월 1일, 삼짇날, 한식 등 대부분 쌀의 공급이 여유로운 상반기에 집중되는 데서도 나타난다.

따라서 송편이 추석음식으로서 보편적으로 쓰인 시기는 쌀의 생산이 넉넉해져 추석 즈음에도 공급이 여유로운 시점으로 보는 것이 타당할 것이다. 이 같은 추론은 세시풍속 조사 자료에서 뒷받침된다. 경북 의성군 사곡면 공정3리 용소마을은 '추석은 햇곡을 수확한 데에 대해 조상에게 고마움을 표시하는 명절'로 추석에 햇곡이 나지 않으면 송편 등을 올리지 못해 9월 9일 차례를 지냈다.[98] 하지만 1970년대 이후 통일벼가 나면서 추석 즈음에는 햇곡을 수확할 수 있어 이때부터 추석 차례를 지내고 있다. 강원도 태백시 상사미

동 상사미마을의 경우, 예전에는 쌀이 귀해서 추석에도 송편을 빚지 못하고, 대신 감자나 귀리쌀로 만두처럼 떡을 빚었다.[99] 이들 조사 자료는 통일벼 생산이 식량 자급과 함께 추석음식으로서 송편의 대중화에 끼친 영향을 단적으로 보여준다. 실제로 1970년대 한국 정부는 식량 증산을 추진해 통일벼를 개발했고, 1971년 허문회에 의해 개발된 이 벼는 10a당 최고 624kg으로 다른 품종에 비해 평균 200여kg 더 생산량이 많았다.[100] 그 결과 쌀 자급률은 1971년 82.5%에서 1976년 100.5%로 주곡의 자급이 이뤄졌다. 또한 통일벼는 모내기와 추수시기를 한 달가량 앞당겨,[101] 송편이 추석 음식으로 자리매김하는 데도 기여했다. 이는 쌀의 자급이 송편의 추석 음식화의 배경의 핵심 요인임을 살피게 한다.

다음으로, 신문과 방송의 언론 매체 확산도 송편의 추석 음식화에 중요한 역할을 했다. 섬지역인 전남 여수시 초도의 경우, "빨라야 1970년 초 텔레비전을 통해 추석에 송편을 만드는 것을 보고 송편을 빚게 됐다"고 보고되고 있다.[102] 또한 경남 통영시 욕지면 동항리 중촌마을은 "송편을 빚지 않고 시루떡을 쪘으나(2000년 기준) 최근에 송편을 빚는 집이 늘고 있는 것"으로 조사됐으며,[103] 강원도 태백시 삼수동 안창죽 마을의 경우, "옛날에는 추석에 송편을 하지 않고 그냥 밥만 지어서 차례를 지냈지만, 얼마 전부터 동네에서 송편을 하기 시작한 것"으로 보고됐다.[104] 이상의 조사 자료는 송편의 전국 확산이 텔레비전 등의 언론 매체 영향을 받았음을 보여준다. 이는 방송이 공중의 인식과 태도의 형성에 영향을 주는 등 교육과 사회화의 기능을 수행할 뿐만 아니라,[105] '지상파 TV'의 경우 '일반 국민'에게 미치는 영향력이 가장 큰 매체이기 때문이다.[106]

신문은 추석의례의 절차를 알리는 방법으로 송편의 대중화에 기여했다. 1960년대 이후 도시화 등으로 핵가족화 되면서 분가해 가장이 된 제주들이 자체적으로 제사 모시기를 희망했지만 제례 방법과 절차를 몰라, 당시 신문이 일부 유교가문의 제사법을 소개하기도 했다.[107]

이를 통해 송편의 추석 음식화는 1970년대 이후 쌀의 자급과 함께 언론 매체의 영향이 중요한 배경이 됐음을 살필 수 있다.

5. 수도작의 전래와 메성 선호의 민족적 음식 성향

송편의 주재료는 쌀이며, 이 쌀은 품종상 자포니카 계열의 멥쌀이다. 따라서 송편이 추석음식으로서 발달할 수 있었던 근본적 배경은 수도작(水稻作)의 한반도 전래이고, 찹쌀과 멥쌀 중 멥쌀(메성)을 선호해 이를 떡으로 만든 한국인의 식감이 배경으로 작용했다고 할 수 있다.

한국인의 민족적 음식 성향이 메성임은 매일 먹는 주식이 멥쌀로 지은 밥이고, 쌀을 식용하는 전 세계 모든 국가 중 유일하게 한국에서만 멥쌀을 활용해 다양한 떡을 만드는 데서 나타난다.[108] 그런데 이 같은 민족적 음식 성향은 현재뿐만이 아닌 고대시기부터 지속돼 온 전통으로 이해된다. 그 근거는 첫째, 한민족(韓民族) 형성 이전의 한반도와 주변에 거주하던 선주민들이 기장과 조를 주로 재배하는 잡곡 경작인이었고, 찰성에 강한 집착을 보이는 동남아시아의 수도작(水稻作)인들과는 달리 메성을 선호했다는 점이다.[109] 이는 이들이 메성 위주의 북유럽과 북방 아시아 지역에서 기원해 한반도에 도달

한 종족일 가능성이 크다는 종족적 이유와 함께 이들의 이동로와 한반도 및 그 주변의 식물지가 찰성과 거리가 멀기 때문이다.[110]

메성 선호의 전통은 백제 등 고대 3국의 불교제사 영향을 받은 일본 법륭사의 '성덕태자' 제사음식에서도 뒷받침된다. 1,400년의 전통을 지닌 이 제사에 쓰이는 떡은 매화떡, 봉황떡 등으로 모두 멥쌀떡이다.[111] 이는 현재 일본의 찹쌀떡 문화와 다른 것으로, 일본의 고대문화와 불교에 영향을 끼친 한국의 고대 삼국 식문화의 영향으로 이해된다.

다음으로, 수도작의 한반도 전래는 기원전 10세기 전후 이뤄졌다.[112] 그런데 초기 수도작은 찰성 품종 위주였다.[113] 이는 한반도에 벼를 전파한 것으로 유력시되는 중국 동남방지역이 전통적인 찰성 곡물 선호지역이고, 벼 원산지와 전파 루트 지역이 찰성 곡류의 높은 재배분포와 찰성 음식에 대한 강한 선호를 보이는 '조엽수림문화권'이기 때문이다.[114] 찰성의 수도작은 이후 선주민의 메성 선호와 한반도의 기후,[115] 벼의 생태적 특성,[116] 그리고 쌀을 주식으로 정착시키려는 국가적 정책과 노력[117] 등으로 자포니카 계열의 메성 위주로 발달하게 됐다. 여기에 쌀은 식감이 뛰어나고, 수확량도 많아, 점차 지배계층을 중심으로 기장과 조 등을 대체하는 주된 식량으로서 역할과 위치를 차지하게 되고, 기존의 잡곡을 대신한 미곡 중심의 메성 선호가 발달하게 됐다.

결과적으로 메성 선호의 민족적 음식 성향은 멥쌀 농경의 확대를 가져오고 이 멥쌀 농공에 감사하고 풍년들기를 기원하는 의례에서 멥쌀을 주재료로 해 만들어진 송편이 차려지는 것은 자연스러운 일일 것이다. 이는 역으로 수도작이 전래되지 않았거나 찰성 선호의

식감 전통이었다면 벼농사 수확과 관련한 추석 명절 또는 송편의 탄생도 불가능했음을 의미한다. 따라서 송편이 멥쌀로 만들어진다는 점에서 수도작의 전래와 메성의 민족적 음식 성향은 추석의 대표 음식으로서 송편발달 배경의 가장 근본적인 원인으로 작용했다고 할 수 있다.[118]

6. 농촌인구의 도시이주와 기타 요인

송편의 추석 음식화는 농촌인구의 도시이주, 추석 공휴일의 확대, 가정의례 준칙의 강화, 그리고 가정요리서의 발간 등과 같은 사회적, 문화적 요인도 배경으로 작용했다.

1960년대 후반, 한국 사회는 경제개발과 함께 도시화와 산업화가 진행됐다. 이로 인해 1955년 서울의 인구는 157만여 명에서 1975년 689만여 명으로 4.4배가량 증가했으며, 부산과 경기도도 상황이 비슷했다. 반면 전통적 논농사 지역인 전남과 전북, 충남 등은 자연 증가에 비하면 감소한 소폭 증가에 그쳤다. 이에 따라 1966년~1975년 사이 유입인구 대비 유출인구는 서울이 146만여 명 늘고, 전남과 충북은 각각 47만 6천여 명과 37만여 명이 감소했다. ([표3] 참고.)

[표3] 1966~1985년 사이 시도별 인구 유입 · 유출수(단위: 천명, %)

시도		66~70년	70~75년	시도		66~70년	70~75년
서울	유입	1,183(48.1)	1,053(37.8)	충남	유입	97(3.9)	123(4.4)
	유출	248(10.1)	524(18.8)		유출	308(12.5)	281(10.1)
	편차	△935	△529		편차	▽211	▽158
부산	유입	308(12.5)	376(13.5)	전북	유입	54(2.2)	66(2.4)
	유출	127(5.2)	169(6.1)		유출	206(8.4)	199(7.1)
	편차	△181	△207		편차	▽152	▽133
경기	유입	344(14.0)	588(21.1)	전남	유입	57(2.3)	65(2.3)
	유출	321(13.1)	322(11.9)		유출	278(11.3)	318(11.4)
	편차	△23	△266		편차	▽221	▽253

*참고자료: 문현상 외 3인(1991), 「인구이동에 관한 연구」, 한국보건사회연구원, pp. 21-22.

또한 추석 명절과 밀접한 관련을 맺고 있는 농업인구도 크게 줄었다. 농림축산식품부 〈농가 및 농가인구〉 자료[119]에 따르면, 2016년 농가인구는 249만 6천여 명으로 전체 인구 5127만여 명의 4.86%를 차지한다. 하지만 60여 년 전인 1955년의 농가인구(전업, 겸업 포함)는 1448만여 명으로 당시 인구 2150만여 명의 67.3%를 차지했다.[120] 농촌인구의 감소는 추석명절의 의미 약화라는 우려와 함께 송편의 추석 음식화에서는 긍정적으로 작용했다고 볼 수 있다. 19세기 한양 중심의 세시기에 나타나듯, 송편은 8월 중 시중 떡 가게에서 파는 음식[121]일 정도로 추석은 농촌의 큰 명절에 불과했다. 따라서 도시로 이주한 농촌인구가 자신의 거주지에서 행했던 추석 송편 문화를 도시로 보급, 확산시켰다고 보는 것이 합리적이

기 때문이다.

다음으로 공휴일제도다.[122] 추석은 고려시대 공휴일로[123] 지정된 이래, 지난 1986년과 1989년 각각 2일과 3일 연휴로 확대됐다.[124] 추석의 공휴일이 3일 연휴로 확대되면서 명절 분위기가 전국적으로 확산되고,[125] 이는 송편이 추석의 대표 음식이 되는데도 기여했다고 할 수 있을 것이다. 추석 공휴일의 전통은 고려~조선시대에 이어, 1900년대에도 계속돼 학교의 휴일로 황제의 생일, 조선개국일, 일요일이 있었고, 음력 명절은 '속절휴학(俗節休學)'[126]으로 쉬었다. 이는 추석이 고려시대~ 현대에 이르기까지 1천 년이 넘는 공휴일 전통을 가지고 있음을 보여주며, 공휴일의 여가 시간과 공동체의 명절 쇠기는 송편이 추석음식으로 발달하는 한 요인이 됐다고 할 수 있다.

대중 매체의 발달과 함께 또 다른 인쇄물인 요리서 및 잡지 발간 증가도 송편의 추석 음식화에 기여했다고 할 수 있다. 특히 여학교 교사이던 방신영에 의해 저술된 『조선요리제법』[127]은 고조리서와 달리 음식조리법을 과학적으로 계량화해 정리함으로써 송편 빚는 방법을 널리 알리는 등 한식의 조리과학적 발전과 대중화에 기여했다. 1920년대 이후 간행된 요리서 중 송편이 등장하는 주요 책자로는 『조선무쌍신식요리』(이용기, 1924), 『간편조선요리제법』(이석만, 1934), 『할팽연구』(경성여자사범학교 가사연구회, 1939), 『우리음식』(손정규, 1948) 등이 있다. 이와 함께 1926년 개벽사에서 발간한 월간잡지 『별건곤』을 비롯한 잡지들도 추석의 풍경과 흥취를 담은 문예작품 등의 기사를 통해 추석 송편 알리기에 기여했다. 〈별건곤〉 제23호(1929년 9월호)는 '경성명물집' 기사를 통해 서울의 별미 간식으로 송

편을 소개하고 있다.[128] 이외에 송편을 다룬 잡지는 『개벽』[129]을 비롯, 『동광』[130], 『삼천리』[131] 등이다. 이 같은 요리서와 잡지의 송편 소개는 비슷한 시기, 〈동아일보〉 등의 신문매체와 더불어 송편이 이후 1970년대 산업화와 쌀 자급화 과정을 거치며 추석을 대표하는 음식으로 발달하는데 정보 전달의 역할을 했다고 할 수 있을 것이다.

이 밖에 일제 강점기와 1970년대 시행된 가정의례 준칙도 의례의 준칙화란 측면에서 송편의 추석 음식화에 영향을 미쳤다. 1934년 일제의 조선총독부는 제사의 범위와 제물의 종류 등을 규정한 '의례준칙(儀禮準則)'을 만들었으며,[132] 1973년에는 〈국민가정의례준칙〉이 시행됐다. 또한 가정과-가사과의 실습시간 등이 포함된 학교교육을 비롯해 송편을 나눠주며 동화·동요대회를 개최했던 방정환 등과 같은 일제 강점기 사회계몽 선구자들의 노력도 직간접적으로 송편의 추석 음식화에 기여 요인이 됐다.

이처럼 송편은 다양한 사회, 문화적 제도 등의 요인에 의해 현재와 같은 추석을 대표하는 음식으로 발달하게 됐다고 할 수 있을 것이다.

Ⅳ. 맺는말

이상으로 추석의 대표 음식으로서 송편의 발달 배경을 추석의 성격 및 대중화시기 고찰과 함께 살펴봤다. 한국 추석은 시기와 의례 형식면에서 신라의 가배행사와 보름 제사 등에 바탕을 두고 있으며, 내용과 기념 목적 면에서는 고대 국가의 추수감사, 천신, 조상숭

배, 그리고 농공감사제의 성격을 종합적으로 담고 있다. 그런데 추석의 기념 시기가 수확시기와 맞지 않다는 점에서 실제적인 한국의 추석은 힘든 농사를 마치고 수확을 기다리고 있음을 감사하는 농공감사와 풍년 기원의 성격이 강함을 살필 수 있었다.

이런 인식 속에서 한국인들은 시루떡, 절편 등과 같은 여러 떡을 제치고 송편을 추석의 대표 절식으로 발달시켰다. 그 이유(배경)는 한국의 농업 의례 전통에 송편을 빚어 힘든 농사일을 담당하는 농부(일꾼)들을 일정 주기마다 격려하고, 감사를 전하는 농공감사 의례의 전통이 있었고, 송편을 풍요 상징의 음식으로 여기는 식문화의 전통에서 비롯됐다. 여기에 1970년대 실현된 쌀의 자급과 농촌 인구의 도시이주, 그리고 추석 공휴일 확대 등도 추석 송편의 전국 확산과 대표 음식으로서의 송편 발달을 가능하게 했다. 송편은 이런 요인이 종합적으로 작용해 1970년대 이후 추석의 대표 음식으로 자리하게 됐다.

이 같은 결론은 일반적 인식과 달리 송편이 동아시아 수도작 문화의 영향과 함께 한국의 세시풍속 및 농경문화 속에서 태동했고, 그 기능과 역할이 매우 다양하며, 특히 추석 송편은 오랜 옛날부터 한국의 전 지역에서 빚어진 떡이 아닌, 현대에 들어 확대된 명절 음식문화임을 보여준다.

본 연구는 한국 문화의 대표 이미지인 추석 명절과 이의 상징 음식인 송편을 음식문화(사)적 측면에서 고찰해 처음으로 한국인이 왜 송편을 추석의 대표 음식으로 선택하고, 발달시켰는지, 그리고 언제부터 송편이 추석의 대표 음식으로 자리 잡았는지를 규명했다는 점에서 그 가치를 찾을 수 있을 것이다. 또한 연구 방법으로 고문

헌자료와 현대의 『세시풍속』 조사서, 그리고 농업연구 결과와 인구 이동 등과 같은 다양한 자료와 인접 학문의 성과를 적극 수용하는 등 학문간 융합연구를 시도했다는 데에도 의의가 있을 것이다. 이번 연구가 세계화와 다문화시대, 한국 고대 문화와 밀접한 관계를 맺고 있는 동아시아 문화에 대한 관심과 한국 전통 식문화에 대한 이해를 제고하는 계기가 되길 기대한다.

미주

1 * 이 논문은 서울대 『인문논총』(2018, 제75권 제2호, pp.185-223)을 통해 발표됐다. 한민족(韓民族)으로 바꿔 칭할 수 있으며, 국적상의 한국인에 더해 남북한의 주민과 재외동포를 포함하고자 한다. (한민족 개념 참조. 유태용(2010)., 「고고학적 측면에서 본 한민족의 정체성」, 『민족학연구』, 9, p.83.)

2 신미경, 정희정(2008), 「한중일 세시풍속과 세시음식에 대한 비교」, 『동아시아식생활학회지』 18권 3호, p.278. "설날, 추석 등의 절일에 그 의미에 맞게 차려 먹는 음식."

3 대중화 시기란 한국인(한민족) 대다수에 의해 한국 대부분의 지역에서 행해짐을 의미한다.

4 왕런샹 지음, 주영하 옮김(2010), 『중국음식 문화사』, 서울: (주)민음사, p.289.

5 송편의 한자 표기는 '송병' 외에 '葉子餑餑(숑편)'(『동문유해』(1748), 『방언집석』(1778)), '松葉夾餠'(『경도잡지』), '葉子餑'(『물명고』), '葉餑'(『월여농가』(1861), 『명물기략』)로 나타난다.

6 송편이 감싸는 형태의 음식에서 기원함은 19세기의 송편 소가 고기나 미나리를 넣었다는 『다산시문집』(권1, 시. "松餌尖尖魚作餡")과 『동국세시기』(2월 초하루 풍속. "或和蜜包之 或以蒸棗熟芹爲餡")등의 기록에서도 살필 수 있다.

7 『성호사설』 권4, 「만물문」. "角黍."

8 사단법인 평화문제연구소(2005), 『조선향토대백과 18 민속편』, 서울: 사단법인 평화문제연구소, p.35.; 『성호사설』 권4, 「만물문」. "今俗又有所謂造角者. 此亦角黍之假成者也."

9 『임원십육지』. "形如糙角餠."

10 『조선왕조실록』 세종 29(1447). 『동문선』 권5(1478), 『목은시고』 권5(1626), 『월사집』 권57(1636년), 표전 등.

11 송편의 유래가 각서와 관계된다면, 각서의 주재료가 찹쌀이고 아시아 남방에서 현재까지도 이를 이용한 떡류가 많이 만들어지며 송편이 쌀 수확과 관련됨을 고려할 때, 각서-주악-송편으로 이어지는 이들 떡 문화는 수도작 문화를 한국에 전파한

중국 동남방 문화와 연관된다고 할 수 있을 것이다.

12 제1권 태종춘추송. "百濟圓月輪 新羅如新月."

13 『열양세시기』, 삭일(2월 1일) 풍속. "粉米作餠如饅頭樣小豆去皮爲餡."

14 "形大小不一. 或作指頭大 如南唐子母饅頭."

15 『동국세시기』, 2월 초하루 풍속. "皆作半璧. 名曰松餠."

16 『한계유고』, 「여범하」. "松餠 米粉熟匀 半月摩之."

17 국립문화재연구소, 『세시풍속(강원도)』(2001). p.88.

18 국립문화재연구소, 『세시풍속(경상북도)』(2002). p.52, p.822.

19 『승정원일기』 1565책, 정조 8년(1784년) 8월 18일. "民人等進松餠二器."

20 『한국 민속종합조사보고서 전라남도편』(1969. 문화공부보 문화재관리국)은 송편이 돌상, 혼인잔치상은 물론 장례와 설날, 정월대보름에 이어 그믐의 세시음식으로 쓰임을 보고하고 있다. -제5편 의식주편 pp.11-22.

21 허균의 시문집인 『성소부부고』는 1613년(광해군 5)에 쓴 서문으로 미루어 그해 봄이나 그 전해에 이루어진 것으로 보이며, 이 중 음식 관련 내용이 많은 「도문대작」은 1611년 유배지 함열에서 지었다.

22 "북어쾌 젓조기로 추석명일 쉬어 보세/ 신도주 오려송편 박나물 토란국을/ 선산에 제물하고."

23 강인희(2000), 『한국의식생활사』, 삼영사, p.348.

24 『운양집』 1권, 시. "八月十五日 爲秋夕節. 田家最重之. 葉餑卽其節食也."

25 "賣餠家造早稻松餠."

26 2월 초하루 풍속. "松葉夾餠."

27 「잡기 및 잡자료」(기2), 3.결혼에서 노년까지, 3.연중행사, 2월.

28 국립민속박물관(2003), 『한국세시풍속자료집성, 삼국·고려시대편』, 국립민속박물관, p.271. "민간에서는 이날 조상의 묘를 돌아보고 달구경을 하며 잔치를 베풀어 춤과 노래를 즐겼다."

29 『오주연문장전산고』 경사편5, 논사류2 풍속. "今無論京鄕兩常閭巷 最重上元曰大望 秋夕曰漢嘉會."

30 국립민속박물관(2003), 『한국세시풍속자료집성』, 신문·잡지편(1876~1945), 서울: 국립민속박물관, pp.448-452.

31 나경수 외(2011), 「여수시 산삼면 초도의 세시풍속」, 『남도민속연구』 22, pp.305-319.

32 『경상북도 세시풍속』 p.261 안동시 서후면.

33 국립문화재연구소가 2001~2003년 간행한 남한의 9개 광역 지역에 대한 풍속조사서로 조사 지역에 전승되거나 피조사자들의 기억 속에 전승되는 세시풍속을 수록했다. 총괄편 포함 총 10권으로 구성됐으며, 남한 172개 시·군의 2~3개 지역을 표본으로 관련 전문가들이 현지인을 인터뷰해 조사했다.

34 『한국 민속종합조사보고서 경상북도편』(제2장 식생활 세시음식 8월 추석. 1974)은 안동의 송편 출현을 보고하고 있다.

35 ◇ 추석 '무(無) 송편'지역

추석에 송편이 나타나지 않는 지역(41개)	추석에 송편 아닌 떡을 하는 지역(8개)
태백, 고성, 정선, 남양주, 양평, 군포, 구리, 오산, 거제, 마산, 통영, 하동, 울주, 밀양, 양산, 고성, 남해, 기장, 안동, 봉화, 영양, 예천, 울릉, 울진, 청송, 칠곡, 고흥, 곡성, 장흥, 해남, 진도(조도-흉년에는 송편 못했다), 익산, 순창, 장수, 진안, 제주, 남제주, 북제주, 서귀포, 태안, 괴산	거제(시루떡), 통영(시루떡), 하동(시루떡), 울주(호박전), 남해(절편), 칠곡(시루떡), 곡성(팥시루떡), 순창(시루떡)

*여수는 『세시풍속』 조사 통계에 포함 안 돼 있어 여수까지 포함하면 42개 지역이 된다.

36 『수서』, 「동이열전」, 백제. "每以四仲之月, 王祭天及五帝之神. 立其始祖仇台廟於國城, 歲四祠之."

37 샤오팡 지음(2006), 김지연 외 번역, 『중국인의 전통생활 풍습』, 서울: 국립민속박물관, p.291. "당·송대 들어 달 감상을 모태로 하는 추석이 출현했다."

38 『삼국지』 「위서 동이전」, 한. "常以五月下種訖, 祭鬼神… 十月農功畢, 亦復如之."

39 박철호 외(2008), 『잡곡의 과학과 문화』, 춘천: 강원대 출판부, p.21.

40 위안리(苑利) 지음, 최성은 옮김(2005), 『도작문화로 본 한국문화의 기원과 발전』, 서울: 민속원, p.160.

41 『상변통고』는 '쌀, 기장, 피, 보리, 콩', 『여유당전서』는 '벼, 기장, 콩, 보리, 팥'을 들고 있다.

42 선희창(2010), 『조선풍속사(삼국-고려편)(개정판)』, 평양: 사회과학출판사. p.68. "삼국시기 고구려 일대는 조밥, 백제, 신라 일대는 보리밥." ; 헨드릭 하멜 지음, 김태진 옮김(2005), 『하멜 표류기』, 서울: 도서출판 서해문집, p.110. "북쪽지방은 보리와 기장이 주식."

43 ◇ 한반도 5곡의 파종 및 수확 시기

곡물명	파종시기	수확시기
벼	모내기: 중부 5월 중순~6월 중순 남부 5월 하순~6월 하순	중부 9월 하순~10월 하순 남부 10월 상순~11월 상순
보리	중부 북부 10월 상순 중부 남부 10월 상, 중순 남부 북부 10월 중순 남부 남부 10월 중, 하순	중부 6월 상, 중순 남부 5월 말~ 6월 상순
콩	여름콩: 4~5월 가을콩: 6~7월 단작: 중부 5월 중, 하순 남부 5월 상, 중순 맥후작: 중부 6월 중, 하순 남부 6월 중순	그루콩: 중부 10월 상, 중순 남부 10월 중, 하순
조	봄조: 5월 상순 그루조: 6월 중, 하순	봄조: 9월 상, 중순 그루조: 10월 상, 중순
기장	봄기장: 5월 상순 그루기장: 6월 중, 하순	봄기장: 8월 하순~ 9월 상순 그루기장: 9월 하순~10월 상순

〈출전: 성락춘 외(2007), pp.82-90.〉

44 이 같은 수확기는 조선시대에도 엇비슷했다. 『임하필기』(제35권, 벽려신지)는 "호남과 영남만은 지대가 따스하므로 반드시 10월에(벼를) 수확을 한다"고 기록하고 있다.

45 장주근(2013), 『장주근 저작집IV 세시풍속편』, 서울: 민속원, p.318.

46 『충청남도 세시풍속』 p.24, "8월 보름을 맞이하여 지내는 제사를 '송편차례'라 한다."

47 『경상남도 세시풍속』 p.502, "보름날 아침 일찍 차례를 지낸다."

48 『경기도 세시풍속』 p.198, "팔월 대보름은 더도 말고 덜도 말고 대보름만 같아라."

49 『강원도 세시풍속』 p.424, "팔월 보름은 설날이나 정월 대보름, 단오 등과 함께 중요한 명절."

50 ◇『세시풍속』에 나타난 농공(農功) 관련 송편 풍속

빚는 시기	지역	빚는 이유 또는 속신(俗信)
2월 1일	원주	힘든 농사일 대비(잘 먹어둠)
	횡성	일꾼을 하루 놀림, 소 잘 먹여 농사 잘 짓게 기원
	충주	일꾼 힘 보태 농사 잘 짓게 기원
	홍천	본격 농사 전 일꾼 대접
6월(유두)	영동, 청원	일꾼 위로, 풍년 기원
	정읍	농사일 휴식, 마을 잔치
7월(칠석)	고창, 장성	농사일 휴식, 마을 잔치
7월(백중)	장성, 강릉	농사 일정부분 마무리 축하
	울진	농사 일꾼 감사
7월중(복날)	문경	용제 지낸 후 일꾼 먹이기 위해
	상주	풍년기원, 농사 일꾼 위로, 대접

51 『강원도 세시풍속』 p.116 원주시.

52 『강원도 세시풍속』 p.491 홍천군.

53 『강원도 세시풍속』 pp.570-571 횡성군.

54 『충청북도 세시풍속』 p.89 충주시.

55 『용재총화』(1525). "세속에서는 이로 인하여 이날을 명절로 삼고 수단병(水團餠)을 만들어 먹었다. (世俗因以是日爲名辰。作水團餠而食之.)"

56 『충청북도 세시풍속』 p.239 영동군, p.411 청원군.

57 『전라북도 세시풍속』 p.248 정읍시.

58 최남선(2012), 『세시풍속 상식사전』, 온이퍼브, p.21. "농사가 백중 때쯤이면 김을

다 마치고 잔손질이 없어져 농부가 여유롭다."

59 『전라북도 세시풍속』 p.273 고창군. ; 『전라남도 세시풍속』 p.702 장성군.

60 『강원도 세시풍속』 p.20 강릉시.

61 『전라남도 세시풍속』 p.716 장성군. 닭 잡는 이 풍속은 『동국세시기』의 추석날 풍속과 닮아있다.

62 『경상북도 세시풍속』 p.722 울진군.

63 『경상북도 세시풍속』 pp.251-252 상주시, p.195 문경시. "송편을 쓰는 이유는 다른 떡보다 송편이 맛있고 다른 사람과 나눠 먹기도 좋기 때문이다."

64 『경상북도 세시풍속』 pp.251-252 상주시.

65 장주근(2013), p.318.

66 ◇ 『세시풍속』에 나타난 풍년 관련 송편 풍속

빚는 시기	지역	빚는 이유 또는 속신(俗信)
정월 14일	평창	농사 잘돼 곡식 많이 거두길 기원
2월 1일	영덕, 영천	농사 잘되길 기원
	화성	무병하고 모든 일이 잘되길 기원
	횡성	소 잘 먹여 농사 잘 짓게 기원
6월(유두)	금산	나락 잘 여물길 기원
	영동, 청원	일꾼 위로, 풍년 기원
	진안	논에서 제사
	무주	논에서 고사, 농사 잘되게 기원
	거창, 함양	논고사, 농사 잘되길 기원
7월중(복날)	예천	농사 잘되길 기원
	예천	농업용수 부족하지 않게 기원
	상주	풍년기원, 일꾼 대접

67 『강원도 세시풍속』 p.459 평창군.

68 『경상북도 세시풍속』 p.556 영덕군.

69 『경상북도 세시풍속』 p.334 영천시.

70 『충청남도 세시풍속』 p.306 금산군. ; 『충청북도 세시풍속』 p.239 영동군. ; 『전라북도 세시풍속』 p.593 진안군, p.334 무주군. ; 『경상남도 세시풍속』 p.465 거창군,

p.828 함양군.

71 『경상북도 세시풍속』 p.638, p.652 예천군.

72 『경상북도 세시풍속』 pp.251-252 상주시.

73 『전라남도 세시풍속』 p.596 영광군, p.486 무안군.

74 『삼국유사』 제1권, 태종춘추송. "百濟圓月輪 新羅如新月(백제는 둥근달이요 신라는 초승달과 같다.)"

75 『경상북도 세시풍속』 p.52 경산시.

76 『경상북도 세시풍속』 pp.822-823 청도군.

77 『강원도 세시풍속』 p.88 속초시.

78 『경상남도 세시풍속』 p.828 함양군.

79 『전라북도 세시풍속』 p.632. 이 같은 믿음은 경북 포항, 경남 거창, 충남 천안 등 전국의 여러 지역에서 엇비슷하게 나타난다.

80 『총괄편 세시풍속』 p.402. "송편 속에 바늘이나 솔잎을 가로 넣고 찐 다음 한쪽을 깨물어서 바늘의 귀쪽이나 솔잎의 붙은 곳을 깨물면 딸을 낳고 바늘의 뾰족한 곳이나 솔잎의 끝 쪽을 깨물면 아들을 낳는다." 충남 당진과, 익산시에도 같은 속신이 있다.

81 『충청남도 세시풍속』 p.462 서천군 일부 지역. "송편은 여자의 성기 모양과 같기 때문에 추석 차례음식에는 시루떡을 대신 사용한다."

82 사단법인 평화문제연구소(2005), p.32. ; 최운식 외 5인(2002), 『한국민속학개론』, 서울: 민속원, p.55 ; 『한국 민속종합조사보고서 전라남도편』(1969)과 『경기도편』(1969)은 돌과 백일상에 송편이 차려짐을 보고하고 있다.

83 주강현(1996), 『우리 문화의 수수께끼』, 한겨레신문사, p.87.

84 최인학 외(2004), 『비교연구를 통한 한국민속과 동아시아』, 서울: 민속원, p.140, p.473.

85 사단법인 평화문제연구소(2005), p.33.

86 최운식 외 5인(2002), p.55. ; 임영정(2002), 『한국의 전통문화』, 서울: 도서출판

아름다운세상, p.224.

87 김용갑(2017b), 「한국 멥쌀떡 발달배경 연구」, 전남대학교 대학원 석사학위논문, p.59.

88 『강원도 세시풍속』 p.473 평창군.

89 『충청남도 세시풍속』 p.306 금산군.

90 『성호사설』 제4권, 「만물문」 구이분자. "今之所尚者糕也 家禮所謂粢糕是也.又旣餠而豆屑為餡間鋪松葉爛蒸者 謂松餠." ; 윤서석(2001), 『우리나라 식생활 문화의 역사』, 서울: 신광출판사, p.493.

91 『효경』. "立身行道 揚名於後世. 以顯父母 孝之終也."

92 『국역일성록』 정조 19년 1월 21일. "경모궁에 나아가 전작례(奠酌禮)를 행했다." ; 『다례발기』(1850). "팔월츄셕 다례 냥식숑병."

93 『절사제품(節祀祭品)』. 『별차례등록』. "팔월츄셕 숑병".

94 『충청남도 세시풍속』, p.24 공주시, p.7; 『충청북도 세시풍속』, p.375 진천군; 『경기도 세시풍속』, p.539 의왕시, p.704 화성시; 『강원도 세시풍속』, p.29 강릉시.

95 성락춘 외(2007), pp.82-90. ; 최남선(2012), p.22. "일년 내 지은 농사가 10월에 와 끝이 난다."; 『임하필기(林下筆記)』(제35권 「벽려신지」)는 "호남과 영남만은 10월에 수확을 한다"고 기록하고 있다.

96 〈농가월령가〉 팔월령. "북어쾌 젓조기로 추석명일 쉬어 보세/ 신도주 오려송편 박나물 토란국을/ 선산에 제물하고 이웃집 나눠 먹세/ 며느리 말미 받아 본집에 근친 갈 제/ 개 잡아 삶아 건져 떡고리와 술병이라/ 초록장옷 반물치마 장속하고 다시 보니/여름내 지친 얼굴 소복이 되었느냐/ 중추야 밝은 달에 지기 펴고 놀고 오소."

97 충남 부여군 일부지역에서는 '오려'라고 하며, 오려는 보통 벼보다 20일 정도 일찍 나온다. (『충청남도 세시풍속』 p.417 부여군.)

98 『경상북도 세시풍속』, p.743 의성군.

99 『강원도 세시풍속』, p.229 태백시.

100 김태호(2008), 「신품종 벼 "IR667"(통일)과 한국 농학의 신기원」, 『한국과학사학회지』 30권2호, p.406.

101 국가기록원 홈페이지. 식량증산.

102 나경수 외(2011), pp.305-319.

103 『경상남도 세시풍속』, p.427 통영시.

104 『강원도 세시풍속』, p.216 태백시.

105 정의철, 이상호(2015), 「방송의 선정적, 폭력적, 비윤리적 콘텐츠 이용에 관한 인식과 대안 연구 : 학부모와 청소년들의 인식과 제안을 중심으로 한국어(KOR)」, 『한국소통학보』 제27호, 한국소통학회, p.255.

106 편집부 저(2013), 「종이신문 및 미디어 영향력 평가 조사」, 『리서치보고서』 7월호, 마크로밀엠브레인, p.7.

107 〈경향신문〉 14년 9월 1일자, 「차례상 차리는법 언제 어떻게 유래됐나」, news.khan.co.kr/kh_news/. 2018년 3월 25일

108 김용갑(2017a), 「한국 멥쌀떡 발달배경」, 『아세아연구』 제60권 4호, p.40.

109 윤서석 외 8인(2000), 『벼·잡곡·참깨 전파의 길』, 신광출판사, p.111.

110 윤서석 외 8인(2000), pp.234-236. "찰성의 벼는 히말라야산맥을 경계로 중앙아시아와 유럽에 전파되지 못했고, 찰성의 기장은 아프카니스탄, 유럽, 그리고 중앙아시아에서는 나타나지 않는다."

111 김천호(1991), 「일본 법륭사 성덕태자제사 공물을 통한 한국 고대식 추정연구」, 『한국식생활문화학회지』, 6(2), p.227.

112 수도작의 전래시기인 기원전 10세기 무렵은 고고학적으로 빗살무늬 토기와 무문토기의 교체시기와도 맞아떨어진다. (박경신(2004)., 「韓半島 中部以南地方 土器 시루의 發展過程」, 『숭실사학』, 17, p.59. ; 천선행(2015), 「청동기시대 조기설정 재고」, 『호남고고학보』, 51, p.24. ; 위안리(苑利) 지음, 최성은 옮김(2005), p.21).

113 윤서석 외 8인(2000), p.111.; 농촌진흥청장(최한기 저)(2005), 『농정회요 Ⅰ』, 수원: 농촌진흥청, pp.164-165. "『주례(周禮)』-'稌(도)는 멥쌀(粳)', 찰벼가 벼〔稻〕이고, 벼가 찰벼〔糯〕다."

114 윤서석 외 8인(2000), p.236.

115 중국 운남성의 벼 품종 재배시험에서 나타나듯, 벼는 기온에 따라 품종 재배지가 달라지며, 한반도는 자포니카 계열의 재배지에 속한다. (윤서석 외 8인(2000), p.100.)

116 벼는 찰성이 열성이라는 유전적 특성을 지녀 인간의 선택적 재배에 의해서만 찰성이 유지된다.

117 수리시설, 농사, 천문기술 보급 등. 권영국(1999), 「고려시대 농업생산력 연구사 검토」, 『사학연구』 59호, p.599. ; 강인희(2000), p.112.

118 한국과 달리 같은 수도작 문화권인 일본과 중국에서 멥쌀떡이 발달하지 않은 것과 관련, 김용갑(2017b, p.31)은 중국의 경우, 밀가루로 국수를 섭취하는 분식의 문화가 쌀 전래와 맞물려 유입됐고, 동북 3성의 벼농사는 19세기 이후 이주 조선족에 의해 시작된 것이 주요인으로 작용했으며, 일본은 찰벼 문화권이자, 기후적으로 찰벼 품종에 유리한 것에서 기인한 것으로 보고 있다.

119 국가통계포털 사이트-e-나라지표, 2018. 3. 25.

120 국가통계포털 사이트, 1955년 농가 비농가별 가구 및 가구원수, 2018. 3. 25.

121 『동국세시기』 8월 중 행사. "賣餠家造早稻松餠."

122 명절의 공휴일과 관련, 임재해(『한국 민속과 오늘의 문화』, 서울: 지식산업사, 2003, p.68)는 지역의 명절이 공휴일로 지정되면 전국적인 명절로 확산되면서 일반화된다고 주장하고 있다. : 김진곤은(「법정 공휴일의 헌법적 의미와 입법형성의 한계」, 『공법연구』제39집 제1호, 사단법인 한국공법학회, 2010) "법정 공휴일은 국가 내지 사회공동체가 예로부터 유래하거나 전승되어온 문화적 가치를 지닌 것으로서 기념할 만한 가치를 가진 그 어떤 계기를 가지고 있어야 한다"고 했다.

123 『고려사』 84권, 지38 금형. "俗節 元正上元寒食上巳端午重九冬至八關秋夕."

124 국가법령정보센터 홈페이지, 〈관공서의 공휴일에 관한 규정(대통령령)〉.

125 임재해(2003), p.57.

126 〈기호흥학회월보〉 제7호, 사립학교규칙. "한식 전일~한식일, 추석 전일~추석일, 음력 12월 28일~1월 7일.

127 1917년 처음 간행됐으며, 이후 1952년에 『우리나라 음식 만드는 법』으로 증보, 개정돼 간행됐다.

128 "京城의 時食인 特色은 그대로 보존하야 봄에는 쑥송편(중략) 8월 秋夕에는 송편 겨울에는 시루떡(그 중에는 종류가 數多하다) 두투떡 등이 유명하다."『별건곤』(12·13호)은 1928년 안순환의 '조선요리의 특색' 기사를 통해서도 송편을 소개하고 있다.

129 '올베송편' -34호(1923년 4월)

130 '八月이라 秋夕날 송편 먹는 날' -29호(1931년 12월)

131 '사발에 송편을 소복이 담고' -7권6호(1935년 7월)

132 婚葬祭의 儀禮準則(官通牒 第39號.) "제사는 기제와 묘제로 나눠 묘제는 한식, 추석, 중양 또는 적당한 시기에 행한다. 묘제의 제물은 酒, 果, 脯, 餠, 菜다."

참고문헌

한국어 문헌

강인희(2000), 『한국의식생활사』, 삼영사.

국립문화재연구소(2003), 『전라남도 세시풍속』, 서울: 국립문화재연구소.

_____(2003), 『전라북도 세시풍속』, 서울: 국립문화재연구소.

_____(2002), 『경상남도 세시풍속』, 서울: 국립문화재연구소.

_____(2002), 『경상북도 세시풍속』, 서울: 국립문화재연구소.

_____(2002), 『충청남도 세시풍속』, 서울: 국립문화재연구소.

_____(2001), 『강원도 세시풍속』, 서울: 국립문화재연구소.

_____(2001), 『경기도 세시풍속』, 서울: 국립문화재연구소.

_____(2001), 『제주도 세시풍속』, 서울: 국립문화재연구소.

_____(2001), 『충청북도 세시풍속』, 서울: 국립문화재연구소.

_____(2006), 『총괄편 세시풍속』, 서울: 국립문화재연구소.

국립민속박물관(2006), 『중국대세시기 II』, 서울: 국립민속박물관.

_____(2004), 『한국세시풍속자료집성』, 조선전기 문집편, 서울: 국립민속박물관.

_____(2003), 『한국세시풍속자료집성』, 신문·잡지편(1876~1945), 서울: 국립민속박물관.

_____(2003), 『한국세시풍속자료집성』, 삼국·고려시대편, 서울: 국립민속박물관.

김내창(1998), 『조선풍속사』, 사회과학출판사(평양), 한국문화사 영인.

농촌진흥청장(최한기 저)(2005), 『농정회요 I』, 수원: 농촌진흥청.

문화공부보 문화재관리국(1978), 『한국민속종합조사보고서 경기도편』, 문화재관리국.

_____(1974), 『한국민속종합조사보고서 경상북도편』, 문화재관리국.

_____(1969), 『한국민속종합조사보고서 전라남도편』, 문화재관리국.

박철호·박광근·장광진·최용순(2008), 『잡곡의 과학과 문화』, 춘천: 강원대 출판부.

사단법인 평화문제연구소(2005), 『조선향토대백과 18 민속편』, 서울: 사단법인 평화문제연구소.

샤오팡 지음(2006), 김지연·박미경·전인경 번역, 『중국인의 전통생활 풍습』, 서울: 국립민속박물관.

선희창(2010), 『조선풍속사(삼국-고려편)(개정판)』, 평양: 사회과학출판사.

성락춘·이철(2007), 『인간과 식량』, 서울: 고려대학교출판부.

안완식(2009), 『한국 토종작물자원 도감』, 서울: 도서출판 이유.

왕런샹 지음, 주영하 옮김(2010), 『중국음식 문화사』, 서울: (주)민음사.

위안리(苑利) 지음, 최성은 옮김(2005), 『도작문화로 본 한국문화의 기원과 발전』, 서울: 민속원.

윤서석(2001), 『우리나라 식생활 문화의 역사』, 서울: 신광출판사.

윤서석 외 8인(2000), 『벼· 잡곡· 참깨 전파의 길』, 서울: 신광출판사.

임영정(2002), 『한국의 전통문화』, 서울: 도서출판 아름다운세상.

임재해(2003), 『한국 민속과 오늘의 문화』, 서울: 지식산업사.

장주근(2013), 『장주근 저작집IV 세시풍속편』, 서울: 민속원.

주강현(1996), 『우리 문화의 수수께끼』, 한겨레신문사.

주영하(2001), 『음식인문학: 음식으로 본 한국의 역사와 문화』, 서울: 휴머니스트.

최남선(2012), 『세시풍속 상식사전』, 온이퍼브.

최운식 외 5인(2002), 『한국민속학개론』, 서울; 민속원.

최인학 외(2004), 『비교연구를 통한 한국민속과 동아시아』, 서울: 민속원.

최학근(1994), 『증보 한국방언사전』, 서울: 명문당.

하수민(2016), 『명절의 탄생: 한국 명절의 역사와 휴일의 변동 연구』, 서울: 민속원.

허탁운 지음(2013), 이인호 옮김, 『중국문화사 상,하』, 서울: 천지인.

헨드릭 하멜 지음, 김태진 옮김(2005), 『하멜 표류기』, 서울: 도서출판 서해문집.

기타 동양문헌

『경도잡지』.

『계산기정』 권5, 부록.

『고담일고』 권1, 시.

『고려도경』 권36, 해도삼.

『고려사』 권63, 「지」 권17, 「예」5. 권84, 「지」 권83.

『구당서』, 「동이열전」.

『다례발기』.

『동국세시기』.

『동문유해』.

『동문선』 권5.

『동사록』(황호 저), 중원.

『명물기략』.

『목은시고』 권5.

『방언집석』.

『삼국사기』 권1, 「신라본기」 1. 권5, 「신라본기」 5. 권8, 「신라본기」 8.

『삼국유사』 권1. 권2, 「기이」 2, 「가락국기」.

『삼국지』, 「위서」 30, 「동이전」.

『상변통고』.

『서하집』 권5, 중추회음서.

『성소부부고』.

『성호사설』 4권, 6권, 「만물문」.

『수서』, 「동이열전」.

『승정원일기』 1565책.

『월여농가』.

『여유당전서』.

『열양세시기』.

『오주연문장전산고』, 「인사편」. 「경사편5」

『용재총화』.

『운양집』, 1권.

『월사집』 권57.

『임원십육지』.

『임하필기』 제35권, 벽려신지.

『절사제품』.

『조선왕조실록』 세종.

『중추원 풍속조사서』, 「잡기 및 잡자료」(기2.)

『지산집』, 「가례고증」 1권.

『태종실록』 4권.

『한계유고』.

『해동역사』 권28, 「풍속지」.

『후한서』, 「동이열전」.

논저

권오영(2010), 「조선조 사대부 제례의 원류와 실상」, 『민족문화논총』 46집.

권영국(1999), 「고려시대 농업생산력 연구사 검토」, 『사학연구』 59호.

김용갑(2017a), 「한국 멥쌀떡 발달배경」, 『아세아연구』 60권 4호.

_____(2017b), 「한국 멥쌀떡 발달배경 연구」, 전남대학교 대학원 석사학위논문.

김인희(2014), 「적산 법화원의 8월 15일 명절연구」, 『동아시아고대학』 34집, 동아시아고대학회.

김진곤(2010), 「법정 공휴일의 헌법적 의미와 입법형성의 한계」, 『공법연구』 제39집 제1호, 사단법인 한국공법학회.

김천호(1991), 「일본 법륭사 성덕태자제사 공물을 통한 한국 고대식 추정연구」, 『한국식생활문화학회지』 6(2).

김태호(2008), 「신품종 벼 “IR667”(통일)과 한국 농학의 신기원」, 『한국과학사학회지』 30권 2호.

김형태(2006), 「〈農家月令歌〉 창작 배경 연구 - 御時記 및 農書, 家學, 『詩名多諭』과의 연관성을 중심으로 -」, 『동양고전연구』 25.

나경수 외(2011), 「여수시 산삼면 초도의 세시풍속」, 『남도민속연구』 22.

노성환(2011), 「한일 중추절에 대한 비교연구」, 『일어일문학』 50, 대한일어일문학회.

박경신(2004), 「韓半島 中部以南地方 土器 시루의 發展過程」, 『숭실사학』 17.

신미경·정희정(2008), 「한중일 세시풍속과 세시음식에 대한 비교」, 『동아시아식생활학회지』18권3호.

양금평(2010), 「한·중 양국의 추석에 관한 비교」, 『한국의 민속과 문화』 제15집.

유태용(2010), 「고고학적 측면에서 본 한민족의 정체성」, 『민족학연구』 9.

이바오중(Bao Zhong Yi)(2004), 「조선인의 이주와 중국 동북지역의 논 개발 -근대 중국 동북지역의 논(畓) 개발사 연구에 대한 새로운 시각」, 『농업사연구』, 3(2).

이종미(1992), 「한국의 떡 문화. 형성기원과 발달 과정에 관한 소고」, 『한국식생활문화학

회지』 7(2.)

이철호·맹영선(1987), 「한국 떡에 관한 문헌적 고찰(A literature review on Korean rice-cakes)」, 『한국식생활문화학회지』 2(2.)

이효지(1988), 「조선시대의 떡문화」, 『한국식품조리과학회지』 4(2).

정의철·이상호(2015), 「방송의 선정적, 폭력적, 비윤리적 콘텐츠 이용에 관한 인식과 대안 연구 : 학부모와 청소년들의 인식과 제안을 중심으로 한국어(KOR)」, 『한국소통학보』 제27호, 한국소통학회.

조후종(1996), 「우리나라의 명절음식 문화」, 『한국식생활문화학회지』 11-4, 한국식생활문화학회.

채미하(2015), 「신라 오묘제일과 농경제일의 의미」, 『동양고전연구』 61집.

천선행(2015), 「청동기시대 조기설정 재고」, 『호남고고학보』 51.

최인학(2008), 「한 · 중 · 일 세시풍속의 비교연구를 위한 제언」, 『비교민속학』 37, 비교민속학회.

편집부 저(2013), 「종이신문 및 미디어 영향력 평가 조사」, 『리서치보고서』 7월호, 마크로밀엠 브레인.

주제어

한국의 음식문화, 중국의 발효문화, 김치, 고추, 민간신앙

한국 김치의 고추 수용 배경

김용갑 · 박혜경

김치는 한국을 대표하는 음식 중 하나다. 김치에는 고춧가루, 마늘, 젓갈 등이 양념으로 쓰인다. 그런데 이 양념 중 고추는 외래로부터 전래됐으며, 전래 초기 무렵에는 맹독성 식물로 인식되었다. 그럼에도 고추는 얼마 지나지 않아 김치의 재료로 수용돼 식용되었다. 본 연구는 고추에 대한 부정적 인식에도 불구하고 한민족이 어떤 이유와 배경으로 김치의 재료로 고추를 수용하고 정착시켰는지를 규명했다.

이 연구는 김치에 고추가 쓰인 배경으로 고추 전래 이전, 색상과 맛에 있어서 고추와 유사한 천초를 식용한 한국인의 음식 문화와 함께 한국인의 매운맛 선호, 채소를 쌈 싸서먹거나 데쳐서 먹는 생채(生菜) 및 숙채(熟菜) 선호의 음식 전통을 제시했다. 이와 함께 고추는 다른 작물과의 결합재배가 가능하고 수확량이 많으며, 붉은색과 파란색의 열매 모두가 식용된다는 식품으로서의 특성 등이 배경으로 작용했음을 밝혔다. 이 밖에 중국 동남방 음식문화의 영향, 그리고 고추가 지닌 붉은 색의 상징성과 고추 관련 민간신앙 등도 고추가 김치의 재료로 수용되는 배경이 됐다고 할 수 있다.

Ⅰ. 들어가는 말

한국인이 먹는 김치는 대개 배추, 무 등의 채소를 소금으로 절인 다음, 고춧가루, 마늘, 젓갈 등과 같은 양념으로 버무린 한국 특유의 전통 음식이다. 김치는 남한과 북한의 한국인은 물론, 중국의 길림성을 비롯한 해외에서 거주하는 많은 한민족과 동포들이 먹는 한(韓)민족의 음식이다.[1]

김치는 시간이 지남에 따라 젖산 발효가 일어나는 특징을 지닌다. 김치는 채소를 소금물 등에 절인 '절임 채소'에서 발달하기 시작해 한국 민족의 오랜 음식 문화 속에서 현재와 같은 맛과 색상, 그리고 조리법으로 발달했다. 그렇기 때문에 김치의 맛과 색상, 그리고 양념 등은 시대와 지역, 그리고 집안 등에 따라 다소의 차이를 보인다.

한민족 대다수가 일상의 음식으로 '김치류'(또는 절임채소)를 먹게 된 시기는 단정하기 어렵다.[2] 하지만 『고려사』와 『동국이상국집』의 기록에 소금에 절인 무가 출현하는 것으로 볼 때 한민족의 일부는 최소한 10세기부터는 절임 채소를 먹었다고 할 수 있다.[3]

현대의 김치는 종합 발효식품으로 평가되고 있으며, 한국인의 1인당 김치 소비량은 하루 104g(2001년 기준)으로,[4] 한해 평균 38kg에 달한다. 김치는 다량의 고춧가루와 마늘 등이 양념으로 사용되어 외관상 붉고, 그 맛이 맵다는 특징을 지닌다. 배추김치 한 포기에는 145g(2000년 기준)의 고춧가루가 쓰인다. (송혜숙 2015, 115.) 그럼에도 김치의 재료 또는 양념으로 고추(가루)가 쓰인 역사는 길지 않다. 고추가 한국에 전래된 것은 16세기 중·후반 무렵이며, 특히 고추의 전래 초기에 한국인이 가졌던 고추에 대한 인식은 매우 부정

적이었기 때문이다. 예컨대 17세기 초의 문헌인 『지봉유설』은 '왜개자(고추)에 큰독이 있어 먹고 죽는 이가 많다'고 기록하고 있다. 이 같은 부정적 인식은 중국과 일본에서도 엇비슷했다. 이 때문에 일본과 중국의 경우 절임 채소에서 고추의 사용은 소극적이거나 그 쓰임새를 찾기 어렵다. 그런데 한국인들은 고추가 전래된 지 얼마 지나지 않아 먹으면 죽을 수도 있다는 이 식물을 김치의 재료로 사용하기 시작해 현재와 같은 붉은 색상의 독특한 음식으로 발달시켰다.

김치의 재료로써 고추의 쓰임은 동북아시아의 공통된 절임채소 문화로부터 한국의 김치 문화를 구분 짓고, 한국 음식문화의 한 특징을 보여주는 대표적 사례라고 할 수 있다. 한국의 김치는 고추(가루)를 사용함으로써 그 색상은 붉고, 그 맛은 더욱 매우며, 많은 양의 젓갈 혼용도 가능한 오늘날의 김치로 발달될 수 있었기 때문이다. 또한 고추가 들어감으로써 한국의 김치(특히 배추김치)는 단순한 짠맛만이 아닌 감칠맛과 조화의 맛을 지니며, (세계김치연구소 역음 2014, 103) 종합 발효식품(김광억 외 10인 2013, 296 ; 최준식 외 8인 2010, 79)으로 발달하게 됐다. 이런 이유로 남한의 '김장, 김치를 담그고 나누는 문화(*Kimjang*, making and sharing kimchi)'와 북한의 '김치 담그기 풍습(Tradition of Kimchi-making)'은 각각 2013년과 2015년 유네스코 인류무형문화유산 대표목록에 지정될 만큼 '김치(김장 담그기)'는 현재 한국과 한민족을 대표하는 음식이자 문화로 자리 잡았다. (김현정 2018, 218.) 이 같은 김치의 형성과 발달은 고추의 수용과 김치 재료로써의 쓰임 확대에서 비롯됐다고 할 수 있다.

이에 따라 본 연구는 한국인들이 어떤 이유로 고추를 김치의 재료로 수용해 현대와 같은 김치 발달의 토대를 마련했는지 그 배경

또는 이유를 규명하고자 한다. 이 같은 연구는 세계화와 다문화 시대를 맞아 한국 문화를 널리 알리고, 한국 음식문화에 대한 이해 제고와 한국 문화의 정체성을 찾기 위해서 필요하다고 할 수 있다.

본 연구는 고문헌과 한국, 중국 및 일본의 연구자들이 수행한 김치 및 고추 관련 성과물을 주된 연구 자료로 활용했다. 또한 현대의 민속 조사보고서인 『세시풍속』을 논의에 활용하고, 민간신앙 또한 연구 결과에 반영했다. 신앙은 인간의 사고와 행동은 물론, 음식문화에도 지대한 영향을 미치는 인문·사회적 요소이기 때문이다.

II. 연구사 검토

본 연구의 주제와 일치하는 연구는 현재까지 발견되고 있지 않다. 다만 주영하를 비롯한 최준식, 박채린 등의 연구에서 김치의 고추 쓰임과 관련한 부분적인 성과물들을 찾을 수 있다. 먼저 주영하는 '짠맛을 상쇄하면서 동시에 밥맛을 좋게 하는 방법 중의 하나로 모든 음식에 고추나 고춧가루가 사용됐을 가능성이 많다'는 연구결과를 밝혔다. (주영하 2011, 121.) 최준식은 '한민족이 원래 매운맛과 붉은 색을 선호하는 음식문화의 특성을 가졌기에 고추는 유입 후 빠르게 확산될 수 있었다'고 보았다. (최준식 외 8인 2010, 99.) 윤덕노는 '고추는 산초, 후추가 제공할 수 있는 맵고 자극적인 맛 이외에도 채소 자체의 맛까지 제공할 수 있어 향신료 대체품으로써 고추 사용이 증가했다'는 의견을 제시했다. (윤덕노 2013, 237.) 이 밖에 박채린은 '고추는 먼저 약용으로 쓰이다 식품에서도 쓰이게 됐다'고 주

장했다. (박채린 2013, 199.)

본 연구는 이들의 성과물과 의견 중 일부를 보완해 논의에 수용했다. 또한 천초의 식용 등과 같은 한민족의 음식문화와 함께 고추의 식물적 특성, 민간신앙, 그리고 중국의 발효문화의 영향 등을 고려하여 고추가 김치에 사용되고 그 쓰임을 확대한 배경들을 고찰했다.

김치 및 고추와 관련한 연구는 장지현, 윤서석, 이성우, 김상보, 이효지, 조재선, 이철호, 안용근·이규춘, 주영하, 박채린(無순) 등에서 찾을 수 있다. 윤서석은 「민속과 음식」(1977), 「한국 식생활문화의 고찰」(1986), 『우리나라 식생활 문화의 역사』(2001) 등을 통해 음식문화로서 시대별 김치는 물론, 고추의 전래 경로 등을 살폈다. 이성우는 「중·한·일에서의 김치류의 변천과 교류에 관한 연구」(1975), 「김치의 문화」(1983), 『한국식품문화사』(1984), 『한국식생활의 역사』(1997) 등을 통해 한국 김치의 기원과 발달과정을 추적했다. 조재선은 「김치의 역사적 고찰」(1994), 『김치의 연구』(2000), 「김치재료 및 제조기술의 변천사」(2013) 등을 통해 고문헌에 등장하는 김치의 재료, 담그는 법 등을 시대별로 분류해 종합적으로 고찰했으며, 이효지는 「한국 김치문화의 역사적 고찰」(1995), 「한국의 김치문화」(2000) 등을 통해 시대별로 김치의 종류 및 재료를 파악하고, 천초, 고추, 젓갈의 수용시기를 구체적으로 제시했다. 이철호·안보선은 「김치에 관한 문헌적 고찰」(1995)을 통해 김치의 제조 역사를 제시했으며, 안용근·이규춘은 『전통김치』(2008)를 통해 한국의 고문헌은 물론 중국의 문헌 자료에 등장하는 김치의 종류와 재료를 일목요연하게 보여주었다. 김치와 고추에 대한 인문학적 시각의 연구는 주로 주영하, 최준식, 박채린, 송혜숙, 한경구, 노영근, 진상범 등에

의해 행해졌다.

이 밖에 김치와 이의 재료인 고추 및 젓갈의 효능 및 기능, 그리고 김치산업 등에 대한 연구와 관련, 김상순과 김명희 외는 각각 『한국 전통식품의 과학적 고찰』(1985) 및 「재료를 달리한 김치의 품질」(1987)을 통해 고추와 마늘이 김치의 발효과정에 절대적 영향을 미치고 있음을 보여줬다.

III. 한국 김치의 양념 재료와 고추에 대한 인식

1. 김치의 양념 재료

일반적으로 채소를 소금(물)에 절이고 젖산 발효가 발생한 식품을 김치라고 하는데, 한 연구에 의하면 한국에는 배추김치 25종을 비롯해 모두 187종[5]의 김치가 있다고 한다. (구난숙 외 3인 2004, 36.) 김치는 그 종류가 많은 만큼 담그는 방법이 여러 가지이고 다양한 재료와 양념이 사용된다. 김치의 양념으로는 주로 고춧가루와 마늘, 생강, 젓갈 등이 사용되며, 현대의 김치는 주로 배추, 무 등을 주재료로 해 이들 양념과 버무려 만들어진다.

김치(류)의 종류와 재료는 시대에 따라 조금씩 달랐다. 삼국시대에는 가지, 박, 무, 죽순 등이 소금 절임과 식초절임, 장류 절임의 재료로 쓰였으며 오늘날의 장아찌류에 가까운 형태였다. (이효지 2000, 87.) 고려시대에는 삼국시대의 장아찌류에 더해 현재와 같은 파김치류와 청염에 절인 동치미류가 개발되었고 나박김치가 등장했다. 조

선 전기에는 주재료와 양념이 구분된 가운데 무, 오이, 가지가 보편적 재료로 사용됐다. 이외에 죽순, 동아, 토란줄기, 머위, 으름, 꿩, 산갓, 파, 마늘, 아욱 등도 재료로 쓰였다. 양념으로는 생강, 천초, 마늘, 산초, 백두옹이 사용됐다.

조선 후기에는 무, 가지, 오이가 주재료로 쓰였으며, 동아, 미나리, 배추, 갓, 전복, 대구 등도 이용됐다. 양념은 파, 마늘, 생강, 천초, 석류, 청각, 유자, 배 등이었으며, 특히 이 시기에 고추와 젓갈이 양념으로 쓰이기 시작했다. (본 연구는 젓갈의 경우 그 쓰임이 확대됐다고 보았다.) 구한말 이후에는 점차 고추의 쓰임새가 확대되었고 20세기 중반 이후에 이르러서는 전국적으로 고추를 많이 사용하는 김치가 출현했다. (이효지 2000, 90.) 이상을 통해 마늘과 생강은 조선 전기부터 주요 양념이었으며, 특히 마늘은 현재까지도 고추, 젓갈과 함께 김치의 핵심 양념 역할을 하고 있음을 살필 수 있다. 하지만 조선 후기까지 쓰였던 천초의 경우 현재는 거의 고추로 대체돼 일부 지역과 음식에서만 그 쓰임새가 유지되고 있다. (주영하 2007, 132.)

고추가 김치에 사용된 기록은 『산림경제』(1715) 또는 『요록(要錄)』(1689)의 오이김치에서 찾을 수 있다.[6] 하지만 조선 말기 전까지 고추의 쓰임은 극히 적었으며, 통고추, 실고추 등으로 사용됐다. (이효지 2000, 90.) 김치에 젓갈이 쓰인 하나의 사례는 『규합총서』(1810년경)의 '섞박지' 담그는 법에서 찾을 수 있으며, (조재선 1994, 102) 이 김치에는 조기젓, 준치젓, 소어젓, 생굴젓이 쓰였다. (이효지 2000, 88 ; 주영하 2000b, 342.)

김치의 양념 중 마늘과 고추는 김치의 발효과정에서 핵심적인 역할을 한다. 마늘은 김치 내의 미생물 생성을 억제해 산도를 적정하

게 유지시키고 휘발성의 유기산을 증가시켜 결과적으로 김치에서 잡냄새가 나지 않는 발효를 가능하게 한다. (노영근 2019, 117.) 또한 마늘은 고추와 함께 젖산균의 발육을 촉진해 김치의 맛을 향상시키고 발효를 촉진한다.

2. 고추의 한반도 전래와 고추에 대한 인식

고추(*Capsicum annuum* L.)는 전 세계 60개국에서 1,600여종이 재배되는(김경은 2013, 177) 가지과의 다년생 식물이다. 고추(남만초)가 한반도에 전래된 것은 '임진왜란 당시 일본으로부터다'는 『지봉유설』(1613)의 기록에도 불구하고, 『청장관전서』(제65권, 물산)의 기록에서 살필 수 있듯, 임진왜란 전에 한국에 유입됐다고 보는 것이 현재까지의 통설이다. (주영하 2007, 128-129 ; Kurita Eiji 1999, 255.)

문헌 기록에 따르면 고추가 전래되고 얼마 지나지 않은 시기에 한국인이 가졌던 고추에 대한 인식은 독성이 강해 유해하다는 것이었다. 『지봉유설』(권29)은 '남만초(왜개자=고추)는 큰 독이 있다'는 내용과 함께 '소주에(왜개자를) 타서 마시고 많이 죽는다'고 기록했다. 또한 『오주연문장전산고』는 일본군이 고추를 들여와 이를 태운 연기로 상대진영 군사들의 눈을 못 뜨게 하고, 매운 기침을 하게 하는 등 무기로 사용했다고 적고 있다. (김경은 2013, 178.) 이와 같은 고추에 대한 독성식물의 인식은 일본에서도 비슷하게 나타났다. 『진총담』(1814)은 '번초에 이를 훼손하는 독이 있어 즐겨 먹는 사람들은 심하면 치아가 빠지고 음식을 먹을 수 없게 된다'고 경계했다. (전도근 2011, 42.) 고추의 강한 독성은 원산지로 여겨지는 남미를 비롯한

몇몇 국가에서도 확인된다. 잉카족은 마른 고추를 쌓아놓고 불을 질러 스페인 침략자들의 눈을 일시적으로 멀게 했다. 마야족은 말을 안 듣는 아이들을 고추 연기 속에 집어넣기도 했으며, 행실이 나쁜 여자의 성기에 풋고추를 문지르기도 했다. 또한 인도의 브라만 계급 젊은이들은 자기 정화를 위해 매운 고추를 먹지 않았으며,(김경은 2013, 184-185) 유럽에서는 개에게 고추를 먹이면 개가 죽는다고 여겼다.(야마모토 노리오 2017, 76.)

고추와 관련한 독성의 인식은 현대의 『세시풍속』에서도 나타난다. 한국 중남부의 다수 지역에서는 고추를 태워 불운한 기운이나 잡귀를 쫓았다. 한 예로 여주시 점동(경기편, 846-847)에서는 1월 16일 밤에 머리카락, 목화씨, 고추씨를 대문간에서 태워, 아주 독한 냄새로 '달귀귀신'을 쫓았다. 아산시 송악(충남편, 169)에서는 대보름날 집의 네 귀퉁이에 고추를 태워 그 냄새로 잡귀를 몰아냈다. 고추와 관련한 유독성의 경계와 활용은 이처럼 동서양 모두에서 찾을 수 있다. 그럼에도 한(韓)민족은 이 고추를 김치에 수용해 동북아시아와 구별되는 한국만의 독특한 음식문화를 발달시켰다.

Ⅳ. 한국 김치의 고추 수용 배경

1. 고추 수용 이전에 천초를 사용한 음식문화

고추는 매운맛이 나고 익었을 때 붉은 색을 띠는데 이는 일반의 채소와는 다른 특성이다. 따라서 이 같은 외래 식물이 식품으로 수용되기 위해서는 기존에 식용되던 비슷한 맛과 색상의 식물이 큰 영향을 미쳤다고 할 수 있다. 때문에 매운맛을 내고 익으면 붉은 색을 띠는 천초를 음식에 사용한 당시 한국의 식문화는 김치의 고추 수용에 주요한 요인이 됐다고 할 수 있다.

고추가 음식의 재료로 쓰이기 전, 매운맛은 천초, 마늘, 생강 등이 담당했으며, (석모직도 2001, 35) 천초의 경우 『규합총서』에서 살필 수 있듯, 그 주된 쓰임새는 18세기에 이르러 고추로 대체됐다. (김상보 2006, 280 ; 주영하 2011, 117.) 현재 천초는 다수의 지역에서 추어탕 등의 음식에 양념으로 쓰여 그 명맥이 유지되고 있다.

천초는 초피나무 열매로도 불리며 주로 산야에 자생하거나 집둘레의 남새밭에 심어졌다. 천초 나무의 키는 4~5척(1.5m)가량이며, 꽃은 피지 않고 잎사귀 사이에 열매가 달려 음력 9월에 익는다. 열매는 소두(팥)같이 둥글고 껍질은 적자색(赤紫色)을 띠며, (신민교 외 3인 공역 1998, 1897) 익기 전에는 파란색이지만 익어가면서 점차 붉은 색으로 변한다.[7] 그 맛은 익기 전과 후 모두 맵다. 이는 천초와 고추가 생김새만 다를 뿐 그 맛과 색상이 거의 같음을 보여준다. 고추 또한 파란색에서 붉게 익어가며, 매운맛도 청과와 홍과가 비슷하다. 다만 두 식물은 천초의 경우 나무이고, 고추는 채소라는 차이가 있

다. 또한 고추와 다르게 천초의 경우 붉게 익으면 자연 낙과해 익은 열매를 인위적으로 수확하기 어렵다는 특징이 있다.

따라서 이와 같은 고추와 천초의 식물적 유사성은 맨드라미 등으로 음식을 붉게 물들이던(이효지 2000, 91) 한국 음식문화와 함께 한국인들이 고추를 음식에 사용하는 것에 대한 거부감과 낯설음을 덜어주었다고 할 수 있다. 이런 배경에서 식용된 고추는 점차 그 인식과 식용 경험이 공유되고 확산되면서 김치에도 수용됐다고 여겨진다. 이와 함께 고추는 손으로 따기 쉬운 높이에 많은 열매가 달리고 붉게 익은 열매의 수확도 용이했다. 이 같은 채취의 용이성은 고추를 식용하는 데 긍정적 요인이 됐다고 할 수 있다.

이런 배경을 바탕으로 고추는 18세기에 이르러 천초는 물론, 후추를 대신하는 제1의 향신료 위치를 차지했다. (주영하 2015, 245.) 한 연구에 의하면 김치의 고춧가루 다량 사용은 1960년대 고추의 생산량 증가와 함께 전라도를 중심으로 이뤄졌고 이후 1980년대 남도음식의 대유행으로 이 같은 풍속이 전국적으로 확산됨에 따라 발생했다고 한다. (주영하 2007, 130.) 그 결과 한국의 김치는 현재와 같은 붉은 색상을 띠게 됐다.[8] 따라서 고추가 전래되기 이전에 천초를 먹었던 한국의 음식문화는 김치의 고추 수용은 물론, 김치의 색상이 붉게 된 핵심적 요인이라고 할 수 있다.

2. 중국 동남방지역의 발효문화 영향

한국민족과 한국문화는 추석 등의 명절과 쌀밥, 마루 등과 같은 유·무형의 문화는 물론 종족적 유사성에서 살필 수 있듯 중국 동남방지역과 밀접하게 연관된 측면이 있다. 인류학 및 고고학 분야 등의 일부에서는 한국 민족이 남방계와 북방계의 결합으로 탄생했으며,[9] 특히 한반도의 수도작(水稻作, 벼농사) 문화는 기원 전 10세기를 전후해 중국 동남방으로부터 영향을 받았다고 본다. (위안리 2005, 75 ; 김용갑 2017, 43.) 따라서 현재 한민족이 수도작 문화의 소산인 쌀밥을 먹고 있는 만큼 대표적인 부식인 김치 문화 또한 일정 부분에서는 이 지역의 절임 채소 문화의 영향을 받았을 가능성이 크다.

중국 동남방 지역은 어장문화권으로 생선과 쌀밥을 활용한 발효문화가 발달한 지역이다. 이 지역은 벼농사 지대로 대부분의 지역이 바다에 근접해 음식의 경우 쌀과 생선류 또는 젓갈과의 결합이 현저하게 나타난다. (윤서석 2001, 61.) 특히 이들 지역 중 동남연해로 지칭되는 장강(양쯔강) 하류와 남중국의 토착민들은 채소를 절일 때 생선이나 고기류를 사용한다. (위안리 2005, 188.) 이는 절임채소의 가공법 측면에서 중국 남방과 북방의 대표적인 차이점이다. 양 지역은 모두 채소를 절이는 풍속을 갖고 있다. 하지만 북방지역의 경우 절일 때 채소만을 사용할 뿐, 새우, 닭, 오리, 생선, 고기를 조미료나 재료로 사용하지 않는다. 반면 남방지역은 적당량의 동물성 재료가 절임 채소의 변질을 막고 신맛의 가미로 맛을 향상시킨다는 것을 알고 이들 재료를 활용하는 절임채소 문화를 발달시켰다.

이 같은 가공법은 중국 남방 지역 외에 한국을 비롯해 중국의 조

선족, 그리고 서남 아시아지역에서 흔히 나타난다. (위안리 2005, 187, 196.) 특히 중국 동남방은 한반도의 수도작(水稻作, 벼농사) 문화와도 관련된다. 이런 이유로 한국 김치의 원류가 되는 채소절임 문화는 벼농사 문화와 동반돼 한반도로 전래됐거나 최소한 고대의 한국 식문화에 영향을 미쳤을 가능성이 크다고 할 수 있다. 이런 추정은 고추의 사용과 함께 젓갈류가 쓰였다는 것이 통설임에도 불구하고 고추가 전래되기 이전의 시기 즉, '김치류'에 젓갈이 사용되기 이전인 조선시대 초기에 어떤 이유로 김치류의 양념으로써 생강, 천초, 마늘, 산초 등과 같은 다양한 향신료가 존재했는지를 설명할 수 있는 한 실마리를 제공해준다. 물론 마늘은 매운맛과 함께 김치 발효의 핵심적 기능을 수행하고 천초와 산초 등은 매운맛을 제공한다. 하지만 또 다른 중요한 기능은 이 재료가 향신료인 것에서 나타나듯, 비릿한 냄새 등을 제거하는 것에 있다. 향신성 채소가 비린 맛을 상쇄하는 기록은 13세기의 『동국이상국집』(후집 제4권, 가포육영, 우청)에 나타난다. 파를 썰어 '비릿한 국'(성갱(腥羹))에 넣으면 맛이 좋다는 기록이다. 따라서 채소만으로 절임 채소를 만든다면 이 음식에 향신료를 사용할 필요성은 거의 없거나 낮으며 더 나아가 절임채소에 쓰이는 향신료가 다양하게 발달하기 어렵다. 때문에 한국 고대의 일부 절임채소(김치류)에는 동남방 지역으로부터의 전래나 영향을 받아 젓갈류나 동물성 재료가 쓰였을 가능성이 높다고 볼 수 있다. 하지만 삼국시대 후반과 고려시대 들어 성행한 불교의 영향[10] 및 어류(젓갈) 구하기의 어려움 등으로 젓갈류의 사용은 소외되거나 침체되었다고 할 수 있다. 그 결과, 절임채소에는 마늘과 같은 식물성 향신료 위주로 남게 됐다고 볼 수 있다.

그럼에도 젓갈류의 쓰임새는 고대 김치류에서 완벽하게 탈락하지 않은 채 겉절이(배추 등을 살짝 절인 다음 곧바로 양념해서 먹는 김치의 한 종류)나, 석박지 등과 같은 젓국지(젓갈의 국물을 양념으로 사용해 만든 김치의 한 종류)에서의 사용 형태로 잔존했다고 할 수 있다, 이후 젓갈류의 쓰임새는 고추의 사용과 함께 다시 부활했거나 확대됐을 가능성이 있다.

이 같은 주장의 근거는 젓갈류(젓국)로 보이는 재료를 사용한 김치류(채소절임)가 고추 유입 이전의 문헌에 등장하기 때문이다. 15세기의 『세종실록』 8년 기록과 16세기 전반의 문헌에는 자하젓과 오이로 담근 석박지가 기록돼 있다. (윤덕노 2013, 238.) 또한 김치의 고추 사용 첫 사례가 출현한 『산림경제』의 김치 담그는 법은 두어 가지만 고추를 쓴 것이고, 거의가 종전처럼 소금이나 젓갈에 담근 김치다. (김만조 외 2인 1996, 182.) 비록 이들 '김치류'의 제법이 양념으로써 젓갈 사용이란 현재의 제법과는 다르지만 '젓갈류'의 쓰임은 분명하다고 할 수 있다. 또한 고추를 사용해 젓갈의 산패 방지효과를 충분히 얻기 위해서는 다량의 고추(고춧가루)가 사용돼야 하는데 김치에서 다량의 고추가 쓰인 것은 1980년대 이후로 보고 있다.[11] 이는 김치(류)에서 고추가 쓰이기 시작한 시기가 젓갈에 앞서지 않을 수 있음을 의미한다고도 볼 수도 있다. 다시 말해 일부 '김치류'에 '젓갈류'가 쓰이고 있었기에 비릿한 냄새와 맛을 상쇄하기 위해 마늘 등의 향신료가 쓰였고, 이후 고추도 쓰였다고 볼 수 있다. 또는 '김치류'에 '젓갈류'가 쓰이면서 마늘 등의 향신료가 쓰였다고 할 수 있다. 향신료인 고추는 이 같은 음식문화 속에서 '김치류'에 쓰였으며, 이는 현재도 비릿한 냄새와 맛이 많이 나는 매운탕 등과 같은

‘생선류’의 음식에 고추가 거의 필수적으로 쓰이는 것에서 뒷받침된다. 따라서 절임채소에 젓갈(류)을 사용하는 동남방 지역의 발효문화는 김치류의 젓갈 사용과 김치의 고추 수용에 영향을 미쳤다고 할 수 있다.

3. 붉은 색의 상징성과 민간신앙의 영향

전통 식생활 문화는 자연 환경, 종교 등의 인문·사회적 요인과 함께 고유한 자생문화를 바탕으로 형성된다. (신미경·정희정 2008, 278.) 따라서 한민족이 갖는 붉은 색에 대한 인식과 민간신앙은 김치가 고추를 수용하는 한 배경이 됐다고 할 수 있다. 한민족은 태양을 닮고 양의 기운을 지닌 붉은 색이 액운과 귀신을 몰아낸다고 믿었다. (김용갑 2018b, 45 ; 이화형 2015, 322.) 이에 따라 동짓날 붉은 색의 팥을 삶아 죽을 쑤고, 이 죽을 화장실, 부엌 등 집안의 여러 곳에 뿌렸다. (김용갑 2019, 194.) 이와 함께 대보름에는 팥을 넣은 오곡밥(찰밥)[12]을 집 주변에 뿌려 액운과 잡귀를 쫓았다. 『세시풍속』은 이 같은 벽사의례가 오산시 갈곶동(경기편, 475), 평택시 이충(경기편, 660), 연기군 전의(충남편, 526), 그리고 장성군 삼계(전남편, 692) 등 여러 지역에서 행해졌음을 보여준다.

붉은 색의 고추도 이와 유사한 믿음에 따라 사용된 사례를 찾을 수 있다.[13] 『세시풍속』은 부정을 막기 위해 출산한 집에서 고추를 매단 금줄을 치는 풍속과 함께 (간)장 속에 숯, 고추를 띄운 풍속을 보여준다. 특히 이들 풍속 중 장류에 쓰인 고추는 방부제 기능과(주영하2000b, 347) 함께 벽사의 기능을 수행하는 용도로 쓰였다. 한국인

들은 또한 장을 담근 다음, 장의 색깔이 고우라는 의미에서도 고추를 넣었다. 『세시풍속』에는 이 같은 풍속이 모두 49개 지역에서 출현하고 있다. 한 예로 경남 고성 하일(경남편, 494)에서는 장항아리에 금줄을 두르고 대추, 고추, 깨, 숯을 장속에 넣었다. 이렇게 하면 잡귀가 침범하지 못할 뿐만 아니라, 간장에서 냄새가 나지 않는다고 여겼다. 따라서 이 풍속들은 음식의 한 재료로써 고추의 민간 신앙적 쓰임의 사례라고 할 수 있다.

이런 신앙관이 담긴 간장은 찌개, 국 등을 비롯해 거의 대부분 음식의 간을 맞추고 맛을 향상하는데 쓰였으며, 김치를 담을 때도 사용됐다. 따라서 간장이 민간신앙의 의미를 담아 만들어졌다면 이 간장을 사용한 음식에는 고추와 관련된 민간 신앙이 내포되어 있다는 해석도 가능하다고 볼 수 있다. 따라서 붉은 색에 벽사의 기능이 있다고 믿은 한국의 민간신앙은 김치의 고추 수용을 가능하게 하는 한 요인으로 작용했다고 할 수 있다.

[표1] 고추가 포함된 먹을거리 관련 풍속과 출현 지역

지역(86)	풍속 유형/ 출현 지역수			의례상의 고추 사용	
	장(醬) 관련(49)	풍농(豐農)(9)	기타(11)	금기(禁忌)(15)	非금기(4)
강원(9)	2		5	2	
경기(9)	1	3	1	4(이천 설성)	
경남(6)	6				
경북(11)	6		1	3	1
전남(19)	14	3	1	1	
전북(14)	6	2	1	3	2
제주(1)	1				

충남(7)	3(당진 순성)	1	2(당진 순성)	1	1
충북(10)	10(옥천 동이)			1(옥천 동이)	

*출처: 국립문화재연구소 『세시풍속』 지역 편 9권 전체(162개 시 · 군, 471개 조사지역.)
고추의 사용에는 고춧가루, 실고추, 고추장의 출현도 포함됨.
**이천시 설성은 의례상에 김치를 올리지 않으며, 당진 순성과 옥천 동이는 풍속이 2회 출현함.

4. 쌈과 데친 나물 및 채소를 선호하는 음식문화

『산림경제』에는 왜초(倭椒)라고도 부르는 남초(고추)는 2월에 적당히 마른 땅에 씨앗을 심은 다음 4~5월 사이에 비가 내린 후 바람을 막을 수 있는 곳에 옮겨 심으면 많은 열매를 맺는다고 기록되어 있다. (주영하 2011, 114.) 실제로 고추는 한 그루당 청과 97개, 홍과 162개가 수확되는 다수확 식물로(이희주 외 2017, 75) 식품으로서 생산성과 효용성이 높은 채소다. 고추는 4월 하순께부터 풋고추로 먹을 수 있고 홍과가 수확되는 9월까지 생채로 식용이 가능하다. 이는 채소나 나물을 생식으로 먹거나 데친 다음 양념에 버무려 먹기를 좋아하는 한민족에게 다량의 열매를 맺는 고추가 맞춤한 음식거리였음을 보여준다.

한민족이 쌈(생채-生菜)을 즐겼음은 고려시대의 기록에서도 찾을 수 있다. 『성호사설』(제5권 만물문)은 '고려 사람이 생나물(야채 및 채소)로 밥을 쌈 싸 먹는다'는 기록과 함께 '조선의 풍속도 이와 같다. 소채 중에 잎이 큰 것은 모두 쌈을 싸서 먹고 상추쌈을 제일로 여기며 집집마다 이를 심는다'는 내용을 담고 있다. 현재도 한국인들은 채소 쌈을 즐기며, 이 쌈에는 된장(쌈장), 마늘 등과 함께 생고추[청과]가 거의 필수적으로 식용된다. 따라서 고추가 김치의 재료로 출

현하는 『산림경제』의 저술 시기에는 생고추로도 식용됐을 가능성이 높다. 특히 조선 후기, 고추가 한창 열리는 4월 하순께는 보리의 수확을 앞둔 '보릿고개'의 시기로 많은 한국인들은 극심한 식량난을 겪었다. 때문에 이 무렵, 한 그루당 100여 개의 열매가 달리는 고추는 단순 향신료와 채소를 넘어 부족한 식량을 보충해주는 구황식품으로서의 효용 가치가 있었다고 할 수 있다. 고추의 경우 비타민 등의 영양소가 풍부하고, 고추와 짝을 이뤄 함께 먹는 된장 또한 '나물에 된장만 무쳐 먹어도 부황이 나지 않는다'(배영동 2002, 58)는 말이 있을 정도로 단백질 등의 영양분이 많이 들어있기 때문이다. 따라서 고추는 김치의 재료나 양념보다는 쌈 등과 같은 생채로서 식용이 시작돼 김치에 수용되는 과정을 거쳤을 수도 있다.

이와 함께 한국 음식문화에는 채소나 나물을 데쳐 만드는 요리법이 발달돼 있다. 이는 콩나물과 숙주, 시금치, 취나물 등에서 나타나듯 한국인의 보편적 채소 반찬거리가 거의 데친 음식이라는 것에서 살필 수 있다. 한국인은 부추, 미나리, 양파, 파, 마늘 줄기, 죽순을 비롯해 심지어 감자의 잎줄기마저 데쳐서 식용한다. 이처럼 채소나 나물을 데치는 조리방법과 음식을 숙채(熟菜) 또는 숙채 나물이라고 하며, 이 음식은 채소 등을 살짝 데치기거나, 삶기, 찌기 또는 볶기를 한 다음, 참기름, 간장, 고추 등과 같은 양념으로 조미해 요리된다. (정혜경 2017, 216.) 조선시대 숙채는 노인의 음식을 만드는 데도 이용됐으며, 숙채침채법(熟菜沈菜法)으로 불렸다. (이효지 2000, 89.)

『음식디미방』(17세기 중엽)은 동아를 납작하게 썰어 데친 후 기름장, 겨자, 식초, 간장에 무친 동아돈채법을 기록하고 있으며, 『산림경제』와 『증보산림경제』, 그리고 『임원십육지』 등에는 채소를 데쳐

서 만든 원추리꽃김치, 죽순김치 등이 나타난다. 또한 『시의전서』는 '좋은 도라지를 삶아 물에 우려내어 고춧가루를 넣고 무치며, 고사리 등도 마찬가지'라고 기록하고 있다.

이를 통해 현대의 숙채 음식과 비슷하거나 같은 채소·나물 조리법이 고대시기부터 이어지고 있음을 살필 수 있다. 이 같은 숙채는 채소나 나물을 데치거나 삶으면 식용하기 편리할 뿐만 아니라 많은 양을 먹을 수 있고, 일부 채소(나물)의 아린 맛이나 독성을 제거할 수 있다는 점 등에서 발달됐다고 볼 수 있다. (정혜경 2017, 216-218.) 때문에 현대의 많은 한국인들이 고추를 살짝 데쳐 양념장에 버무려 먹고 있음을 고려할 때, 이 같은 숙채 문화는 고추 전래 이후 얼마 지나지 않아 고추에도 적용됐을 가능성이 높다.

따라서 한국인의 생채(쌈) 선호와 숙채의 음식문화는 고추의 자연스런 식용을 가져오고, 이런 식문화 속에서 김치의 고추 수용과 확산은 가능했다고 할 수 있다.

5. 한(韓)민족의 매운맛 선호

농림축산식품부 통계에 의하면 2016년 한국인의 1인당 연간 고추 소비량은 3.3kg이며, 마늘은 6.6kg, 양파는 26.7kg으로 매운맛을 지닌 이들 3개 품목의 1인당 연간 소비량은 무려 36.3kg에 달한다. 산술적으로 한국인 한 사람이 하루에 약 100g의 매운 식재료를 섭취하고, 한국 국민 전체는 연간 16만 5천 톤의 고추를 소비하는 셈이다. 이 같은 연간 소비량은 일본의 연간 고추 소비량 1만여 톤에(김성훈 2014, 14) 비해 16배 이상 많은 것이다. 또한 고춧가

루 소비기준으로는 미국, 헝가리보다 무려 40배가 더 많다. (송혜숙 2015, 117.) 배추김치 1포기당 고춧가루 사용량은 1960년대 26g에서 2000년대 145g으로 증가했다. 한국인은 이 같은 김치를 2000년 이후 1인당 연간 5포기를 먹고 있다. (송혜숙 2015, 118.)(비록 고춧가루 등의 양념 사용량은 달랐지만 1940년대는 20포기를 먹음.) 그만큼 한국인은 매운맛을 선호한다. (최준식 외 2010, 99 ; 주영하 2011, 121.)

[표2] 한국(인)의 양념류 소비량

구분	소비량/kg		
연도＼품목	고추	마늘	양파
2000	2.5	7.2	14.8
2005	2.2	6.2	17
2010	3.6	7	28.7
2016	3.3	6.6	26.7

*출처: 2017년도 농림축산식품 주요 통계. p.347.

김치의 매운맛은 고추가 확산되기 전에는 주로 천초(초피)나 마늘 등이 담당했다. (석모직도 2001, 35.) 이는 기록을 통해 확인된다. 먼저 『산림경제』와 그 내용의 60%가량이 엇비슷한 13세기 무렵의 원나라 서적, 『거가필용』에(이성우 1995, 33) 마늘, 생강, 초(椒-천초) 등이 등장하고, 15세기의 『사가집』(제51권)에 생강, 마늘, 파, 자소(소엽)가 출현했다. 또한 『동의보감』에 천초가루로 만든 천초장이 등장했으며, 『음식디미방』(후추, 천초, 생강, 마늘, 자소잎)과 『고사촬요』(1554)(생강, 파, 마늘), 그리고 『산림경제』(마늘, 회향, 산초, 생강)에도 여러 향신성 채소가 나타난다. (윤덕노 2013, 235 ; 주영하 2011, 121.) 이들 기

록을 통해 고추에 앞서 매운맛의 여러 향신료가 사용됐음을 살필 수 있다.

16세기 중·후반을 전후해 전래된 고추는 산초와 후추가 지녔던 맵고 자극적인 맛 외에 채소로서의 식감도 지니고 있었으며, 생산량이 많다는 장점이 있었다. 고추는 이 같은 장점과 함께 식용된 후, 점차 그 수요와 공급이 확대돼 오늘날 김치의 대표적인 식재료로 자리 잡았다고 할 수 있다. (윤덕노 2013, 237 ; 박채린 2013, 201을 재인용.) 따라서 김치의 고추 수용 배경에는 한민족의 매운맛 선호라는 (주영하 2011, 121 ; 최준식 외 8인 2010, 99) 민족적 입맛이 자리한다고 할 수 있다.

6. 고추의 풍미기능과 젓갈 수용

'고추를 넣은 김치를 먹으니 갑자기 살아있는 봄이 온 듯하다'는 『임원십육지』(1827)의 기록에서도 살필 수 있듯, 고추는 음식의 맛을 향상시킨다. 또한 고추가 김치에 사용됨으로써 젓갈의 혼용이 확대되고, 김치는 감칠맛을 지니게 됐다. 이처럼 고추는 김치의 한 재료일 뿐만 아니라, 개운한 맛과 감칠맛을 제공하고 음식에 맛을 더한다. 본 연구는 고추의 이 같은 맛 향상의 역할을 '풍미작용(豐味作用)'으로 명명했다.

한민족은 고대시기부터 콩과 관련된 된장, 간장 등의 두장(豆醬) 문화가 발달한 것에서 나타나듯 구수하고 감칠맛 나는 것으로 대표되는 발효의 맛에 익숙해져 있다. 이런 이유로 한국인들은 물과 함께 식물성과 동물성의 여러 재료들을 오랫동안 끓여 진하고 감칠맛

이 나는 육수를 얻으며, 각종 음식에 고소한 맛이 나는 참기름과 깨 등의 양념을 즐겨 사용한다. 또한 19세기 후반 중국으로부터 질 좋은 호배추가 유입됐지만 한국인들은 이 배추가 감칠맛이 적고 우거지도 많지 않다는 이유로 한동안 수용하지 않았다. (주영하 2013, 160-161.) 그만큼 한국인들은 감칠맛을 중시하며, 이런 식문화 속에서 고추의 맛 향상 기능은 고추가 김치에 수용되는 한 배경이 됐다고 할 수 있다.

고추가 김치에 사용돼 일으키는 '풍미작용'은 2가지 측면에서 살필 수 있다. 먼저 고추 자체의 풍미 작용이다. 무엇보다 고추의 붉은 색은 식욕을 촉진한다. (김석영·박경민 2005, 79.) 또한 한국에서 주로 식용되는 고추는 과피가 두껍고 매운맛과 함께 약간의 단맛을 지닌다. 특히 고추에는 캡사이신 성분이 다량 함유돼 있어 고추를 먹으면 엔도르핀이 분비되고, 그 결과 개운한 맛과 함께 기분이 좋아진다. (안용근·이규춘 2008, 48.)

다음은 고추의 여러 성분이 음식의 다른 재료들과 어울려 발생하는 감칠맛의 생성이다. 김치의 한 재료인 젓갈은 생선을 절여 담그는 만큼 비린내와 역한 냄새를 풍긴다. 그런데 고추의 캡사이신은 이 비린내를 막으며, 비타민은 젓갈의 지방이 산패(酸敗)하는 것을 방지한다. (석모직도 2001, 35.) 그 결과 김치는 다량의 젓갈 혼용이 가능하고, 젓갈의 동물성 단백질이 제공하는 감칠맛을 낼 수 있다. 따라서 고추의 매운맛과 함께 김치의 감칠맛을 만드는 고추와 젓갈의 '풍미작용'은 김치가 고추를 수용하는 한 배경이 됐다고 할 수 있다.

7. 고추의 변이와 결합재배

고추는 한국에서는 1년생 초본식물이지만, 열대지방에서는 나무처럼 다년생으로 자라는 목본식물이다. 그만큼 고추는 자연환경의 적응성이 뛰어나며 품종의 분화가 잘 발생한다. 또한 상당 수준의 타가수분이 가능해 인간의 지속적인 선별로 현지의 자연 환경에 적합한 다양한 품종이 만들어 질 수 있다. (안완식 2009, 258.) 따라서 한반도에 전래된 고추는 긴 전파 과정에서 무수한 현지 적응과 선택을 거쳤다고 할 수 있다. 이는 고추가 한반도에 유입될 무렵, 이미 유럽에 여러 종류의 고추가 있었음을 의미하는 기록에서 뒷받침된다. 16세기 후반 출판된 포르투갈의 한 책자는 고추가 매운맛의 정도에 따라서 날 것으로 먹기도 하고 구워서도 먹는다고 기록하고 있다.[14] 또한 18세기 중엽의 저작물로 여겨지는 『성호사설』(제4권, 만물문, 번초(番椒))은 '시험 삼아 먹어본 천초는 씨가 많고 매운맛이 적으며 왜인들은 이를 번초라고 하고, 조선인은 왜초라 한다'고 적고 있다.

이들 기록을 통해 고추의 한반도 전래 전후에 다양한 품종의 고추가 있었음을 살필 수 있다. 따라서 유럽-(중국·한국)-일본을 통해 고추가 한반도에 전래됐다면 이들 고추는 여러 품종이었을 수 있으며, 『지봉유설』 상의 고추는 이들 품종 중 유독 매운 것이라는 해석도 가능하다고 할 수 있다. 또한 고추가 전래된 후 한반도의 자연 환경에 적응하고 한민족의 입맛에 의해 선택되면서 덜 맵고 단맛이 나는 감미종 위주로 재배됐다고 볼 수도 있다.

이 밖에 고추는 천초와 달리 초본식물이며 재배기간 또한 천초보

다 짧아 경작지를 반영구적으로 차지하지 않는다. 따라서 수확 뒤 다른 농작물과의 결합 재배가 가능하다. 때문에 한정된 경작지를 효율적으로 활용해야 하는 중세 한국인에게 고추 재배의 효율성은 큰 장점이 됐다고 할 수 있다. 따라서 고추의 뛰어난 환경 적응성과 결합재배의 용이성은 고추 재배의 확산을 촉진하고, 이 같은 환경 속에서 김치의 고추 수용에도 기여했다고 할 수 있다.

Ⅴ. 맺는말

이 연구는 독성 식물이란 인식을 지녔던 고추가 김치의 재료로 쓰이게 된 배경에 대해 고찰했다.

고추 쓰임의 배경에는 매운맛을 비롯해 쌈과 데친 나물 및 채소를 선호하는 한민족의 음식 선호 성향이 자리했다. 또한 고추의 쓰임 이전에 천초를 사용한 음식문화, 중국 동남방 발효문화의 영향, 붉은 색의 상징성과 민간신앙의 영향, 그리고 고추의 풍미작용 등이 있음을 살필 수 있었다.

한국 민족은 고추가 전래되기 이전, 색깔과 맛이 고추와 비슷한 천초를 음식에 사용했다. 한국의 건고추 소비량은 2017년을 기준으로 1인당 연간 3.1kg이며, 이 같은 양은 일본, 미국보다 각각 16배와 40배 많은 것이다. 그만큼 한국 민족은 매운맛을 선호한다. 또한 한(韓)민족은 붉은 색과 매운 냄새가 사악한 기운을 물리친다고 믿어 붉은 고추를 넣어 장을 담그고, 이를 매달아 금줄을 쳤으며, 고추씨를 불태웠다. 당연히 이 같은 음식문화와 민간신앙도 고추가 김

치에 쓰이는 한 배경으로 작용했다고 할 수 있다.

한국 음식문화에는 채소를 데쳐서 요리하는 숙채가 발달돼 있고, 한민족은 상추나 고추 등의 채소를 쌈이나 생으로 먹는 것을 좋아했다. 특히 고추는 한 그루에 100여 개의 열매(청과)가 열리며, 이 청과는 4월 하순 무렵부터 식용이 가능하다. 때문에 보리 수확을 앞둔 봄철에 극심한 식량난을 겪던 옛날 한국인들에게 식량(구황식품)의 구실도 했다고 볼 수 있다. 또한 고추는 기후 적응성이 뛰어나며 재배기간이 짧아 보리나 월동용 채소 등과의 결합재배가 가능했다. 이에 더해 고추는 그 자체로서 단맛을 지니며, 젓갈의 비린한 냄새와 맛을 상쇄하고 지방산의 산패를 막는 역할을 한다. 이로 인해 고추는 김치의 동물성 재료(젓갈) 쓰임을 확대하고 김치의 맛을 향상시킨다. 따라서 김치의 고추 쓰임은 이와 같은 고추의 식품적 특성과 함께 한국 고유의 음식 문화 속에서 발달했다고 할 수 있다.

고추와 젓갈의 상관성 측면에서 볼 때, 중국 동남방의 발효문화 또한 김치의 고추 수용에 영향을 미쳤다고 볼 수 있다. 중국의 북방과 달리 동남방은 채소절임에서 젓갈류를 사용했으며, 김치류와 짝을 이루는 한민족의 쌀밥 문화(수도작(水稻作) 문화)는 이들 지역과 밀접한 영향관계에 있기 때문이다.

본 연구가 김치와 한국 전통문화에 대한 이해를 제고하는 데 도움이 되기를 기대한다.

미주

1 주영하 2006, 38 ; 김치는 남한과 북한의 유네스코 인류무형문화유산 대표 목록이다. 또한 한국 민족이 많이 거주하는 중국의 길림성과 요령성의 비물질 문화유산으로 지정돼 있다. 이는 김치가 국가 개념보다는 문화적 공동체의 음식임을 보여준다. 따라서 김치는 한민족(韓民族)의 음식이다. -함한희 2016, 425. ; 노영근 2019, 110.

2 일부에서는 한국인이 '김치류'를 일상의 음식으로 먹은 시기는 오래되지 않았을 것으로 보고 있다. 이에 대한 하나의 근거는 18세 중엽의 인물인 성호 이익의 식사에(『성호사설』 내용) '김치류'가 출현하지 않고, 그 반찬이 된장 등이었기 때문이다. (정은진 2010, 263.) 또한 일제 치하에서도 '김치(沈菜)는 한국인 상하 모두의 매우 진중(珍重)한 것'이란 기록(『잡기 및 잡자료(기2)』, 의식주, 식물)이 이를 뒷받침 한다. '김치류'는 단순 채소절임과 발효 절임 등을 모두 아우른다. (이철호 외 1995, 311.)

3 『고려사』(권59, 친사의). '첫 번째 줄에는 미나리절임, 죽순절임, 무절임을 차례대로 놓는다. (第一行 實芹菹, 筍菹, 菁菹 次之.)'; 『동국이상국집』(후집 제4권, 가포육영, 우청), '(무릎) 장에 곁들여 여름에 먹고 소금에 절여 겨울을 넘긴다.'

4 송혜숙 2015, 115 ; 한 끼니의 김치 섭취량이 2015년 기준으로 115.6g이란 보고도 있다. -김은경 외 2015, 350.

5 김치의 종류와 관련, 문수재·손경희(2001. 『식생활과 문화』. 신광출판사. 469)는 143종으로 분류했고, 석모직도(동아시아식생활연구회 역. 2001. 『세계의 음식문화』. 광문각. 34)는 세는 방법에 따라 1천여 종에 달하는 것으로 보았다.

6 김치에 고추를 사용한 첫 사례와 관련, 안용근·이규춘(2008, 48-49)과 노영근(2019, 117)은 『요록』(1689)의 오이김치를 제시했다. 반면 이효지(2000, 88)와 주영하(2000b, 333)는 『산림경제』(1715)의 오이김치를 첫 사례로 보고 있다.

7 '촉초(蜀椒) 쵸피나모여름(초피나무 열매) -(초피 열매를) 절구에 찧어 붉은 가루만 골라 쓴다. (본초)春之取紅末用.' -허균 2007, 2018.

8 하지만 고추 사용량과 붉은색의 농도는 비례 관계가 아니다. '고춧가루의 사용량이 많아짐에 따라 capsaicin 당량은 비례적으로 증가하나 붉은 색은 별로 증가하지 않는다.' -신현희·이서래 1991, 303.

9 '한국인의 유전자는 북방계열(70~60%)과 남방계열(40~30%) 민족들의 혼합으로 이뤄져 있다. 이 같은 혼합은 신석기 시대 이후 발생했다.'(방민규 2018, 1224.) ; 1930년대 한국을 방문한 독일인 헤르만 라우텐자흐는 그의 책 『Korea. Eine Landeskunde auf Grund eigener Reisen und der Literatur』(p.143)에서 '문화인류학적으로 한국인의 얼굴과 신체를 분석해 볼 때 한민족은 북방계와 남방계 민족으로 구성되어있다'고 주장했다. (국립문화재연구소 2007, 227.) ; 박치현 2020년 9월 10일. ; 또한 조영언(2004. 『한국어 어원사전』. 다솜출판사)은 상당수의 한국어 어원을 남방계 언어인 드라비다어 등에서 찾았다.

10 '불교융성은 육식을 위축시키고 식물성 재료를 중심으로 한 채식 및 사찰 음식을 크게 발달시켰다.' -문병훈 2009, 39.

11 주영하 2000a, 228-235.

12 한국 다수지역에서 오곡밥과 찰밥은 동일한 의미로 사용됐다.-김용갑·박혜경 2020, 24.

13 '붉은색은 물론 매운 냄새까지 모두 벽사와 부정을 제거한다.'-한국문화상징사전 편찬위원회 편 2007, 33.

14 야마모토 노리오 2017, 72-75.

참고문헌

논문

김석영·박경민. 2005.「젊은 한국여성에서 붉은 고추의 섭취량, 캡사이신 역치, 영양소 섭취량 및 신체계측치간의 관련성」.『한국영양학회지』 38(1).

김성우·김원태·신성철·김창수·강지석·김다정. 2018.「양념채소 수급 동향과 전망」.『한국농촌경제 연구원 기타 연구보고서』.

김성훈. 2014.「세계 건고추산업 동향」.『세계농업』 166호.

김용갑. 2018b.「단오의 대표 음식으로서 쑥떡의 발달 배경과 단오의 성격」.『아세아연구』 61(3).

김용갑·박혜경. 2020.「한국 명절 쇠는 방식의 방향성」.『아세아연구』 63(1).

김은경·주세영·박채린·최은옥. 2015.「한국 성인의 김치섭취에 대한 연구」.『한국식품영양과학회 학술대회발표집』.

김현정. 2018.「유네스코 인류무형문화유산의 관리와 활용 현황에 대한 한일 비교 연구 -김장문화와 와쇼쿠(和食)를 중심으로-」.『비교문화연구』 50집.

노영근. 2019.「중국 거주 조선인 김치문화의 양상과 의미」.『통일인문학』 79.

박채린. 2019.「김치의 기원과 제조변천과정에 대한 종합적 연구」.『한국식생활문화학회지』 34(2).

방민규. 2018.「생물인류학 자료로 본 한국인 기원문제에 대한 연구」.『인문사회 21』 9(3).

배영동. 2002.「된장을 통해본 민족음식의 전통과 변화」.『한국민속학』 35.

송혜숙. 2015.「문헌고찰을 통한 김치문화 활성화 방안」.『문화산업연구』 15(3).

신미경·정희정. 2008.「한·중·일 세시풍속과 세시음식에 대한 비교」.『동아시아식생활학회지』 18(3).

신현희·이서래. 1991.「김치 및 고추장의 고추 사용량 추정법 시도」.『한국식품과학회지』 23(3).

이성우. 1983.「김치의 문화」.『식품과학과 산업』21(1).

이철호·안보선. 1995.「김치에 관한 문헌적 고찰- Ⅰ. 김치의 제조 역사」.『한국식생활문화학회지』10(4).

이화형. 2015.「한중세시풍속의 융합성 비교-정월명절을 중심으로」.『동아시아고대학』제40집.

이효지. 2000.「한국의 김치문화」.『비교민속학』18.

이희주·박성태·김성겸·최장선·이상규. 2017.「고온 및 침수에 의한 고추의 생육 및 생리적 반응에 미치는 영향」.『원예과학기술지』35(1).

정은진. 2010.「星湖 李瀷의 '三豆會' 小考」.『동악어문학』55.

조재선. 1994.「김치의 역사적 고찰」.『동아시아식생활학회지』4(2).

주영하. 2000.「고추의 상징화 과정에 대한 일고」.『역사민속학』11.

주영하. 2006.「식사, 기호, 민속음식」.『비교민속학』31.

주영하. 2007.「고추와 매운맛: 동북아시아 매운맛의 유행에 대한 연구」.『비교민속학』34.

함한희. 2016.「아리랑, 김치 그리고 국가주의」.『비교민속학』39.

Kurita Eiji. 1999.「고추(red pepper)의 어원에 관한 연구」.『인문과학연구』18.

단행본

구난숙·권순자·이경애. 2004.『세계속의 음식문화』. 교문사.

국립문화재연구소,『세시풍속』(경기편: 2001), (강원편: 2001), (경남편: 2002), (경북편: 2002), (전남편: 2003), (전북편: 2003), (제주편: 2001), (충남편: 2002), (충북편: 2001), 국립문화재연구소.

국립문화재연구소. 2007.『서양인이 쓴 민속문헌 해제』. 국립문화재연구소.

김경은. 2013.『한·중·일 밥상문화』. 서울: 이가서.

김만조 외 2인. 1996.『김치 천년의 맛 하권』. 디자인하우스.

김문희·김충현·박동규. 2019.『기타 연구보고서: 통계로 본 세계 속의 한국농업』. 나주: 한국농촌경제연구원.

김상보. 2006.『조선시대의 음식문화』. 가람기획.

김용갑. 2019.『한국 명절의 절식과 의례』. 어문학사.

농림축산식품부. 2017.『2017년도 농림축산식품 주요 통계』. 세종: 농림축산식품부.

문수재·손경희. 2001.『식생활과 문화』. 신광출판사.

문병훈. 2009.『한국음식, 세계를 향한 도전』. 한국학술정보.

박채린. 2013.『조선시대 김치의 탄생』. 서울: 민속원.

석모직도 지음. 동아시아식생활연구회 역. 2001.『세계의 음식문화』. 광문각.

세계김치연구소. 김일권·이정우·박채린 옮김. 2015.『거가필용 역주 음식편』. 세계김치연구소.

세계김치연구소 엮음. 김광억 외 10인. 2013.『김치와 김장문화의 인문학적 이해』. 민속원.

세계김치연구소 엮음. 윤덕노. 2013.「김치 레시피 변화의 경제적 의미」.『김치와 김장문화의 인문학적 이해』. 민속원.

세계김치연구소 엮음. 임재해 외 10인. 2014.『김치의 인문학적 이해』. 세계김치연구소.

시노다 오사무 지음. 윤서석 외 역. 1995.『중국음식문화사』. 민음사.

신민교 외 3인 공역. 1998.『국역 향약집성방』. 도서출판 영림사.

안완식. 2009.『한국 토종작물자원 도감』. 도서출판 이유.

안용근·이규춘. 2008.『전통김치』. 교문사.

야마모토 노리오 지음. 최용우 옮김. 2017.『페퍼로드-고추가 일으킨 식탁혁명』. (주)사계절 출판사.

위안리 지음. 최성은 옮김. 2005.『도작문화로 본 한국문화의 기원과 발전』. 민속원.

윤서석. 2001.『우리나라 식생활 문화의 역사』. 서울: 신광출판사.

이성우. 1995.『한국식품사회사』. 교문사.

_____. 1997. 『한국식생활의 역사』. 수학사.

장지현. 1989. 『한국 전래 발효식품사 연구』. 수학사.

전도근. 2011. 『고추는 나의 힘』. 북오션.

정혜경. 2017. 『채소의 인문학』. 따비.

조영언. 2004. 『한국어 어원사전』. 다솜출판사.

조재선. 2000. 『김치의 연구』. 유림문화사.

주영하. 2000. 『음식전쟁 문화전쟁』. 사계절.

_____. 2011. 『음식인문학: 음식으로 본 한국의 역사와 문화』. 휴머니스트.

_____. 2013. 『식탁위의 한국사』. 휴머니스트.

_____. 2015. 『향신료의 지구사』. 휴머니스트.

최준식 외 8인. 2010. 『한국문화는 중국문화의 아류인가?』. 소나무.

한국문화상징사전편찬위원회 편. 2007. 『한국문화 상징사전 2』. 두산동아.

허균 지음. 동의문헌연구실 옮김. 2007. 『신대역 동의보감』. 법인문화사.

고문헌 및 기타

『고려사』 권59.

『동국이상국집』(후집 제4권, 가포육영).

『사가집』(제51권).

『성호사설』(제5권 만물문, 생채괴배.)

『시경』(채빈).

『오주연문장전산고』(권10, 번초남과변증설).

『지봉유설』(권29).

『청장관전서』(제65권, 물산).

국립원예특작과학원 홈페이지 통계자료.

농림축산식품부 주요통계 2013.

박치현 기자. 「한국인의 조상은 누구인가. 학계 진실공방」. 시사저널. 2020년 9월 10일자.

『잡기 및 잡자료(기2)』, 의식주, 식물.

주제어

쌀(쌀밥), 주식(主食), 한국인, 한국문화, 민족적 식품 선호, 의례

한국의 주식으로서 쌀밥 발달의 배경

김용갑 · 박혜경

한국인의 주식은 자포니카 계열의 멥쌀로 지은 쌀밥이다. 이 멥쌀을 주식으로 하는 나라는 전 세계에서 한국과 일본, 그리고 중국 일부 지역뿐이다. 한국의 경우 이 멥쌀로 다양한 떡과 술을 빚고 쌀 생산과 밀접하게 관련된 명절(추석)까지 쇤다. 이런 이유로 멥쌀은 한국 문화의 상징이 된다.

본 연구는 이 쌀밥이 한국인의 주식으로 발달한 배경에 대해 음식문화와 기후, 지리 및 사회 · 경제적 요인 등을 중심으로 살펴봤다. 쌀밥은 한국 정부의 쌀 증산 노력과 함께 쌀 자급자족의 달성, 국 · 내외의 쌀값 하락, 그리고 경제력의 향상 등에 힘입어 1970년대 말 다수의 한국인들이 먹게 되면서 주식으로 자리 잡았다.

한국인이 아시아의 여러 나라들과 달리 멥쌀을 주식으로 먹게 된 것은 '인위적' 선택과 '자연적' 선택이 중요한 역할을 했다고 할 수 있다. 인위적 선택 면에서 한국인의 조상인 고대 한민족(韓民族)은 기장이나 조와 같은 딱딱한 잡곡에 익숙해 부드럽고 찰진 곡물을 선호하지 않았다. (메성 선호) 이 같은 민족적 식품 선호는 한국인의 주식이 찹쌀이 아닌 멥쌀로 자리 잡게 한 핵심적 배경이 됐다. 다음으로 자연적 선택 면에서 한반도의 기후와 지리는 인디카보다는 자포니카 품종의 벼 재배에 적합했다. 이런 이유로 한반도에 처음 전래된 벼는 인디카 계열의 찰벼였지만 자포니카 계열의 멥쌀이 한국인의 주식으로 발달됐다.

한국 음식문화의 두드러진 특징인 김치와 된장 등의 발효식품과 국과 같은 습성음식의 발달도 쌀밥 주식화의 배경으로 작용했다고 할 수 있다. 이와 함께 쌀밥을 귀한 음식으로 여기고 이를 일상의 음식으로 먹으려 했던 한국인의 바람과 노력, 쌀이 지닌 맛과 영양의 우수성, 그리고 잡곡과의 결합재배 등도 쌀밥 발달의 배경이 됐다고 할 수 있다.

Ⅰ. 들어가는 말

남한과 북한 등의 한민족(韓民族)은 밥을 먹는다. 이 밥은 쌀이나 쌀에 더해 콩, 수수 등의 곡식을 섞어 익힌 음식으로 대부분의 한국인은 매일 이 밥을 먹는다. 따라서 한국인의 주식(主食)은 쌀을 주재료로 해 지은 '쌀밥'이라고 할 수 있다. 그런데 이 쌀은 태국 등의 동남아시아와 달리 자포니카(Japonica) 품종이며, 성분상 멥쌀(non-waxy)에 속한다. 이 멥쌀을 먹는 나라와 지역은 전 세계적으로 한국을 비롯해 일본과 중국 동북 3성뿐이다. 한국인들은 이 쌀만으로 지은 밥을 간략하게 쌀밥(멥쌀밥)이라고 말한다.

현대 한국인들은 멥쌀로 일상의 식사를 하고, 제사나 고사 등에서는 의례의 음식을 만들며, 별식이나 축하를 위한 떡도 빚는다. 또한 추석과 대보름, 백중 등의 명절과 속절에서 나타나듯, 한국에는 이 쌀의 파종과 수확, 그리고 풍년과 농사의 수고에 감사를 표하는 세시풍속이 크게 발달돼 있다. 특히 이들 명절 중 추석은 멥쌀을 주식으로 하는 나라 중 유일하게 한국에서만 크게 기념되며, 한국인은 멥쌀로 절식(節食)인 송편까지 빚는다. 때문에 멥쌀(벼)과 이를 재료로 지은 쌀밥은 김치와 함께 한국 음식을 대표하며, 한국 문화의 상징물이자, 한국의 문화를 동북아시아의 문화와 구별해 주는 핵심적 요소가 된다고 할 수 있다.

그럼에도 한국인들이 왜 밀이나 감자, 옥수수 등의 다양한 먹을거리와 다르게 멥쌀을 선택하고 빵이나 국수가 아닌 밥을 주식으로 발달시켰는지에 대한 연구는 현재까지 발견되고 있지 않다. 이에 본 연구는 음식문화 및 사회·경제적 측면, 쌀에 대한 인식 및 기후·

지리적 측면으로 나눠 한국인이 멥쌀밥(이하 쌀밥으로 칭함)을 주식으로 삼게 된 이유 또는 배경을 규명하고자 한다. 이 같은 연구는 세계화와 한류(韓流)의 확산, 그리고 다문화 시대를 맞아 한국 음식문화의 고유성과 특징을 밝히고, 한국 문화의 정체성을 유지하기 위해 필요하다고 할 것이다.

본 연구는 고문헌 자료를 비롯해 농업, 식품가공학 등의 인접 학문분야의 연구 성과와 함께 현대의 『세시풍속(歲時風俗)』 자료를 논의에 활용했다. 본 논의의 소재와 관련된 연구는 김용갑(2017)에 의해 행해졌다. 그는 쌀은 물론 멥쌀을 주식으로 하는 세계 여러 나라 중 유일하게 한국만이 멥쌀을 재료로 해 다양한 떡을 만들고 있는 점에 주목, 멥쌀떡이 동북아시아의 문화 속에서 한국만의 특징 있는 음식문화로 발달된 배경에 대해 고찰한 바 있다. 김의 연구와 이 논문은 멥쌀이라는 소재의 공통점을 지닌다. 때문에 이 논문은 김의 연구에 대한 후속적 성격도 지니며, 그의 연구성과 중 일부를 보완해 논의에 수용했다.

본 연구의 관련 분야인 농업, 식품(음식), 전통문화 등과 관련해서는 이춘녕, 허문회, 윤서석, 장주근, 구자옥, 이성우, 장두식, 이효지, 이영구, 신말식, 강희경, 주영하(無順) 등의 연구가 있다.

본 연구와 관련된 일부의 성과물은 다음과 같다. 먼저, 윤서석 외(2000), 안승모(1999), 허문회 외(1986) 등은 벼의 생태 및 전파, 기원지 등을 체계적으로 정리해 보고했으며, 특히 윤서석(2001)은 한민족의 식생활문화를 선사시대부터 살피며, 벼의 기원과 역사, 그리고 벼농사와 관련한 한국 문화를 통시적으로 정리했다. 신중진(2012)과 김태호(2008)는 한국 재래 벼의 품종과 특징, 그리고 일제 강점기

에 도입된 벼 품종을 살폈으며, 정연식(2008)은 조선 후기 쌀의 가치와 특징을 규명했다. 김천호(1991)는 고대 한국 문화의 영향으로 보이는 일본의 사찰 제사 음식을 통해 고대시기 한국의 멥쌀 문화와 쓰임새에 대한 시각을 제시했다. 주영하(2011)는 주로 인문학적 시각에서 밥 등의 음식을 고찰했다. 중국의 위안리(苑利)(2005)는 고대 동아시아 문화와의 관계 속에서 수도작(水稻作, 벼농사)의 한반도 전래를 기원전 10세기 무렵으로 보았으며, 허탁운(2013)은 문명 발상지와 발굴 유물에 근거한 중국의 농업발달사를 체계적으로 정리해 동아시아의 농경문화 속에서 한국의 벼농사에 대한 이해를 제고했다. 이 밖에 본 연구가 자료로 활용한 『세시풍속』은 현대는 물론, 산업화 이전의 의례에 쓰인 쌀밥의 다양한 쓰임새를 보여줬다.

Ⅱ. 쌀의 의미와 쌀밥의 주식화(主食化)

쌀밥의 재료인 쌀은 초본 식물인 벼(*Oryza sativa* L.)의 열매를 도정해서 얻은 낟알을 일컫는다. 따라서 쌀은 식물 전체를 일컫는 화(禾)에서 수확한 낟알을 떼어낸 상태를 칭하는 도(稻), 그리고 이 낟알의 껍질을 벗겨서 식용하기 전의 단계인 미(米)의 과정을 거쳐 얻어진다. (윤덕노 2011, 32.) 이 쌀은 형태에 의해 크게 인디카(Indica-type)와 자포니카(Japonica-type)로 나눠지며 구성 성분에 의해 멥쌀(non-waxy rice)과 찹쌀(waxy rice)로 구분된다. 또한 쌀 등의 곡물이 지닌 찰진 특성을 '찰성(Chalseong)'이라고 하며 반대로 찰지지 않은 특성을 '메성(Meseong)'이라고 부른다.

한국의 멥쌀은 자포니카 형으로, 품종에 따라 아밀로펙틴(amylopectin)이 85%가량 함유돼, (김완수 외 2005, 124) 약간의 찰기를 지니고 있다.[1] 이 멥쌀은 한자로는 갱미(粳米)로 쓰는데, 조선시대에 갱미는 쌀 중에서도 도정 정도와 품질이 뛰어난 쌀을 일컬었다. (신중진 2012, 92.) 갱미는 유교의 제사의례에서 제물로 쓰였으며, 이 쌀로 지은 밥을 '메'라고 한다.

쌀의 식물인 벼가 한반도에서 자생했는지 또는 외래로부터의 전래인지, 아니면 이 둘 모두의 결과인지는 불분명하다. 그럼에도 쌀의 자생설보다는 남방 전래나 '자생+전래'의 결과라고 보는 게 타당하게 여겨진다. 왜냐하면 한국 문화에는 온돌, 김장 등과 같은 북방적 요소와 마루, 젓갈 등의 남방적 요소가 혼재돼 있고, 쌀은 남방적 성격이 강하기 때문이다.

이를 고려하면 벼의 한반도 전래 경로는 양쯔강 하류지역에서 해안 또는 해상을 따라 한반도 서해를 통한 유입이 가장 유력하다고 할 수 있다. 이는 고대시기 한반도와 중국 주변의 동아시아 바다는 아시아의 지중해라 불릴 정도로 항해가 빈번했다는 점과 함께 다음과 같은 연구결과에서 뒷받침된다. '한반도의 재래종 벼는 8천 년 전 양쯔강 중·하류에서 재배된 자포니카형'이다. (홍금수 2003, 51.) 한반도에 전래된 벼는 이후 15세기 『금양잡록』에 27종이 출현한데 이어 20세기 초에는 1천여 점(허문회 외 1986, 376-378)에 이르렀다. 하지만 한국 고유의 재래종 벼는 일제강점기의 신품종 보급과 해방 후 식량 증산을 최우선으로 하는 정부 정책의 영향을 받아 현재는 거의 자취를 감추었다. 때문에 현대 한국인은 대부분 볍씨에 줄 같은 까락(까끄라기)이 있고 벼 이삭에 많은 낟알이 달리는 한국 토종

의 재래 벼 대신 새누리, 새추청벼, 신동진, 백옥찰 등과 같은 신품종 벼의 쌀을 주식으로 먹고 있다.

[표1] 현재와 과거의 한국 벼(쌀) 품종

시기	출처	품종수	일부 품종 명칭
1429	『농사직설』*	10	버들오려, 되오리, 다다기, 밀다리, 잣다리
1492	『금양잡록』*	27	구황되오리, 사노리, 흰검부기, 에우디, 구렁촐
1825년	『행포지』*	67	되오리, 자갈벼, 닭우리, 해남벼, 구랑찰
20세기	강희경의 논문 (강희경 외 2003, 80.)	1000여점	왜조, 노인조, 녹두조, 다다저, 애달
2015년	국립농업과학원	228	새누리, 새추청벼, 신동진, 안산벼, 백옥찰

*표는 『산림경제(山林經濟)』(제1권, 치농(治農), 벼[稻])와 장권열(1988. 346)을 인용.

현대 한국인이 먹는 밥의 대부분은 쌀밥이나 쌀에 콩 또는 보리 등을 섞은 잡곡밥이다. 한국인은 밥에 특정한 잡곡을 많이 넣거나 그 특징과 종류를 강조할 때 현미밥, 팥밥, 영양밥, 오곡밥 등이라고 말하기도 하지만 대개는 간략히 밥이라 부른다. 따라서 밥은 좁은 의미로 자포니카 계열의 멥쌀밥과 쌀에 잡곡이나 다양한 식품 등을 섞어 만든 밥을 포함한다. 본 연구는 한국인이 먹는 대부분의 밥은 쌀밥이고, 이 쌀밥은 대부분 멥쌀을 주재료로 해서 지을 뿐만 아니라, 멥쌀밥이란 어휘를 거의 사용하지 않는다는 점을 고려해 구분이 필요한 경우를 제외하고는 간략하게 줄여 '쌀밥'이란 명칭을 사용했다.

한국인은 쌀을 물로 끓여 밥을 짓지만, 일부에서는 수증기로 찌

기도 한다. 국립문화재연구소의 『세시풍속』은 수증기로 밥을 익히는 여러 지역을 보고하고 있다. 전남 보성 노동지역에서는 보름날 새벽에 오곡밥을 시루에 찌며, (『세시풍속』(전남), 512) 경기도 광명 학온 지역에서는 보름날 아침에 찰밥을 시루에 찐다. (『세시풍속』(경기), 39.) 이처럼 곡식의 낟알을 물에 끓여 익히는 것이 아닌 수증기로 찌는 지역은 강원, 경기, 전남, 전북, 충북에서 다수 출현한다. 이와 같이 밥을 짓는 방식은 밥과 떡 중 어느 것이 먼저 출현했는가 하는, 밥과 떡의 선행성 문제를 다시 생각하게 한다. 찌는 것 보다는 끓이는 게 쉽고, 만드는 공정과 투입되는 시간 면에서도 밥이 더욱 간편하기 때문이다.

한민족이 쌀밥이 아닌 곡물로 지은 밥 등을 먹기 시작한 것은 농경과 관련되며, 그 시기는 한민족의 고대 활동 영역에 북방지역이 포함된다는 점을 고려할 때, 늦게 잡아도 기원전 1만 년 전이라고 할 수 있다. 이는 고대 한민족의 활동영역이었던 중국 요서 및 요동 지방과 지리적으로 멀지 않은[2] 중국 황하 유역이 초기 농경지역에 속하며, 일부지역에서는 기장과 좁쌀 등의 유물이 출토됐기 때문이다. (허탁운 2013, 60.) 따라서 이들 지역과 시간 및 공간을 공유했던 고대 한민족 또한 황하지역과 엇비슷한 시기에 잡곡(밥)을 먹었을 가능성이 높다고 할 수 있다.

한민족이 쌀밥을 먹게 된 것은 수도작(水稻作, 벼농사)의 한반도 전래와 관련되며, 그 시기는 기원전 10세기 전후가 유력시되고 있다. 이는 벼농사를 한반도에 전파한 것으로 추정되는 중국 동남방 지역의 고대 유적지인 하모도에서 밥을 지을 수 있는 솥이 출토 됐기 때문이다. 이 유적지는 지역에 따라 그 역사가 7천 년이 넘는 곳도 있

다. (위안리 205, 222.) 또한 한민족의 고대문화를 기록한 중국의 『삼국지 위지동이전』에 '흙으로 만든 솥 안에 쌀을 넣어 두었다'는 기록도 이를 뒷받침한다.[3] 이와 함께 한민족이 주식으로 먹는 자포니카 품종의 유물 연대는 기원 전 2400년 무렵으로까지 거슬러 올라가며, (윤서석 2001,125-126 ; 강인희 2000, 68) 기원전 10세기 전후에는 탄화된 쌀알과 볍씨의 출토 빈도가 높고 그 지역 또한 비교적 폭넓게 분포하는 것으로 나타난다. (박태식·이융조 2004, 123.)(이들 출토 유물의 품종이 멥쌀인지, 찹쌀인지의 여부는 확인되고 있지 않다.) 따라서 최소한 한민족의 일부는 수도작의 한반도 전래 시기인 기원 전 10세기 무렵에 솥을 도구로 사용해 지은 쌀밥을 먹었을 가능성이 높다고 할 수 있다.

그럼에도 한민족의 쌀밥 식용 문화는 3천 년이 지난 현대에 이르러서야 일상 음식, 즉 주식문화로 정착됐다고 할 수 있다.

III. 쌀밥 주식화의 배경

1. 음식 문화적 측면

1) 메성을 선호하는 민족적 음식성향(飮食性向)

고고학과 인류학 분야의 다수 학자들은 고대시기에 한반도에 거주하고 있던 북방 계열과 한반도로 이주한 남방계열의 융합에 의해 한국 문화와 한국 민족이 형성됐다고 주장한다. 이들은 기원전 10세기 무렵에 벼농사를 한 특징으로 하는 무문토기문화가 이전의

유문토기문화를 대체했으며, (강인희 2000, 68 ; 윤서석 2001. 114) 이 시기에 중국 동남방의 수도작(水稻作, 벼농사) 문화가 한반도로 전파됐다고 보고 있다. (위안리 2005, 75 ; 김용갑 2017, 43.) 또한 한국인의 유전자는 북방계열(70~60%)과 남방계열(40~30%) 민족들의 혼합으로 이뤄져 있으며, (방민규 2018, 1224) 한국어는 어원 측면에서 상당수가 남방계열의 드라비다어와 관계됨을 제시했다. (조영언 2004.)

그런데 북방계열의 고대 한민족은 끈기가 없는 잡곡, 즉 메성에 익숙해 찰진 곡물(찰성)을 좋아하지 않았다. 이 같은 민족적 음식 성향은 남방계열에 의해 한반도에 전래된 벼가 메성 중심으로 정착하고, 한민족이 멥쌀을 먹게 된 핵심적 배경이 됐다고 할 수 있다. (본 연구는 민족 구성원의 대다수가 지니는 음식에 대한 선호나 느낌을 민족적 음식 성향으로 명명했다.)

고대 한민족이 메성 선호의 음식성향을 지녔음은 식물 지리지와 고대의 5곡, 전래된 벼 품종, 문헌자료, 그리고 일본의 고대 제사 음식 등에서 살필 수 있다.

먼저 식물 지리지 측면에서 한반도 주변은 고대시기 메성 중심이었다. 한 예로 중국 북방인들은 끈기가 없는 조나 기장에 익숙해, 찰진 쌀은 좋아하지 않았으며, 차조는 주로 양조 원료로 사용했다. (시노다 오사무 1995. 65.) 이곳 북방 지역은 한민족의 국가였던 고조선, 부여, 고구려, 발해에서 나타나듯, 고대시기 한민족의 활동 공간이었으며, 기장이나 조는 주요 곡물인 5곡에 포함됐다. (천관우 1976, 36 ; 성락춘 외 2007, 74.) 특히 한민족은 고대시기에 보리, 밀, 조, 피 등으로 지은 찰기 없는 음식을 주로 먹었다. (배영동 1996, 18.) 따라서 고대 한민족도 중국 북방인과 같이 찰성 비선호 또는 메성 선호

의 음식문화가 있었다고 볼 수 있다. 이 같은 추정은 벼(쌀)가 전래되고 2천여 년의 시간이 지난 고려시대에 메벼는 있으나 찰벼가 없다.(其米有秔而無稉)는 『고려도경』(권23)의 기록에서 뒷받침된다. 또한 조선시대 들어서도 농서인 『금양잡록』과 『행포지』에서 살필 수 있듯, 메벼와 찰벼의 비율이 89~87% 대 11~13%로 찰벼의 재배 정도가 극히 낮게 나타난다. 메벼 위주의 재배는 근대로까지 이어져 1911~1913년 사이 권업모범장이 수집한 조선도(稻) 품종은 갱미가 993종인 반면, 찰벼는 458종이었다. (허문회 외, 1986, 376-378.)

다음으로 한민족의 5곡은 삼한시대에는 보리, 기장, 피(삼), 콩, 참깨였고, 고려와 조선시대에는 쌀, 보리, 콩, 조, 기장인 것에서 드러나듯, (천관우 1976, 36 ; 성락춘 외 2007, 74) 찰성이 없는 콩(잡곡) 등이 주요 작물일 만큼 찰성 선호는 약하게 나타난다.

또한 고대시기 찰벼가 벼[稻]이고, 벼가 찰벼[糯]라는(『농정회요』 I, 벼[稻])의 기록에서 나타나듯, '아시아에서 자포니카 전파의 제1진은 전부 찰성의 품종'이었고, 한반도에 처음 전래된 품종 또한 찰벼였다. (윤서석 외 2000, 111.) 하지만 찰벼는 이후 메벼화 됐다. 이는 찰벼(찹쌀)가 식품으로서 소비자인 한민족의 적극적 선택을 못 받았고, 그 이유 중 하나가 한민족의 메성 선호라고 할 수 있다.

다음으로 1400년의 전통을 고수하는 일본 법륭사의 제사 음식에는 봉황떡, 매화떡 등과 같은 멥쌀떡이 차려진다. (김천호 1991, 227.) 이는 일본의 찹쌀떡 문화와 다른 것으로 고대 한국의 불교제사 영향이며, 삼국시대 한민족에게 메성 선호의 음식문화가 있었음을 보여준다. 따라서 고대 한민족 다수가 지녔던 딱딱하고 끈기가 없는 메성에 대한 익숙함이 메성 선호를 낳게 했으며, 이 같은 한민족의

음식성향이 멥쌀의 선호와 확산으로 이어져 오늘날의 쌀밥 주식화를 낳았다고 할 수 있다.

2) 발효식품의 발달과 영양의 조화

한국 전통 음식문화에서 밥(쌀밥)과 김치, 그리고 장(간장, 된장)은 핵심적 위치를 차지한다. 쌀밥은 주식이고 김치와 장은 이 밥과 짝을 이루는 부식이기 때문이다.

이들 음식 중 된장은 재료가 되는 콩의 자생지가 한반도와 만주 일대인 것에서 나타나듯, (이춘녕 외 1984, 222~223) 한민족이 식용한 역사가 깊다. 콩은 기록상 기원전 7세기 초 융숙(戎菽)이란 이름으로 중국으로 전파됐으며, (장명호 2014, 121) 중국과 일본은 이 콩을 재료로 각자의 환경과 기호에 따라 다양한 발효식품을 발달시켰다. 그럼에도 불구하고 중국의 된장을 의미하는 '말도(medu)'가 한국의 '메주'에서 간 것이 분명하듯, (이성우 1990, 315) 이들 발효식품의 출발은 당연히 한민족에게서 비롯됐으며, (김기홍 1993, 19. ; 배영동 2002, 54-55) 가장 적극적으로 섭취한 것도 한민족이었다. 한민족은 상고시대부터 콩을 재료로 된장을 담그고, 이 된장을 활용해서 다시 간장을 담가 필수식품으로 식용했다. 한민족이 콩 발효식품을 식용한 역사는 『삼국지』(위지동이전, 고구려)의 '선장양(善藏釀)' 기록을 비롯해 다음의 기록과 유물에서 살필 수 있다. 『신당서(新唐書)』의 시(豉), 된장국으로 여겨지는 발해의 '대황탕'이 등장하는 『거란국지』(권27. 대황탕), 그리고 『삼국사기』의 장(醬)과 시(豉), 『고려사』(권84, 형법)의 말장곡(末醬斛), 〈충남 태안 마도 침몰선 발굴 죽간(竹簡)〉의 말장(末醬), 『산가요록』의 '말장훈조' 등이다.

다음으로 김치는 한국인이 하루 평균 104g(2001년 기준)(송혜숙 2015, 115)과 한해에 38kg을 먹는 현대의 중요 부식이다. 김치는 동아시아 공통의 채소절임 음식에서 출발해 조선시대 후기부터는 한국만의 독특한 종합발효식품으로 발달했다. 문헌 기록상 고대시기의 김치류(절임채소)는 한민족의 고대문화와 밀접하게 관련되는 중국의 『시경』(저(菹)), 『제민요술』(장지(醬漬),저(菹))을 비롯해 한국의 『고려사』(권59, 친사의), 『동국이상국집』(후집 제4권(가포육영(家圃六詠)), 『훈몽자회』(저(菹), 딤채조), 그리고 『택당집』(별집 16권, 잡저(생채(生菜)와 침채(沈菜 김치)) 등에 출현한다.

현재 김치는 '김장, 김치를 담그고 나누는 문화'와 북한의 '김치 담그기 풍습'이 각각 2013년과 2015년 유네스코 인류무형문화유산 대표목록에 지정된 것에서 나타나듯, 한국과 한민족을 대표하는 음식이자 문화의 상징이 되고 있다.

이들 된장과 김치는 발효식품이자 부식으로 밥맛을 촉진한다는 공통점을 지니며, 쌀밥과 함께 영양면에서 충분한 식단 구성을 가능하게 한다. 콩을 재료로 하는 된장은 단백질과 지방을, 김치는 비타민과 각종 미네랄을, 그리고 쌀밥은 탄수화물을 제공하기 때문이다. 따라서 이들 음식은 인체에 필요한 3대 영양소를 완전하게 충족시킨다. (성락춘 외 2007, 74.) 이와 함께 이들 발효식품은 짜거나 맵다는 특징을 지닌다. 때문에 이들 식품을 섭취하면 강한 맛을 중화시키는 음식이 필요하게 되고, 곡물로 지은 밥이 잘 어울린다. (밋밋한 밥의 섭취가 강한 맛의 부식 발달을 가져왔다고 볼 수도 있다.) 밥은 다량의 탄수화물과 함께 낟알을 씹는 과정에서 당분 등이 생성돼 짜고 매운맛을 상쇄한다. 그런데 이들 밥 중 쌀밥은 탄수화물의 비율(80%)

이 거의 최고 수준이며, 색상 또한 한민족이 숭상하는 옥색(흰색)이다. 이에 더해 쌀은 대미(大米)[4]로 불릴 정도로 낟알이 크고 부드럽다. 때문에 쌀밥은 가장 선호하는 밥이었다. 따라서 부식과 쌀밥의 결합에 따른 영양의 충분함, 강한 맛으로 쌀밥 등의 곡물 수요를 부추긴 발효식품의 발달은 한국인의 쌀밥 일상화를 견인하는 주요한 배경이 됐다고 할 수 있다.

3) 습성음식의 발달과 풍미 작용

다수의 한국인들은 많은 양의 음식을 먹고, 뜨겁거나 따뜻한 음식을 좋아하며, 국이나 찌개와 같은 물기 많은 음식을 즐긴다. 한국의 이 같은 음식 문화와 식습관은 온식(溫食)과 대식(大食), 그리고 습성(濕性) 음식의 발달로 특징지어 진다. (배영동 1991, 155; 배영동 1996, 18.) 이 같은 음식문화 중 습성음식, 즉 물기가 많은 음식의 발달은 쌀밥의 주식화를 촉진하는 한 요인이 됐다고 할 수 있다.

습성음식 중 국밥, 곰탕, 설렁탕, 육개장, 매운탕 등은 개인의 취향에 따라 고기나 생선, 야채, 두부 등을 적당한 크기로 썰어 다량의 물과 함께 끓여서 만든다. 또한 김치찌개, 된장찌개 등도 탕이나 국과 비슷하게 조리되지만 물의 양이 적다는 차이가 있다. 한국의 습성음식에는 동치미처럼 다량의 물이 함유된 반찬류를 비롯해, 밥을 지은 용기에 물을 붓고 끓여 만든 누룽지도 포함된다. 이 때문에 한국 음식에서 습성음식이 차지하는 비중은 80~90%에 달하며, (김천중 1994, 206) 중국, 일본 등과 달리 숟가락 쓰임새가 높게 나타난다.

한국 음식문화에서 설렁탕과 국밥 등은 쌀밥과 함께 제공된다. 많은 한국인은 국물 안에 쌀밥을 넣고 휘저어서 수저로 이 밥을 국

물과 함께 떠서 먹는다. 때문에 탕과 국밥은 다른 음식에 비해 밥을 씹는 횟수가 많지 않고 먹는 시간도 길지가 않다. 마치 물을 마시듯 하는 이런 식사를 '말아 먹는다'고 하며, 이런 방식으로 먹기에 국밥 등에 쓰이는 밥은 보리나 잡곡밥이 아닌 쌀밥이 주를 이룬다. 쌀밥의 밥덩이가 국물 속에서 가장 쉽게 낱알로 풀리고 떠먹기가 용이하기 때문이다. 하지만 보리나 현미, 콩 등과 같은 잡곡으로 지은 밥은 밥알이 단단하고 국물에 쉽게 풀리지 않아 이렇게 마시듯 먹기가 곤란하다. 이런 이유로 쌀밥만이 탕이나 국 음식과 가장 잘 어울린다고 할 수 있다.

이와 함께 한국인이 식용하는 자포니카형 쌀밥의 경우 적당량의 찰진 성분을 지니고 있어 밥이 국물 속으로 들어가면 밥알의 전분이 자연스럽게 풀리고, 이는 국물의 농도를 진하게 할 뿐만 아니라 맛을 향상시킨다. 또한 쌀밥의 낱알은 표면이 매우 물러[5] 국물에 말았을 때 짧은 시간 내에 국물을 흡수하고 적당히 팽창한다. 이 같은 현상은 마치 낱알 하나하나에 국물 간을 하고, 국물 특유의 진한 맛을 배이게 하는 효과와 비슷하다고 할 수 있다. 그 결과 밥과 탕의 맛은 향상된다. 이 현상이 습성음식과 쌀밥이 결합돼 일으키는 '풍미(豐味)작용'이다.

국보다 물의 양이 적은 찌개도 비슷한 결과가 발생한다고 할 수 있다. 탕과 국이 주로 그릇이란 공간에서 풍미작용이 발생한다면 찌개는 이를 먹는 섭취자의 입안이란 공간에서 풍미작용이 일어난다. 밥 한술, 찌개 한 숟가락을 반복해서 먹는 과정이 입안의 밥알에 간을 하고 맛을 더하는 결과로 이어지기 때문이다. 그런데 이런 풍미작용은 낱알의 표면이 단단한 보리밥이나 잡곡밥, 그리고 많

은 찰성을 지닌 찰밥에서는 일어나기 어렵다. 무엇보다 쉽게 씹어서 국물과 함께 삼키기 어렵고, 특히 찰밥의 경우는 낟알이 서로 엉켜 있어 국물 속에서 쉽게 풀리지 않으며, 개개의 낟알이 주는 씹히는 식감도 느끼기 어렵다. 이런 이유로 쌀밥만이 국, 찌개 등과 먹기에 잘 어울린다고 할 수 있다. 따라서 국이나 찌개와 같은 습성음식의 발달은 쌀밥의 수요를 늘리고, 쌀밥의 주식화를 촉진하는 배경이 됐다고 할 수 있다.

2. 사회 · 경제적 측면

1) 식량 증산의 노력과 쌀 자급의 달성

한국 추석명절의 대표 음식인 송편이 1970년대 이후 쌀의 자급과 함께 널리 확산된 것에서 나타나듯, (김용갑 2018, 217) 쌀밥 또한 한국 정부의 쌀 증산 노력, 쌀 자급의 달성, 국내·외의 쌀값 하락, 그리고 경제력의 향상 등에 힘입어 1970년대 말 비로소 주식으로서 발달이 가능했다. 1970년대 이전, 많은 한국인들은 '보릿고개'라는 말에서 알 수 있듯,[6] 쌀은 물론 보리 등의 잡곡마저도 크게 부족해 극심한 식량난을 겪었다. 〈국가기록원〉 자료에 의하면 보릿고개 시기에 식량이 떨어진 가구 수는 정부통계로 43만 가구(1960년 기준), 농업전문가 추계로는 90만 가구가 넘었다.[7] 이는 1960년 당시 한국의 전체 가구 수가 436만여 가구임을 고려할 때 5가구 중 1가구꼴로 극심한 식량부족에 시달렸음을 의미한다.[8]

식량부족은 이전 시기에도 엇비슷해 조선시대의 경우 일반인들은 보리밥과 잡곡밥, 초근목피로 주식을 해결했다. (복혜자 2007,

722.) 이 같은 현상은 문헌기록을 통해서도 확인된다. 『성호선생전집』(권52, 삼두회시서)은 '쌀과 보리가 다하는 봄에는 무엇을 먹을 것인가'(禾盡而無麥, 春何以資)라는 걱정을 담고 있다. 『증보문헌비고』는 「현종12년」(1671)에 '큰 흉년이 들어 전라도에서만 굶주린 백성이 156만여 명에 달한다'고 기록했으며, (오기수 2010, 247) 『탁지지』(1권 총요편)는 정조10년인 1786년 '논밭의 생산곡이 5,700만 석에 불과해 부족한 식량이 300만 석이나 된다'고 적고 있다. (오기수 2010, 253.) 일제 강점기에는 특히 쌀 부족이 심각했다. 일본은 한국에서 생산된 쌀을 국외로 반출했는데 1930년의 경우 전체 1,350만 석의 생산량 중 40%가량인 543만여 석을 반출했다. 그 결과 당시 한국인들의 1인당 연간 쌀 소비량은 57kg에 불과했다. 이는 한국인의 쌀 소비량이 정점에 이르던 1978년에 비해 약 2.4배가량 적은 양이다. ([표2,3] 참조.)

쌀 부족은 '남쪽 사람이 쌀밥을 잘 짓고, 북쪽 사람은 조밥을 잘 짓는다(南人善炊稻飯 北人善炊粟飯)'는 『임원십육지』(정조지 권2)의 기록에서 나타나듯, 지역 간 차이가 심해 섬 지역을 비롯해 강원도와 함경도 등의 잡곡농사 지역에서는 쌀의 식량화가 더욱 어려웠다. 이와 관련, 『세시풍속』(경북, 657)은 '울릉도의 처녀는 20살이 될 때까지 쌀을 1되도 채 먹지 못하고 시집간다'고 보고하기도 했다.

[표2] 연간 쌀 생산량과 쌀 및 보리 소비량

연도	쌀		보리
	생산량(만톤)	연간 소비량 (1인당/kg)	연간 소비량 (1인당/kg)
1965	350	121	50
1970	394	136	37.3
1974	444	128	39.9
1975	467	124	36.3
1976	521	120	34.7
1977	601	126	28.5
1978	580	135	18.1
1985	563	129	4.6
1990	561	120	1.6
1995	469	107	1.5
2020	363	58	1.4

* 출처: 국가기록원 식량증산통계/ 통계청 양곡 소비량조사.

[표3] 일제강점기 쌀 생산과 수탈량 및 소비량

연도	생산량 /천석	수탈(출)량 /천석	잔여량 /천석	1인당 연간 소비량/ 석	추정인구 /만명	인구대비 연소비량/ kg
1912	11,568	2,910	8,658	0.772	1,684	74
1915	14,130	2,058	12,072	0.738	1,733	100
1921	14,882	3,080	11,802	0.675	1,809	94
1926	14,773	5,429	9,344	0.533	1,933	70
1930	13,511	5,426	8,085	0.451	2,044	57

* 일제강점기 1석의 무게는 144kg임. (정연식 2008, 317.)

** 박경숙(2009), 「식민지 시기(1910년-1945년) 조선의 인구 동태와 구조」, 『한국인구학』 32-2 : 29-58, p.32. ; 오마이뉴스 2019년 9월 16일자, '산미증식계획과 쌀 수탈'의 진실'의 자료를 활용해 인구대비 쌀 소비량을 산출함.

한국인은 쌀과 잡곡 등의 식량난을 극복하기 위해 고대 시기부터 중국 강남의 선진 농법을 도입하고, 개간, 간척, 수리시설 설치 등과 같은 국가적 노력을 기울였다.[9] 현대에 들어서는 이중 곡가정책, 신품종 개발 등과 같은 식량증산 사업을 적극 추진했다. 한국 정부는 1960년 대 초중반, 11만 정보의 땅을 개간하고 4,000ha의 간척지를 조성했으며, 1960년대 말부터는 수확기에 쌀 등을 비싼 값에 사들여 싼값에 판매하는 이중 곡가제를 실시했다. 신품종 벼 보급에도 주력해, 1971년에는 허문회에 의해 자포니카와 인디카 품종을 교배한 '통일벼'가 개발되기도 했다. 통일벼는 기존의 벼가 10a당 400여kg을 생산한 것에 비해 최고 624kg의 수확이 가능했다. (김태호 2008, 406.) 이상과 같은 범정부 차원의 노력으로 한국은 1976년에 100%이상의 쌀 자급을 달성할 수 있었다. 그 결과 한국인의 1인당 쌀 소비량은 1978년 135kg에 이르게 됐다. 따라서 한국인의 쌀 증산 노력과 자급의 달성은 쌀밥의 주식화를 가능하게 하는 토대가 됐다고 할 수 있다.

2) 경제력의 향상과 쌀값 하락

한국 정부는 1962년부터 1997년까지 경제개발 5개년 계획을 7차례에 걸쳐 추진했다. 1967년부터 시작된 2차 계획에서는 산업구조 근대화, 식량자급, 공업구조 고도화의 기틀 마련 등이 추진됐다. 이어 1972년부터 3차 계획이 진행돼 자립적 경제구조 달성과 주곡의 자급 등을 위한 노력이 이뤄졌다.[10] 그 결과 한국의 1인당 국민소득은 4차 경제개발계획이 마무리된 1979년 1,720달러로 경제개발 초기인 1968년의 178달러보다 무려 9.6배가량 향상됐다. 이

같은 경제력의 향상은 여타 식료품에 비해 상대적으로 가격이 높았던 쌀을 구입하는데 도움이 됐으며, 결과적으로 쌀밥의 주식화에 기여했다고 할 수 있다.[11] 1968년과 1979년 당시 정부의 추곡수매 가격은 80kg을 기준으로 각각 4,200과 36,600원이었다. 이는 이 기간 동안 1인당 국민소득 상승 비율(9.6배)이 쌀값의 상승률(8.7배)보다 높음을 보여준다. 여기에 1970년대 말 인도, 필리핀 등 동남아 국가들 또한 한국과 마찬가지로 쌀의 다수확이 가능해지고 자급이 향상되면서 국내·외 쌀값이 하락했다. (이호진 1998, 221.) 이런 결과들로 한국인들은 1970년의 경우 1인당 연간 소득의 약 7.9%가량을 들여 80kg의 벼를 구입했지만 1978년에는 연간 소득의 약 4.4%만으로 구입이 가능해 쌀의 구입과 소비가 이전에 비해 수월해졌다. 따라서 쌀밥의 주식화는 경제력의 향상 및 국·내외 쌀 가격의 하락 등에서도 영향을 받았다고 할 수 있다.

[표4] 1인당 국민소득 및 추곡수매 가격 추이

연도	1인당 국민소득 /달러	추곡수매 가격 /원
1968	178(56,400원)	4,200
1970	258(88,000원)	7,000
1974	565	15,760
1975	613	19,500
1976	830	23,200
1977	1,053	26,600
1978	1,464(682,000원)	30,000
1979	1,720(862,000원)	36,600
1985	2,427(2,112,000원)	60,530
1990	6,602	76,720
1995	12,522	91,380

2010	23,118(2,673만 원)	90,320
2020	31,881(3,762만 원)	143,600

*80kg, 2등품 메벼(조곡) 기준/ 2020년은 포대벼 기준.
*출처: 통계청(https://kosis.kr) 국민계정. ; 이호진, 1998, 「벼 고투입 다수확 재배의 결과와 성찰」, 『경상대학교 개교 50주년 기념 심포지엄』, p.222 재인용. ; 농림축산식품부(https://www.mafra.go.kr) 양곡 수매 가격 현황.

3. 쌀에 대한 인식 및 가치 측면

1) 쌀밥의 쓰임새 확산과 쌀밥에 대한 숭상

신앙(종교)은 인문·사회적 요인(신미경·정희정 2008, 278)으로 고유한 자생문화와 함께 해당 문화권의 식생활에 영향을 미친다. 따라서 고유의 토착신앙과 외래에서 전래된 불교, 유교 등은 한국의 음식 문화에 변화를 가져오는 요인이 됐다. 한 예로 삼국시대에 유입돼 고려시대에 크게 성행한 불교의 영향으로 당시 한국 음식 문화는 육식의 쇠퇴와 함께 채식 위주 및 '나물문화', 그리고 두장(豆醬)문화가 발달하거나 성행했다.

특히 무속 등의 토착신앙을 비롯해 생활의례를 중시한 유교의 경우 한국인의 쌀밥 발달에 영향을 미쳤다. 이들 신앙의 기저에는 감사 표시와 인과응보, '모든 귀신은 먹으면 먹은 값을 하고 못 먹으면 못 먹은 값을 한다'는 믿음, (김상보·황혜성 1988, 222) 그리고 보본반시(報本反始 : 근본(조상)에게 보답)와 같은 세계관과 가치가 깔려있다.

많은 한국인들은 이 같은 가치를 실천하기 위해 이들 신앙 의례에 정성을 쏟았으며, 이때 조상과 신에게 극진한 대접을 보여줄 수 있는 한 방법으로 쌀밥을 제물로 사용했다. 쌀의 자급이 실현되기 이전, 쌀밥은 일상에서 먹기 어려운 특별하고 귀한 음식이었기 때

문이다. 『만기요람』에 따르면 조선시대 쌀값은 경기도를 기준으로 1석에 5냥[12] 내외였다. 이 값은 보리와 소금은 2석, 콩과 팥은 2.5석 내외를 살 수 있는 가치였다. 그만큼 쌀은 값비싼 곡식이었고, 이것으로 지은 쌀밥은 '하얀 이밥(쌀밥)에 고깃국'이라는 말이 있을 정도로 상류층의 고급음식으로 인식됐다. (복혜자 2007, 722.) 이에 따라 조상제사와 신을 모시는 고사 등의 의례에서는 쌀밥[메]과 쌀로 빚은 떡, 그리고 청주 등의 술이 필수적인 제물로 쓰였다. 또한 조상이나 망자를 위한 무속의례에서 쌀밥이 사용됐으며, (김기덕 외 2011, 198-199) 추석과 설날 등의 명절에서도 쌀밥을 제물로 올리는 집이 많았다. 쌀밥은 지금도 미역국과 함께 출산한 산모나 생일을 맞은 사람들의 음식으로 차려지고 있다.

이 같은 쌀밥의 쓰임새는 쌀에 대한 가치와 위상을 크게 끌어올렸으며, 이런 배경 속에서 귀한 쌀밥을 매일 먹고자 하는 바람이 싹텄다고 할 수 있다. 따라서 신에게 올리는 음식이자 특별한 날에만 맛볼 수 있는 쌀밥을 일상의 음식으로 먹고자 했던 한국인의 바람 즉, 쌀밥에 대한 숭상은 쌀밥 주식화의 한 요인이 됐다고 할 수 있다. 이 바람은 쌀의 자급 달성 및 경제력의 향상과 함께 실현됐다.

2) 쌀(밥)의 우수성과 재배의 효율성

쌀에는 탄수화물을 비롯해 단백질, 지질, 칼슘, 인, 철, 리보플라빈, 니아신(mg) 등의 영양소가 들어 있다. 성분 비율은 백미를 기준으로 80%가량의 탄수화물, 6.5%의 단백질(6.5%) 그리고 지방이 약 1%가량이다. (이경애 외 2008, 252.) 특히 쌀은 밀, 옥수수보다 필수아미노산(리신)의 함량이 높고, 단백질의 유용성은 73%로 밀이나 다

른 곡류보다 크게 높다는 장점을 지닌다. 이에 더해 쌀은 소화 장애를 일으키는 밀 글루텐 성분이 없고, 불포화지방산이 함유돼 있는 등 식품으로서도 매우 우수하며 소화도 잘된다. (신말식 2009, 3.) 이런 이유로 쌀은 세계 인구의 절반가량이 주식으로 섭취하며, 한국인을 비롯한 쌀 문화권의 아시아인들은 필요한 에너지의 절반 이상과 단백질의 20%이상을 쌀에서 얻고 있다. (김완수·신말식 외 2005, 122.) 식량으로서 쌀의 우수성은 '사람의 기운〔氣〕과 정신〔精〕이 모두 쌀에서 기인한다'(氣精二字皆從米)는 『지봉유설』(식물부, 穀)의 인식과 함께 '곡식(穀)' 글자에 벼(禾)가 포함돼 있는 것에서도 살필 수 있다.

이 같은 쌀의 밥맛은 아밀로펙틴, 글루탐산 등의 함량과 밀접하게 관계된다. 특히 자포니카 멥쌀의 경우 맛을 좋게 하는 아밀로펙틴의 함량이 품종에 따라 85%가량 함유돼 있어 밥맛이 좋은 편이다. (김완수 외 2005, 124-127.) 따라서 음식의 경우 맛이 핵심이란 점에서 맛과 영양의 우수성은 주식화의 한 요인이라고 할 수 있다.

이와 함께 보리 등의 잡곡과 윤작 및 결합재배가 가능한 벼(쌀)의 재배적 효용성도 쌀밥 발달을 견인했다.

윤작(輪作)은 같은 땅에 여러 농작물을 해마다 바꾸어 심는 것을 말하고, 결합재배는 같은 땅에 계절에 따라 다른 작물을 재배하는 것을 일컫는데 이러한 윤작(輪作)과 결합재배는 토지의 효율성과 생산성을 높여준다.

한민족은 시비법이 발달하기 이전, 휴경과 함께 이 같은 농법을 주로 활용했다. (이영구 2004, 45.) 그런데 외래에서 전래된 벼는 기존의 곡물, 즉, 한국 민족이 전통적으로 재배하던 콩과의 윤작 재배

가 가능한 것은 물론, 또 다른 외래의 전래 곡물인 보리와의 결합재배도 가능했다. 벼는 여름작물이고 보리는 겨울 작물이기 때문이다. 다수의 한민족은 결합과 윤작 재배법을 활용해 논에서는 벼와 보리를 재배하고, 밭에서는 보리와 콩을 결합재배하거나 윤작했다. 그 결과 연중 식량생산과 곡물의 증산이 가능했다. 따라서 윤작과 결합재배는 쌀밥의 주식화를 가능하게 했던 한 요인이라고 할 수 있다.

4. 기후 · 지리적 측면

조와 기장 등의 잡곡은 땅이 척박하고 강우량이 적은 환경에서도 잘 자란다. 하지만 벼는 높은 온도와 많은 양의 물을 필요로 한다. 중국, 인도, 인도네시아, 베트남, 그리고 필리핀 등의 주요 쌀 생산 지역을 비롯해, 한반도에 벼농사를 전파한 것으로 유력시 되는 인도의 아쌈 및 중국의 운남 지역은 많은 강수량과 함께 높은 기온을 보인다.

벼는 품종에 따라 생장 조건에 차이가 있지만 3천도 이상의 열 적산량과 연중 1,200mm가량의 강우량을 필요로 한다. (강인희 2000, 70.) 또한 150여 일의 생육 기간 동안 평균 17~18도 이상의 고온과 함께 재배지로서는 하천유역의 충적평야가 가장 적합하다. (윤서석 2001, 73.)

한반도의 여름철 기후는 6월께 모내기를 하는 벼의 생장조건과 거의 일치한다. 한반도의 연평균 강우량은 1,300mm이며, 이들 강수량은 여름철인 6~9월에 집중돼 이때 840mm가량의 비가 내리기 때문이다. 또한 연평균 기온은 약 12도이지만 남북에 걸친 반도

의 특성상 남부지역은 높고, 특히 여름철인 8월의 경우 평균 기온이 25도를 보인다. 이 같은 한반도의 기후는, 특히 여름철은 논농사에 적합했다고 할 수 있다.

이와 함께 벼는 해발고도에 따라서도 재배 품종이 달라지는 특성을 보인다. 중국 농업과학연구소의 연구에 따르면 해발 고도에 따라 자포니카와 인디카의 분포 지역이 명확하게 구분됐다. 중국 운남성의 경우 해발고도 1,750미터 이하는 인디카 지대, 2,000미터 이상은 자포니카 지대이며, 이 중간은 두 품종이 교차했다. (위안리 2005, 84.) 또한 귀주성의 경우 1,400미터 이하와 1,600미터 이상으로 두 품종의 분포가 나눠졌다. (윤서석 외 2000, 101.) 고도가 낮고 온도가 높은 지역에서는 인디카 품종이, 그 반대 지역에서는 자포니카 품종의 재배가 적합함을 보여줬다. 이를 통해 '환경에 적응하려는 벼의 생태적인 특성으로 말미암아 같은 조상으로부터 재배된 벼가 동남아시아 및 중국의 남부에서는 인디카로, 한국과 일본에서는 자포니카 품종으로 정착됐음'을 살필 수 있다. (윤서석 2001, 130.)

따라서 반도이자 동북아시아에 위치한 한반도의 지리적 특성과 기후는 자포니카 계열의 벼가 발달할 수 있는 자연적 배경이 됐다고 할 수 있다. 이는 한편으로 밀 재배에 적합하지 않아 빵과 국수 등의 음식 발달에는 불리했다는 의미이기도 하다.

Ⅳ. 맺는말

남한과 북한을 비롯해 한국 문화를 공유하는 한민족(韓民族)은 쌀밥을 주식으로 한다. 이 쌀은 형태면에서 자포니카이고 성분 면에서는 멥쌀로 동남아시아에서 흔히 소비되는 인디카나 찹쌀과는 다르다.

본 연구는 멥쌀이 어떤 이유와 배경에서 한국인의 주식으로 발달하게 됐는지를 규명하여 세계화와 다문화 시대 속에서 한국 문화의 정체성을 찾고, 유지하는 데 도움을 주는 한편, 한국 음식 문화에 대한 궁금증을 해소하고자 했다.

논문은 4장으로 구성됐으며, 2장에서는 한민족에게 쌀(쌀밥)은 어떤 의미인지, 그리고 언제부터 쌀밥을 먹게 됐는지를 살펴보았다. 쌀밥은 축하는 물론 각종 의례에서 거의 필수적인 음식으로 쓰이고 섬을 비롯한 일부 지역과 계층에서는 평상시에는 먹을 수 없는 귀한 음식으로 인식되었으나 1970년대 이후 쌀의 자급 및 경제력의 향상 등과 함께 많은 사람들이 일상의 음식으로 먹게 되면서 주식으로 자리 잡기 시작했다고 할 수 있다.

결론 부분인 3장에서는 음식 문화적 관점과 사회·경제적 관점, 쌀에 대한 인식 및 기후·지리적 관점으로 나눠 쌀밥이 한국인의 주식으로 발달한 몇몇 배경들을 제시했다. 쌀밥의 주식화는 무엇보다 고대 한민족(韓民族)이 메성의 곡물에 익숙한, 즉 찰지지 않는 곡물을 선호하는 민족적 식품성향에서 비롯됐다고 볼 수 있다. (인위적 선택)

이와 함께 김치, 된장 등과 같은 발효식품과 함께 국과 같은 습성

음식의 발달도 중요한 배경이 됐다. 이들 음식과 쌀밥은 서로 잘 어울릴 뿐만 아니라 음식의 맛을 향상시키기 때문이다. 또한 인디카보다는 자포니카 품종 재배에 적합한 한반도의 기후와 지리적 환경도 요인이 됐다. (자연적 선택) 쌀밥을 신과 조상에게 바치는 귀한 음식으로 여겼던 한국인의 쌀에 대한 인식과 가치, 그리고 이를 일상의 음식으로 먹고자 했던 한국인의 갈망과 노력도 쌀밥 발달의 한 요인이라고 할 수 있다.

이후 쌀밥은 한국 정부의 쌀 증산 노력과 함께 쌀 자급의 달성, 국내·외의 쌀값 하락, 그리고 경제력의 향상 등에 힘입어 1970년대 말 다수의 한국인들이 먹게 되면서 주식으로 발달할 수 있었다.

이 논문은 사실상 처음으로 한국인의 주식으로서 쌀밥을 연구했다는데 의의가 있을 것이다. 부족한 부분에 대한 후속 연구를 기대하며 이 연구를 계기로 한국 음식문화에 대한 관심이 제고되기를 바란다.

미주

1 이와 관련, 멥쌀 품종에 따른 아밀로오스(amylose)의 함량을 15~35%가량으로 보기도 해, (한국쌀연구회 2010, 736) 멥쌀의 아밀로펙틴 함량은 85%까지 달한다.

2 『송서(宋書)』(「백제전」) '고구려가 요동을 두고 다스리자, 백제는 요서를 두고 다스렸다.'(高驪略有遼東, 百濟略有遼西.)

3 "瓦鑒置米其中." 『삼국지 위지 동이전』 동옥저.

4 동북 아시아에서는 기장, 좁쌀, 수수 등의 소미보다 곡식의 낟알이 굵은 쌀알을 대미(大米)라 칭했다. (허탁운 2013, 332.)

5 쌀가루의 전분 알갱이는 곡물 중 가장 작을 뿐만 아니라 전분의 양도 90%에 달하기 때문에 매우 부드럽다. (해롤드 맥기 2012, 729.)

6 '보릿고개'는 가을에 수확한 양식이 그 이듬해 봄철에 바닥이 나고 보리는 미처 여물지 않아 양식이 떨어진 상태로 살았던 3~4월까지의 시기를 말한다.

7 국가기록원 홈페이지(https://theme.archives.go.kr) 주요 식량증산 사업

8 통계청 홈페이지(https://kosis.kr) 「인구총조사」

9 수리시설, 농사, 천문기술 보급 등 -권영국. 1999. 「고려시대 농업생산력 연구사 검토」. 『사학연구』 59호, pp.597-599 및 강인희. 2000. 『한국의식생활사』, 삼영사, p.112.

10 국가기록원(https://theme.archives.go.kr/) '기록으로 보는 경제개발 5개년 계획'

11 통계청, 「소비자물가조사」

12 1794년 쌀 1석(섬) 값은 5냥이었다. (정은진 2010, 262, 각주17.) ; 조선시대 1냥은 약 3만원의 가치였다. (정연식 2008, 318.)

참고문헌

1차 문헌

국립문화재연구소 편. 2003. 『세시풍속』(전남편), (경북편: 2002), (경기편: 2001.) 국립문화재연구소.

『고려도경(高麗圖經)』(권23.)

『고려사(高麗史)』(권84, 형법.)

『농정회요(農政會要)』(Ⅰ, 벼[稻])

『동국이상국집(東國李相國集)』, 후집 제4권(가포육영(家圃六詠))

『만기요람(萬機要覽)』(재용편)

『산가요록(山家要錄)』

『산림경제(山林經濟)』(제1권, 치농(治農), 벼[稻])

『삼국사기(三國史記)』

『삼국지(三國志)』(위지동이전, 고구려)

『성호선생전집(星湖先生全集)』(권52, 三豆會詩序.)

『송서(宋書)』(백제전.)

『시경(詩經)』(谷風之什, 信南山.)

『신당서(新唐書)』.

『임원십육지(林園十六志)』(정조지 권2.)

『지봉유설(芝峰類說)』(식물부, 곡(穀))

『택당집(澤堂集)』, (별집 16권, 잡저)

『훈몽자회(訓蒙字會)』

〈충남 태안 마도 침몰선 발굴 죽간(竹簡)〉

국가기록원(https://theme.archives.go.kr/)

국립농업과학원(www.rda.go.kr/main/mainPage.do), 〈벼 품종별 재배면적과 작물정보(2015년 기준)〉

농림축산식품부(www.mafra.go.kr)

농촌진흥청(www.naas.go.kr/)

통계청(https://kosis.kr)

2차 문헌

강인희. 2000. 『한국의식생활사』. 삼영사.

강희경·안대환·박용진. 2003. 「우리나라 재래벼의 작물학적 특성」. 『한국유기농업학회지』 11(3).

구성자·김희선. 2007. 『새롭게 쓴 세계의 음식문화』. 교문사.

구자옥·이도진·허상만 공역. 江署一浩 저. 2003. 『쌀의 품질과 맛』. 농촌진흥청.

권영국. 1999. 「고려시대 농업생산력 연구사 검토」. 『사학연구』 59호.

김기덕 외. 2011. 『한국전통문화론』. 북코리아.

김기홍,1993, 『새롭게 쓴 한국고대사』, 서울, 역사비평사.

김상보·황혜성. 1988. 「서울지방의 무속신앙 제상차림을 통하여 본 식문화에 대한 고찰」. 『한국식생활문화학회지』 Vol.3(3).

김완수·신말식 외 2인. 2005. 『조리과학 및 원리』. 라이프사이언스.

김용갑. 2017. 「한국 멥쌀떡 발달배경」. 『아세아연구』 60권 4호. 고려대 아세아문제연구소.

김용갑. 2018. "추석 대표 음식으로서 송편의 발달 배경". 『인문논총』 제75권 제2호. 서울대 인문학 연구원.

김천중. 1994. 「한국전통음식의 성격규명과 대표성에 관한 연구」. 『전통상학연구』 7집.

김천호. 1991. 「일본 법륭사 성덕태자제사 공물을 통한 한국 고대식 추정연구(Study on Korean ancient diet by the sacrificial offerings of Japanese temple)」. 『한국식생활문화학회지』 6(2).

김태호, 2008, 「신품종 벼 "IR667"(통일)과 한국 농학의 신기원」, 『한국과학사학회지』 30권 2호.

문수재·손경희, 2001. 『식생활과 문화』, 신광출판사.

박경숙. 2009. 「식민지 시기(1910년-1945년) 조선의 인구 동태와 구조」, 『한국인구학』 32-2 :29-58.

박태식·이융조. 2004. 「소로리(小魯里) 볍씨 발굴(發掘)로 살펴본 한국(韓國) 벼의 기원(起源)」. 『농업사연구』 3(2).

방민규. 2018. 「생물인류학 자료로 본 한국인 기원문제에 대한 연구」. 『인문사회 21』 9(3).

배영동. 1991. 「한국문화의 원형을 찾아서 :(2) 우리의 수저」. 『한국논단』 Vol.26.

배영동. 1996. 「한국수저의 음식문화적 특성과 의의」. 『문화재』 29.

배영동, 2002, 「된장을 통해본 민족음식의 전통과 변화」, 『한국민속학』 35.

복혜자, 2007, 「조선시대 밥류의 종류와 조리방법에 대한 문헌적 고찰」, 『한국식생활학회지』 22(6).

성락춘·이철. 2007. 『인간과 식량』. 서울: 고려대학교출판부.

송혜숙, 2015, 「문헌고찰을 통한 김치문화 활성화 방안」, 『문화산업연구』 15(3).

(사)한국쌀연구회 편저. 2010. 『벼와 쌀 II』. 서울: 한국방송대학교 출판부.

시노다 오사무 지음. 윤서석 외 역. 1995. 『중국음식문화사』. 서울: 민음사.

신말식. 2009. 「쌀 가공식품」. 『식품과학과 산업』 42(4).

신미경·정희정, 2008, 「한·중·일 세시풍속과 세시음식에 대한 비교」, 『동아시아식생활학회지』 18(3).

신중진. 2012. "『연경재전집(研經齋全集)』에 실린 벼(稻) 곡물명(穀物名)에 대한 어휘사적 연구". 『동아시아문화연구』 Vol.52.

안승모. 1999.『아시아 재배벼의 起源과 分化』. 학연문화사.

오기수, 2010,「조선시대 각 도별 인구 및 전답과 조세부담액 분석」,『세무학연구』27(3).

위안리(苑利.) 최성은 옮김. 2005.『도작문화로 본 한국문화의 기원과 발전』. 민속원.

윤덕노. 2011.『신의 선물 밥』. 청보리미디어.

윤서석 외 8인. 2000.『벼· 잡곡· 참깨 전파의 길』. 신광출판사.

윤서석. 2001.『우리나라 식생활 문화의 역사』. 신광출판사.

이경애 외 6명. 2008.『식품학』. 파워북.

이광호. 2010.『인간과 기후환경』. 시그마프레스.

이성우, 1990,「고대 동아시아 속의 두장에 관한 발상과 교류에 관한 연구」,『한국식문화학회지』5(3).

이성우. 1995.『한국식품사회사』. 교문사.

이영구·유병규, 2004,「조선전기의 인구와 농업생산력 연구」,『농업사연구』3(2). p.45.

이춘녕 외, 1984.『한국과학사』, 서울, 서울신문사.

이호진, 1998,「벼 고투입 다수확 재배의 결과와 성찰」,『경상대학교 개교 50주년 기념 심포지엄』.

장명호. 2014.「한국전통장의 문명학적 소고-미각왜곡의 시대」.『문명연지』15권 1호. 한국문명학회.

장인용. 2017.『세상을 바꾼 씨앗』. 서울: 도서출판 다른.

장권열. 1988.「우리나라의 고농서 - II. 화본과작물의(禾本科作物) 종류와 품종의 변천(1492 - 1886)」,『한국육종학회지』20호, p.346.

정연식. 2008.「조선시대 이후 벼와 쌀의 상대적 가치와 용량」.『역사와현실』(69),

정은진. 2010.「星湖 李瀷의 '三豆會' 小考」,『한국 어문학 연구』, 55, pp.253-281.

정혜경, 2017,『채소의 인문학』, 따비.

조영언, 2004,『한국어 어원사전』, 다솜출판사.

주영하, 2007,「고추와 매운맛: 동북아시아 매운맛의 유행에 대한 연구」,『비교민속학』

34, 비교민속학회.

천관우. 1976. 「삼국지 한전의 재검토」. 『진단학보』, 41.

최몽룡, 1986, 「고고학상으로 본 한국의 식문화」, 『한국식문화학회지』1(4).

해롤드 맥기 저. 이희건 역. 2011. 『음식과 요리』. 도서출판 백년후.

허문회 외. 1986. 『벼의 유전과 육종』. 서울대학교출판부.

허탁운 지음. 이인호 옮김. 2013. 『중국문화사 상』. 천지인.

홍금수. 2003. 「일제시대 신품종 벼의 도입과 보급」. 『대한지리학회지』 38(1).

주제어

한국 방언, 무형문화재 지정, 무형문화유산, 표준어, 한국 문화재

무형문화유산으로서 한국 방언 보전 방안

-문화재지정 및 표준어 정책을 중심으로-

김용갑

한국의 많은 방언(사투리)은 지역적 향토색과 한민족의 생활사 및 고유어의 어원을 간직하고 있다. 또한 다수의 방언은 한민족의 형성과 역사를 살필 수 있는 중요한 자료가 된다.

방언은 이처럼 문화재로서의 가치를 충분히 지니고 있다. 하지만 이들 방언은 표준어 정책 등으로 말미암아 교양 없는 사람들이 시골에서나 사용하는 언어로 인식돼 많은 사람들이 사용하기를 꺼려하고, 이들 어휘의 일부는 이미 사멸했거나 사라질 위기에 처해있다. 이에 따라 방언을 보전하고 지방의 고유한 방언사용을 늘려 한국어를 풍부하게 하기 위한 방안 마련이 요구된다.

이를 위한 방안으로 방언의 무형문화재 지정과 표준어 정책 폐지 또는 복수 표준어제 도입, 그리고 〈문화재보호법〉, 〈무형문화재법〉 등의 보완이 필요하다. 한 예로, 〈문화재보호법〉 개정을 통해 '지역공동체'를 전승주체로 인정하는 것을 들 수 있다. 또한 무형문화재 대신 광의의 '무형문화유산'이라는 개념과 용어 사용을 문화재 관련법 안에 수용해야 하며, 원형이 아닌, 전형(典型) 위주의 계승과 보전책이 마련돼야 한다.

Ⅰ. 서론

방언은 '한 언어에서 사용 지역 또는 사회 계층에 따라 분화된 말의 체계 또는 사투리'[1]를 일컫는다. 따라서 방언은 '한 나라에서 공용어로 사용되는 규범으로서의 언어'[2]인 표준어와 대비되는 언어이며, 방언이 특정 방언권에서 사용되는 표준어와 사투리를 모두 포함하는 반면, 사투리는 특정 지방에서만 사용[3]된다는 차이점이 있다. 따라서 본 논문에서 지칭하는 방언은 협의인 사투리를 의미한다고 할 수 있다.

특정 지역에서만 통용되는 방언은 그 지역성으로 말미암아 지역의 역사와 문화가 담긴 향토색을 나타내며, 일부 어휘는 해당 지역민의 생활사와 함께 순수 고유어의 잔형을 간직하고 있고[4] 더 나아가 한민족(韓民族)의 형성과 한문화(韓文化)의 탄생 배경을 살필 수 있는 귀중한 자료가 된다. 이는 방언이 문화재적 가치를 충분히 지니고 있음을 보여준다.

그럼에도 방언은 급속한 도시화와 이에 따른 대규모 이주, 산업화와 환경 변화, 그리고 신문, 텔레비전, 인터넷 등과 같은 대중 매체 영향으로 그 사용이 점차 줄고 있으며, 일부 방언 어휘의 경우 사멸할 위기에 처해 있다. 특히 표준어 정책은 방언사용을 직접적으로 억압하고 위축시키는 결과로 이어지고 있다. 방언은 교양 없는 지방 사람들이 쓰는 언어라는 인식과 함께 경상, 전라지역 사람들의 말은 방언이고, 교과서에 기록된 말은 표준말인 서울말로 인식하는 경향[5]이 한국어 언중 사이에 자리 잡고 있기 때문이다. 이 같은 인식은 서울말은 품위 있고, 타 지역 말은 품위 없다는 방언에 대한

우열감으로 연결되기도 한다.

이 연구는 이 같은 점을 염두에 두고 무형문화재 지정을 통한 방언의 보전방안을 강구하는 데 목적이 있다. 이는 표준어 정책 등으로 말미암아 사라질 위기에 처한 지역 방언을 보전, 계승시키는 방법이란 점과 함께 방언권 화자들 간의 우월, 열등감을 해소하는 것은 물론, 지방 방언사용을 늘려 한국어를 풍부하게 하고 발전시키는데 기여하는 의미가 있을 것이다.

방언이 사용자인 다수 언중의 취사선택에 의해 성장과 사멸하는 언어현상임이라는 점에서 문화재 지정과 같은 방언 보전 방안의 마련은 쉽지 않을 것이다. 그럼에도 이 같은 어려움을 극복하고 무형문화재로 지정될 경우, 계승이 보장될 가능성이 높다는 점을 고려할 때, 방언의 무형문화재 지정은 효과적인 보전 방법 중의 하나가 될 수 있다.

이에 따라 이 연구는 한국 방언을 보전하고 계승하기 위한 한 방안으로 방언의 문화재 지정을 한국 표준어 정책과 관련해 살펴보고자 한다. 방언과 표준어는 어떤 상관성이 있으며, 문화재 지정을 위해 〈무형문화재법〉은 어떻게 보완돼야 하고, 방언이 지닌 문화재로서의 가치는 무엇인지 등을 규명할 것이다. 이를 위해 〈무형문화재법〉 및 유네스코 무형문화유산보호협약, 그리고 〈표준어 규정〉 등을 검토하고 방언과 무형문화재 관련 선행 연구 및 고문헌을 연구자료로 활용하고자 한다.

현재까지 방언을 문화재와 관련해 연구한 자료는 발견되지 않고 있다.[6]

방언 및 표준어, 국어정책과 관련해 조남호(2013)[7]는 국어정책에

서 방언의 보존과 활용에 관한 노력을 국립국어원의 사업을 중심으로 검토하고 방언인 지역어의 보존을 위해 정부차원의 노력과 함께 방언에 대한 국민 인식의 변화, 표준어 정책 방향에 대한 국민적 논의의 선행이 필요함을 제시하고 있다. 박동근(2015)[8]은 표준어 정책을 지지하는 입장에서 표준어의 정의와 사정원칙, 방법 등의 문제를 살피고 민간단체나 사전편찬 그룹들이 표준어 사정에 적극 나서야 한다는 입장을 나타내고 있다.

반면, 김세중, 신지영 등은 〈표준어 규정〉 무용론과 사전 역할론을 제시하며, 방언에 비교적 관대한 입장을 보이고 있다. 김세중(2004)[9]은 1988년 고시된 표준어 규정은 사전 표제어 결정을 위해 필요했고, 사전 편찬에 사용됨으로써 그 역할이 사전과 중복되기 때문에 끝났다고 보고 있으며, 신지영(2011)[10]은 〈표준어규정〉의 개정은 어휘의 개별적인 변화를 반영하기 어려울 뿐만 아니라, 규정 대상이 되는 단어 중 일부는 그 규정을 따르고, 일부는 그 규정을 따르지 않는다면 이를 규정으로 정하기 어렵다며 어문규정을 없애고 어문 규범을 사전 중심으로 세워야 한다고 주장했다. 박경래 외(2013)[11]는 사전에 등재돼 있지 않은 방언을 발굴, 소개하고 있으며, 류성기(2013)[12]는 경남 산청을 대상으로 해 표준어와 방언의 간섭현상을 살피고 이에 의해 방언의 문법형태가 크게 줄었음을 보고하고 있다.

방언의 문화재 지정과 연관되는 무형문화유산과 관련한 연구로는 정수진, 이철남, 최종호, 류호철 등의 연구물을 들 수 있다.

정수진(2015)[13]은 유네스코의 무형문화유산 범주를 소개하며, 협약 채택을 계기로 한국의 무형문화유산의 개념이 확대됐지만 여전

히 국제 협약과는 거리가 있음을 보여주고 있다. 이철남(2015)[14]은 한국의 유네스코 무형문화유산보호협약 가입과 관련한 〈문화재보호법〉을 살펴보고 무형문화유산 공동체의 권리를 보호하기 위해서는 '연구윤리지침' 제정 운영 등이 필요함을 호주의 사례를 들어 제시하고 있다. 최종호(2016)[15]는 국내 무형문화재 관련 법률과 유네스코 무형문화유산 보호협약이 서로 상생하고 공존하기 위해서는 무형문화재 전승 공동체의 전승력을 중심으로 세대 간에 연행과 전수를 보장하고 증진하는 무형문화재 보호제도의 정비가 필요함을 제시하고 있다. 김윤지(2016)[16]는 〈무형문화재법〉 제정 과정과 〈무형문화재법 시행령〉 및 유네스코「무형문화유산의 보호를 위한 협약」 내용을 소개하며 인류무형문화유산의 등재추진 방안을 제시하고 있다.

이 밖에 류호철(2016)[17]은 무형문화재의 개념 확장과 전통문화의 보전활용이 필요함을 사례로 제시하며, 무형문화재를 효과적으로 보전하기 위해서는 무형문화재 지정을 확대하고 미지정 전통문화 전반을 포괄하는 것으로 무형문화재의 개념 확대가 필요하다고 주장하고 있다.

Ⅱ. 한국 표준어 정책과 방언

1. 표준어 정책

표준어는 한 나라에서 공용어로 쓰는 규범으로서의 언어를 말한다.[18] 한국(남한)은 서울말을 바탕으로 교양 있는 사람들이 두루 쓰는 언어를 규범화해서 이를 '표준어'[19]라 이름하고 있으며, 북한은 평양말을 기본으로 근로인민 대중의 생활 감정에 맞게 가꾸어진 언어를 규범화해 이를 '문화어'라 명명하고 있다.[20]

이 같은 규정에 따라 남한과 북한은 각각 공용어로서 표준어와 문화어에 대한 구체적인 발음과 표기에 관한 규정을 따로 마련해 〈한국 어문 규정〉과 〈조선말 규범〉이라 칭하고 있다.[21] 이 같은 표준어 마련과 이의 사용을 지향하고 부분적으로 강제하는 제도가 표준어 정책이다.

이 같은 표준어 정책은 국민 간의 의사소통과 표기를 분명히 하고, 한 국가로서 언어의 통일성을 유지하는데 목적이 있다. 이에 따라 정부는 1961년 제정된 '정부공문서규정'(각령 제137호)에서 '모든 공문서는 표준말인 한글국어체로 간명하게 기술하고 정자로 써 가로 쓰되, 띄어 쓰며 숫자 표시는 아라비아 숫자를 사용한다'고 규정했다.[22] 또한 국방부도 부대관련 훈령을 통해 언어는 표준말 사용을 원칙으로 하고, 간단명료하여야 하며, 저속한 언어를 사용하여서는 아니 된다고 명시하고 있다.[23]

한국인의 언어생활에 중대한 영향을 미치는 이 같은 표준어는 1912년 조선총독부의 〈보통학교용 언문철자법〉에서 경성어를 표

준어로 규정한 이래, 1936년 조선어학회에 의해 〈사정한 조선어 표준말 모음〉[24]이 간행 된 뒤, 단어 차원의 한국 표준어가 공식적인 지위를 얻게 되고[25] 이후 1988년의 〈표준어 규정〉에 이르는 변천 과정을 거쳤다. 이는 표준어 정책이 일제에 의해 시작됐고, 국민으로부터 대표권을 인정받은 정부 등이 아닌 학회에 의해 표준어가 선정돼, 사실상 한국민의 동의가 없었음을 보여준다. 이후 한국 정부와 관련 학계도 특별한 문제의식 없이 관습적으로 이 같은 규정을 답습했다. 이후 표준어 규정은 현재까지 수정 없이 유지되고 있으며, 2011년 39개, 2014년 13개의 낱말이 표준어에 추가됐다.[26]

표준어는 국립국어원의 심의를 거쳐 한국어의 다양한 어휘 중에서 확정된다. 언어생활에서 많이 사용되지만 표준어로 인정되지 않고 있는 낱말을 어문규범분과 전문소위원회가 심의 선정한 다음, 국어심의회 전체 회의를 통해 표준어로 최종 확정되는 과정을 거친다. 2014년 표준어에 새로 유입된 어휘인 '짜장면, 삐지다, 놀잇감, 속앓이, 딴지' 등도 이 같은 과정을 거쳤다.

이처럼 국어심의회는 국어기본법 제3조나 제13조에 따라 현재 〈표준어규정〉을 만들거나 개정할 때 심의[27]하는 권한과 함께 전문소위원회를 통해 사실상 한국어 어휘에 표준어 지위를 부여하는 역할을 맡고 있다. 이는 1930년대 민간단체에 의해 사실상 첫 표준어가 사정된 것에 비해서는 제도적으로 많이 보완됐지만 표준어의 지위가 실제적으로는 '심의', '다수의 언중 사용' 등과 같은 다수결이란 힘의 논리에 의해 지배될 수도 있다는 우려를 들게 한다고 할 수 있다.

2. 방언과 표준어 정책의 상관성

표준어 정책이 한국어의 어휘 표기 및 표현 방법 등의 통일성에 기여하고 있는 것은 부인할 수 없는 사실이지만 외래 언어의 직접적 침입이 없는 반도라는 지리적 여건과 단일 민족, 그리고 '다중 언어사회'[28]가 아닌, 하나의 문화와 언어 환경에서 과연 이 같은 표준어 정책이 합리적이고, 필요한지 검토할 필요가 있다. 한민족은 1930년대 이전 표준어와 대중매체가 없는 언어 환경에서도 의사소통에 불편이 없는 한국어를 유지 발전시켜 왔기 때문이다. 이런 측면에서 현재의 표준어 정책은 여러 방언에 의한 국어 어휘의 다양성과 풍부함을 가로 막고, 더 나아가 국어의 통일화가 아닌 획일화를 가속화 하는 요인으로 작용할 수도 있다.

이는 사실상 1912년 한국에서 첫 표준어 제도가 시행된 이래 1백년이 더 지난 지금 한국어는 표준어의 절대적 영향 아래 놓여, 한 지역 내에서만 통용되는 방언(사투리)은 사용해서는 안 될 언어로 치부되고, 이로 인해 많은 방언 어휘들이 방언권의 노인들과 같은 특정 계층 위주로 그 명맥을 이어가고 있기 때문이다. 특히 표준어 규정이 '서울'로 지역을 규정하고, 계층을 중류층에서 '교양 있는'으로 바뀐 이후 마치 표준어를 사용하지 않으면 교양 없는 사람이고, 서울은 세련되고 뛰어난 데 반해, 지방은 촌스럽고 열등하다는 이분법적 인식을 심화시키고 있다. 이는 결과적으로 방언의 사용을 위축시키고 방언이 표준어로 진입하는 것을 막아 한국어의 특색 있는 지역적 언어 표현과 다양한 어휘의 문화자산이 사라지게 하는 한 요인으로 작용하고 있다.[29] 그리고 이 같은 결과는 방언권의 화자가

상대적으로 적은 방언이나 정치적 차별이 있는 방언에서 두드러지게 나타날 가능성이 크다.[30]

이런 이유로 일부에서는 표준어 무용론과 함께 표준어를 없애고 사람들이 자유롭게 자신이 익힌 말을 쓰도록 두자는 의견을 내기도 하고, 복수표준어의 확대 또는 공통어 개념의 도입 등으로 표준어의 범위를 넓히자는 주장을 하고 있다.[31]

표준어 비판론자들은 언어학적 관점에서 표준어와 방언이 우열의 관계가 아니라는 사실이 중요한 것이 아니라, 언중들이 실제 표준어와 방언을 우열의 관계로 인식하고 있다는 것이 중요하다며 이러한 인식을 깨기 위해서는 우선적으로 성문화된 표준어 규정을 폐기해야 한다[32]고 주장한다. 이들은 어문규정을 없애고 어문 규범을 사전 중심으로 세운다면 표준어가 필요 없다는 의견을 개진하고 있다.[33] 현행 표준어 대신 민족 언어 안에서 방언 간의 공통성을 토대로 하는 공통어가 표준어의 바탕이 돼야 한다[34]는 주장이다.

이 같은 표준어 무용론은 1990년대 이후 표준어 정착으로 방언이 급속히 사라지게 되는 환경에서 대두됐으며, 국어 기본법에 방언 조항이 들어가는 성과[35]로 이어졌다. 표준어 무용론과 함께 2000년대 이후에는 방언을 긍정적으로 보는 사회분위기가 조성되기 시작했다. 이에 힘입어 제주도는 2007년 「제주어 보전 및 육성조례」를 만들고 제주방언 보전에 나섰으며, 국립국어원도 2000년대 들어 방언의 보존과 활용을 위한 여러 사업을 펼치기 시작했다.

이 같은 표준어 무용론과 방언에 대한 인식의 변화는 방언 보전의 필요성을 뒷받침한다. 그리고 한 방법으로 방언이 한국인의 지역 생활과 문화, 역사를 종합적으로 담고 있는 중요한 무형문화유

산이란 점에서 방언의 문화재 지정이 요구된다.

3. 한국의 방언

넓은 의미의 방언은 한 언어의 변이어(a variety of a language)까지를 포함한다. 하지만 이 연구가 다루는 방언은 한 언어의 하위 개념(sub-variety)으로서 표준어(standard dialect)에 대비되는 사투리(non-standard dialect)[36]를 의미한다.

한국에는 지역에 따라 타 지역의 말투 및 어휘 등과 구별되는 방언권이 나타나며, 이 같은 방언권은 어휘의 변별을 고저나 장단에 따라 구분하는 성조방언과 음장방언 등으로 나누는 것을 비롯해, 호남, 영남 등의 관습적 명칭이나 전라도, 경상도 등과 같은 행정적 명칭을 주로 활용하는 것으로 구분된다. 하지만 이들 방언권은 해당 지역과 방언구역이 서로 일치하지 않는 문제점을 지니고 있다. 이런 사정을 고려해 방위명을 활용한 한국의 6대 방언권(서북, 동북, 중부, 서남, 동남, 제주방언)이 사용됐다. 이 방언권은 효율적, 체계적이지만 일반인에게 생소하다는 한계를 지닌다.[37]

행정구역 명칭에 따라 '소창진평(小倉進平)'이 구분한 방언권은 경기, 경상, 전라, 평안, 함경, 제주지역으로 이는 행정구역이 산과 하천의 자연지형을 기반으로 할 뿐만 아니라 역사, 문화, 정서 등에서도 중요한 역할을 하기 때문이다.

한국 방언권을 구획하는 가장 큰 요인의 하나는 성조가 음소로서의 기능을 가지느냐다. 한반도의 동부인 경상, 함경, 강원도(일부)는 소리의 높낮이로 말의 의미 차이를 구별하는 반면, 서부인 전라, 충

청, 경기도 등의 지역은 말의 장단에 의해 그 의미를 구별한다.[38] 이 같은 한국어의 지역 방언은 근본적으로 한국어가 고대시기 한반도라는 지역적 공간에서 대동소이한 언어를 사용한 다수의 민족 결합에 의해 탄생된 데 기인한다.[39] 이후 한민족은 1,500년 가까이 한반도라는 공간 내에서 정치, 문화적 공동체를 형성해 왔으며, 특히 고려시대 들어 신라의 경주방언이 고려의 송도방언과 한양방언에 의해 중화(中和)되면서 중부방언이 전국으로 발산돼 방언차가 거의 사라지게 됐다.[40] 따라서 한국의 지역 방언(제주방언 제외)은 대체로 표현(어법)과 지칭 대상에 대한 어휘 및 억양에서 그 차이를 나타내고 있다. 때문에 한국어 화자들은 세대와 계층을 불문하고 제주 토착방언을 제외한 어느 방언권 화자들과의 의사소통에도 큰 장애를 느끼지 않는다. 이는 높은 교육열(낮은 문맹률)과 함께 표준어 및 한글 맞춤법, 그리고 신문, 방송, 잡지 등의 대중 매체 영향도 있지만, 무엇보다 한국어 화자들이 1천 년 넘게 단일 문화권에서 역사를 함께 한 언어공동체라는 점에서 기인한다고 할 것이다.

III. 방언의 문화재적 가치 및 문화재 지정 방안

1. 무형문화재법과 유네스코 무형문화유산협약

문화재와 관련한 한국의 법으로는 〈무형문화재 보전 및 진흥에 관한 법률(약칭: 무형문화재법)〉과 〈문화재보호법〉 및 이들 법의 시행령이 있다.

먼저, 〈문화재보호법〉은 문화재를 '인위적이거나 자연적으로 형성된 국가적·민족적 또는 세계적 유산으로서 역사적·예술적·학술적 또는 경관적 가치가 큰 것'[41]으로 개념 정의하고 있다. 이어 문화재의 대상을 유형과 무형으로 나눠 기술한다. 〈문화재보호법〉에 의한 무형문화재는 여러 세대에 걸쳐 전승되어 온 무형의 문화적 유산으로, 그 대상은 전통적 공연·예술, 공예, 미술 등에 관한 전통기술, 한의약, 농경·어로 등에 관한 전통지식, 구전 전통 및 표현, 의식주 등 전통적 생활관습, 그리고 민간신앙 등 사회적 의식(儀式)과 전통적 놀이·축제 및 기예·무예가 포함된다.[42]

이 정의에서 나타나듯, 현재 한국의 방언은 무형문화재의 대상 목록에 구체적으로 명시돼 있지 않다. 하지만 무형문화재의 항목에 '구전 전통 및 표현'이란 영역이 있고, 문화재와 방언이 각각 민족적 유산으로서 역사적, 학술적 가치가 큰 것임을 고려할 때 방언의 문화재 지정은 일견 큰 문제가 없는 것으로 여겨진다. 또한 2003년 채택된 UNESCO의 무형문화유산협약도 무형문화유산에 '공동체, 집단 및 개인들이 그들의 문화유산의 일부분으로 인식하는 표현(expressions)' 등과 함께 '세부적으로는(무형문화유산의 전달체로서의 언어를 포함한) 구전 전통 및 표현'[43]을 포함하고 있기 때문이다.

특히 〈문화재보호법〉과 유네스코 협약에 공통적으로 담겨 있는 '구전전통 및 표현'의 '영역에는 속담, 수수께끼, 이야기, 전설, 신화, 서사시, 노래, 시 등 매우 다양한 형태의 무형문화유산이 포함'[44]되고, 이들 '구전 전통과 표현물은 지식, 문화적·사회적 가치, 집단 기억을 전달하는 데 사용되는'[45] 속성이 담겨 있다.

이는 한국의 방언을 비롯한 많은 방언이 특정 지역과 그 공동체

의 구성원에 의해 계승, 구현되는 언어적 표현이고, 그 집단의 문화적 가치 등을 담았다는 점에서 무형문화재로서의 가치와 지정의 필요성을 뒷받침해 준다.

특히 방언의 경우, 언중이 사용하지 않으면, 사멸하는 언어적 특징을 지녀 보존과 활용이 그 어떤 무형 문화적 요소보다 요구된다. 예컨대, 1920년대 무렵까지 한반도에서 가장 폭넓게 불리던 김치의 방언은 '침치'였다.[46] 그런데 이 명칭은 1935년 경성 주변의 방언인 '김치'가 표준어로 지정돼 일반 언중의 사용이 감소하면서 현재는 국립국어원 방언사전에도 등장하지 않은 사어가 됐다.

이는 방언에 대한 보전의 필요성과 시급함, 그리고 표준어 정책이 화자들의 언어사용과 방언에 어떤 영향을 미치고 있는지를 단적으로 보여준다. 만약 방언 '침치'가 언중들에 의해 계속 사용되고 비표준어가 되지 않았다면, 오늘날 한국어 화자들은 거의 한반도 전역에서 불리던 '침치'의 어휘 속에 담겨 있던 '절인 채소 음식이 김치'라는 김치의 유래와 만드는 방법, 그리고 더 나아가 중세시기의 김치의 이름[47]까지 자연스럽게 추정할 수 있을 것이다.

이런 이유로 방언의 보전은 필요하며, 현재로서는 문화재 지정이 효과적인 방법의 하나로 여겨진다. 문화재로 지정되면 최소한 국가 차원의 계승 보전책이 마련돼 사멸은 막을 수 있기 때문이다.[48]

다음으로 〈무형문화재 보전 및 진흥에 관한 법률(약칭: 무형문화재법)〉은 이 같은 무형문화재의 보전 방안을 담고 있다. 이 법 제3조(기본원칙)는 '무형문화재의 보전 및 진흥은 전형 유지를 기본원칙으로 하며, 다음 각 호의 사항이 포함되어야 한다'며, 그 내용과 목적으로 민족정체성 함양, 전통문화의 계승 및 발전, 무형문화재의 가

치 구현과 향상을 제시하고 있다. 여기서 '"전형(典型)"이란 해당 무형문화재의 가치를 구성하는 본질적인 특징'[49]으로 '여러 세대에 걸쳐 전승·유지되고 구현되어야 하는 고유한 기법, 형식 및 지식'[50]을 말한다고 규정하고 있다.

이들 법령에서 나타나듯, 〈무형문화재법〉의 취지는 민족정체성 함양과 전통문화의 계승 및 발전에 주안점을 두고 있고, 경직된 '원형'이 아닌 해당 문화재의 가치를 구성하는 가장 본질적인 특징을 계승하는데 있다.

따라서(일부) 방언이 한민족의 기원과 한문화의 형성 과정을 보여주는 민족 정체성에 대한 내용을 담고 있고 특정 지역을 통해 세대를 거쳐 계승된 전통문화 현상이란 점에서 무형문화재로서의 충분한 자격을 지니고 있으며 문화재로서의 지정 가치가 있다고 할 것이다.

2. 방언의 문화재적 가치

1) 지역의 향토색을 드러냄

방언(사투리)은 일정 지역단위의 구성원들에 의해 세대를 거듭하며 사용돼 온 향토언어다. 때문에 이들 언어에는 그 지역만의 특색이 투영되며, 이는 한 지역을 타 지역과 구별하는 가장 강한 향토색으로 나타난다. 이 같은 방언의 향토색은 억양, 표현방법(어법), 어휘에 의해 표출되며, 이는 발음 수단인 쌍자음을 비롯해 주로 모음의 개수 차이에 의해 드러난다.

현대 한국어의 표준어는 10개 모음체계로 이뤄졌고, 이들 모음이

모두 변별되는 상황에서 억양을 제외한 표준어의 발음이 가능하다. 그런데 일부 방언권의 경우 이 같은 모음수가 표준어에 미치지 못한다.

예컨대, 전라도의 방언은 지역에 따라 표준어의 10 모음 중 /ㅔ/와 /ㅐ/가 구별이 안 되는 9개의 모음 체계를 갖고 있고, 경상도의 대구방언은 /ㅔ/와 /ㅐ/, /ㅡ/와 /ㅓ/는 물론, 이중 모음인 /ㅟ/와 /ㅚ/ 등도 구분이 안 된다.[51] 이 때문에 이들 방언권역에서는 '새'(하늘을 나는 새)와 '세'(집을 임대한다)를 구분해 발음하거나, 듣지 못한다. 이로 인해 일부 방언권화자들은 '세상'을 '시상'으로 발음하는 형태로 사투리를 만든다. 자음의 경우도 경상도 일부 방언에서 /ㅅ/과 /ㅆ/이 구분 안 돼 '쌀'을 '살'로 발음해 독특한 지역 방언을 형성한다. 이 같은 방언의 발음은 어느 한 방언권을 타 지역과 구별해주는 가장 대표적인 그 지역만의 향토색이다.

방언의 향토색은 어휘에서도 두드러진다. 특정 방언권에만 있는 어휘와 지역에 따라 의미가 달라지는 어휘 등에서 그 지역만의 정서와 특징이 나타난다.

예컨대, '입'을 전라도에서는 '주둥이, 주댕이'라 하는 반면 경상도에서는 '주디'라 한다. 또한 '오메 단풍들겄네'의 '오메(놀라움을 나타내는 말)'는 전라도만의 방언이다.[52] 이처럼 특정 방언권에서만 쓰여 지역의 향토색을 드러내는 일부 방언 어휘는 다음과 같다. (괄호는 표준어 및 사용지역.)[53]

강개(누룽지-충청도), 괴비(호주머니-전남), 구섯테기(구석-전라도), 껄쩍지근하다(꺼림칙하다-전라도), 꽈내기/ 앵구(고양이-경상도), 냉갈(연기-전남, 평북), 느자구(싹수(장래성)-전남), 대근하다(피곤하다-충청

도), 둑(돌-경기), 데갈보(머리가 유난히 큰 사람-전라도), 비바리(처녀-제주), 동개다(포개다-경상도), 됩대(도리어-전남), 모지리(머저리-전남), 언내(어린 아이-경기, 강원), 얼라(어린 아이-경상도, 강원, 함경도), 여가리(언저리-강원), 오롬(봉우리, 산-제주), 재악(조약돌-강원), 짐칫거리(김칫감-전라도), 짠지(김치-경상도), 하마(벌써-경상도.)

2) 한민족(韓民族)의 문화형성과 생활사를 보여줌

앞서 언급했듯, 한국의 지역 방언에는 향토색이 투영돼 있다. 이는 방언이 지역의 문화를 담고 있으며, 각 지역의 방언이 갖는 문화적 특색은 곧바로 한국 문화의 특성이 된다. 일부 방언 어휘에는 지역적 특색과 함께 한민족의 문화형성 과정과 생활사를 담고 있기도 하다. 예컨대, 한국인의 주식인 쌀과 관련된 방언들에는 쌀의 전래지와 어원을 추정할 수 있는 잔형이 남아 있다. 전라도 일부지역 방언인 '누까'는 벼의 도정 과정에서 만들어지는 부산물로 현미의 표면을 깎은 가루를 일컫는다.[54] '누까'의 어두 'ㄴ' 음가는 쌀의 전래지인 동남아에서 부르던 명칭과 같고,[55] 그 잔재가 '뉘'[56], '나락' 등으로 현재의 표준어, 속담, 방언, 그리고 북한어에 남아 있다. '입쌀(〉닙쌀)'도 '니의 씨알' 즉, 고대 벼 전래지에서 불리던 명칭의 음가를 간직해 벼의 씨앗을 의미하듯, '누까'는 벼의 껍질이라는 뜻을 그 어휘 속에 담고 있다.

이들 방언을 통해 한민족의 농경문화가 고대시기 남방의 벼농사문화와 관계됨을 살필 수 있고, 이들 문화를 배경으로 한문화가 형성됐음을 고찰할 수 있다.

이와 함께 쌀의 식물인 벼는 한반도 충청과 경남(북)지역을 한계

로 '나락'과 '벼', 그리고 '나락씨(벼의 씨앗)'와 '볍씨' 권역으로 그 방언권이 구분된다.[57] 평야지대의 경우 나락과 나락씨의 방언 분포를 보이는 반면, 산간지대는 벼와 볍씨가 쓰이고 있다. 나락과 벼는 모두 벼의 원산지인 남방에서 이 식물의 이름과 관계되며, 어두 'ㄴ' 음가의 이름은 한반도에 수도작 문화를 전한 것으로 보이는 중국 동남방에서 불리던 명칭이다.[58] 따라서 이들 방언권역의 차이는 '나락(벼)'이 남부지방에 먼저 도착해 이들 지역에서 보다 넓게 경작됐으며, 후에 산이 많은 지역으로 확산됐음을 추정케 한다. 이는 남부의 경우 이른 시기부터 벼농사 위주의 생활을 영위했음을 살피게 한다.

이 같은 방언이 지닌 생활사의 반영은 떡 명칭에서도 뒷받침된다. 물에 탄 곡물가루를 기름에 지져 만드는 떡을 강원도와 경상북도에서는 '노치'로 부르며, 주로 수수가루(강원 태백 일부지역)[59]와 쌀가루(경북 의성 등 일부지역), 밀가루(경북 울진 일부지역)[60]로 만든다. 또한 제주에서는 빙떡[61], 정기떡[62] 등으로 칭하며 메밀가루를 반죽해 지진다.[63] 이를 통해 제주는 벼농사가 아닌 밭농사의 생활문화를 영위했고, 강원과 경북의 산간지역도 밀 경작과 함께 벼농사의 주작물인 멥쌀이 아닌 찹쌀로 이들 떡을 빚고 있다는 점에서 이들 지역의 생활도 밭농사가 위주였음을 살필 수 있게 한다. 이처럼 방언은 그 사투리가 쓰이는 지역민의 생활사를 보여준다.

3) 한민족의 형성과 역사를 보여줌

방언은 한민족의 형성과 변화의 역사를 살필 수 있는 자료가 된다. 3세기 이전의 한반도 역사와 문화를 보여주는 『삼국지 위지동이전』과 『후한서』는 고구려와 부여, 예, 옥저(북옥저, 동옥저)의 언어가 서로 거의 같고, 진한과 변한은 서로 다른 점이 있다고 기록하고 있다.[64]

『후한서』는 진한의 경우, 나라를 방(邦-나라), 활을 호(弧-활), 적(賊-도적)을 구(寇-왜구)라 해 중국의 진(秦)나라 말과 같다고 적고 있다.[65] 또한 『남사』는 백제의 경우 저고리를 '복삼', 바지를 '곤'이라 했으며, 신라는 이를 각각 '위해'와 '가반'으로 부른다고 기록하고 있다.[66]

특히 6세기 편찬된 『양서』와 『남사』는 고구려와 백제의 언어가 대체로 같고, 신라는 백제를 통한 다음에야 소통한다고 기록[67]하고 있어, 6세기 이전 한반도의 남부 거주자들의 언어에 차이가 있고, 특히 『후한서』가 편찬된 3세기 전후 진한 지역의 언중은 '자신들이 중국으로부터의 피난객'이라고 말하는 것에서 나타나듯, 중국계이거나 이들이 다수로 그 언어 또한 달랐음을 나타낸다.[68]

이를 통해 당시 한반도의 방언권은 북부와 서남부, 그리고 동남부로 대별될 수 있음을 살피게 한다. 이는 현대의 성조와 음장에 따른 방언권[69]을 비롯해, 행정구역 및 방위명에 의한 방언권 구획[70]과 큰 틀에서 일치한다. 또한 이 같은 지역에 따른 고대 한반도 지역의 언어(방언) 차이는 이들 언어를 사용하는 언중들의 정체성과도 관련된다.

동남부의 방언구역에 중국 진(秦)나라와 밀접한 관계를 맺고 있

는 중국계가 참여했고, 이들에 앞서 수도작(水稻作)의 남방계와 잡곡 문화의 북방계가 한반도의 서남부와 북반부 등 한반도 전역에서 그들의 생활했다는 점은 한국어가 이들 다양한 민족 집단에 의해 동반된 언어의 융합에 의해 탄생했음을 살피게 한다. 또한 다양한 언어를 동반해 한반도로 이주한 북방계와 남방계 등의 여러 종족들에 의해 한민족이 형성됐음을 보여준다.[71]

이처럼 방언은 한민족 형성 과정과 변화의 역사를 살필 수 있게 한다.

4) 한국어 어휘의 어원을 파악하게 함

일부 방언은 현대어 어휘의 어원과 의미를 담고 있다. 한 예로 한치윤의 『해동역사』에는 1103년 고려를 방문한 북송시대의 관리 손목이 편찬한 『계림유사』가 인용돼 있고 여기에는 당시 고려의 360여 어휘가 담겨 있다.[72] 이들 어휘 중 흰쌀〔白米〕을 '한보살'[73]이라 한 기록은 현재 전남지방을 비롯한 일부지역의 방언인 '한김치'의 어원을 파악할 수 있게 한다. '한'이 '희다'는 의미이고, 이 관용어는 '한+명사' 형태로 다양하게 쓰여 현재의 일부 방언에까지 그 잔형이 남아있기 때문이다. 따라서 '한김치'는 '한보살'이 '백(흰색)+보살(쌀)=흰쌀=백미'이듯, '백(흰색)+김치=백김치'를 뜻함을 파악할 수 있게 한다. 또한 이북과 강원도의 일부지역에서 쓰이는 방언인 '시더기(떡)'에는 떡의 어원과 어형의 변천 과정이 담겨 있다. 이 방언은 '시더기〉시덕〉썩〉떡'의 변화를 겪었으며, 일본어 'sitogi(달걀 모양 음식)' 및 아이누어 'sitoho(좁쌀로 만든 떡)'와도 관련된다.[74] 이는 현대 한국어의 떡은 고대시기 동북아시아의 곡물음식에 그 기원을

두고 있음을 살필 수 있게 한다.

이 밖에 전남 등 일부 지역에서 부엌을 의미하는 방언인 '정게'는 절에서 밥을 짓는 곳인 불교의 정재소(淨齋所)와 연관된다.

이처럼 일부 방언은 한국어 어휘의 어원과 형성과정을 고찰할 수 있는 좋은 자료가 된다.

3. 방언의 무형문화재 지정 방안

1) 지정 대상과 범위

방언을 무형문화재로 지정한다면 구체적으로 무엇을, 어떻게 지정하느냐는 문화재 지정을 위한 제도적 보완만큼이나 어려운 문제에 속한다. 방언 역시 그 구조와 기능은 언어이며, 언어란 개별 화자와 발화 상황에 따라 그 구현 양상이 달라질 수밖에 없고 어느 하나를 특정해 이를 절대적이며 영구적인 언어 표현이라 단정할 수 없기 때문이다. 또한 한국의 방언권 명칭과 구역 설정 방법에 대해 방언 연구자들 간에 통일된 안이 마련되지 않은 상황에서 방언의 문화재 지정을 권역까지 나눠 구체적으로 한다는 것은 매우 어려운 일일 것이다.

하지만 문화재로 지정해 보전하고자 하는 〈무형문화재법〉의 취지가 1차적으로 '무형문화재의 보전과 진흥을 통하여 전통문화를 창조적으로 계승'[75]하는데 있고, 이에 따라 이 같은 목적을 달성하기 위해 법과 시행령 등에 무형문화재의 '보유자'와 '전승자'를 두고, 국가와 지방자치단체 등에 '무형문화재의 보전 및 진흥을 위한 종합적인 시책을 수립하고 시행'[76]하라고 강제하고 있는 점을 고려

할 때 방언의 문화재 지정도 무엇보다 방언의 보전에 그 목적이 주어져야 할 것이다.

이는 방언을 문화재로 지정할 경우, 그 보전과 계승방법을 현실적으로 수용할 것이냐, 아니면 법이 목적하는 바를 모두 따를 것이냐의 현실과 이상의 선택 문제다.

이에 따라 본 연구는 방언이 지역공동체에 의해 구현되고 명확한 방언권 설정에 의한 지정 대상과 범위를 한정하기 어렵다는 현실적 문제를 감안해 무형문화재의 지정 대상을 '방언 어휘'에 한정하는 1안과 법의 취지에 따라 방언의 어휘, 어법, 억양과 함께 방언 보유자와 전승자 등까지 지정하는 2안을 제시하고자 한다.

먼저 1안의 경우, 방언이 표준어와 밀접한 영향 관계에 놓여 있고, 이 표준어는 표준어 선정과 맞춤법 통일안에 의해 실현되고 있는 만큼, 문화재 지정 대상을 방언의 어휘로만 한정하는 것이다. 또한 지정 대상의 방언권도 방역 권역별로 가장 전통성 있고 향토성이 짙은 2~3개 지역으로 제한하는 것이다. 이는 방언어휘가 방언의 어법, 억양 등과 달리 표기를 통해 보다 구체적 형태로 나타나 특정할 수 있고, 보전과 계승이란 실효성을 거두기에 효과적일 수 있기 때문이다. 물론 이 안은 특정 방언의 표현(어법) 등이 보전 대상에 제외돼 방언의 온전한 형태가 아닌, 부분만을 보전해 문화재 지정의 취지가 반감될 수 있다는 단점을 지니고 있다. 다만 이 안의 경우, 표준어 어법의 구현과 방언 어휘의 동시 사용이 병립할 수 없는 만큼, 표준어 정책이 폐지되거나 보완되는 사회 언어 환경이 조성되면 방언 어휘의 보전만으로도 방언 보전과 계승이라는 목표는 어느 정도 달성할 것이란 기대를 가질 수 있을 것이다.

다음으로 2안의 경우, 어휘는 물론, 방언을 구성하는 어법까지 그 범위를 확대하고 보유자와 전승자를 '지역 공동체' 전체로 하며, 대상을 방언권역별로 2~3군데 지정하는 것이다. 또한 방언의 보전과 계승 방법을 구체화하고 실효성을 높이기 위해 지역 공동체의 구성원 중에서 10여 명 (또는 가구) 내외로 '방언 중요보유자(가구)'를 선정해 이들을 중심으로 방언이 계승되도록 제도를 마련하는 것이다.

이 2가지 안 외에 1, 2안을 혼합해 방언의 어휘, 어법, 억양까지로 지정의 범위를 확대하고 대상 지역을 방언 권역별로 2~3개 지정해 '방언 중요보유자(가구)'를 운영하는 제3의 안도 고려될 수 있을 것이다.

2) 제도와 법령의 보완

이 같은 지정 범위와 대상을 전제로 방언을 문화재로 지정하기 위해서는 표준어 정책과 문화재 관련법이라는 2가지 제도와 법령의 보완 또는 개정이 요구된다.

먼저, 표준어 정책과 관련한 부분이다. 한국어 역사에 가장 큰 영향을 미친 요인 중 2가지는 한글 발명으로 한국어에 맞는 표기법이 등장한 점과 신라 경덕왕 시기인 757년 지명(地名)의 한자화(漢子化)일 것이다.

지명의 한자화[77]는 한민족이 중국 한자를 빌어 문자생활을 하면서 고유, 일반명사는 물론, 인명까지 한자화하는 배경으로 작용했고, 이로 인해 많은 한민족의 고유 어휘가 한자로 바뀌는 결과로 이어졌다. 현재의 표준어 정책은 실시 배경은 다르지만 지명의 한자화와 유사한 결과로 이어질 가능성이 큰 것으로 우려되고 있다.

표준어로 말미암아 지방 방언권에 속하는 대다수 한국어 화자들의 방언사용이 위축되고, 파악조차도 불가한 다수의 방언 어휘가 사멸됐거나 그 사용 빈도가 크게 낮아지고 있기 때문이다.

한 예로, 지명의 한자화와 이에 따른 사용 빈도의 감소로 8세기 이전 한민족이 각 지역(국가)에서 사용하던 '부리(夫里)', '홀(忽)', '벌(火(伐))'과 같은 어휘들은 '잠실벌' 등과 같이 현재 몇몇 지명에만 남아있을 뿐 사실상 사라졌다.[78] 또한 표준어 정책으로 '침치'란 어휘가 사멸했고, 김치를 의미하는 또 다른 단어인 '지'는 그 사용빈도가 점차 감소해 조만간 사라질 것으로 전망되고 있다. 이는 언어가 다수에 의해 사용되지 않고, 보전되지 않으면 사멸함을 보여준다. 때문에 한민족의 역사와 전통문화, 그리고 향토색을 잘 나타내는 지방방언의 보전이 시급하며, 이를 위한 표준어 정책의 보완이 요구되고 있다.

이에 따라 한국의 표준어 정책은 복수 표준어를 확대해 방언 어휘를 표준어로 흡수하거나, 표준어 규정을 아예 삭제해 사전으로 언어의 통일성을 확보하는 방안을 검토할 필요가 있다.[79] 이는 한국어의 언어 환경이 다양한 언어권과 직접 접하지 않았을 뿐만 아니라, 남북분단과 반도라는 지리적 여건으로 사실상 섬나라와 같아 외국어 구사 집단과의 직접 노출 위험이 적고, 단일 문화권에, 언어 사용 화자들도 대부분 한 민족으로 타 언어에 비해 언어 환경이 매우 안전한 편이기 때문이다.

다음으로 문화재 관련법에 관한 부분이다.

현재 방언을 무형문화재로 지정하는 데 관계되는 법령은 크게 3가지로 〈문화재보호법〉과 〈무형문화재 보전 및 진흥에 관한 법률

(약칭 무형문화재법)〉 및 〈무형문화재법 시행령〉이다. 이들 법령에 의해 방언이 무형문화재로 지정되면 법적 지위를 확보하고[80] 보전과 계승을 위한 국가와 지방자치단체로부터 예산 등과 같은 각종 지원을 받게 된다. 그런데 현재의 법령 안에서는 방언의 문화재 지정은 쉽지 않다. 방언이 무형문화재에 포함되느냐는 개념 정의마저 불분명하기 때문이다.

물론, 앞에서 살폈듯 유네스코 무형문화유산협약이 무형문화유산의 범주에 '(무형문화유산의 전달체로서의 언어를 포함한) 구전 전통 및 표현'을 포함시키고 있고, 한국의 〈문화재보호법〉 또한 무형의 문화유산에 '구전 전통 및 표현'이란 기술을 담고 있기에 이를 적극적으로 해석할 경우 현재의 법 테두리에서도 문화재 지정이 가능하다고 할 수 있다.

하지만 방언의 문화재 지정과 그 대상 및 범위 선정을 명확히 하고 전승공동체 등의 개념을 포함하기 위해서는 문화재 관련 법령의 보완이 필요하다.

현행 〈무형문화재법〉은 그간 꾸준히 문제 제기되던 무형문화재 지정의 보유자 선정과 전승기준을 '원형(圓形)'에서 '전형(典型)'으로 개선하는 등 큰 진전을 보였다.[81] 하지만 기존의 문화재 보유자를 '전승교수'로 개정하는 것을 비롯해, '김치'나 '아리랑'처럼, 무형문화재의 특성상 전승자의 특정이 불가능할 경우 '전승공동체'를 보유자로 인정하는 부분은 바뀌지 않았다.[82] 이는 방언을 문화재로 지정할 경우 제도적 정비가 어떤 측면으로 이행돼야 하는지를 보여준다.

따라서 방언을 무형문화재로 지정하기 위해서는 관련법에 방언이 문화재임을 명시하는 것과 함께 보유자 및 전승자 지정제도를

개선해 특정 보유자나 단체를 지정할 수 없는 방언 등과 같은 공동체적 무형문화유산의 경우, 지역 공동체가 '보유자'이자, 전승자가 될 수 있도록 관련법을 보완해야 한다. 이와 함께 유형이 아닌 무형의 문화적 자산을 일컫는 무형문화재의 인식을 바꾸고, 개념을 확대하기 위해 '무형문화재'를 '무형문화유산'으로 변경하는 명칭의 개정도 필요하다.

이에 따라 〈문화재보호법〉의 경우 '방언을 포함한 구전 전통'(제2조)과 '방언 등과 같은 무형문화재는 전형유지를 원칙으로 한다'(제3조)는 구문의 추가가 요구되고, 〈무형문화재법〉은 '보유공동체, 방언 등과 같은 무형문화재의 어법, 억양, 어휘 등'(제3조) 및 '보유공동체'(제17조), '무형문화유산(기타 조항)' 등의 문구 및 조항의 추가가 필요하다. 이와 함께 〈무형문화재법 시행령〉은 '방언의 경우 어법, 억양, 어휘 등을 말한다'(제2조)와 '지역 공동체, 보유공동체 인정'(제16조)과 같은 법령의 보완이 요구된다. 이와 함께 앞서 제시한 1, 2안을 적용하기 위해서는 관련 법령에 '방언의 무형문화재 대상은 어휘에 한정 한다', '방언의 전승과 계승을 위해 '핵심 보유자(가구)'를 선정 한다' 등과 같은 조항 추가도 요구된다.

[표] 방언의 문화재 지정을 위해 필요한 법령 보완의 일부 내용

법령명칭	조항	개정 또는 보완 필요 내용
문화재보호법	제2조 ①항 2의 라	방언을 포함한 구전 전통 및 표현 ('방언을 포함한' 추가)
	제3조	문화재의 보존 · 관리 및 활용은 원형유지를 기본원칙으로 하되 방언 등과 같은 무형문화재는 전형유지를 원칙으로 한다. ('방언 등과 같은 무형문화재는 전형유지를 원칙으로 한다' 추가.)

무형문화재법	제2조 항목 추가	"보유공동체"란 제17조제1항 또는 제32조제2항에 따라 인정되어 방언 등과 같은 무형문화재의 어법, 억양, 어휘 등을 대통령령으로 정하는 바에 따라 전형대로 체득 · 실현할 수 있는 공동체를 말한다. (보유공동체 항목 추가.)
	제17조 ①	국가무형문화재를 지정하는 경우 해당 국가무형문화재의 보유자, 보유단체 또는 보유공동체를 인정하여야 한다. ('보유공동체' 추가.)
	기타 조항	'무형문화유산' 용어 추가
무형문화재법 시행령	제2조 ①	여러 세대에 걸쳐 전승 · 유지되고 구현되어야 하는 고유한 기법, 형식 및 지식이며, 방언의 경우 어법, 억양, 어휘 등을 말한다. ('방언의 경우 어법, 억양, 어휘 등' 추가)
	제16조 ①	사람, 단체, 또는 지역 공동체를 국가무형문화재의 보유자, 보유단체 또는 보유공동체로 인정할 수 있다. ('지역 공동체, 보유공동체 인정' 추가.)

Ⅳ. 결론

이상으로 한국의 방언 보전 방안을 무형문화재 지정과 표준어 정책과의 상관성을 통해 검토하고 방언이 문화재로서 어떤 가치를 지니고 있는지를 살펴봤다.

언어가 성장과 사멸하듯, 방언 역시 화자에 의해 쓰이지 않으면 사라진다. 고대시기 한국의 많은 고유어 어휘들이 지명의 한자화 등으로 사멸했고, 현대에 들어서는 표준어 정책으로 말미암아 지역 방언의 여러 어휘와 어법 등이 사라질 위기에 처했거나 그 사용 빈도가 현격히 낮아지고 있다. 따라서 방언에 대한 보전 노력을 기울

이지 않는다면, 한국어는 앞으로 서울지방을 중심으로 한 지역 방언 위주로 획일화될 것으로 우려된다.

한국의 많은 방언(사투리)과 그 어휘들은 해당 지역의 문화와 향토색을 보여주며, 한민족의 생활사와 고유어의 어원을 담고 있다. 또한 한민족의 형성과 역사를 간직하고 있음을 살필 수 있었다. 이는 방언이 한민족의 문화와 역사, 생활상을 담은 무형의 문화유산으로서 보전하고 계승할 만한 문화재적 가치를 충분히 지니고 있음을 의미한다.

따라서 방언을 보전하기 위한 제도적 장치 마련이 시급하며, 그 방안의 하나가 방언의 문화재 지정이다. 방언을 무형문화재로 지정하기 위해서는 표준어 정책과 〈문화재보호법〉 및 〈무형문화재법〉과 그 〈시행령〉에 대한 제도적, 법률적 보완이 필요하다.

방언과 밀접한 상관성을 지닌 표준어 정책의 경우, 지역 언중들에게 '방언은 품위 없고 열등하다'는 인식을 심어줘 지역 방언의 사용을 위축시키는 결과로 이어지고 있어 이를 극복하기 위해서는 표준어 폐지 또는 복수표준어 정책 등과 같은 제도의 보완이 요구된다.

이와 함께 〈문화재보호법〉의 경우, 방언을 비롯한 다양한 무형 문화유산이 법의 테두리에 흡수돼 보전될 수 있는 방향으로 개정돼야 한다.

한국 정부와 문화재 관련 학계 등에서는 이미 지난 2012년부터 유네스코 무형문화유산협약에 따라 〈무형문화재법〉에 전승 주체를 특정할 수 없는 무형문화유산에 대해서도 '전승공동체'를 인정하는 법안을 추진한 적이 있다. 따라서 방언을 무형문화유산이나 무형문화재로 지정하기 위해서는 무엇보다 〈문화재보호법〉의 무형문화재

정의에 방언을 포함하는 것과 함께 〈무형문화재법〉을 보완, '지역공동체'를 전승주체로 인정하고, 무형문화재 대신 광의의 '무형문화유산'이라는 용어 및 개념을 문화재법 안에 수용해 〈문화재보호법〉이 고수하고 있는 '원형 유지'라는 문화재 보호의 기본 원칙에서 탈피, 방언 등과 같은 무형유산의 경우 '전형 유지'로 보전의 기본원칙을 전환해야 한다.

이상과 같은 제도적 보완을 바탕으로 방언을 문화재 또는 무형문화유산으로 지정해 경상방언, 전라방언 등과 같은 한국의 방언이 보전, 전승되고, 각 지역 방언권의 화자들이 좀 더 자유롭게 자신들의 지역 방언을 사용해 한국어의 확대와 발전을 꾀할 필요가 있다.

미주

1 국립국어원 〈표준국어대사전〉 사투리 어휘 제1, 2 정의.

2 위의 사전, 표준어 어휘 제1 정의.

3 국립국어원 역음, 방언이야기, 파주: 태학사, 2007, 20쪽.

4 박경래 외, 「새로 발굴한 방언(12)」, 『방언학』, Vol.18, 2013, 371쪽.

5 국립국어원 역음, 앞의 글, 2007, 21쪽.

6 다만, 『한국일보』에서 방언의 무형문화재 지정 가능성을 전망한 기사를 다뤘다. - 인현우 기자, 「한의학·방언·민간신앙, 무형문화재 길 열렸다」, 『한국일보』 2015. 03. 04. (12면)

7 조남호, 「방언의 보존과 활용에 관한 정책적 접근」, 『방언학』 제18호, 2013.

8 박동근, 「표준어 선정 원칙에 대한 새로운 방향 모색」, 『한국어학』, 67, 2015.

9 김세중, 「표준어 정책에 대하여」, 『새국어생활』, 14-1, 국립국어원, 2004.

10 신지영, 「어문규정폐지를 통한 어문 규범의 현실화」, 『새국어생활』, 21-4, 국립국어원, 2011.

11 박경래 외, 앞의 책, 2013.

12 류성기, 「표준어와 방언의 간섭 현상으로 인한 산청 방언 문법 현상 변화 연구」, 『방언학』 제18호, 2013.

13 정수진, 「무형문화유산의 문화정치학- 유네스코 체제에 대한 한국의 대응을 중심으로」, 『실천민속학연구』, (26), 2015.

14 이철남, 「무형문화유산의 보전 및 활용을 위한 규범체계에 관한 연구- WIPO의 '전통문화표현물' 개념을 중심으로」, 『법학연구』, 44, 2015.

15 최종호, 「무형문화재와 인류무형문화유산 보호제도의 상생과 공존 방안」, 『글로벌문화콘텐츠』(23), 2016.

16 김윤지, 인류무형문화유산 등재를 위한 국가무형문화재 가치의 재인식과 쟁점 모색, 문화와 융합 제38권 3호, 2016.

17 류호철, 「무형문화재의 개념 확장과 전통문화 보전·활용 -충남 서천군 마서면의 전통문화 전승을 사례로」, 『동아시아고대학』, Vol.41, 2016.

18 국립국어원 〈표준국어대사전〉 표준어 어휘 제1 정의.

19 '표준어는 교양 있는 사람들이 두루 쓰는 현대 서울말로 정함을 원칙으로 한다.' - 〈표준어규정〉 제1장 총칙.

20 최호철, 「남북한 공용어의 통일에 대하여」, 『내일을 여는 역사』(50), 2013, 198쪽.

21 최호철, 앞의 글, 2013, 199쪽.

22 김상규, 「2010년 개정 어음법에 관한 소고 -한글화, 어문규범을 중심으로」, 『법조』, Vol.62(12), 2013, 269쪽.

23 국방부 훈령 제38조 군인의 언어.

24 조선어학회는 1935년 1월, 조선어 표준어 사정위원회를 73명의 위원으로 구성, 9,547개 단어를 표준어로 사정해 모음집을 간행했다. -정승철, 한국의 방언과 방언학, 파주: 태학사, 2013, 265쪽.

25 정승철, 앞의 글, 2013, 265쪽.

26 박동근, 앞의 글, 2015, 31쪽.

27 박동근, 앞의 글, 2015, 32쪽.

28 한 언어 공동체 안에 둘 이상의 언어가 공존하는 사회를 일컫는다. -정승철, 위의 글, 2013, 264쪽.

29 박동근, 앞의 글, 2015, 44쪽.

30 표준어 무용론과 함께 방언의 긍정적 평가가 첫 정권 교체 이후인 2000년대 제기됐다는 것은 정치와 방언의 가치에 상관성이 있음을 보여준다.

31 조남호, 앞의 글, 2013, 84쪽.

32 박동근, 앞의 글, 2015, 44쪽.

33 신지영, 앞의 글, 2011, 121~126쪽.

34 이상규 외 13인, 『한국어의 규범성과 다양성: 표준어 넘어서기』, 태학사, 2008, 95~136쪽.

35 조남호, 앞의 글, 2013, 64쪽.

36 변명섭, 「언어변이와 언어정책」, 『영어영문학』, 19(1), 2014, 207쪽.

37 정승철, 위의 글, 2013, 157~158쪽.

38 국립국어원 역음, 앞의 글, 2007, 25쪽. 참조.

39 김용갑, 「한국 멥쌀떡 발달배경 연구」, 전남대 석사논문, 2017, 18쪽.

40 고대민족문화연구소, 『한국민속대관(제1권 사회구조·관혼상제)』, 고대민족문화연구소, (7) 방언편, 1980.

41 한국 〈문화재보호법〉 제2조 1항.

42 위의 법, 제2조 2항.

43 유네스코 무형문화유산협약 제2조. -이철남, 앞의 글, 2015, 440~441쪽.

44 유네스코아태무형유산센터 웹페이지(http://www.ichcap.org/kor/html/02_04_05_01.php) 인용.

45 위의 웹페이지 인용.

46 김치로 발음하는 지역은 경성, 경기도 일부, 황해도 전역, 함경북도 일부. 침치로 발음-제주도 일부, 전남·전북 일부, 경남 전역, 경북, 강원 대다수, 함경남도 일대. 침끼-제주 성산과 서귀포, 대전 일대. 깍두기-함남 북청. 지-전남 순천. 짠지-함남 북청을 제외한 전역 -주영하, 『식탁위의 한국사』, 휴머니스트, 2013, 155~156쪽.

47 『훈몽자회(訓蒙字會)』는 '저(菹)'를 '딤ᄎᆡ', 그리고 한자로는 '沈菜'로 적고 있다.

48 유네스코아태무형유산센터(http://www.ichcap.org/kor/html/01_01_01_01.php)는 '언어가 무형유산의 기본이 되기는 하지만 개별 언어의 보호와 보존은 2003년 (유네스코가 채택한 무형문화유산보호)협약의 범위를 넘어선다'고 보고 있다. 하지만 방언은 언어의 하위 범주로, 특정 지역에서 특정집단에 의해 계승되는 그 지역의 문화와 역사성을 담은 비표준어란 점에서 언어와는 다른 무형문화유산의 영역이라 할 수 있다.

49 〈무형문화재 보전 및 진흥에 관한 법률〉 제2조 2항.

50 〈무형문화재 보전 및 진흥에 관한 법률 시행령〉 제2조 1항.

51 김용갑, 『영남과 호남의 문화비교』, 서울: 풀빛출판사, 1998, 271쪽. -일부 방언권에서는 'ㅣ'와 'ㅔ'가 비분별 되기도 한다.

52 이기갑 외, 『전남방언사전』, 태학사, 1997, 460쪽.

53 이기갑 외, 위의 책, 1997; 국립국어원 역음, 위의 책, 2007; 김용갑, 위의 책, 1998; 네이버 방언사전 참고.

54 이기갑 외, 위의책, 1997, 121쪽. -전남 담양, 광산, 함평에서 쓰인 등겨의 방언. 나주지역에서도 쓰인다.

55 중국어의 '니(稅)'는 오어(吳語)의 야생벼라는 말의 발음일 가능성이 있다. 중국 동남방의 바이위에족(백월족-百越族)은 수전(水田)을 나(那)로 일컫기 때문이다. -김용갑, 앞의 글, 2017, 21쪽.

56 쓿은쌀 속에 등겨가 벗겨지지 않은 채로 섞인 벼 알갱이.

57 정승철, 위의 글, 2013, 217쪽.

58 위안리(苑利) 지음, 최성은 옮김, 『도작문화로 본 한국문화의 기원과 발전』, 민속원, 2005, 87, 330쪽.

59 국립문화재연구소, 『강원도 세시풍속』, 국립문화재연구소, 2001; 국립문화재연구소, 『경상북도 세시풍속』, 국립문화재연구소, 2002.

60 국립문화재연구소, 『경상북도 세시풍속』, 국립문화재연구소, 2002.

61 빙떡- 제주지역 떡 명칭으로, 메밀가루 반죽을 지진 다음, 무채, 팥, 고구마 등의 소를 넣고 말아 지진 떡. 정기떡으로도 불림.

62 정기떡- 제주지역 떡 이름으로, 빙떡의 이칭으로 메밀가루 반죽을 지진 다음, 무채, 팥, 고구마 등의 소를 넣고 말아 지진다.

63 국립문화재연구소가 2001~2003년 실시된 남한의 9개도(162개 시·군 471개 마을)에 대한 세시풍속 조사 보고서. 조사자 나경수 외 7인, 『전라남도 세시풍속』, 국립문화재연구소, 2003 등 참조.

64 言語法俗大抵與句麗同((동예의) 언어와 풍속이 대체로 고구려와 같다. -『삼국지 위지 동이전』, 예; 弁辰與辰韓雜居 言語風俗有異(변진(한)과 진한은 섞여 사는데 언어와 풍속은 다른 점이 있다.) -『후한서』, 변진(한).

65 其名國爲邦, 弓爲弧, 賊爲寇, 行酒爲行觴, 相呼爲徒, 有似秦語. 故或名之爲秦韓(국(國)을 방(邦), 궁(弓)을 호(弧), 적(賊)을 구(寇), 행주(行酒-서로 권하여 술잔을 돌림)를 행상이라 하고 서로를 부를 때 도라 하여 진나라 말과 유사했는데, 이 때문에 때로는 진한(秦韓)이라 불리기도 한다.) -『후한서』, 진한.

66 呼帽曰冠, 襦曰複衫, 袴曰褌(모자를 '관'이라 하고, 저고리를 '복삼'이라 하고, 바지를 '곤'이라 한다.) -『남사』, 백제; 其冠曰遺子禮, 襦曰尉解, 袴曰柯半(관을 '유자례'라 부르고, 저고리를 '위해', 바지를 '가반'이라 부른다.) - 『남사』, 신라.

67 言語服章略與高麗同((백제의) 언어와 복장은 대체로 고구려와 같다.) -『남사(南史)』, 백제; 語言待百濟而後通焉((신라의) 언어는 백제에 의지해서(통해서) 통한다.) -『양서(梁書)』, 신라.

68 自言古之亡人避秦役 來適韓國(스스로 말하길, 옛날에 진나라의 부역을 피해 도망 온 사람이 한국에 이르렀다.) -『삼국지위지 동이전』, 진한; 新羅者, 其先本辰韓種也. 相傳言秦世 亡人避役來適. 其言語名物, 有似中國人. 不與馬韓同(신라는 본래 진한의 한 부류다. … 서로 전하여 말하길, 진(秦)나라 시절에 부역이나 전쟁을 피하여 온 사람이다. 그 말과 사물의 이름이 중국 사람들과 유사하다. 마한과 같지 않다.) -『북사』, 신라.

69 국립국어원 역음, 앞의 글, 2007, 25쪽.

70 정승철, 위의 글, 2013, 157쪽.

71 김용갑, 앞의 글, 2017, 18쪽.

72 高麗方言. 天曰漢捺. 雲日屈林, 風曰孛纜, 雪曰嫩, 雨曰霏微, 雷曰閃, 火曰孛, 一曰河屯, 二曰途孛, 今日曰烏捺, 花曰骨, 木曰南記, 松曰鮓子南(고려방언이다. 하늘은 한날, 구름은 굴림, 바람은 발람, 눈은 눈, 비는 비미, 번개는 섬, 불은 발, 하나는 하둔, 둘은 도발, 오늘은 오날, 꽃은 골, 나무는 남기, 소나무는 자자남이라 부른다.) -『해동역사』, 풍속지 방언.

73 '白米曰 漢菩薩'- '漢'은 '白(흰)'에 대응된다.

74 조영언, 2004, 『한국어 어원사전』, 서울: 다솜출판사, 153쪽.

75 〈무형문화재 보전 및 진흥에 관한 법률(무형문화재법)〉 제1조(목적).

76 위의 법 제4조.

77 冬十二月改…完山州 為 全州 領州一小京一郡十縣三十一 武珍州 為 武州 領州一郡十四縣四十四(겨울 12월에…완산주를 전주로 고쳐, 1주 1소경 10군 31현을 두었다. 무진주를 무주로 고쳐, 1주 14군 44현을 두었다.) -『삼국사기』, 신라본기 경덕왕 16년(757년) 음력12월.

78 집단 거주 지역을 표현하는 '성(城), 읍(邑), 촌(村)'의 고유명은 주로 '夫里(부리)'로 실현되지만 고구려계의 '홀(忽)'이나 신라계의 '화(火(伐))'의 용법이 함께 존재한다. -김양진, 「지명 연구의 국어 어휘사적 의의」, 『地名學』, 제21집, 2014, 109~110쪽.

79 신지영, 앞의 글, 2011. 121~126쪽 참조; 김세중, 앞의 글, 2004, 105~122쪽 참조.

80 류호철, 앞의 글, 2016, 156쪽.

81 〈무형문화재 보전 및 진흥에 관한 법률〉 및 동법 시행령 제2조 참조.

82 정수진, 앞의 글, 2015, 300쪽.

참고문헌

고문헌

남사

삼국사기

삼국지위지 동이전

양서

해동역사

후한서

훈몽자회

표준국어대사전

단행본

고대민족문화연구소, 한국민속대관1 사회구조·관혼상제, 고려대 민족문화연구소, 1980.

국립국어원 편, 방언이야기, 태학사, 2007.

김명자 외, 경상북도 세시풍속, 국립문화재연구소, 2002.

김용갑, 영남과 호남의 문화비교, 풀빛, 1998.

나경수 외, 전라남도 세시풍속, 국립문화재연구소, 2003.

문무병 외, 제주도 세시풍속, 국립문화재연구소, 2001.

위안리(苑利), 최성은 역, 도작문화로 본 한국문화의 기원과 발전, 민속원, 2005.

이기갑 외, 전남방언사전, 태학사, 1997.

이상규 외, 한국어의 규범성과 다양성 - 표준어 넘어서기, 태학사, 2008.

이필영 외, 충청남도 세시풍속, 국립문화재연구소, 2002.

장정룡 외, 강원도 세시풍속, 국립문화재연구소, 2001.

정승철, 한국의 방언과 방언학, 태학사, 2013.

조영언, 한국어 어원사전, 다솜출판사, 2004.

주영하, 식탁위의 한국사, 휴머니스트, 2013.

논문

김상규, 「2010년 개정 어음법에 관한 소고 - 한글화·어문규범을 중심으로」, 법조 62-12, 법조협회, 2013.

김세중, 「표준어 정책에 대하여」, 새국어생활14-1, 국립국어원, 2004.

김양진, 「지명 연구의 국어 어휘사적 의의」, 地名學21, 한국지명학회, 2014.

김영규, 「한국과 일본의 문화재 보호정책 비교연구」, 한국지역혁신논집4-2, 영남대한국균형발전연구소, 2009.

김용갑, 「한국 멥쌀떡 발달배경」, 전남대 석사논문, 2017.

김윤지, 「인류무형문화유산 등재를 위한 국가무형문화재 가치의 재인식과 쟁점 모색」, 문화와융합38-3, 2016.

류호철, 「무형문화재의 개념 확장과 전통문화 보전·활용 - 충남 서천군 마서면의 전통문화전승을 사례로, 동아시아고대학41, 동아시아고대학회, 2016a.

_____, 「무형문화재 보전 수단으로서 등록무형문화재 제도 도입 필요성과 그 의미」, 한국민속학64, 2016b.

박경래 외, 「새로 발굴한 방언(12)」, 방언학18, 2013.

박동근, 「표준어 선정 원칙에 대한 새로운 방향 모색」, 한국어학67, 한국어학회, 2015.

변명섭, 「언어변이와 언어정책」, 영어영문학19-1, 미래영어영문학회, 2014.

신승용, 「표준어 정책의 문제점과 대안」, 어문학123, 한국어문학회, 2014.

신지영, 「어문규정폐지를 통한 어문 규범의 현실화」, 새국어생활21-4, 국립국어원, 2011.

이철남, 「무형문화유산의 보전 및 활용을 위한 규범체계에 관한 연구 - WIPO의 '전통문화표현물' 개념을 중심으로」, 법학연구44, 전북대학교법학연구소, 2015.

정수진, 「무형문화유산의 문화정치학 - 유네스코 체제에 대한 한국의 대응을 중심으로」, 실천민속학연구26, 실천민속학회, 2015.

조남호, 「방언의 보존과 활용에 관한 정책적 접근」, 방언학제18호, 한국방언학회, 2013.

최종호, 「무형문화재와 인류무형문화유산 보호제도의 상생과 공존 방안」, 글로벌문화콘텐츠23, 글로벌문화콘텐츠학회, 2016.

최호철, 「남북한 공용어의 통일에 대하여」, 내일을여는역사50, 내일을여는역사, 2013.

기타

유네스코아태무형유산센터 http://www.ichcap.org/kor/html/01_01_01_01.php

한국일보 http://hankookilbo.com/v/41ee8e22abe3408d8018f16177f60ded

주제어

쑥떡, 수리취떡, 단오, 절식, 벽사(辟邪)

단오의 대표 음식으로서 쑥떡의 발달 배경과 단오의 성격

김용갑

본 연구는 단오의 성격과 대표 절식인 쑥떡의 발달 배경을 규명하는데 목적이 있다. 단오는 농경관련보다는 건강한 여름을 보내려는 기원과 준비의 성격이 강한 명절이다.

이 같은 성격 규정은 단오의 기념일이 시기적으로 한창 바쁜 농사철이자, 여름의 초입이라는 점, 풍속의 대부분이 제액초복과 건강 기원이라는 점에서 뒷받침된다. 대표 절식인 쑥떡도 이런 이유로 빚어진다. 단오의 대표 떡을 흔히 수리취떡이라 하지만 이는 '단옷날의 푸른 쑥'을 의미하는 '술의취애(戌衣翠艾)'의 와전에서 비롯됐다. 수리취는 고산지대에서만 자생하는 식물이며, 강원도 등 일부지역에서 떡의 재료로 쓰인다. 반면 쑥은 한반도 전 지역에서 자생하며 대부분 지역에서 이를 재료로 떡을 빚는다. 따라서 단오의 대표 절식은 쑥떡이다.

쑥떡의 발달배경은 발해민의 단옷날 쑥떡을 만드는 전통, 쑥을 약용과 식용은 물론, 벽사의 도구로 활용한 전통에서 비롯되었다. 또한 수도작(水稻作)의 한반도 전래, 한민족의 메성 선호 전통, 그리고 쌀의 자급에 따른 떡의 재료적 여유 등도 쑥떡 발달의 한 배경이 됐다.

Ⅰ. 서론

한국의 단오(端午)는 현대에 들어 그 세가 약화됐지만 고려시대 9대 속절,[1] 조선시대 4대 절사와 5대 절향에서 나타나듯,[2] 설, 추석, 동지와 함께 한국의 4대 명절에 속한다. 단오는 전통적으로 밭농사 지역과 산간지방에서 주로 기념됐으며, 대체로 1970년대 이전 다수의 한국인들은 이날 쑥을 캐고 창포물에 머리를 감으며, 그네를 타거나 씨름을 하면서 단오를 지냈다. 명절로서 떡도 빚어져 강원도와 충북의 일부 지역 등에서는 쑥이나 취로 떡을 만들고 이를 '수리취떡'이나 '수리떡'이라 했다.[3] 전북과 전남 등지에서는 '삐비'나 찔레꽃을 재료로 떡을 만들었다.[4] 따라서 단오의 '수리취떡'은 남한 전역의 떡이 아닌 일부 지역에서 출현하는 떡이다. 단오 기념 풍속도 지역에 따라 달라, 수리취떡이 나타나는 여러 지역에서는 단옷날 하루를 쉬며 명절로서 기념하지만, 전라도 등은 보리 베기와 모내기로 바쁜 농사철이기에 명절 인식은 드물다. 그리고 이 같은 명절 비인식 지역이 명절로 여기는 지역보다 배 이상 많다.

1970년대 이전 시기에서 현대에 이르는 세시풍속을 수록하고 있는 국립문화재연구소의 『세시풍속』에는 단오에 떡을 하는 지역이 전체 471개 조사지역 중 166곳이며, 이 중 취[5]를 재료로 떡을 빚는 지역은 45곳에 불과함을 보여준다. 지역적으로는 강원, 충북, 경북, 경기도 등에 국한된다. 반면 쑥을 재료로 하는 지역은 90곳으로 경북, 경남, 강원, 경기, 충북, 전북 등 전국적으로 넓게 분포한다. (아래 [표2] 참조) 이는 취가 모두 '수리취'를 의미하지 않는다는 점은 차치하더라도 단오를 대표하는 떡이 취를 재료로 하는 이른바 '수리

취떡'이 아닌, 쑥을 재료로 한 '쑥떡'임을 살피게 한다. 그럼에도 한국 단오의 대표 절식(節食)은 '수리취떡'으로 통칭되고 한국인의 상당수는 이 떡이 어떤 떡인지조차 잘 알지 못한다. 한국을 대표하는 명절의 떡을 한국인이 잘 모르는 것이다.

본 연구는 이 같은 문제인식에서 출발한다. 수리취떡이 무엇이며, 이 떡이 과연 단오를 대표하는 떡 명칭으로 적합한지, 적합하지 않다면 어떤 이름이 타당한지 살펴보고, 단오 명절이 어떤 역사와 문화적 배경 속에서 탄생했으며, 어떤 이유에서 수리취떡이 단오를 대표하는 떡류 음식이 됐는지를 규명하고자 한다. 이에 따라 본 연구는 고대 한민족의 농경축제인 '5월제'와 중국에서 유입된 단오와의 기념 시기적 연관성을 살피고, 단오의 명절적 성격이 무엇이며, 현대 단오의 세시적 풍속, 그리고 단오의 떡류 음식에는 무엇이 있으며, 이를 대표하는 절식인 쑥떡의 발달 배경은 어디에 있는지 고찰하고자 한다. 또한 이 과정에서 '수리'라 불리는 단오 명칭의 적합성 여부와 단오의 대표떡이 왜 쑥떡인지를 밝히고자 한다.

본 연구는 이의 규명을 위해 중국 및 한국 관련 역사서와 세시기, 문집, 농업서, 그리고 조리서 등의 자료를 참고하고, 『세시풍속』의 지역 및 총괄 편 10권을 기본 통계자료로 활용했다, 또한 단오와 이의 절식인 쑥떡의 발달 배경을 살피기 위해 중국문화사와 한국 음식문화사, 역법 등의 논문과 연구서를 논의에 사용했다. 특히 논의의 다양성과 뒷받침을 위해 한국 전통 곡물의 파종과 수확시기 및 쌀 생산량 등의 통계자료와 인접 학문분야의 결과물을 적극 수용 또는 활용했다.

본 연구는 음식인문학적 측면에서 한국의 전통 명절을 탐색하고

국내 처음으로 쑥떡을 단오의 대표 음식으로 명명해 이의 발달 배경을 규명했다는 점에서 연구사적 의의가 있다고 할 수 있다. 이 연구를 계기로 인문학적 관점의 음식 연구가 활성화 되고, 세계화와 다문화시대, 한국 명절과 전통 문화에 대한 이해에 도움이 되길 기대한다.

현재, 본 연구의 소재 및 주제와 유사한 결과물은 김용갑의 논문에서 찾을 수 있다. 김은 2017년 이후 연속한 3편의 연구를 통해 쑥떡의 상위 분류인 멥쌀떡의 발달배경을 탐색했으며, 이를 통해 고대 한국인의 메성 선호 전통과 멥쌀이 지닌 떡 가공의 가능성(가공적성) 등에 의해 멥쌀떡이 발달했음을 보고하고 있다.[6] 또한 송편의 경우 노비일, 유두 등에서 나타나듯, 농사의 힘듦을 떡으로 격려하는 농공감사의 전통, 그리고 녹색 혁명에 따른 쌀의 자급과 식량의 여유 등으로 추석의 대표 음식이 됐으며,[7] 동지의 팥죽은 동지에 빚어지는 떡과 함께 절식의 마련을 통한 명절의 기념 면에서 한국 최고의 명절 절식임을 밝히고 있다.[8] 김의 연구는 본 연구의 지향점과 소재가 떡이라는 점에서 일치되며, 논의의 다양한 자료를 제공해준다. 따라서 본 연구는 김의 연구결과를 상당 부분 수용하고 인용했다.

단오와 관련한 그간의 연구는 주로 강릉, 자인, 법성포단오제 등의 지역 단오제와 한중일 3국간의 단오 풍속 비교, 단오제 활성화 방안 등에 초점을 맞춘 것이 대부분이다. 이 중 쉬이·리슈원·최두헌(2015)과 요위위(2012)는 한국과 중국의 단오 음식에 대해 유의미한 자료를 담고 있으며,[9] 신미경·정희정(2008)은 한·중·일 3국의 단오 풍속과 음식을 비교해 살폈다.[10] 또한 박진태(2008)는 한중 단오의 음식과 함께 하지제(夏至祭)에서 기원한 한중 단오제를 연구했다.[11]

현대의 명절 풍속을 살필 수 있는 성과로는 국립문화재연구소와 국립민속박물관, 그리고 문화공보부 문화재관리국이 각각 발행한 『세시풍속』, 『한국의 세시풍속』, 『한국민속종합조사보고서』가 있다. 이들 조사서는 모두 남한 지역 전체를 대상으로 표본지역을 선정해 설문이나 인터뷰 방식의 현장 위주 조사를 실시해 자료로서의 가치가 높다고 할 수 있다. 하지만 본연구가 목적하는 명절음식 자료 측면에서 『세시풍속』이 가장 광범위한 조사지역과 풍부한 조사 내용을 담고 있어 이를 기본 통계자료로 활용했다. 『세시풍속』은 국립문화재연구소가 2000년 초 간행한 세시풍속 조사서(총괄 편 1권, 지역 편 9권)로 강원, 경기, 전남 등 남한 9개 광역지역의 세시풍속을 담고 있다. 특히 이 조사서는 전국 162개 시·군을 471개 조사지역으로 나눠 조사 당시 세시음식과 신앙, 금기사항, 민속놀이 등은 물론, 피조사자들의 기억 속에 남아있는 근대와 현대의 세시풍속까지 담고 있다. 따라서 한국의 전통문화, 특히 본격적인 산업화와 도시화가 시작된 1970년대 이전의 세시풍속과 세시 음식 등을 파악할 수 있는 귀중한 자료를 제공하고 있다.

이 밖에 본 연구와 관련한 논문 및 연구서로는 권오영(2010)[12], 고복승(2010)[13], 최인학(2008)[14], 김명자(2005)[15], 리재선(2004)[16], 위안리(苑利)(2005)[17], 윤서석(2001)[18], 박철호 외(2008)[19], 성락춘 외(2007)[20], 이정모(2015)[21], 샤오팡(2006)[22], 안승모(1999)[23], 허문회 외(1986)[24], 허탁운(2013)[25], 주영하(2011)[26] 등이 있다.

II. 단오의 성격과 풍속

1. 단오의 성격과 특성

음력 5월 5일에 기념되는 단오는 마한의 5월제와 관련되며, 고려시대에는 9대 속절이었고, 조선시대에는 5대 절향에 포함됐다. 또한 현대에도 추석문화권에 대비될 정도로[27] 큰 명절로 인식되고 있다. 하지만 단오는 그 인식만큼 크게 기념되는 명절이라고 말하기 어려운 측면이 있다. 먼저 절식의 출현 빈도와 의례[28] 출현 지역수 측면에서 단오는 설날, 추석에 뒤지는 것은 물론 동지에도 크게 미치지 못한다. 『세시풍속』 조사에 의하면, 단오의례가 출현하거나 단오를 명절로 인식하는 지역은 74곳으로 남한 전체 471개 조사지역의 16%에 불과하다. 의례 출현 빈도가 가장 높은 곳은 제주(9개 지역), 강원(15곳), 충북(9곳), 경북(12곳) 순이었다. 떡류 절식의 출현지역 비율은 35%로, 166개 지역에서 떡류가 나타났다. 지역별로는 강원(34개 지역, 63%), 제주, 충북, 전북 순이었다. ([표1] 단오 의례와 떡 출현 지역수 참조.)

[표1] 단오 의례와 떡 출현 지역수

지역/조사지역수	떡 출현 지역수(%)	의례 출현[29] 지역수(%)
강원/54	34(63)	15(28)
경기/82	21(26)	6(7)
경남/66	20(30)	7(11)
경북/71	26/(37)	12(17)

전남/66	21(32)	8(12)
전북/42	18(43)	5(12)
제주/12	6(50)	9(75)
충남/45	4(9)	3(7)
충북/33	16(48)	9(27)
합계/471	166(35)	74(16)

이 같은 수치는 일반적 인식과 달리 단오가 한국인 다수에 의해 기념되지도, 절식이 마련되지도 않는 세시 절기임을 살피게 한다. 특히 강원과 제주를 제외한 나머지 지역의 경우 의례와 떡 출현 비율에서 유의미한 빈도를 나타내지 않아, 추석권과 단오권의 구분이 큰 의미가 없음을 보여준다. 따라서 『세시풍속』 조사에 의한 현대 한국의 단오는 일부 지역에서만 바쁜 농사철에 하루를 쉬는 절기이며,[30] 대다수 지역에서는 무병장수와 제액 초복적 의례 행위가 주를 이루는 과거 기억속의 풍속에 그치고 있다. 그럼에도 단오는 1970년대 이전 한국 사회가 산업화와 도시화 등으로 농촌의 인구가 대거 유출되기 전 다수의 지역에서 제사라는 유교적 의례나 무속적 성격의 의례 행위가 행해지고, 떡류 절식의 마련과 함께 그네와 씨름 같은 민속놀이가 행해지는 명절이었다. 단오의 쇠퇴는 최소 다음의 2가지 요인과 관련된다고 할 수 있다.

1) 곡물의 파종 및 수확시기와 불일치하는 단오의 기념시기

명절의 기념은 의례의 엄수와 절식의 마련으로 대표된다.[31] 따라서 단오의 성격 규명은 단옷날에 행해지는 의례와 출현 절식의 고찰을 통해 살필 수 있다.

먼저 의례와 관련, 단오는 마한의 5월제에서 비롯됐으며, 풍농을 기원하고 제사를 지내는 명절로 인식된다. 이는 한국 단오의 명절 의례 목적이 중국 고대 역사서의 5월제 기록처럼 밭일을 끝내고 지내는 파종(수확)의례이자, 삼국시대 이래 풍속으로 자리 잡은 조상에 대한 제사[32]에 있음을 의미한다. 따라서 이 같은 성격 규정이 맞다면, 단오의 풍년 기원 의례 대상이 되는 곡물을 특정할 수 있어야 하며, 단오의 주요 풍속으로 제사(차례)가 한반도 다수의 지역에서 폭넓게 출현해야 한다. 하지만 고대 한민족이 재배한 주요 곡물의 파종과 수확시기는 단오의 기념일과 일치하지 않으며, 현대는 물론 1970년 이전 시기의 세시풍속이 담겨 있는 국립문화재연구소의 『세시풍속』은 단오의 제사풍속이 극히 소수의 지역에서만 출현함을 보여준다. 이는 일반적 인식과 달리 실제 한국의 단오가 다른 성격을 지니고 있음을 시사한다.

한민족이 기원을 전후한 시기 어떤 곡물을 경작했는지는 당시의 주요 곡물인 5곡을 살피는 것으로 파악이 가능하다. 중국의 『삼국지』와[33] 『산해경』[34]의 기록을 통해 3세기 이전의 5곡은 대체로 '보리, 조, 기장, 마, 콩'[35]이었을 것으로 추정된다. 한민족이 기원을 전후한 시기 농사와 관련한 명절(국중대회)을 기념했음이 『후한서』 등에 나타난 만큼, 국가에 따라 차이는 있겠지만 5월제와 10월제의 농경의례 대상 곡물에는 이들 5곡이 포함될 것이다. 따라서 이들 곡

물의 파종과 수확 시기는 당시 농경 축제(명절)의 기념일과 연관되고, 음력 5월인 양력 6월과 관련된 곡물이 단오의 기념대상이라 할 수 있다.

작물의 파종과 수확시기에 다소의 변화는 있을 수 있지만 기원을 전후한 시기, 한민족이 경작한 주요 곡물의 파종과 수확 시기는 보리의 경우 10월 상순·중순에 파종해 5월 말·6월 중순에 수확된다. 조는 그루조를 기준으로 6월 중·하순에 파종해 10월 상·중순에 수확되며, 기장은 그루기장을 중심으로 6월 중·하순이 파종기, 9월 하·10월 상순이 수확 시기다. 콩은 맥 후작이 중부를 기준 6월 중·하순에 파종되고 수확은 그루콩을 기준으로 중부가 10월 상, 중순이다. 팥은 6월 하순·7월 상순에 파종해 10월 상순·중순에 수확된다.[36] 이를 통해 보리를 제외한 이들 곡물의 파종 시기가 6월 중·하순으로 모아지며, 수확기는 대체로 10월 상순에서 중순이 됨을 살필 수 있다. 또한 보리는 수확과 파종이 이들 곡물과 반대로 나타난다. 따라서 『후한서』 등에 기록된 고대시기 한민족 농경 관련 축제의 구체적 시기는 5월제의 경우, 파종이 끝난 직후인 음력 5월 하순이 되고, 10월제는 수확과 이후 이어지는 겨울로 인해 수확 10여 일 뒤 월동 준비까지 마친, 음력 10월 초순께에 행해졌다고 할 수 있다. 이 시기를 양력으로 환산하면, 대략 6월 말과 11월 초가 된다.

이상의 결과는 음력 5월 5일의 단오 기념시기가 보리의 수확을 제외하고는 한민족이 경작한 곡물의 파종 시기와 대체로 맞지 않고, 많은 지역에서 바쁜 농사철에 위치함을 보여준다. 이는 단오의 기념대상 곡물의 부재를 의미하며, 단오의 절식이 전국적으로 공통되지 못하고, 지역에 따라 다양한 시식 형태로 발달한 배경이 된 것

으로 풀이된다.[37] 또한 명절로서 쉬거나 기념하는 것을 사실상 불가능하게 한다. 경남 사천 서포의 경우 단오는 모내기철로 바빠 명절이 아닌 것으로 여기며,[38] 무안 해제와 영천 청통도 바쁜 농사철이라 쉴 수 있는 시기가 아니다. 영덕 창수 역시 한창 바쁜 농사철이라 단오에 대해 관심을 두지 못하며, 전북 장수 천천의 경우 옛날 단오는 시기적으로 본격적인 농사철로 이 무렵 보리가 익고, 모내는 시기였다.[39] 이처럼 단오 시기가 농번기인 지역은 울진 근남(모내기), 진안 진안(모심기 준비, 보리 베는 철), 제주 노형(고구마 심기-보리 거둬들이기), 구미 해평(농사철), 북제주 한경과 서귀포 중문 하원리 및 대포리(보리 수확기) 등이다.[40]

물론 단오의 기념 곡물과 관련, 보리가 그 기념 대상이며, 단오는 보리수확과 관련한 농경의례라고 볼 수도 있다. 실제로 단오에 보리를 주재료로 해 보리개떡 등을 단오의 절식으로 만드는 지역이 다수 출현하기 때문이다. 하지만 단오를 대표하는 떡류 절식인 쑥떡이나 수리취떡은 보리가 아닌 쌀 등을 주재료로 한다는 점에서 단오를 보리 수확을 기념하는 명절로만 보기에는 분명한 한계가 있다.

고대 농경의례인 5월제는 이처럼 단오와 관련되지만 재배 곡류의 파종 및 수확시기와 맞지 않아, 그 기념일은 음력 5월 5일은 아니었던 것으로 보인다. 따라서 단오는 농경관련 축제의 성격도 약했다고 할 수 있으며, 이는 파종이나 수확을 축하하는 단오 의례의 필요성 감소로 이어졌으며, 단오의 기념 의례가 쇠퇴하는 핵심적 이유가 됐다고 할 수 있다.

2) 중국 단오와 5월제의 결합에 의한 단오의 탄생

이상에서 살펴본 바와 같이 '5월제'의 기념 시기는 음력 5월 5일 단오와는 달랐다. 하지만 마한의 풍속인 5월제는 중국에서 3세기 이후 명절로 기념된 것으로 보이는[41] 중국 단오절의 영향을 받아 이에 흡수 또는 결합된 것으로 보이며, 신라의 삼국통일이 큰 계기가 된 것으로 보인다. 이는 신라의 중국 문물 수용에 대한 적극성에서 찾아진다. 신라는 삼국 통일 전후, 중국의 관복을 도입하고,[42] 당나라의 정월 세수 역법을 채택했으며(700년), 이후 757년에는 지명 등의 한자화를 단행했다.[43] 이로 미루어 6세기 중엽의 『형초세시기』에 등장하는 중국의 단오 풍속[44]도 신라에 유입됐다고 볼 수 있다. 이는 한국 『세시풍속』에 나타난 다수의 단오 풍속이 이 세시기의 풍속과 거의 비슷하고, 오히려 현재의 중국 단오 풍속과는 차이가 나는 데서 살필 수 있다.[45]

단오의 수릿날 명칭은 『삼국유사』의 거득공 설화에서 나타나듯, '단오(端午)'의 한자음을 '술의[車衣]'로 읽은 신라인의 언어 관습[46]에서 비롯됐다고 할 수 있다. 이 관습에 따라 중국에서 유입된 단오의 명칭은 '차(거)의(車衣) : 술의(戌衣)→ 수레(뢰) → 수리' 등으로 바뀐 것으로 보인다. 이후 단오는 고려 가요 〈동동〉에 나타나듯, 최소 이 무렵에는 '수릿날'로 불렸다.[47] 이를 고려하면 한국의 단오는 중국으로부터 음력 5월 5일이라는 날자 시기와 강한 양기를 활용한 무병장수 및 제사라는 풍속을 취하고, 농경과 관련한 제천 의례 등은 마한의 유풍인 '5월제'에서, 그리고 삼국과 가야의 제사 풍속을 결합해 한국 전통의 단오 풍속이 형성됐다고 할 수 있다.[48] 이 같은 단오 풍속 탄생의 큰 계기는 신라에 의한 한반도 중남부 전역의 '삼국통

일(668년)'이었다. 이는 로마제국의 태양절과 크리스마스와의 관계에서 나타나듯, 정복 세력에 의해 피정복민의 문화는 변형 또는 왜곡될 가능성이 크다는 데서 뒷받침된다.

2. 단오 의례와 풍속

한·중·일 3국의 명절인 단오의 주요 풍속은 제사를 비롯해 무병장수와 제액 초복적 성격의 의례 행위 및 시식의 마련이 주류를 이룬다. 한국의 단오 역시 이날은 일 년 중 가장 양기가 왕성한 날로 지역과 집안에 따라 약초를 채취하고, 제사를 지내며, 떡을 만들어 먹는다. 하지만 이들 풍속은 현대에 들어 약초 채취를 제외하고는 일부지역에서만 행해진다.

쑥, 익모초 등의 약초를 채취하고 말리는 풍속은 중국의 『형초세시기』에서부터 등장하는 단오의 대표 풍속으로, 한국 대부분의 지방에서 공통적으로 출현한다. 이때 뜯은 쑥은 약용과 함께 식용으로 쓰이며, 특히 단오의 절식인 쑥떡의 재료로 활용된다. 양기가 가득한 쑥을 뜯는 것은 일종의 벽사의 의미로[49] 강한 양기로 재앙을 부르는 음기와 잡귀를 제거하고자 하는 제액축귀 의례의 변형이라고 할 수 있다.[50] 이 같은 의례 행위는 쑥 걸기로도 나타나, 경남 거제 일운과 하동 옥종, 전남 광양 황길, 담양 무정, 화순 화순, 전북 군산 임피, 충북 단양 적성, 음성 금왕 등에서는 이날 쑥을 대문 등에 걸어 액과 사악한 잡귀를 물리친다.

단오의 풍속은 이상과 같은 벽사의례를 통해 무병장수를 기원하는 민간신앙(무속, 도교) 측면과 함께 유교 측면, 절식 및 놀이·오락

측면에서 파악할 수 있다.

단옷날 행해지는 제사나 성묘, 사당 참례[51] 등은 유교적 측면에 속한다. 일부 지역과 집안에서는 단오를 추석 등과 같은 절사일로 여겨 제사를 지내거나 조상의 묘소를 찾아 묘제를 지낸다.[52] 이 같은 성묘 풍속은 현대까지 이어져 경남 울주 삼남에서는 단옷날 조상께 차례를 지내고 성묘를 하며,[53] 양산 웅상에서는 성묘를 간다.

다음으로 절식 측면에서 단오에는 쑥떡이나 취떡, 진달래꽃전(떡), 삘기떡 등이 빚어진다. 이 같은 떡 빚기는 가장 강한 양기를 머금은 쑥 등의 약초를 채취해 이를 떡에 넣어 섭취함으로써 벽사와 함께 제액 초복할 수 있다는 성격을 담고 있다.

그네뛰기와 씨름은 놀이·오락 측면의 행사로 특히 그네뛰기는 1970년대 산업화와 도시화가 이뤄지기 전 전국에서 광범위하게 행해졌다. 이들 놀이의 목적은 건강한 여름 나기와 액운 쫓기였다. 강원도 원주 부론에서는 단옷날 그네를 타면 모기에 물리지 않는다고 하며,[54] 춘천 서면에서는 그네를 타면 액운이 사라진다고 여겼다.[55] 이상을 통해 한국 단오의 의례와 행사역시 다른 세시풍속과 마찬가지로 무속성이 핵심임을 살필 수 있다.[56]

III. 쑥떡의 유래와 단오 음식화

흔히 단오를 대표하는 떡류 음식을 '수리취(치)떡'이라 한다. 수리취떡은 멥쌀가루나 찹쌀가루 등에 산나물인 취[57] 또는 연한 쑥을 으깨어 함께 섞은 다음, 쪄서 만들어낸 절편류에 속한다. 이 명칭은 단오를 '우리말로 수릿날(수뢰일)이라 한다'는 기록과 관련된 것으로 여겨진다.[58] 그럼에도 본 연구는 단오의 대표 떡류 명칭으로 '쑥떡'을 사용했다. 그 이유와 근거는 다음과 같다.

1. 쑥떡[수리취떡] 명칭의 유래

먼저 쑥떡 명칭의 유래와 관련해, 단오가 '차·거(車)'와 관련됨은 6세기 무렵 중국의 『형초세시기』[59]와 고려시대 『운곡행록』[60]에서 살필 수 있으며, 수릿날과 수리취떡 기록은 18세기 말엽의 『경도잡지』에 나타난다. 이 세시기는 단오를 민간에서는 수릿날[戌衣日]이라하고 이 술의(戌衣)는 우리말로 수레[車-차, 거]를 나타내며, 이날 쑥으로 수레바퀴 모양의 '수레떡[車輪糕]'을 만들어 먹는다고 기록하고 있다.[61] 이와 비슷한 기록은 19세기 중엽 『동국세시기』에도 등장하며, 그 내용의 차이점은 쑥을 멥쌀가루에 섞어 만든다는 점과 이 떡의 명칭과 이 떡을 만드는 데 쓰인 쑥의 방언이 등장하지 않는다는 점이다. 이들 두 세시기의 중간 무렵인 18세기 초의 『열양세시기』는 조선 사람들이 단오를 수뢰날[水瀨日]이라 한다고 기록해[62] 그 명칭의 차이와 함께 현대에 보다 가까운 음을 보여주고 있다. 이후 20세기 초 저술된 『만물사물기원역사』는 단오의 수릿날[戌衣日] 속

칭과 함께 쑥떡을 만드는 데 쓰이는 쑥을 '수리채[戌衣菜]'라 적고 있다.[63] 이는 단옷날 쑥떡을 만드는 쑥의 속칭이 『경도잡지』에는 '술의취(戌衣翠)'로 등장하지만 1백여 년 뒤에는 '술의채(戌衣菜)'(『만물사물기원역사』)로 바뀌고 있음을 보여준다. 『경도잡지』는 푸른 빛을 의미하는 '취(翠)'자를 사용해 쑥의 푸른 색상을 표현하고 수리취가 쑥임을 보여주고 있으나, 『만물사물기원역사』는 쑥을 '술의나물(술의채)'로 의역한 한자 표기를 사용해 의도하지는 않았지만 산에서 나는 취나물과 연관성을 갖게 했다. 이로 인한 결과인지 또는 기록에 등장하지는 않지만 이미 단오에 취로 떡을 만드는 전통에 의한 것인지 불분명하지만, 이후 다수의 지역에서 단오떡을 '수리취(치)떡'이라 부르며 쑥과 함께 취를 사용한다.[64] 그런데 1843년경 유만공이 지은 한시집인 『세시풍요(歲時風謠)』에 수리취의 정체를 설명하는 구절이 등장한다. "푸른 쑥을 처음으로 쪄서 문질러서 떡을 물들인다"[65]는 구절과 함께 주석으로 "푸른 쑥은 곧 술의취(戌衣翠)다, 술의 때에 처음으로 뜯는다. 익모초도 이날 뜯는다"고 기록하고 있다.[66] 이는 술의취가 단옷날의 푸른쑥, 즉 '술의취애(戌衣翠艾)'의 줄인 단어임을 보여준다. 따라서 단옷날 떡재료인 취의 사용은 떡을 취로 만드는 전통보다는 푸른색을 의미한 '취(翠)'와 산나물 취의 음이 같은 데서 비롯된 결과라는 해석을 가능하게 한다. 이를 통해 원래는 단옷날의 '수리취떡'과 산나물인 취와의 관련성은 없었으나 일반 한국인들 사이에서 쑥의 푸름을 의미하는 '취(翠)'의 한자발음으로 인해 취나물이 쑥과 같은 재료로 취급됐음을 살필 수 있다.

2. 단오떡의 종류와 주재료

단오의 대표 절식이 쑥떡인 또 다른 이유는 쑥과 수리취를 떡의 재료로 사용하거나 쑥만을 재료로 해 단오떡을 빚어도 일부 지역에서는 이를 '수리취떡'으로 칭한다는 점과[67] 단오떡의 주재료로 쑥이 더 많이 쓰이고 있는 데서 근거한다.

『세시풍속』에 의하면, 단오를 기념하는 떡류 절식은 한국의 중부와 남부 162개 시·군 471개 조사 지역 중 165곳에서 출현해, 한국인 10명중 3명 이상이 떡을 빚어 단오를 기념하는 것으로 나타난다. 출현 떡류는 강원도가(수리)취떡과 쑥떡, 경기도가 쑥떡, 수리취떡, 경남과 경북이 압도적인 쑥떡, 전남은 찔레꽃떡류, 전북은 삘기떡, 제주는 쑥떡과 보리떡, 충남은 떡류 출현이 미미하지만 쑥과 관련된 떡, 그리고 충북지역은 쑥떡과 수리취떡이다. 이들 떡 중 쑥떡은 모두 90회 출현해 단옷날 전체 떡 출현횟수 215회의 42%에 이른다. 이는 한국 단오에 출현하는 떡 10개 중 4개 이상이 쑥떡인 셈이다. 지역별로는 충북이 12개 지역으로 가장 높은 출현빈도를 나타냈으며, 이어 경북과, 경남이 각각 21회와 19회, 강원도가 13회의 출현횟수를 보였다. 『세시풍속』에 의해 살필 수는 없지만 북한지역의 경우도 단오에 쑥떡을 빚고 있다.[68]

반면, 취떡류는 45곳에서 출현해 21%의 출현 빈도를 나타냈으며, 찔레꽃떡류는 모두 17곳에서 나타났다. 취떡류는 강원도에서 가장 높아 전체 54개 지역 중 24곳에서 출현했고, 이어 경기도 9곳, 경북과 충북이 각각 5곳이었다. 찔레꽃떡류는 전남에서 12개 지역으로 가장 높게 나타났고, 전북과 경남 등에서도 2~3곳에서 출현했

다. 이상을 고려하면 한국 단오의 떡류 절식은 쑥떡, 취떡, 찔레꽃떡 순이며, 쑥떡이 단오의 대표 절식임을 살필 수 있다.[69]

3. 수리취떡 명칭의 문제점

이상의 단오떡 유래와 떡 출현 빈도는 단오의 대표절식 명칭으로 '수리취(치)떡'을 사용하기에는 고려할 점이 있음을 보여준다. 먼저 취의 일종인 수리취는 해발 1,300미터 이상의 고지대에서 나는 고산식물이다, 곰취 또한 해발 1천 미터 이상에서 자생한다.[70] 따라서 남한의 극히 일부지역에서만 어렵게 구할 수 있는 식물이 명절의 보편적 재료로 쓰이기에는 분명한 한계가 있다. 다음으로 이상에서 살폈듯, 단오의 절식은 쑥을 재료로 한 떡이며, 수리취는 단옷날 푸른 쑥의 와전에서 비롯됐다. 또한 단오 쑥떡 전통은 기록상으로만 무려 1천 년이 넘는다는 점에서 '수리취떡'을 단오의 절식 명칭으로 쓰기에는 설득력이 떨어진다. 특히 이들 '수리취' 기록을 담은 세시기의 풍속이 무엇보다 한양 중심인 것에서 나타나듯 단오를 칭하는 '수리(레)[車]'라는 명칭이 신라 시기와 함께 경주지역의 방언이었고,[71] 이 이름에 따라 떡의 명칭도 취해졌을 가능성이 높기 때문이다. 이는 한국인의 보편적인 부식인 김치의 명칭이 표준어로 통일되기 전 한반도 전역에는 다양한 김치의 명칭이 있었고, 이 중 김치는 주로 경기도 일원의 방언이었지만 현재 김치의 대표적이고 일반적인 단어가 됐다는 점[72]에서 단오의 수릿날 명칭과 이에서 비롯된 절식의 명칭도 이와 비슷한 궤적을 밟았을 가능성이 있다고 할 수 있다. 어휘가 성장 사멸한다는 점을 고려할 때 명칭의 변화는 자

연스러운 일이지만 이 변화로 인해 한국 명절과 그 절식이 갖는 본래 의미와 유래와의 연관성이 멀어진다면 이는 더 이상의 고착화가 진행되기 전 바로 잡는 것이 필요하다 할 것이다. 또한 수리취떡이란 명칭에서도 나타나듯, 재료를 취해 그 떡의 명칭이 부여됐다면, 쑥을 재료로 해 만든 떡은 쑥떡으로 칭해야 하고, 더욱이 이 떡이 단오를 기념해 떡을 하는 한국의 대다수 지역에서 출현한다면 이는 쑥떡으로 칭하는 것이 보다 자연스러운 일일 것이다. 이에 따라 본 연구는 단오의 대표절식을 쑥떡으로 규정했다. 또한 쑥떡이 단오에 한반도 중부지역 대다수 지역에서 등장한다는 지역적 분포성, 떡에 쑥이 사용된다는 재료성, 쑥떡이 한국의 보편적 떡 이름이라는 전통성, 그리고 한국의 떡 이름의 명명이 주로 주재료에서 취해진다는 명칭성 등의 측면에서 단오의 대표 음식으로서의 절식 명칭을 수리취떡이 아닌 쑥떡으로 할 것을 제안한다.

4. 쑥떡의 단오 대표 음식화 시기

쑥떡이 언제부터 단오의 떡으로 쓰였는지는 불분명하다. 쑥은 다년생 초본 식물로 낮은 산지나 들에서 자생하며, 약용과 식용으로 널리 쓰이는 식물이다.[73] 한국의 고대 신화인 단군 신화에 등장할 정도로 그 역사와 한민족과의 관련성이 깊으며, 기록상 중국의 고대 시가집인 『시경』[74]에 '채번'으로 등장한다. 또한 이 쑥을 재료로 해 빚은 쑥떡과 관련한 기록은 『거란국지(契丹國志), 권27』(1180년 간행)로 이 기록에는 '요나라 궁정에서는 매년 단오절에 발해요리사가 쑥떡을 만들어 황실이 먹었다'는 내용이 나타난다.[75] 이 기록은 고대

한민족과 북방 제민족과의 관계 등에 비춰 쑥떡이 북방계 한민족의 떡일 뿐만 아니라 북방으로부터 확산된 음식임을 살피게 하며, 그 역사가 최소 1천 년 이상임을 보여준다.[76]

쑥떡은 문헌 기록상 18세기 후반의 『경도잡지』에 애고(艾糕)란 명칭으로 단오의 시식으로 등장한다.[77] 이에 앞서 11세기 초의 『송사』와 17세기 중엽에 저술된 『택당집』에는 봄철 삼짇날의 음식으로 출현한다.[78] 이처럼 쑥떡의 역사는 최소 1천 년에 이르고 지역에 따라 5월 단오 무렵에 연한 쑥이 제철이며, 이 쑥은 고대시기부터 약용과 식용으로 두루 쓰였다. 또한 한민족은 쑥떡을 봄과 여름의 시절 음식으로 빚어 먹는 전통과 함께 식량이 부족한 시기에는 구황식으로 활용했다.[79] 이 같은 전통 속에 벼농사의 확대로 쌀이 증산되고, 조선 후기 유교 의례가 생활의례로 정착되면서 떡 하는 빈도가 크게 증가했다.[80] 이를 고려할 때 쑥떡은 기록에서 발견되고 있지는 않지만 18세기 후반 문헌 기록 출현 이전, 단오의 절기 음식으로 쓰였을 가능성이 높다고 할 수 있다. 한국인이 빚는 단오의 떡류는 아래 [표 2]와 같다.

[표2] 단오에 빚어지는 절식(떡류)

	시군수	조사지역	절식출현지역/(%)	절식 종류											합계
				쑥떡(류)/(%)	취떡	수리취/ 취자떡	시루떡	송편	인절미	찔레꽃떡 /전	삘기(비)떡	밀개떡/ 개떡	부침개/ 볶음떡/ 부꾸미	기타	
강원도	18	54	34/(63)	13	24		3	1	3					7	51
경기도	32	82	21/(26)	11		7/ 2			2					2	24
경상남도	22	66	20/(30)	19/(29)		1				2					22
경상북도	24	71	26/(37)	21/(29)	5		1	3		1				4	35
전라남도	22	66	21/(32)	4				1		8/ 4	1	1/ 1	/1	3	24
전라북도	14	42	18/(43)	6			1			1/ 2	6	2/1	1/ / 1		21
제주도	4	12	6/(50)	2			1							3	6
충청남도	15	45	4/(9)	2		1		1							4
충청북도	11	33	16/(48)	12/(36)		5		2	1				5		25
합계	162	471	166/(35)	90/(19)	29	14/ 2	6	8	6	11/ 6		3/ 2	1/ 1/ 1	19	211

*출전: 〈국립문화재연구소, 『세시풍속』〉 지역 편 9편 전체에 출현한 떡류를 추출해 통계수치화 함.

IV. 단오의 대표 음식으로서 쑥떡 발달배경

1. 발해민의 쑥떡 만드는 전통

단오의 의례와 대표 절식인 쑥떡이 강원도를 비롯, 경남, 경북, 그리고 충북에서 두드러지게 나타나듯, 단오는 밭농사 문화권과 북쪽 지방에서 성했던 명절이다.[82] 따라서 단오의 대표 절식인 쑥떡도 북방계 한민족 풍속의 영향을 크게 받았다고 할 수 있다.

쑥떡의 기록은 11세기 초 역사에서 찾을 수 있다. 『송사』는 고려 사신의 전언을 통해 '상사일(上巳日-음력 3월 3일 삼짇날)'에 쑥떡이 있으며, 이 음식을 최고로 친다고 기록하고 있다.[83] 이어 12세기 후반, 『거란국지(契丹國志)』, 권27(1180년 간행)은 발해 요리사의 쑥떡 내용을 담고 있다.[84] 이는 쑥떡의 역사가 오래됐고, 단오 음식으로서의 발달이 북방계 한민족의 일파인 발해민과 관련됨을 보여준다.[85] 특히 『송사』에 나타난 '상사일(上巳日)'의 쑥떡 기사는 삼짇날이 이미 삼국시기부터 명절이었기에,[86] 이에 따른 떡류 절식이 있었을 것이란 점에서 고려 전기 삼짇날의 쑥떡은 삼국시대의 전통일 가능성도 있다고 할 수 있다. 쑥떡은 이후 15세기 후반의 『용재총화』와 『해동역사』에 인용된 『조선부』의 기록에[87] 나타나고, 17세기 중엽의 『택당집』은 삼짇날의 시절음식으로 쑥떡인 '애병설고(艾葉雪糕)'와 '애병(艾餠)'을 기록하고 있다. 또한 1611년경 간행된 『성소부부고』는 쑥떡을 봄철 시식의 하나로 소개하고 있으며, 이후 쑥떡은 『경도잡지』에 '애고(艾糕)'로 나타난다.

이상의 기록은 쑥떡이 봄과 초여름 철에 나는 쑥을 재료로 빚어

지고, 그 중심 시기는 삼짇날에서 단오임을 살피게 한다. 이 같은 전통 위에 쑥떡은 이후 더 확장돼 한민족의 일상 떡 음식으로 확대됐다고 볼 수 있다. 따라서 단오 쑥떡 발달은 기록상, 고대 북방계 한민족의 한 부류인 발해민들의 쑥떡을 만드는 전통이 핵심적인 역할을 했다고 할 수 있다.

2. 쑥을 약용과 식용으로 사용하는 전통

단오는 중국 남방에서 기원한 세시풍속으로 『형초세시기』는 쑥이 질병을 치료할 풀이며, "하지에는 절기의 음식인 종을 먹는다"[88] 고 적고 있다. 이어 『동경몽화록』은 쑥으로 만든 '애인(艾人)'을 문위에 건다는 기록과 함께 절식인 종자와 오색수단(水團)[89]에 대해 소개하고 있다. 각서, 통종, 종자 등과 같은 떡은 단오 풍속과 함께 고대시기 한국에 유입됐다. 하지만 한국의 기후와 식물지 여건상 잎으로 감싸는 떡류를 만들기 어려워 고대 한국에서는 봄, 여름의 시절음식인 쑥이 단오의 떡으로 자리 잡았다고 할 수 있다.[90] 『세화기려보』의 통반(筒飯)[91]에서 살필 수 있듯, 이들 떡을 감싸고 찔 수 있는 재료가 되는 줄풀이나 넓은 식물의 잎이 한국의 풍토에서는 쉽게 나지 않았기 때문이다. 이와 함께 중국 단오의 '오독병(五毒餅)'[92]에서 나타나듯, 한국 단오떡 역시 본격적인 여름철을 맞아 강한 양기를 담은 쑥을 떡으로 섭취해 건강한 여름을 나려는 절식의 목적은 같다고 할 수 있다. 특히 한국 단오의 경우, 쑥 관련 민간신앙이 강해 쑥 걸기 등에서 보이듯 쑥이 강한 양기로 귀신을 쫓고 나쁜 기운을 몰아내는 것은 물론, 치료약이라는 인식이 강하다. 이는 한국

대부분의 지방에서 단오에 쑥을 뜯어 식용으로 쓰고 다수의 지역에서 약용으로 사용하는 데서 뒷받침된다. 경북 영주 단산에서는 쑥이 남녀 모두에게 좋지만 특히 부인병에 효과가 현저해 상비약으로 준비해 두며,[93] 경남 창녕 이방에서는 단옷날 약쑥을 찧어 그 물을 먹으면 더위를 먹지 않고 배앓이를 하지 않는다고 여긴다.[94] 또한 합천 가야에서는 쑥에 내린 이슬을 받아 마시면 위장병이 낫는다고 해 이슬을 마시며,[95] 속초 대포동에서는 단오 새벽에 이슬 먹은 약쑥을 뜯어 말려놓았다가 속이 아프거나 다리가 저릴 때 쑥을 쪄 그 물을 마시거나 뜸을 뜨고,[96] 경기 포천 가산에서는 단오 이슬을 맞은 약쑥을 말려 두었다가 산모의 몸을 씻기는데 사용한다.[97] 충북 청원 강내에서는 단오에 쑥떡을 먹어야 나쁜 기운이 물러간다고 여겨 '사사떠는 떡'이라 하며,[98] 경남 기장 철마에서는 단오 쑥으로 쑥떡을 해먹으면 배가 아프지 않고 병에 걸리지 않는다고 본다.[99] 이를 통해 쑥이 속병과 다리 저림은 물론 산후 관리 등의 약용과 건강관리에 쓰이고 있으며, 쑥을 재료로 한 떡은 제액과 함께 병 치료 및 예방의 음식 등으로 폭넓게 사용되고 있음을 살필 수 있다. 실제로 쑥은 병을 치유하는 '카테콜(catechol)' 성분이 함유돼 있으며, 연구를 통해 세포, 간 보호, 혈당강화, 항염증, 살균작용, 살충, 말라리아 치료 및 항종양에 효과가 있음이 밝혀졌다.[100] 이 같은 쑥의 약용과 식용 그리고 예방약으로서의 전통이 단오 쑥떡 발달의 한 요인이라 할 수 있으며, 이는 단오가 농경보다는 여름철을 건강하게 나려는 성격의 명절임을 보여준다.

3. 수도작의 전래와 메성을 선호하는 민족적 음식 성향[101]

단오의 쑥떡은 쌀이 주재료다. 이 쌀은 품종상 자포니카 계열의 멥쌀로 이들 떡이 명절음식으로서 발달할 수 있었던 근본적 배경은 수도작(水稻作)의 한반도 전래다.

쌀은 크게 멥쌀과 찹쌀로 구분되고, 멥쌀의 찰지지 않은 특성을 좋아하는 식감을 메성 선호라고 한다. 이 같은 메성 선호는 한국의 멥쌀떡 발달을 가져왔으며, 쑥떡은 주로 멥쌀로 만들어진다는 점에서 멥쌀떡에 속한다. 대다수 한국인이 메성을 선호함은 매일 먹는 주식이 멥쌀로 지은 밥이고, 쌀을 식용하는 전 세계 국가 중 유일하게 한국에서만 멥쌀을 활용해 다양한 떡이 만들어지는 데서 찾을 수 있다. 그런데 이 같은 메성 선호의 식감은 현재뿐만이 아닌 고대시기부터 지속돼온 한민족의 식문화 전통으로 이는 남방계의 수도작인이 한반도에 이주하기 전 한반도와 그 주변에 거주하고 있던 북방계 잡곡민인 선주민들로부터 비롯됐다.[102] 그 근거는 첫째, 이들 선주민들의 원류가 메성을 선호하는 북유럽과 북방 아시아 지역에서 기원해 오랜 시간에 걸쳐 한반도에 도달한 종족일 가능성이 크기 때문이며, 또한 식물지 측면에서 찰성의 벼는 히말라야 산맥을 경계로 중앙아시아와 유럽에 전파되지 못했고, 찰성의 기장은 아프가니스탄, 유럽, 그리고 중앙아시아에서는 나타나지 않는 것에 근거한다.[103] 또한 선주민이 메성의 식감을 지녔음은 고대 삼국시대의 떡류를 살필 수 있는 일본 법륭사 제사 음식과 동남아의 찰성 선호 전통, 그리고 문헌 기록 등에서 뒷받침된다. 먼저 일본 법륭사의 '성덕태자' 제사는 1400년의 전통을 지니고 있으며, 이 제사의 떡은

봉황떡, 수선, 매화떡 등으로 모두 멥쌀로 만들어진다.[104] 이는 일본의 찰떡 문화와 다른 것으로 고대시기 일본과 백제, 신라 및 고구려와의 문화적 교류 및 불교 전래 등을 고려했을 때, 이 제사의 떡은 삼국시기의 떡으로 이해된다. 따라서 한민족은 서기 600년 무렵, 이미 멥쌀로 떡을 빚는 메성의 식문화를 소유했음을 추론할 수 있다.

이 같은 선주민의 메성 선호의 식감과 달리, 기원전 10세기 전후 찰성의 수도작을 동반, 한반도에 이주한 도래인은 찰성을 선호했다. 하지만 이들의 찰성문화는 기득권 세력인 선주민의 메성 선호 전통, 한반도의 기후,[105] 벼의 생태적 특성,[106] 쌀을 주식으로 정착시키려는 국가적 정책과 노력[107] 등으로 인해 자포니카 계열의 메성 위주로 바뀌게 됐다. 이후 쌀은 식감이 뛰어나고, 수확량도 많아, 점차 지배계층을 중심으로 기장과 조 등을 대체하는 주된 식량으로서 역할과 위치를 차지하게 되고, 기존의 잡곡을 대신해 쌀이 떡의 주재료로 쓰이게 됐다. 따라서 고대 한민족의 주류인 선주민의 메성 식감이 멥쌀떡의 한 종류인 쑥떡[108] 발달의 주요 배경이 됐다고 할 수 있다.

4. 쌀 증산 및 자급의 완성과 대중매체의 확산

1) 쌀 자급의 완성

한국 명절은 떡을 필수 의례물로 하며, 이 떡은 쌀이 주재료다. 따라서 쌀의 공급이 여유롭지 않으면 떡의 발달은 불가능하다. 이 점에서 한민족이 쌀의 자급을 실현하고 식량으로서 여유를 가지게 된 1970년대의 녹색혁명은 쑥떡을 비롯한 한국 명절 절식인 떡류 발

달에 지대한 기여를 했다고 할 수 있다. 특히 단오가 기념되는 음력 5월 초는 지역과 집안에 따라 심한 식량 부족기인 '보릿고개'에 해당된다. 이는 일상의 끼니도 해결하기 어려운 여건에서 명절의 기념과 이의 절식인 떡의 마련은 사실상 불가능함을 의미한다. 따라서 쑥떡을 비롯한 단오의 기념 떡류가 보편적으로 쓰인 시기는 쌀의 생산이 넉넉한 때라고 할 수 있다. 1970년대 한국 정부는 농정의 최우선 과제를 식량 증산에 두고 대단위 농업종합개발사업, 다수확 벼 품종의 개발 보급 등과 같은 다양한 시책을 추진했다. 이의 한 결과로 1971년 허문회에 의해 통일벼 품종이 개발되고 10a당 최고 624kg의 수확량으로 다른 품종에 비해 평균 200여kg 더 많은 수확이 가능해 졌다.[109] 이로 인해 쌀 자급률은 1971년 82.5%에서 1976년 100.5%로 주곡의 자급이 완성됐다. 쌀의 완전한 자급은 떡류 재료의 여유를 의미한다. 따라서 쌀의 자급실현은 단오 쑥떡 발달의 중요한 배경이 됐다고 할 수 있다.

2) 대중 매체의 확산

신문과 방송 등의 언론 매체 확산도 명절의 대표절식 형성과 음식화에 중요한 역할을 했다. 한 예로, 경북 칠곡 왜관의 경우 예전에는 애동지의 구분이 없었으나 방송을 보고 애동지에 팥죽을 하지 않음을 알게 됐으며,[110] 전남 여수 초도의 경우, 1970년대 초 텔레비전을 보고 추석에 송편을 만들었다.[111] 단오의 쇠퇴로 『세시풍속』 조사에서는 나타나고 있지는 않으나 단오의 쑥떡 역시 방송의 영향을 크게 받았을 것으로 보인다. 이는 단오 절식에서 수리취와 전혀 관계없는 지역은 물론, 다수의 국민들이 단오의 대표 음식을 '수리

취떡'으로 인식하고 있다는 데서 드러난다. 대중 매체의 명절 소개는 이처럼 국민들의 명절인식에 큰 영향을 미친다. 이는 방송이 공중의 인식과 태도의 형성에 영향을 주는 등 교육과 사회화의 기능을 수행하고,[112] '지상파 TV'의 경우 '일반 국민'에게 미치는 영향력이 가장 큰 매체이기 때문이다.[113]

신문의 경우 명절 의례의 절차를 알리는 방법으로 명절과 절식의 대중화에 기여했다. 1960년대 들어 도시화와 산업화 등으로 대가족 사회 체계가 무너지고 핵가족이 등장했다. 이는 분가한 가장들에 의한 제사 모시기와 명절의례 수요의 증대를 가져와 제례 및 차례의 방법과 절차를 당시 신문 등이 소개했기 때문이다.[114]

이를 통해 쑥떡을 비롯한 단오 명절 음식의 발달과 대중화는 1970년대 이후 쌀의 자급과 함께 소득 수준이 향상되고 언론 매체의 확대와 영향이 중요한 배경이 됐음을 살필 수 있다.

5. 떡을 의례의 대표 음식으로 하는 전통

떡은 한국 명절을 대표하는 절식이자, 생일이나 혼인, 환갑 등과 같은 경사는 물론,[115] 제례의 중요한 음식이다.[116] 그만큼 한국의 떡은 전래음식 중 토착성과 전통성 및 보편성이 깊은 음식이다.[117] 이 때문에 한국인들은 절기에 따르는 떡을 먹어야 명절을 쇠는 것 같다고 여겨 떡을 만들어 먹기 위해 애썼으며,[118] 떡이 없는 명절은 생각할 수 없을 정도로 떡은 명절의 중요한 음식이었다.[119] 유교를 숭상하는 조선시대에는 혼례, 빈례, 제례 등 각종 행사와 대소연회에 떡이 필수적인 음식으로 자리 잡았다.[120] 이에 따라 떡국차례와 송

편차례 등의 이칭이 있을 만큼 각각의 명절을 대표하는 떡류 절식이 있었고, 다양한 떡이 마련됐다. 이와 함께 앞서 [표1]에서 살펴봤듯, 남한 74개 지역에서 단오에 유교식 차례를 비롯, 제사와 치성 등의 의례와 함께 쑥 걸기 등의 의례를 행하며, 이들 대다수 지역에서는 쑥떡과 취떡 외에 지역과 집안에 따라 찔레꽃떡, 송편, 시루떡, 인절미 등을 마련해 단오를 기념한다. 쑥떡(류)을 빚어 의례를 행한 지역은 강원도의 경우 동해 망상(단오제사), 동해 삼화(산맥이 치성), 삼척 근덕(성황제) 등이며, 경북에서는 청송 부남(단오제), 남제주 표선(단오제), 충북은 제천 한수(단오 차례), 괴산 장연 방곡리(단오 차례) 등이다. 이는 단오 의례에서도 설과 추석의 명절 의례와 마찬가지로 떡이 쓰이고 있음을 보여준다. 특히 한국 단오의 경우 현대에 들어 축소되고 쇠퇴했지만, 고려시대 9대 속절은 물론 조선시대 4대 절사에 속할 정도로 명절로서 크게 기념됐음을 고려할 때 이들 의례를 위한 떡 만들기 또한 크게 성했음을 짐작케 한다. 따라서 떡을 의례의 대표 음식으로 하는 한민족의 식문화 전통은 단오의 쑥떡 발달에 큰 역할을 했다고 할 수 있다.

6. 정월을 세수(歲首)로 하는 역법의 시행

한국 명절은 동지를 제외하고는 음력으로 기념된다. 따라서 현재의 그레고리력의 양력과는 다른 음력으로 명절이 기념됐으며, 정월을 세수(새해 첫 달)로 하는 역법에서 현재와 같은 한국의 명절이 비롯됐다고 할 수 있다. 한민족의 세수는 기록상 여러 차례의 변동이 있었지만 통일 신라에 의해 700년부터 중국의 역법을 수용, 정월

(1월)이 새해 첫 달로 채택되면서[121] 이후 1월로 고정됐다. 한국 역법의 모태가 된 중국의 역법에 대해 『논어』는 기원전 16세기 무렵의 하(夏)나라가 인월(寅月)인 1월을 새해 첫 달로 삼았다고 기록하고 있다.[122] 이 기록에 따르면 기원전 11세기 이전의 은(殷)나라는 축월(丑月-12월)을, 그리고 이후의 주(周)나라(기원전 3세기까지 존속)는 자월(子月-11월)을 세수로 삼았다. 이후 중국은 기원전 104년 한나라 무제시기에 하나라의 인월을 세수로 한 '태초력'을 제정한 뒤[123] 새해의 첫 달이 대부분 1월로 고정됐다.[124]

이 같은 세수의 1월 고정은 명절의 안정적 주기성을 가져와 명절이 한민족 대다수에 의해 기념되는 민족 명절로 성장하게 하는 기초 역할을 했다고 할 수 있다. 특히 단오의 경우 그 명절의 유래와 기념일이 중국에서 비롯돼 정월 세수는 단오의 탄생 배경과 관계되고, 단오가 명절로서 기념됨에 따라 봄·여름철의 시식인 쑥떡 또한 단오와 결합하며 크게 확대됐다고 할 수 있다. 따라서 정월 세수 역법의 수용은 단오 쑥떡 발달의 한 배경이 됐다고 할 수 있다.

Ⅴ. 맺는말

이상을 통해 한국의 단오가 농경의례로서 마한의 유풍인 5월제를 취하고 중국 단오의 날자와 함께 제사의례 및 벽사와 제액 초복적 성격의 풍속, 그리고 신라와 가야의 고대 제사행사 등을 결합해 탄생한 명절임을 살필 수 있었다. 하지만 한국 단오의 농경의례는 한민족이 고대시기 경작한 곡물의 파종 및 수확시기 면에서 음력 5월

5일의 단오일과 맞지 않았다. 이는 단오의 의례가 벽사와 무병장수 성격의 명절로 축소되고 절식 또한 크게 발달하지 못한 배경이 됐으며, 결과적으로 현재와 같은 명절 쇠퇴로 이어지는 주요 원인이 됐다고 할 수 있다.

단오의 명칭 및 이의 절식과 관련, '수릿날'이나 '수리취떡'은 『삼국유사』의 거득공 설화에서 나타나듯, 단오 명절의 명칭에 대한 고대 신라시기의 속칭이 아닌, '단오'란 인명의 한자 표기에 대한 음독이며, 특히 수리취는 '단오날의 푸른 쑥(戌衣翠艾)'으로 취와는 관련이 없지만, '취(翠)'가 산나물인 '취'와 동음인데서 비롯된 와전으로 형성됐음을 살필 수 있었다. 따라서 단옷날 쑥을 재료로 해 빚는 쑥떡은 명칭의 전통성이나 역사성, 그리고 쑥떡이 한민족의 전통 떡이라는 보편성 측면에서 단오 대표 절식 명칭으로 타당함을 보여준다.

쑥떡이 단오를 대표하는 떡으로 발달한 것은, 발해민의 단옷날 쑥떡 만드는 전통과 함께 쑥을 약용은 물론, 벽사와 제액 초복적 성격을 띤 음식으로 여기는 전통, 수도작의 전래와 멥쌀의 식감을 좋아하는 한민족의 메성 선호 전통, 그리고 쌀의 증산과 자급에 따른 떡 재료인 쌀의 여유, 명절 떡을 널리 알린 대중매체의 확산 등이 중요한 배경이 됐다.

본 연구가 세계화와 다문화 시대에 한국 명절과 전통문화, 그리고 이를 대표하는 한국 떡 문화에 대한 이해를 제고하고, 음식인문학적 측면의 한국문화 연구에 작은 도움이 되길 기대한다.

미주

1 * 이 논문은 고려대 『아세아 연구』(2018, 61권 3호, pp.33-67)를 통해 발표됐다.

『고려사』 권84, 志38, 형법, 각례, 禁刑. “俗節,元正上元寒食上巳端午重九冬至八關秋夕.”

2 『동국세시기』, 한식. “今之與正朝端午秋夕爲四節祀卽東俗也. 朝家則幷冬至爲五節享.”

3 『강원도 세시풍속』, 양구 양구, p.259. ; 동해 삼화, p.57. ; 『충청북도 세시풍속』, 충주 안림, p.104.

4 『전라남도 세시풍속』, 곡성 석곡, p.341. ; 신안 압해, p.566 ; 해남 현산, p.842. 및 『전라북도 세시풍속』, 정읍 옹동, p.235 ; 정읍 입암, p.247.

5 취의 종류는 다수이며, 여기에 쓰인 취는 수리취를 비롯한 나물취 등이 포함된다.

6 김용갑. 2017b. 「한국 멥쌀떡 발달배경」. 『아세아연구』 제60권 4호, 고려대 아세아문제연구소, p.45.

7 김용갑. 2018a. 「추석 대표 음식으로서 송편의 발달 배경」. 『인문논총』 제75권 제2호, 서울대 인문학연구원, pp.185-223.

8 김용갑. 2018b. 「전남지역 명절의 절식 출현빈도」. 『인문학연구』 제29집. 인천대 인문학연구소, pp.267-289.

9 쉬이·리슈원·최두헌. 2015. 「(번역)한국 고대 단오의 활동 내용과 특징」. 『한자 한문연구』 10. ; 요위위. 2012. 「한중 단오절 세시풍속 비교연구」. 『동양예학』 27.

10 신미경·정희정. 2008. 「한·중·일 세시풍속과 세시음식에 대한 비교」. 『동아시아식생활학회지』 18(3.)

11 박진태. 2008. 「한중 단오제의 비교연구」. 『비교민속학』 37. 비교민속학회, pp.77-106.

12 권오영. 2010. 「조선조 사대부 제례의 원류와 실상」. 『민족문화논총』 46집.

13 고복승. 2010. 「중·한 유교식 조상제사의 비교 연구」. 『한국의 민속과 문화』 제15집.

14 최인학. 2008.「한 · 중 · 일 세시풍속의 비교연구를 위한 제언」.『비교민속학』 37. 비교민속학회.

15 김명자. 2005.「도시생활과 세시풍속」.『한국민속학』 41.

16 리재선. 2004.「현 시기 조선에서 널리 장려되고 있는 민족명절과 민속놀이에 대하여」.『역사민속학』. 18호, pp.555-564.

17 위안리(苑利) 지음· 최성은 옮김. 2005.『도작문화로 본 한국문화의 기원과 발전』. 민속원.

18 윤서석. 2001.『우리나라 식생활 문화의 역사』. 서울: 신광출판사.

19 박철호·박광근·장광진·최용순. 2008.『잡곡의 과학과 문화』. 춘천: 강원대 출판부.

20 성락춘·이철. 2007.『인간과 식량』. 서울: 고려대학교출판부.

21 이정모. 2015.『달력과 권력』. 서울: 부키.

22 샤오팡 지음, 김지연·박미경·전인경 번역. 2006.『중국인의 전통생활 풍습』. 서울: 국립민속박물관.

23 안승모. 1999.『아시아 재배벼의 起源과 分化』. 학연문화사.

24 허문회 외. 1986.『벼의 유전과 육종』. 서울대학교 출판부.

25 허탁운 지음· 이인호 옮김. 2013.『중국문화사 - 상』. 천지인.

26 주영하. 2011.『음식인문학: 음식으로 본 한국의 역사와 문화』. 휴머니스트.

27 김택규(1985.「추석권과 단오권」,『한국농경세시의 연구』. 영남대학교출판부)는 추석과 단오를 기준으로 한국의 문화권을 단오권, 추석권, 추석단오 복합권으로 3대별 했다. 김에 따르면 남한강과 소백산맥으로 구획되는 잡곡문화 기반의 한반도 북부는 단오권이며, 벼농사 지대인 서남부는 추석권, 그리고 두 문화권 사이의 동남부는 추석단오 복합권으로 규정했다. 이와 관련 김명자(1998.「경북지역의 세시풍속」.『한국의 세시풍속 Ⅱ』. 국립민속박물관)는 복합권인 경북은 단오권의 성격이 강하다고 밝혔다.

28 의례는 유교식 차례를 비롯, 고사나 치성, 그리고 쑥 걸기 등과 같은 의례 행위를 포함한다.

29 의례 출현 지역 수에는 해당 조사지역의 명절 인식 여부도 포함됐다.

30 권순형. 2007.「고려시대 여성의 여가 생활과 명절 풍속」.『이화사학연구』 34집, p.170.

31 김용갑. 2018b. 위의 논문, p.269.

32 『삼국유사』 권2 가락국기. "端午日謁廟之祭." ; 단오의 제사 풍속 유래와 관련,『형초세시기』에 나타나듯 중국에서는 5월을 악월로 인식했는데 이는 속설에 5월 5일에 자식을 낳으면 이 자식이 부모를 해친다는 속설에서 비롯됐다. 이에 따라 이 같은 재앙을 피하기 위해 제사를 지내고 웅황주(雄黃酒)와 창포주를 마시며 쑥을 꽂는 풍습 등이 생겼다. -임영화. 2018. 위의 논문, p.205.

33 『삼국지』, 한(변진). "土地肥美, 宜種五穀及稻."

34 안완식. 2009.『한국 토종작물자원 도감』. 서울: 도서출판 이유, p.86.

35 위안리(苑利) 지음. 최성은 옮김. 2005. 위의 책, p.160.

36 성락춘·이철. 2007. 앞의 책, pp.83~89.

37 이와 달리 추석과 송편의 경우, 벼농사라는 주된 곡물이 있고, 이를 재료로 한 송편이 절식으로 발달됐다는 차이를 보인다.

38 『경상남도 세시풍속』, 사천 서포, p.212. 본 논문에서는 시군구를 비롯해 읍면동리와 같은 행정명칭은 생략했다.

39 『전라북도 세시풍속』, 장수 천천, p.592.

40 이와 달리 포항 죽장과 청도 화양은 바쁜 농사철이지만 하루 쉬며 단오 명절을 보내기도 하며, 무주 적상과 장수 장계지역은 모내기를 끝내고 한가한 여유를 갖기도 한다. -『경상북도 세시풍속』, 청도 화양, p.799. ;『전라북도 세시풍속』, 장수 장계, p.550.

41 중국에서 단오가 명절로 기념된 것은 3세기 무렵이다. -리재선. 2004. 위의 논문, p.79.

42 『삼국사기』, 색복. "文武王在位四年 又革婦人之服. 自此已後衣冠同於中國."

43 『삼국사기』, 신라본기. "冬十二月攺 沙伐州 為 尚州."

44 욕란, 쑥 뜯기, 약초 캐기, 쑥 걸기, 굴원 제사, 종(糉)먹기 등이다. -국립민속박물관. 2007.『중국대세시기Ⅰ』. 국립민속박물관, p.62.『형초세시기』 5월, pp.62-66.

45 현재 중국의 단오 풍속은 종자와 포주, 오독주를 마시는 등 무더운 여름 나기와 유행병 예방 음식 위주로 나타나고 있다. (신미경·정희정. 2008.「한·중·일 세시풍속과 세시음식에 대한 비교」.『동아시아식생활학회지』 18(3.), p.285.) 한편, 중국에서 유입된 단오 관련 음식 풍속 중 하나로 '종자(粽子)'가 있다. 종자는 대나무 잎으로 찹쌀을 원추형이나 삼각형 또는 사각형으로 싸서 실로 묶어 찐 음식으로, 이를 먹는 것은 중국 단오의 가장 보편적인 풍속이다. (요위위. 2012.「한중 단오절 세시풍속 비교연구」.『동양예학』 27, p.246.) 이 종자는 고대시기 각서 등으로 불렸으며, 3세기 주처의『풍토기』는 이를 고엽(菰葉)으로 만든다고 기록하고 있다. 종자는 한국에서 각서란 이름으로 단오의 음식으로 쓰였지만 중국과는 만드는 재료가 다른 음식이었다. (쉬이·리슈원·최두헌. 2015.「(번역.)한국 고대 단오의 활동 내용과 특징」.『한자 한문연구』 10, p.387.) 이 종자(각서)는 대나무 잎으로 감싼 것에서 나타나듯 푸른색을 활용했다는 공통점이 있다. 각서는 이후 한국 송편의 원형 역할을 했다. (김용갑. 2018a.「추석 대표 음식으로서 송편의 발달 배경」.『인문논총』 제75권 제2호, 서울대 인문학연구원, p.191.)

46 『삼국유사』 권2, 기이. "吾名端午也, 俗爲端午爲車衣." -'車衣'는 '거의'와 '차의'로 음독되며, 車(차)는 뜻이 수레다. 신라 사람들은 당시 수레를 '술의' 또는 이와 비슷하게 말한 것으로 보인다. (장지연 지음. 황재문 옮김. 2014.『만물사물기원역사』, 서울: 한겨레출판(주), p.573. 참조.)

47 고려가요 〈동동(動動)〉 오월에는 "5월 5일에 아으 수릿날 아침"으로 출현한다. - 임영화. 2018. 위의 논문, p.205.

48 이와 관련, 박진태(「한중 단오제의 비교연구」,『비교민속학』 37, 비교민속학회, 2008, p.82)는 " 수릿날은 마한시대의 오월제 내지 제천일이었고, 이 수릿날이 중국에서 유입된 단오절로 교체되면서 이름만 존속했을 개연성이 크다"고 밝히고 있다. 한편, 중국의 경우 단오 제사가 전국화 된 것은 송나라 때로 전국에서 굴원을 기념하라는 황제의 명령이 내려졌다. -왕런샹 지음, 주영하 옮김. 2010.『중국음식문화사』. 민음사, p.287.

49 권순형. 2007. 앞의 논문, p.173.

50 이화형. 2015.「한중세시풍속의 융합성비교-정월명절을 중심으로」.『동아시아고대학』 제40집 . 동아시아고대학회, p.322, p.330. -"한국 명절의 경우 외래적 신앙과의 융합에서 무속적 성격이 강하며, 한국 세시풍속의 제의적 성격을 보면 타 신앙

과의 융합관계에서 무속성이 그 핵심적 위치에 있다. 유교적 제의가 많다고 할 수 있으나 유교적 의례도 민간 고유의 무속이 기반이 되어 있다."

51 『성호전집』 권48, 제식.

52 권오영. 2010. 앞의 논문, p.473.

53 『경상남도 세시풍속』, 울주 삼남, p.932.

54 『강원도 세시풍속』, 원주 부론, p.118.

55 『강원도 세시풍속』, 춘천 서면, p.172.

56 이화형. 2015. 앞의 논문, p.322, p.330.

57 수리취떡을 만드는데 재료로 활용되는 취는 참취, 미역취, 곰취, 단풍취, 수리취, 분취, 서덜취 등 7종 이상으로 산에서 자생하며 종류에 따라 여름에서 가을철 사이 흰색이나 노란색의 꽃을 피는 식물로 주로 나물로 활용된다. 경북 청송 부남에서는 이들 취중 잎의 색상이 푸른색이 아닌 붉은 색의 취를, 충남 홍천 서석에서서는 잎의 앞뒤가 하얀 취인 떡취 등을 주로 사용해 떡을 빚었다. -『경상북도 세시풍속』, 청송 부남, p.840.; 『강원도 세시풍속』, 홍천 서석, p.494.; 〈민족문화대백과사전〉.

58 『열양세시기』 단오. "國人稱端午曰水瀨日."

59 국립민속박물관. 2007. 위의 책, p.63. 『형초세시기』 5월, "蓋越人以舟爲車 以楫爲馬也(대개 월나라 사람들은 배를 수레라하고 노를 말이라고 한다.)"

60 『운곡행록』 제5권 시. "新羅是日號爲車."

61 『경도잡지』, 단오. "端午俗名戌衣日 戌衣者東語車也 是日作艾糕象車輪 形食之 故謂之戌衣日."

62 『열양세시기』, 단오. "國人稱端午曰水瀨日."

63 장지연 지음 황재문 옮김. 2014. 『만물사물기원역사』. 서울: 한겨레출판(주), p.573. "술의는 곧 우리나라 말의 수레[車]다. 이날에 수리취[戌衣菜]로 쑥떡을 만드는데..."

64 『강원도 세시풍속』, 동해 삼화, p.56.

65 『세시풍요』 단오. "翠艾初蒸爛染糕."

66 『세시풍요』 단오. "翠艾卽戌衣翠 始採於戌衣時 益母草採於是日. (푸른 쑥은 곧 술의취다, 술의때에 처음으로 뜯는다. 익모초도 이날 뜯는다.)"

67 『강원도 세시풍속』, 양구 양구, p.259.; 동해 삼화, p.57.; 『충청북도 세시풍속』, 충주 안림, p.104.

68 리재선. 2004. 위의 논문, p.83.

69 수리취떡과 관련, 강원 양구와 동해, 그리고 충북 충주 등 일부지역에서 단오에 빚어지는 쑥떡과 취떡 모두를 수리취떡이나 수리떡으로 부르기도 한다.

70 안완식. 2009. 앞의 책, p.326.

71 『운곡행록』 제5권 시. "新羅是日號爲車."; 『경도잡지』, 단오. "端午俗名戌衣日." 및 『삼국유사』 권2, 기이. "吾名端午也, 俗爲端午爲車衣." -『삼국유사』의 거득공 설화는 '거득공'의 이름이 '단오'인데 세상 사람들은 '거의(車衣)'라 한다고 기록해 '술의'에 대한 유래와 함께 단오가 명절 명칭이 아닌 인명임을 보여준다.

72 김용갑. 2017a. 「한국 방언 보전 방안 연구-무형문화재 지정 및 표준어 정책을 중심으로」. 『한국전통문화연구』 제20호, p.146. -일제시대 소창진평의 『조선방언연구』에 의하면 '침(짐)치'의 방언권은 거의 한반도 전역에 걸쳐 김치의 방언권보다 수배 넓었다.

73 안완식. 2009. 앞의 책, 같은 페이지.; 〈우리주변식물생태도감〉; 〈민족문화대백과사전〉

74 채번(采蘩) -세종대왕기념사업회. 2014. 『역주시경언해』. 세종대왕기념사업회, pp.88-89.

75 양옥다. 2006. 「발해의 몇 가지 음식습관에 대하여」. 『한국고대사연구』. 42, pp.352-353. 『동국세시기』 단오풍속에도 '요(遼) 지방 풍속에 5월 5일 발해(渤海)의 주방에서 쑥떡을 올린다'는 내용과 함께 조선의(쑥떡) 풍속이 여기서 비롯된 것 같다는 기록이 나온다.

76 쑥과 관련 중국 문헌인 『이아』는 쑥(호-蒿)을 긴(菣)과 번(蘩-산흰쑥)으로 구분해 지금 사람들이 향긋해서 청호(青蒿: 개똥쑥)인 긴(菣)을 삶아 먹는다고 기록하고 있다. -구자옥·김창석·오찬진·국용인·권오도·박광호·이상호. 2015. 『식물의 쓰임새 백과 下』. 자원식물연구회, p.614.

77 『경도잡지』 단오. “是日作艾糕象車輪 形食之故謂之戌衣日.”

78 『택당집』 16권, 잡저. “三三日艾餠.”

79 『경상북도 세시풍속』, 문경 농암, p.179.

80 김용갑. 2017b. 앞의 논문, p.79.

81 남제주 표선에서는 쑥떡류가 쑥떡, 보리쑥떡, 밀쑥떡, 쑥범벅으로 4종류 출현했다.

82 권순형. 2007. 앞의 논문, p.170.

83 『송사』, 외국열전, 고려(1015). “上巳日, 以青艾染餠爲盤羞之冠. 端午有鞦韆之戲.”

84 양옥다. 2006. 앞의 논문, pp.352-353. 『동국세시기』 단오풍속에도 ‘요(遼) 지방 풍속에 5월 5일 발해(渤海)의 주방에서 쑥떡을 올린다’는 내용과 함께 조선의(쑥떡) 풍속이 여기서 비롯된 것 같다는 기록이 나온다.

85 『구당서』 백제국. “其地自此爲新羅及渤海靺鞨所分((백제)땅은 이때(677년 이후)부터 신라와 발해말갈로 나눠 졌다.)”,; 『구당서』 발해말갈. “渤海靺鞨大祚榮者, 本高麗別種也(발해말갈의 대조영은 본래 고려(고구려) 출신이다.)”

86 사단법인 평화문제연구소. 2005. 『조선향토대백과 18 민속편』. 서울: 사단법인 평화문제연구소, p.533.

87 『조선부(朝鮮賦)』의 기록을 15세기 후반으로 규정한 것은 명나라 사신 동월이 성종 19년인 1488년 조선을 다녀갔기 때문이다.

88 “夏至節日食糉.”

89 쌀가루, 밀가루 등(等)으로 경단 같이 만들어서 꿀물이나 오미자 물에 담가 먹는 음식(飮食), 흔히 유월(六月) 유두 때에 먹음.

90 쉬이·리슈원·최두헌(2015). 「(번역)한국 고대 단오의 활동 내용과 특징」, 『한자 한문연구』 10. p.387. -“한국의 고대에는 중국의 각서를 만드는 식재료가 없었기 때문에 중국의 각서-粽子-가 없었던 것이다.”

91 줄풀 잎으로 찹살을 싸서 만든 음식, 후세의 떡과 유사함.

92 뱀, 두꺼비, 지네, 전갈, 도마뱀 등 5독충을 상징한 떡이다. -신미경·정희정. 2008. 앞의 논문, p.285.

93 『경상북도 세시풍속』, 영주 단산, p.305.

94 『경상남도 세시풍속』, 창녕 이방, p.703.

95 『경상남도 세시풍속』, 합천 가야, p.865.

96 『강원도 세시풍속』, 속초 대포, p.92.

97 『경기도 세시풍속』, 포천 가산, p.914.

98 『충청북도 세시풍속』, 청원 강내, p.397.

99 『경상남도 세시풍속』, 기장 철마, p.881.

100 안완식. 2009. 앞의 책, p.406.

101 이 부분은 김용갑의 「한국 멥쌀떡 발달배경」(2017b), 「추석 대표 음식으로서 송편의 발달배경」(2018a)을 토대로 보충, 보완해 작성됨.

102 김용갑. 2017b. 앞의 논문, p.40, p.57.

103 윤서석 외 공역. 2000. 『벼·잡곡·참깨 전파의 길』. 서울: 신광출판사, pp.234-236.

104 김천호. 1991. 「일본 법륭사 성덕태자제사 공물을 통한 한국 고대식 추정연구(Study on Korean ancient diet by the sacrificial offerings of Japanese temple)」. 『한국식생활문화학회지』 6(2), p.227.

105 중국 운남성의 벼 품종 재배시험에서 나타나듯, 벼는 기온에 따라 품종 재배지가 달라지며, 한반도는 자포니카 계열의 재배지에 속한다. -윤서석 외. 2000. 위의 책, p.100.

106 벼는 찰성이 열성이라는 유전적 특성을 지녀 인간의 선택적 재배에 의해서만 찰성이 유지된다.

107 수리시설, 농사, 천문기술 보급 등 -권영국. 1999. 「고려시대 농업생산력 연구사 검토」. 『사학연구』 59호, p.599 및 강인희. 2000. 『한국의식생활사』, 삼영사, p.112.

108 쑥떡은 멥쌀은 물론, 찹쌀, 밀가루 등을 재료로 해 만들어지지만 멥쌀이 주 재료가 된다.

109 김태호. 2008. 「신품종 벼 "IR667"(통일)과 한국 농학의 신기원」. 『한국과학사학회지』 30권2호, p. 406.

110 『경상북도 세시풍속』, 칠곡 왜관, p.910.

111 나경수 외. 2011.「여수시 산삼면 초도의 세시풍속」.『남도민속연구』 22, pp.305-319.

112 정의철·이상호. 2015.「방송의 선정적, 폭력적, 비윤리적 콘텐츠 이용에 관한 인식과 대안 연구: 학부모와 청소년들의 인식과 제안을 중심으로 한국어(KOR)」.『한국소통학보』 제27호. 한국소통학회, p.255.

113 편집부 저. 2013.「종이신문 및 미디어 영향력 평가 조사」.『리서치보고서』 7월호. 마크로밀엠브레인, p.7.

114 〈경향신문〉 웹페이지(news.khan.co.kr/kh_news/14년 9월 1일자.)「차례상 차리는 법 언제 어떻게 유래됐나」. "1960년대 이후부터 언론에서는 앞다퉈 '차례상 차리는 법' 식의 보도를 했다. 이 과정에서 몇몇 가문에 내려오는 가례가 표준처럼 퍼져 전국화 되었다."

115 사단법인 평화문제연구소. 2005. 위의 책, p.32. ; 최운식 외 5인. 2002.『한국민속학개론』. 민속원, p.55.

116 주강현. 1996.『우리 문화의 수수께끼』. 서울: 한겨레신문사, p.87.

117 최인학 외. 2004.『비교연구를 통한 한국민속과 동아시아』. 서울: 민속원, p.140, p.473.

118 사단법인 평화문제연구소. 2005. 위의 책, p.33.

119 최운식 외 5인. 2002. 위의 책, p.55. ; 임영정. 2002.『한국의 전통문화』. 서울: 도서출판 아름다운세상, p.224.

120 최은희 외 4인. 2008.『떡의 미학』. 서울: 백산출판사, pp.10-11.

121 『삼국사기』 권8,「신라본기」 8, 효소왕 9년(700년). "復以立寅月爲正."

122 장주근. 2013.『장주근 저작집Ⅳ 세시풍속편』. 서울: 민속원, p.47.

123 장주근. 위의 책, p.42.

124 이이화. 2000.『이이화의 역사풍속 기행』. 서울: 역사비평사, p.109.

참고문헌

논문

권순형. 2007.「고려시대 여성의 여가 생활과 명절 풍속」.『이화사학연구』 34집

권영국. 1999.「고려시대 농업생산력 연구사 검토」.『사학연구』 59호

김명자. 2007.「한중 단오 유래설과 관련 세시」.『남도민속학회』 14권. 남도민속학회

김용갑. 2017a.「한국 방언 보전 방안 연구-무형문화재 지정 및 표준어 정책을 중심으로」.『한국전통문화연구』 제20호, 한국전통문화연구소

_____. 2017b.「한국 멥쌀떡 발달배경」.『아세아연구』 제60권 4호, 고려대 아세아문제연구소

_____. 2018a.「추석 대표 음식으로서 송편의 발달 배경」.『인문논총』 제75권 제2호, 서울대 인문학연구원

_____. 2018b.「전남지역 명절의 절식 출현빈도」.『인문학연구』 제29집. 인천대 인문학연구소

김천호. 1991.「일본 법륭사 성덕태자제사 공물을 통한 한국 고대식 추정연구」.『한국식생활문화학회지』 6(2)

김태호. 2008.「신품종 벼 "IR667"(통일)과 한국 농학의 신기원」.『한국과학사학회지』 30권2호

나경수 외. 2011.「여수시 산삼면 초도의 세시풍속」.『남도민속연구』 22

리재선. 2004.「현 시기 조선에서 널리 장려되고 있는 민족명절과 민속놀이에 대하여」.『역사 민속학』 18호

박진태. 2008.「한중 단오제의 비교연구」.『비교민속학』 37. 비교민속학회

쉬이·리슈원·최두헌(2015.)「(번역)한국 고대 단오의 활동 내용과 특징」.『한자 한문연구』 10

신미경·정희정. 2008.「한·중·일 세시풍속과 세시음식에 대한 비교」.『동아시아식생활학회지』 18(3)

양옥다. 2006. 「발해의 몇 가지 음식습관에 대하여」. 『한국고대사연구』 42

요위위. 2012. 「한중 단오절 세시풍속 비교연구」. 『동양예학』 27

이창식. 2012. 「한국 단오제의 지역별 현황과 정체성」. 『남도민속연구』 25권. 남도민속학회

이화형. 2015. 「한중세시풍속의 융합성비교-정월명절을 중심으로」. 『동아시아고대학』 제40집. 동아시아고대학회

정의철·이상호. 2015. 「방송의 선정적, 폭력적, 비윤리적 콘텐츠 이용에 관한 인식과 대안 연구 : 학부모와 청소년들의 인식과 제안을 중심으로 한국어(KOR)」. 『한국소통학보』 제27호. 한국소통학회

편집부 저. 2013. 「종이신문 및 미디어 영향력 평가 조사」. 『리서치보고서』 7월호. 마크로밀엠브레인

단행본

강인희. 2000. 『한국의식생활사』. 삼영사

구자옥·김창석·오찬진·국용인·권오도·박광호·이상호. 2015. 『식물의 쓰임새 백과 下』. 자원식물연구회

국립문화재연구소. 2003. 『전라남도 세시풍속』. 서울: 국립문화재연구소

_____. 2001. 『강원도 세시풍속』. 서울: 국립문화재연구소

_____. 2001. 『경기도 세시풍속』. 서울: 국립문화재연구소

_____. 2001. 『제주도 세시풍속』. 서울: 국립문화재연구소

_____. 2001. 『충청북도 세시풍속』. 서울: 국립문화재연구소

_____. 2002. 『경상남도 세시풍속』. 서울: 국립문화재연구소

_____. 2002. 『경상북도 세시풍속』. 서울: 국립문화재연구소

_____. 2002. 『충청남도 세시풍속』. 서울: 국립문화재연구소

_____. 2003. 『전라북도 세시풍속』. 서울: 국립문화재연구소

_____. 2006. 『총괄편 세시풍속』. 서울: 국립문화재연구소

국립민속박물관. 2007. 『중국대세시기 I 』. 국립민속박물관

사단법인 평화문제연구소. 2005. 『조선향토대백과 18 민속편』. 서울: 사단법인 평화문제연구소

성락춘·이철. 2007. 『인간과 식량』. 서울: 고려대학교출판부

세종대왕기념사업회. 2014. 『역주 시경언해』. 세종대왕기념사업회

안완식. 2009. 『한국 토종작물자원 도감』. 서울: 도서출판 이유

왕런샹 지음. 주영하 옮김. 2010. 『중국음식문화사』. 민음사

위안리(苑利) 지음 최성은 옮김. 2005. 『도작문화로 본 한국문화의 기원과 발전』. 민속원

윤서석·윤숙경·조후종·이효지·안명수·안숙자·서혜경·윤덕인·임희수 공역. 2000. 『벼·잡곡·참 깨 전파의 길』. 서울: 신광출판사

이이화. 2000. 『이이화의 역사풍속 기행』. 서울: 역사비평사

임영정. 2002. 『한국의 전통문화』. 서울: 도서출판 아름다운세상

장주근. 2013. 『장주근 저작집IV 세시풍속편』. 서울: 민속원

장지연 지음 황재문 옮김. 2014. 『만물 사물 기원 역사』. 서울: 한겨레출판(주)

주강현. 1996. 『우리 문화의 수수께끼』. 서울: 한겨레신문사

최인학 외. 2004. 『비교연구를 통한 한국민속과 동아시아』. 서울: 민속원

허탁운 지음 이인호 옮김. 2013. 『중국문화사 - 상』. 천지인.

고문헌

『경도잡지』 단오/ 『구당서』 백제국/ 『삼국사기』 권8, 「신라본기」 8/ 『삼국사기』 색복/ 『삼국사기』, 신라본기/ 『삼국유사』 권2, 가락국기/ 『삼국유사』 권2, 기이/ 『삼국지』, 한(변진)/ 『성호전집』 권48, 제식/ 『세시풍요』 단오/ 『송사』, 외국열전, 고려/ 『열양세시기』 단오/ 『운곡행록』 제5권 시/ 『택당집』 16권, 잡저

기타

〈경향신문〉 웹페이지(news.khan.co.kr/kh_news/14년 9월 1일자)

〈우리주변식물생태도감〉

〈민족문화대백과사전〉

주제어

세시 절식, 설날, 동지, 팥죽

전남지역 명절의 절식 출현 빈도

김용갑

본고는 세시 절식의 출현 빈도를 통해 20세기 전후까지 전남에서 가장 폭넓게 기념된 명절은 무엇이며, 그 이유는 어디에 있는지를 살피는데 목적이 있다. 이를 규명하기 위해 전통시기부터 현대의 세시풍속이 기록된 『전라남도 세시풍속』 조사서를 주요 자료로 활용했다.

전남지역 22개 시 · 군(66개 지역)에서 세시 절식 출현 빈도는 동지, 추석, 설날 순으로 높았다. 전남의 모든 지역에서 동지에는 팥죽이나 대체 절식으로 애동지 떡을 마련해 기념했다. 추석과 설에는 10곳 중 9개 지역에서 각각 송편과 떡국을 마련해 동지가 명절로서 가장 폭넓게 기념됨을 알 수 있다.

이 같은 폭넓은 기념은 동지부터 다시 낮의 길이가 길어지고, 이는 자연력의 새해와 가장 부합한다는 점에서 비롯됐다고 할 수 있다. 또한 한국 민족이 고대시기에 동짓달을 새해의 첫 달로 삼았으며, 태양을 숭배하는 무속 신앙 등의 영향 때문이라고 볼 수 있다.

Ⅰ. 들어가는 말

세시풍속은 음력 정월부터 섣달까지의 관습적, 의례적인 생활행위가 해마다 일정한 시기에 주기적으로 행해지며, 전승되는[1] 문화적 현상을 일컫는다. 이들 주기전승의례(週期傳承儀禮) 행위 중 가장 두드러지게 기념하는 날을 명절이라고 부르며,[2] 그 외의 의례 풍속은 세시 절기라 한다. 한국인[3]은 고대국가 시기부터 부여의 '영고', 고구려의 '동맹', 예의 '무천', 그리고 마한의 5월제 및 10월제 같은 세시 행사를 가졌으며, '나라의 큰 행사'[4], '밤낮으로 술 마시고 노래하며 춤춘다'[5] 등과 같은 기록에서 나타나듯, 이들 세시풍속은 명절이었다고 할 수 있다. 따라서 한민족은 최소한 이들 역사서가 기록된 2-3세기 이전부터 명절을 기념했다. 삼국시기에는 설과 8월 추석 외에 정월대보름, 삼짇날, 유두, 9월 중구, 10월 제천 등의 명절이 있었고,[6] 고려와 조선시대에는 9대 속절과 4대 절기를 크게 기념했다고 할 수 있다.

이들 절기에는, 『택당집』, 『도곡집』, 『지수재집』 및 『동국세시기』 등의 기록에서 보이듯, 약밥, 송편, 수단, 상화 인절미, 떡국, 수리취떡, 팥죽 등의 세시 음식이 마련됐다. 이 중 떡국과 송편, 팥죽은 각각 설날과 추석 및 동지의 세시절기와 연결돼 이들 명절을 대표하는 절식으로, 한국 문화의 상징 음식 역할을 하고 있다. 전남 지역 역시 이들 절식을 마련, 명절을 기념했다. 그런데 전통시기[7]에서 현대의 세시풍속을 담고 있는[8] 『전라남도 세시풍속』(2003) 조사 자료는 한국의 2대 명절인 추석, 설날의 대표 절식인 떡국과 송편의 출현 빈도가 동지의 절식보다 낮게 나타남을 보여준다. 동지의 대표

절식은 팥죽이다. 하지만 한국인들은 동지가 빨리 들 경우 팥죽을 대신해 떡을 빚었다. 따라서 이 떡은 팥죽의 대체물로 동지의 대표 절식이라 할 수 있다. 이는 추석과 설날에 떡국과 송편 외에 추가로 다른 떡이나 음식을 장만하는 것과는 그 의미와 역할이 다르다. 이에 본 연구는 동지 팥죽을 대체해 빚어지는 떡을 동지의 대표 절식으로 수용해 결과를 도출하고자 한다. 이 같은 절식의 출현 빈도는 명절의 기념이 의례와 함께 절식의 마련으로 실현되며, 차례와 고사로 공통되는 의례의 경우 변별력이 없다는 점에서 사실상 명절과 절기의 기념 여부는 절식이 그 척도라 할 수 있다. 따라서 절식 출현 빈도의 상대적 우위는 오랜 전통과 함께 동지가 추석과 설에 비해 보다 광범위하게 기념됨을 의미한다.

이 연구는 이를 고려해, 『전라남도 세시풍속』에 나타난 세시절식을 설, 추석, 동지를 중심으로 살펴보고,[9] 20세기 전후까지 동지 절식의 출현 빈도가 높은 이유를 찾아보고자 한다. 이를 통해 세계화와 다문화 시대, 한국의 지역 명절과 한국 문화에 대한 이해를 돕는데 목적이 있다.

현재, 본 연구의 소재 및 주제와 연관되는 연구물은 김용갑(2018)의 논문에서 찾아진다. 김은 명절의 절식과 관련해 송편이 추석의 대표 음식으로 발달된 배경에 농공감사와 풍년기원 전통 등이 있음을 밝히고 있다. 또한 김(2017)은 한국 명절의 절식을 대표하는 멥쌀떡의 발달배경으로 메성을 선호하던 한반도 선주민의 식감, 메벼의 유전적, 생태적 장점 등이 토대가 됐음을 소개하고 있다. 본 연구와 관련, 김의 연구는 명절과 절식의 연관성은 물론, 한국의 음식 문화가 동아시아와 밀접히 관련됐음을 살피게 한다. 세시 절기와 관

련, 유소홍(2017)은 한중 설날 세시풍속을 비교해 설날의 역사를 제시하고 있으며, 채미하(2015)는 신라가 8월 15일 등의 제사를 중국에서 받아들였지만 신라는 농경과 관련한 시간관념 안에서 운용했다고 밝혔다. 김정민(2015)은 북극성 등의 천문을 통한 한국 명절의 유래를 보여주고 있다. 김의 주장은 무속전통과 관련한 동지 및 새해의 연관성, 제사와 차례 시간에 대한 유의미한 시각을 제공하고 있다. 김인희(2014)는 추석과 중국 중추절의 기원에 관한 한중의 논쟁을 소개하며 중추절이 신라의 8월 15일에서 기원했을 가능성을 제기했다. 주영하(2012)는 '현재학으로서 민속학'이라는 인식의 변화 필요성을 제기하고 있으며, 노성환(2011)과 양금평(2010)은 일본과 한국 추석의 차이점을 달 제사와 조상숭배로 요약해 보여주고 있다. 이와 함께 권오영(2010)은 추석 등의 제사는 유교의례의 의식절차 등을 많이 따랐지만 근본적으로 한국 고유의 명절에서 전승됐다는 의견을 제시했다. 최인학(2008)은 한국 세시풍속의 정체성을 밝히기 위한 한국인의 시간관에 대한 연구 등이 필요함을 지적하고 있으며, 김상보(2007)는 동짓날 팥죽의 유래와 전래시기를 소개하고 있다. 김명자(2005)는 현대 생활문화의 변화에 따른 세시풍속을 재조명했고, 임재해는(2003)는 명절과 공휴일의 영향관계를, 원용문(2002)은 설날의 의미와 어원에 대해 소개하고 있다. 또한 조후종(1996)은 한국 추석의 절식이 송편보다는 햇곡식으로 만든 떡과 술, 과일이란 의견을, 이종미(1992)는 한국 떡 출현의 역사를 고고학적 자료와 함께 의례와 세시 등으로 나눠 제시하고 있으며, 이효지(1988)는 조선시대의 떡을 문헌별로 살피고 있다. 논저 외에 단행본에서 하수민(2016)은 명절의 차례와 성묘는 조선시대 가례에서 연

원하고, 이들 명절은 사중월 사시제의 의의를 공유한다고 주장했다. 장주근(2013)은 한국 세시풍속의 특징과 유래를 소개했으며, 선희창(2010)과 김내창(1998)은 북한의 명절을 중심으로 한국 세시풍속과 떡을 소개하고 있다. 윤서석(2001)은 한민족의 식생활문화를 통한 명절의 절식을 제시했으며, 이정모(2015)는 한국과 중국의 역법 관련성을, 샤오팡(2006)은 중국의 역법과 세시풍속의 변천을 소개하고 있다.

Ⅱ. 절식과 『전라남도 세시풍속』

1. 한국의 절식

명절은 절일(節日)이라고도 하며, 설날, 단오, 추석, 동지 등의 절일에 그 의미에 맞게 차려 먹는 음식을 절식(節食)이라고 한다. 또한 계절에 따라 산출되는 식품을 이용한 시절의 음식을 세시음식이라 한다.[10]

설날의 대표적인 절식은 떡국과 가래떡, 세주, 강정 등이며,[11] 단오에는 쑥떡, 수리취떡, 추석에는 송편과 닭찜, 그리고 동지에는 팥죽과 동지떡이 있다. 이들 절식 중 설날의 떡국, 추석의 송편, 그리고 동지 팥죽은 한국 명절의 대표적인 절식이다. 떡국은 가래떡을 주재료로 해 만들고 팥죽 또한 떡을 빚듯 쌀가루로 새알심 등을 만들어 끓인다는 점에서 한국 명절에서 떡이 차지하는 비중을 살필 수 있다.[12] 이를 고려하면 한국 세시절식은 떡이 대표한다고 할 수

있다.

설날의 절식인 떡국은 지름 2cm 정도의 가래떡을 옆으로 비스듬히 타원형 모양으로 얇게 썰어,[13] 이를 끓인 육수에 꽁이나 닭고기 등과 함께 넣어 만든다. 국이라고 부르는 것은 떡 건더기에 비해 국물이 많기 때문이다. 떡국은 옛 문헌에 '병탕(餠湯)'(『열양세시기』), '첨세병(添歲餠)'(『청장관전서』), 그리고 '병갱(餠羹)' 등으로 기록돼 있으며, 이들 명칭 중 '첨세병'은 새해 첫날에 먹는 만큼, 떡국을 먹음으로써 나이 한살이 더 든다는 의미를 담고 있다.[14] '병갱'에 대한 기록은 『영접도감의궤』(1609)에 처음 등장해 떡국은 최소 17세기 초에는 음식으로 존재했으며, 이후 섣달 그믐날과 정월 초하루의 음식으로 정착한 것으로 보인다.

추석의 절식인 송편은 멥쌀가루를 주재료로 해 끓는 물로 반죽한 다음, 덩이를 납작하게 펴 콩, 깨 등의 소를 넣어 반원 형태로 접어 쪄낸 떡이다. 떡을 시루에 넣고 찔 때, 소나무 잎을 깔아 서로 붙지 않고 은은한 솔 향이 나도록 해서 소나무 '송(松)'과 떡의 또 다른 이름인 '편'이 합쳐져 '송편[餠]'으로 불린다. 쌀로 빚은 흰송편, 쑥이나 모시 잎을 넣어 푸른색이 나는 쑥송편과 모시송편, 치자물을 넣은 노란색송편, 오미자물이나 맨드라미꽃을 넣은 분홍색송편 등이 있다. 또 넣는 소에 따라서 팥송편, 콩송편, 깨송편, 밤송편이라고도 한다.[15] 송편 관련 기록은 17세기부터 나타난다. 『상촌집』은 유두일(6월 15일)에 송편을 빚어 선물하고, 『택당집』은 "등석일(사월초파일)에 송편을 올린다"고 기록하고 있다.[16] 송편이 추석을 대표하는 명절 음식으로 자리 잡은 것은 1970년대 이후로, 쌀의 자급과 농어촌 인구의 도시이주, 그리고 대중매체의 발달 등에 의해서였다.[17]

동지(양력 12월 21일-22일)의 대표적인 절식인 팥죽은 『동국세시기』에 나타나듯, '찹쌀가루로 새알의 형상을 만들어(삶은 팥죽) 안에 넣은' 음식이다.[18] 성현은 『용재총화』에서 동지 팥죽이 오래된 한민족의 유습이라고 적고 있다. 팥죽의 유래 및 풍속과 관련, 『열양세시기』[19]와 『동국세시기』는 중국과의 관련을 기록하고 있다. 팥죽은 동지 외에 상원(1월 15일)과 음력 6월 복날의 세시음식으로서 사용됐으며, 절식의 용도와 함께 초상집 의례, 그리고 이사 후의 음식으로도 쓰였다.[20] 이들 용도는 모두 사악한 기운을 물리친다는 '벽사'이며, 이는 중국의 『형초세시기』는 물론, 19세기 무렵의 한국 3대 세시기의 기록과도 유사하다. 이를 통해 동지의 절식인 팥죽이 무속과 관계됨을 살필 수 있다. 팥죽과 관련한 기록은 15세기의 기록인 『춘정집』(1권 동지, 두미 豆糜), 『점필재집』(23권, 두미) 그리고 16세기 초의 『용재총화』(2권 두죽 豆粥)에서 나타난다. 중국이 원산지로 여겨지는 팥은 청동기시대부터 한국인의 식량자원으로 쓰였으며,[21] 대체로 10월 상순-중순에 수확된다.[22] 이는 팥이 쌀과 함께 수확돼 동지의 절식으로 사용하기에 맞춤한 곡물임을 보여준다. 팥은 중국 삼한 시대 이전, 강남(조엽엽수림지대)으로부터 전파된 것으로 보이며,[23] 한국의 전통 문화가 수도작의 남방계와 잡곡의 북방계에 의해 형성됐음을 고려할 때[24] 동지 팥죽 또한 남방과 북방 문화의 혼합에 의해 동지 의례의 음식으로 발달했다고 보는 것도 가능할 것이다.

팥죽과 함께 동지를 기념하는 또 다른 세시음식으로는 떡이 있다. 이들 떡은 동지가 보통의 때보다 이른 시기에 올 경우, 팥죽 대신 만들어진다. 전남지역에서는 동지떡과 관련해 '떡, 애(기)동지떡, 팥시루떡, 아동지떡, 팥떡' 등 5가지의 이름이 나타난다. 주로 팥을

이용한 시루떡임을 살필 수 있다. '애(기)동지'의 시기는 음력을 기준으로 11월 10일 이전이나, 보름 또는 5일 이전으로 다양하다.[25] 하지만 많은 지역에서 음력 11월 상순 또는 초승이란 단어를 언급하고 있어 음력 11월 상순 이전이라고 할 수 있다.[26] 이처럼 동지가 보통의 시기보다 일찍 기념될 경우, 팥죽을 쑤지 않는다. 이에 대해 『경기도 세시풍속』은 애동지 시기에는 아이들이 많이 죽는 등 아이들에게 좋지 않아 죽을 쓰지 않거나 떡을 만든다고 설명하고 있다.[27] 『강원도 세시풍속』은 애동지가 자신들이 기념하는 동지가 아닌 '남의 동지'이기에 죽을 쑤지 않는다고 밝히고 있다.[28] 이를 통해 '애동지'의 떡 하는 풍속이 죽음을 두려움으로 여기는 '사자의례'류의 무속신앙과 관계되고, 음력 11월 초순을 남의 동지로 여긴다는 점에서 동지의 기념이 새해와 관련됨을 살피게 한다. 이는 음력 11월 초순에 동지가 위치할 경우 태양의 공전에 의한 새해의 자연력과 음력 새해의 시간차가 크기 때문이다.

2. 『전라남도 세시풍속』

『전라남도세시풍속』(2003)은 국립문화재연구소가 지난 2000-2003년까지 간행한 『세시풍속』의 전남편이다. 『세시풍속』은 남한의 전 지역을 경기, 강원 등과 같이 9개 광역권으로 나누고 162개 시·군, 471개 지역을 조사했다. 마을 공동체 신앙 및 민속놀이 등이 전승되고 있는 마을 등을 조사지로 선정해 전문 연구자들이 해당 조사지역에 거주하는 70-80대 노인들을 주 대상으로 해 해당지역에 전승되거나, 그들의 기억 속에 전승되었던 과거 세시풍속을 조

사했다. 따라서 이 조사 보고서에는 본 연구에 필요한 세시별, 지역별 떡에 관한 자료가 담겨있다. [표2] 이들 자료는 과거는 물론, 현재의 어떤 문헌이나 보고서에서도 찾을 수 없는 귀중한 자료라는 점에서 그 의미와 가치가 크다. 특히 조사 내용이 피조사자들이 기억하는 조부모 또는 증조부모가 행하던 풍속까지 포함될 수 있다는 점에서 큰 의의를 지닌다고 할 수 있다. 이런 이유들로 본 연구는 『세시풍속』의 몇몇 지역편을 주 연구 자료로 활용했다.

[표2] 『전라남도세시풍속』에 나타난 세시별 떡

세시	떡 종류
설날	떡국, 떡, 쑥떡, 시루떡, 팥시루떡, 찰떡, 흰떡, 콩떡, 인절미, 가래떡, 절편, 백설기
단오	쑥설기, 볶음떡, 찔레꽃떡, 찔레꽃개떡, 쑥떡, 밀개떡, 찔레꽃전, 모시잎떡, 익모초잎떡, 개떡, 쑥송편, 쑥버무리, 쑥삐비떡
추석	송편, 백설기, 시루떡, 찰떡, 떡, 팥시루떡, 모시송편, 쑥송편, 고물떡
동지	떡, 팥죽, 애(기)동지떡, 팥시루떡, 아동지떡, 팥떡

Ⅲ. 전남 명절의 절식 출현빈도

1. 설날 떡국

『전라남도 세시풍속』은 전남지역 22개 시·군 66개 조사지역 중 59곳에서 설날 떡국이 나타남을 보여준다. 설날 떡국이 출현하지 않는 지역은 순천시 주안면 구산마을을 비롯한 5개 지역이며, 무안

군 해제면 광산리 발산마을 등 2개 지역은 최근에 떡국을 설날 음식으로 하거나, 그믐에 설날 관련 차례를 지내 설날에는 떡국이 없는 지역이다. 따라서 설날 떡국이 출현하지 않은 곳은 7개 지역이다. 이 밖에 완도군 3개 전 조사지역과 해남군 산이면, 송지면 등의 조사지역은 설날 떡국은 먹지만, 차례 상에는 올리지 않으며, 그믐인 음력 12월 31일에 차례를 지내는 지역은 여수 돌산읍 군내리 상동마을 등 6개 지역이다.[29] 떡국 외에 설날에 빚어지는 떡은 쑥떡, 시루떡, 팥시루떡, 찰떡, 흰떡, 콩떡, 인절미, 가래떡, 절편, 백설기 등이다.

[표3] 전남지역 설날 절식(떡국) 출현 여부

떡국 출현 지역	지역수	백분율
광양, 나주, 목포, 여수, 강진, 고흥, 곡성, 구례, 무안, 보성, 신안, 완도, 장흥, 진도, 함평, 해남 각각 3개 전지역, 순천 서면 대구리 대구1구, 주암면 구산리 구산마을, 담양 금성면 원율리 원율마을, 영광 묘량면 운당리 영당마을, 백수읍 지산리 가지매마을, 영암 군서면 동구림리 동계마을, 덕진면 노송리 노송2구, 장성 삼계면 생촌리. 북하면 약수리 가인마을, 화순 화순읍 연양리 양촌마을, 춘양면 양곡리 단양마을	22(59)	100(89)
떡국 비출현 지역	**지역수**	**백분율**
순천 주안면 구산리 구산마을, 담양 무정면 봉안리 술지마을, 장성 장성읍 유탕리, 화순 이서면 야사리 용호마을, 영광 법성포읍 법성리 진내마을(떡만 있음), 무안 해제면 광산리 발산마을(떡국은 최근), 영암 삼호면 서호리 원서호마을(그믐 차례지내고 떡국 안 나타남)	7(7)	32(11)

* 지역수 칸의 숫자는 22개 시 · 군 중의 해당 시 · 군. ( )는 66개 조사대상 중의 해당 지역수.
백분율 칸의 숫자는 전체 시 · 군 및 전체 조사대상 지역 대비 퍼센티지(%)

2. 추석 송편

추석의 절식으로 송편을 빚는 지역은 담양 금성면 원율마을 등 22개 시·군 60개 지역이다. 곡성군 곡성읍 죽동리 등 6개 지역에서는 추석날 송편이 나타나지 않았으며, 이외 고흥군 대서면 상남리 등 4개 지역도 송편을 차례상에 올리는 것이 아닌, 별미로 만들어 먹거나 다른 떡의 비중이 높게 나타나는 등 이들 지역의 송편은 추석 의례가 가미된 세시음식과 거리가 멀다.[30]

[표4] 전남지역 추석 절식(송편) 출현 여부

송편을 빚는 지역	지역수	백분율
광양, 나주, 목포, 순천, 여수, 강진, 고흥, 담양, 무안, 진도, 함평, 화순, 신안, 영광, 영암, 완도, 장성 각각 3개 전지역, 곡성 석곡면 염곡리 염촌마을(염곡3구), 삼기면 노동리 남계마을, 구례 구례읍 백련리 백련마을, 문척면 죽마리 죽연마을, 보성 노동면 학동리 갑동마을, 벌교읍 장양리 진석마을, 장흥 장평면 어곡리 어곡마을, 해남 산이면 대진리, 송지면 통호리 중대마을	22(60)	100(91)
송편이 안 나타나는 지역	**지역수**	**백분율**
곡성 곡성읍 죽동리 죽동마을(송편 안 나타남), 구례 산동면 위안리 하위마을(송편 안함), 보성 득량면 해평3구 조양마을(송편 안 나타남), 장흥 안양면 당암리 고당마을(송편 안 나타남), 회진면 덕산리 덕산마을(송편 안 나타남), 해남 현산면 고현리 고현마을	5(6)	23(9)

추석 날 외에 송편을 빚는 지역은 모두 4개 지역이었으며, 모시송편 빚는 지역은 7개 지역으로, 전남 서부권에 위치한다는 특징을 보였다. 이 밖에 추석날 특이한 재료와 명칭의 송편을 빚는 지역은 모

두 5곳이다. 송편 외에 추석에 빚어지는 떡은 백설기, 시루떡, 찰떡, 떡, 팥시루떡, 모시송편, 쑥송편, 고물떡 등 모두 8가지다.

3. 동지팥죽과 애동지떡

동지의 경우, 조사대상 모든 지역에서 팥죽 또는 동지떡을 마련해 기념했다. 전남지역 동지 절식의 명칭은 떡, 팥죽, 애(기)동지떡, 팥시루떡, 아동지떡, 팥떡 등 6가지로 나타났다. 앞서 언급했듯, 동지가 음력으로 11월 초순에 들면, 애기동지[31], 중순과 하순이면 각각 중동지와 노동지로 불렸다. 애기동지의 경우 팥죽 대신 동지떡을 차려 동지를 지냈다. 이에 따라 동지의 절식은 동지의 기념 시기 위치에 따라 팥죽과 떡으로 나눠지며, 전남지역의 동지 권역 또한 애(기)동지에 떡을 하는 지역과 안하는 지역(팥죽 만드는 지역), 그리고 모든 동지에 새알 형태의 떡이 들어가는 팥죽을 차리는 지역으로 대별돼 나타난다. 먼저, 동지를 기념한 지역은 전체 66개 조사 지역 모두로, 이들 지역에서는 떡과 팥죽을 마련해 동지를 기념했다. 다음으로 애기동지에 팥죽 대신 떡을 하는 지역은 광양시 광양읍 용강리 기두마을을 비롯해 모두 26개 지역이었다. 애기동지에 관계없이 동지에 팥죽을 만드는 지역은 순천 주암면 구산리 구산마을 등 40개 지역이다. 이들 지역 중 진도군 조도면 관매리의 경우 특이하게 '아동지(애기동지)'에 만드는 팥죽에 쌀가루로 만드는 새알 대신 밀가루로 동물 모양을 만들어 사용했다.

동지는 옛날부터 작은설로 불렸으며, 전남지역에서도 이 같은 명칭을 영암군 군서면과 덕진면 2곳에서 사용했다. 작은설 명칭은 조

선 중기의 문헌에도 등장하는 것으로[32] 중국 주(周)나라 시기의 세수(歲首) 유습이 잔존함을 보여준다.

[표5] 전남지역 동지 절식(동지떡) 출현 지역

애(기)동지에 떡을 하는 지역	지역수	백분율
광양 광양읍 용강리 기두마을 등 3개 전지역, 나주 왕곡면 월천리 구천마을, 나주 남평읍 교원리 방축마을, 순천 서면 대구리 대구1구, 낙안면 창녕리 가정마을, 고흥 도화면 발포리, 곡성 곡성읍 죽동리 죽동마을 등 3개 전지역, 구례 구례읍 백련리 백련마을(팥시루떡) 등 3개 전지역, 무안 해제면 광산리 발산마을, 보성 벌교읍 장양리 진석마을, 득량면 해평3구 조양마을, 신안 압해면 대천리 조천마을, 영광 묘량면 운당리 영당마을(시루떡), 법성포읍 법성리 진내마을(팥떡), 장성 삼계면 생촌리(팥시루떡), 북하면 약수리 가인마을(팥시루떡), 함평 나산면 나산리 동신마을, 학교면 학교리1구, 화순 춘양면 양곡리 단양마을(팥시루떡), 이서면 야사리 용호마을(팥떡)	13(26)	59(39)

4. 절식 출현빈도 분석 결과

설날 떡국을 차리는 지역은 전체 22개 시·군 66개 조사대상 지역 중 22개 시·군의 59개 지역이다. 이는 7개 조사지역을 제외한 전남지역 모든 시·군에서 세시절식으로 떡국을 마련하고 있음을 보여준다. 추석의 경우 22개 시·군의 60개 조사 대상에서 절식인 송편을 마련했다. 이는 6개 지역을 제외한 지역에서 절식을 차려 추석을 기념하고 있음을 나타낸다.

다음으로 동지의 경우 전 지역에서 팥죽을 마련했으며, 애기동지에 떡 하는 지역은 13개 시·군 26개 지역으로 나타났다. 따라서 전남 22개 시·군 66개 조사대상 전 지역에서 동지에 팥죽은 물론, 동

지 떡을 차리고 있어 전남의 모든 지역이 절식을 마련해 동지를 기념하고 있음을 보여준다. 이 같은 동지 세시음식 출현 결과는 설과 추석보다 많은 것으로, 이는 동지가 세시음식을 차려 기념하는 비중이 가장 높은 명절임을 나타내며, 절식 출현빈도 면에서 볼 때, 전남지역의 경우, 동지가 가장 폭넓게 기념된다고 할 수 있다. 이어 추석과 설날이 엇비슷한 수준으로 그 뒤를 잇고 있다.

[표6] 전남지역 세시절식 출현 분포

세시	절식 출현 여부		지역수	백분율
설	떡국	출현	22(59)	100(89)
		비출현	7(7)	32(11)
추석	송편	출현	22(60)	100(91)
		비출현	5(6)	23(9)
동지	팥죽	출현	22(66)	100
		비출현	`0(0)	0
애기동지	동지떡	출현	13(26)	59(39)

세시별, 지역별 세시 절식의 출현 빈도와 함께 전남지역 세시 절식의 종류별, 재료별 출현 빈도는 다음과 같다. 먼저, 출현 빈도수가 가장 높은 떡 종류는 송편과 시루떡으로 각각 67회 등장했다. 설의 절식인 떡국이 60회를 차지했으며, 밀개떡과 쑥떡은 각각 32회와 15회의 출현 빈도를 나타냈다. 이를 통해 전남의 대표적인 세시 절식은 떡이며, 그 종류는 송편과 시루떡임을 살필 수 있다. 다음으로 절식을 만드는 부재료로 가장 널리 쓰인 것은 팥으로 모두 60회의 출현 빈도를 보였다. 밀과 쑥은 각각 43회와 25회 나타났다. 이

는 원재료인 밀을 제외한 전남 세시 절식의 대표적인 부재료는 팥과 쑥임을 살필 수 있게 한다.

5. 동지 절식 발달 배경

전남의 모든 지역에서 동지에 절식으로 팥죽을 마련하지만 그 시기가 빠를 경우 이를 대신해 동지떡을 준비한다는 점에서 동지떡이 추석, 설날의 다른 떡 음식과 달리 팥죽 대체재로서 동지의 대표절식임을 보여준다.

이 같은 동지 절식의 높은 출현 빈도는 절식을 차려 명절을 기념한다는 측면에서 전남지역의 경우 동지가 추석, 설보다 중요한 명절임을 나타낸다고 할 수 있다. 이처럼 동지를 중요하게 여긴 것은 동지의 오랜 역사성과 함께 무속신앙의 영향 등인 것으로 풀이된다.

먼저 동지의 오랜 역사성은 '동지 팥죽'이란 관용어구와 동지를 '작은설[亞歲]'로[33] 부른 것에서 살필 수 있다. 동지는 양력 12월 22일께 위치하며, 절기적 의미는 일년 중 밤이 가장 길고 낮이 가장 짧은 날이다. 따라서 실제 태양의 운행에 따른 자연력의 새해 첫날을 기념한다면 동지 다음날이 된다. 이 같은 자연력을 역법에 채택한 중국의 고대국가는 주나라(기원전 3세기까지 존속)로 주나라는 동지가 든 음력 11월인 자월(子月)을 새해 첫 달로 삼았다.[34] 주나라는 '기자조선'에서 나타나듯, 한민족의 고대문화에 지대한 영향을 미쳤다. 문헌 기록을 통해 살필 수는 없지만 주나라의 제후인 기자에 의해 지배된 '고조선'은 아마도 동짓달을 세수로 하는 역법을 사용했을 가능성이 높다고 할 것이다.[35] 동짓달 세수 기념은 이후 기원전

104년 중국 한나라 무제시기에 이르러 기원전 16세기 무렵의 하 夏나라 달력인 인월 寅月(1월)을 새해 첫 달로 채택해 '태초력'을 제정하면서[36] 변경됐고, 이후 세수에 관한 역법의 변경이 있었지만 이후 새해는 대부분 1월로 고정됐으며,[37] 한국 역시 기록상 695년에는 음력 11월이 첫 달이었고,[38] 이후 신라에 의해 700년부터 인월(1월)이 새해 첫 달로 쓰였다.[39] 이를 고려하면 설날을 비롯한 고대 한민족의 명절 시기가 고정된 것도 이때부터라고 할 수 있다. 이상을 고려하면 동짓달 세수의 전통은 기원전 10세기 무렵으로 거슬러 올라가는 오랜 역사성을 지닌다고 할 수 있다. 동지의 새해 첫달 유습은 한국과 중국의 수세와 과년 過年[40]에서도 찾을 수 있다.

다음으로 한민족의 토속적 신앙은 무속이며,[41] 이는 고려와 조선시대에 이어진 것은 물론 현재에까지 그 영향을 미치고 있다. 무속은 그 신앙관은 물론, 그 의례 형식과 기념 시기, 절식 면에서 동지에 큰 영향을 미쳤다고 할 수 있다. 동짓날 팥죽의 기능은 팥의 붉은색에서 나타나듯, 사악한 기운을 물리친다는 벽사의 의미다. 때문에 한해 중 밤의 길이가 가장 길어 사악한 음의 기운이 집중된다고 여겨지는 동짓날 팥죽을 끓이고, 비슷한 의미로 상가집이나 이사 집에서 팥죽을 차렸다. 사악한 기운을 쫓는 이 같은 팥죽의 무속적 용도는 앞서 언급한 애기동지의 속신과 연결돼 동지의 시기가 이른 경우 팥죽 대신 떡을 하는 풍속으로 발달했다고 할 수 있다. 어둠을 사악하고 두려운 것으로 여기는 풍속은 서구의 할로윈 풍속 등에서도 찾을 수 있다. 이는 어둠을 죽음과 결부시키고 죽음은 악이자 부정한 것이라는 무속의 연관성 또는 영향의 결과라고 할 수 있을 것이다. 이와 함께 샤먼은 동짓날 밤을 새워 태양신 부활의 축하 제

사를 지내며, 이 의례의 핵심 시간은 동틀 무렵이다.[42] 이 같은 무속의 태양신 맞이는 설과 추석 명절의 차례 기념시간과 관계된다. 차례는 가벼운 제사의례를 일컬으며, 이 제사의 기념 시간은 대체로 밤 11-새벽 1시다. 그런데 한국 명절의 차례는 제사의 의례 형식을 취하면서 그 시간은 이와 달리 새벽-오전에 이르는 시간에 지내고 있다.[43] 이는 명절의 차례 기념 시간이 무속의 태양신 맞이 의례와 같음을 보여주며 영향 관계를 추정하게 한다. 이 같은 영향 관계는 제례의 신위가 위치하는 정중앙의 경우 무속신앙에서 숭배하는 일월성의 북두칠성 자리에 해당하고 '일월오봉도'[44]에서 보여주듯, 임금이 중앙에 자리하고 좌측에 태양과 우측에 달이 위치하는 공간배치 및 3정승의 위계질서 관념에서도 살필 수 있다. 따라서 팥죽 또는 동지떡을 차려 동지를 기념하고, 동지의 절식 비중이 설이나 추석 명절보다 높게 나타나는 것은 동지의 오랜 역사성 즉, 동지가 자연력에 가장 부합하다는 점과 함께 고대 동북아의 역법 및 한민족 북방계의 고대신앙인 무속 등의 영향에서 비롯된 것이라 할 수 있다. 동지 절식은 이후 고려시대 9대 속절과 조선시대 5대 절기를 거쳐, 전남 지역민에 의해 가장 폭넓게 준비되는 명절의 음식으로 자리매김했다고 할 수 있을 것이다.

Ⅳ. 맺는말

이상으로 전남지역의 명절별 절식 출현 빈도를 『전라남도 세시풍속』을 주 자료로 해 살펴보았다. 이를 통해 전남지역에서 절식이 가장 많이 마련되는 명절은 동지였으며, 이는 절식을 차려 기념하는 명절 측면에서 전남의 경우 동지가 가장 광범위하게 기념됨을 보여준다. 이 같은 동지 기념은 무속의 영향과 함께 동북아시아의 새해 기념 전통과 연관됨을 살필 수 있었다.

이 연구는 전통시기와 연결될 수 있는 현대의 지역 세시풍속조사서를 자료로 해 처음으로 절식의 출현빈도를 통한 전남, 더 나아가 한민족의 명절과 주요 절기의 기념 정도를 제시해 한국 문화에 대한 이해의 폭을 넓혔다는데 그 의의가 있을 것이다. 이번 연구를 계기로 한국 지역 전통문화와 절식에 관한 연구가 활성화 되고, 이를 통해 지역 문화, 더 나아가 한국 문화의 정체성을 이해하는 데 도움이 됐으면 한다.

미주

1 * 이 논문은 인천대 『인문학연구』(2018, 제29집, pp.267-289)를 통해 발표됐다.

정상진, 『우리민속과 전통문화』, 세종출판사, 2004, 147; 김명자, 「세시풍속과 복식의 상관성」, 『한국의류학회 학술발표논문집』, 2008, 47.

2 원용문, 「설날의 의미」, 『나라사랑』 103, 2002, 112.

3 한민족 韓民族으로 대체할 수 있으며, 남북한의 국민 및 재외동포를 포함하는 개념이다. 한민족 개념 참조 -유태용, 「고고학적 측면에서 본 한민족의 정체성」, 『민족학연구』 9, 2010, 83.

4 『삼국지』, 「위서」 30, 「동이전」 부여. "國中大會."

5 『삼국지』, 「위서」 30, 「동이전」 한(마한) "晝夜飮酒歌舞."

6 선희창, 『조선풍속사(삼국-고려편)(개정판)』, 평양: 사회과학출판사(평양), 2010, 137.

7 본고에서 '전통(傳統)시기'란 개화와 일제 강점에 의한 외래문화의 급격하고 전체적인 유입 전의 19세기 말 무렵이나 한민족만의 전통이 남아 있는 시기를 의미한다.

8 본고에서는 이 기간을 '20세기 전후'로 명명하고자 한다.

9 전남은 단오기념이 약해 논의에서 제외했다. 명절문화권(김택규) 참조. 임재해, 『한국 민속과 오늘의 문화』, 서울: 지식산업사, 2013, 57-76.

10 신미경·정희정, 「한중일 세시풍속과 세시음식에 대한 비교」, 『동아시아식생활학회지』 18권3호, 2008, 278.

11 허성미·한재숙, 「세시풍속 및 세시음식의 실태에 관한 조사연구」, 『동아시아식생활학회지』 3권2호, 1993, 84-89.

12 최운식 외, 『한국민속학개론』, 민속원, 2002, 55.

13 『열양세시기』, "先作醬湯候沸 將餠細切如錢形投之, 名曰餠湯."

14 『청장관전서』 제1권 첨세병. "俗謂不食此餠 不得歲云. 余強名爲添歲餠."

15 최인학 외, 『비교연구를 통한 한국민속과 동아시아』, 2004, 476.

16 [표1] 주요 문헌에 나타난 세시떡

문헌	용재총화	택당집	도곡집	동국세시기
시기	16세기	1674	1766	1849년
원일			백병(가래떡), 병탕(떡국), 증병(켜시루떡)	
삼짇날	쑥설고	쑥떡	송병	화전, 오병
초파일		송병		석남엽증병
단오			차륜병	
8월중			조도송병, 청근남고증병, 율단자, 토련단자	
10월중			애단자, 밀단고, 갱병만두	
동지			팥죽	

17 김용갑, 「추석 대표 음식으로서 송편의 발달배경」, 『인문논총』 75권 2호, 서울대 인문학연구원, 2018, 195-196.

18 『동국세시기』 11월 동지. "煮赤豆粥用 糯米粉作鳥卵狀投其中."

19 『열양세시기』 "辟鬼昉於中華不專爲國俗 故玆不詳列."

20 김상보, 「통일신라시대의 식생활문화」, 『신라문화제학술발표논문집』 28, 2007, 197.

21 박철호 외, 『잡곡의 과학과 문화』, 춘천: 강원대 출판부, 2008, 21.

22 성락춘·이철, 『인간과 식량』, 서울: 고려대학교출판부, 2007, 89.

23 김상보, 위의 논문, 198. -"熊谷治. 1979. "朝鮮半島におけるアズキに関する儀礼·習俗". 『朝鮮学報』 92, 朝鮮学会"의 논문을 인용.

24 김용갑, 「한국 멥쌀떡 발달배경」, 『아세아연구』 60권 4호, 2017, 69.

25 양력 12월의 동지일에 해당하는 음력일이 음력 11월의 이 시기에 해당하면 애동지가 된다.

26 국립문화재연구소, 『전라남도 세시풍속』, 국립문화재연구소, 2003, 806.

27 국립문화재연구소, 『경기도 세시풍속』, 국립문화재연구소, 2001, 48, 102.

28 국립문화재연구소, 『강원도 세시풍속』, 국립문화재연구소, 2001, 29.

29 호명동 원호명 마을, 화양면 세포리 가는개마을, 고흥 도양읍 관리수동마을, 영암 삼호면 서호리 원서호마을, 완도 고금면 덕동리.

30 추석날 송편을 별미로 만들거나 다른 떡의 비중이 높은 지역은 고흥 도화면 발포리 상촌마을(송편 또는 떡), 대서면 상남리 남양마을(송편은 별미), 석곡면 염곡리 염촌마을(팥시루떡, 송편은 적다), 진도군 조도면 관매도리(흉년들면 못함)다.

31 지역에 따라 아그동지, 애동지, 아동지 등으로 불렀다.

32 『두시언해』, 중간본. '江梅'. "梅蘂臘前破."

33 『동국세시기』 11월 동지. "冬至日稱亞歲."

34 장주근, 『장주근 저작집Ⅳ 세시풍속편』, 서울: 민속원, 2013, 47.

35 3세기 중엽까지의 기록이 나타나는 『삼국지위지』 「동이전」은 부여의 역법과 관련 '은나라 정월(12월-以殷正月祭天)'이라 기록해 부여가 한민족의 다른 고대국가와 다른 세수(역법)를 사용했음을 보여준다. 이는 기원전 한민족 관련 고대 국가들이 자신들의 토착적 역법과 함께 중국 하, 은, 주 시대의 역법 영향을 받았고, 특히 8조법금 등의 기록으로 미루어 주나라의 영향이 컸던 것으로 보인다.

36 장주근, 위의 책, 42.

37 이이화, 『이이화의 역사풍속 기행』, 서울: 역사비평사, 2000, 109.

38 『삼국사기』 신라본기 효소왕 4년(695년.) "以立子月爲正."

39 『삼국사기』 권8, 「신라본기」 8, 효소왕 9년(700년). "復以立寅月爲正."

40 유소홍(위의 논문, 61). "중국인들은 섣달 그믐에 연야밥(年夜饭)을 먹으며 잠을 자지 않고 새해를 맞는다."

41 『수서』, 열전, 부여. "敬鬼神, 多淫祠." ; 『고려도경』, 사우. "高麗 素畏信鬼神."

42 김정민, 「한국의 전통문화와 천문의 상관관계-설날의 기원과 천문학적 의미」, 『동아시아고대학』 38, 동아시아고대학회, 2015, 66-73.

43 경기도 연천읍과 가평군 북면은 설 차례를 '동이 틀 무렵' 지낸다. (『경기도 세시풍속』, 국립문화재연구소, 2001, 744, 855.)

44 왕권을 상징하는 이 그림 자체도 무속의 신선도 등과 소재 및 화법에서 유사성을 보여준다.

참고문헌

단행본

국립문화재연구소, 『전라남도 세시풍속』, 국립문화재연구소, 2003.

_____, 『경상북도 세시풍속』, 국립문화재연구소, 2002.

_____, 『충청남도 세시풍속』, 국립문화재연구소, 2002.

_____, 『강원도 세시풍속』, 국립문화재연구소, 2001.

_____, 『경기도 세시풍속』, 국립문화재연구소, 2001.

김내창, 『조선풍속사』, 평양: 사회과학출판사, 한국문화사 영인, 1998.

김민수(편), 『우리말 어원사전』, 태학사, 1997.

김상보, 『우리음식문화 이야기』, 서울: 북마루지, 2013.

_____, 『조선시대의 음식문화』, 도서출판 가람기획, 2006.

박철호·박광근·장광진·최용순, 『잡곡의 과학과 문화』, 춘천: 강원대 출판부, 2008.

샤오팡, 『중국인의 전통생활 풍습』, 김지연·박미경·전인경 옮김, 서울: 국립민속박물관, 2006.

선희창, 『조선풍속사(삼국-고려편)(개정판)』, 평양: 사회과학출판사, 2010.

성락춘·이철, 『인간과 식량』, 서울: 고려대학교출판부, 2007.

왕런샹, 『중국음식 문화사』, 주영하 옮김, 서울: 민음사, 2010.

윤서석, 『우리나라 식생활 문화의 역사』, 서울: 신광출판사, 2001.

이이화, 『이이화의 역사풍속 기행』, 서울: 역사비평사, 2000.

이정모, 『달력과 권력』, 서울: 부키, 2015.

장주근, 『장주근 저작집Ⅳ 세시풍속편』, 서울: 민속원, 2013,

정상진, 『우리민속과 전통문화』, 세종출판사, 2004,

최운식 외, 『한국민속학개론』, 민속원, 2002.

최인학 외, 『비교연구를 통한 한국민속과 동아시아』, 서울: 민속원, 2004.

하수민, 『명절의 탄생: 한국 명절의 역사와 휴일의 변동 연구』, 서울: 민속원, 2016.

논문

권오영, 「조선조 사대부 제례의 원류와 실상」, 『민족문화논총』 46집, 2010.

김명자, 「도시생활과 세시풍속」, 『한국민속학』 41, 2005.

_____, 「세시풍속과 복식의 상관성」, 『한국의류학회 학술발표논문집』, 2008, 47.

김상보, 「통일신라시대의 식생활문화」, 『신라문화제학술발표논문집』 28, 2007, 197-198.

김용갑, 「추석 대표 음식으로서 송편의 발달배경」, 『인문논총』 75권 2호, 서울대 인문학연구원, 2018, 195-196.

_____, 「한국 멥쌀떡 발달배경」, 『아세아연구』 60권 4호, 고려대 아세아문제연구소, 2017, 69.

김인희, 「적산 법화원의 8월 15일 명절연구」, 『동아시아고대학』 34집, 동아시아고대학회, 2014.

김정민, 「한국의 전통문화와 천문의 상관관계-설날의 기원과 천문학적 의미」, 『동아시아고대학』 38, 동아시아고대학회, 2015, 66-73.

노성환, 「한일 중추절에 대한 비교연구」, 『일어일문학』 50, 대한일어일문학회, 2011.

신미경·정희정, 「한중일 세시풍속과 세시음식에 대한 비교」, 『동아시아식생활학회지』 18권3호, 2008, 278.

양금평, 「한·중 양국의 추석에 관한 비교」, 『한국의 민속과 문화』 제15집, 2010,

원용문, 「설날의 의미」, 『나라사랑』 103, 2002, 112.

유소홍, 「한·중 설날 세시풍속 비교 고찰」, 『한국엔터테인먼트산업학회논문지』 11(2), 2017, 61.

유태용, 「고고학적 측면에서 본 한민족의 정체성」, 『민족학연구』 9, 2010, 83.

이종미, 「한국의 떡 문화, 형성기원과 발달 과정에 관한 소고」, 『한국식생활문화학회지』 7(2), 1992.

이효지, 「조선시대의 떡문화」, 『한국식품조리과학회지』 4(2), 1988.

임재해, 『한국 민속과 오늘의 문화』, 서울: 지식산업사, 2013, 57-76.

조후종, 「우리나라의 명절음식 문화」, 『한국식생활문화학회지』 11-4, 한국식생활문화학회, 1996.

주영하, 「초등학교 사회교과서와 아동도서에 나타난 명절음식의 서술내용 분석」, 『실천민속학 연구』 19, 2012.

채미하, 「신라 오묘제일과 농경제일의 의미」, 『동양고전연구』 61집, 2015.

최인학, 「한·중·일 세시풍속의 비교연구를 위한 제언」, 『비교민속학』 37, 비교민속학회, 2008.

허성미·한재숙, 「세시풍속 및 세시음식의 실태에 관한 조사연구」, 『동아시아식생활학회지』 3권 2호, 1993, 84-89.

고문헌

『경도잡지』/ 『고려도경』/ 『고려사』/ 『구당서』/ 『도곡집』/ 『동국세시기』/ 『두시언해』/ 『삼국사기』/ 『삼국유사』/ 『삼국지』/ 『수서』/ 『열양세시기』/ 『오주연문장전산고』/ 『용재총화(慵齋叢話)』/ 『월인석보』/ 『점필재집』/ 『청장관전서』/ 『후한서』

주제어

한국 명절, 송편, 가사노동, 고령사회, 성평등

한국 명절 쇠는 방식의 방향성

김용갑 · 박혜경

이 연구는 한(韓)민족의 고유한 명절 기념방식을 부활시켜, 퇴색해 가는 명절문화를 유지, 계승하자는데 목적이 있다. 이는 차례 중심의 현재와 같은 명절 기념 방식 이전에 한민족은 주로 간단한 음식 중심으로 명절을 기념한 전통이 있기 때문이다. 이 같은 음식(절식) 중심의 명절 기념방식은 과도한 가사노동의 부담을 줄이는 것은 물론, 남녀 불평등과 같은 문제도 해소할 수 있다는 장점이 있다.

이에 따라 본 연구는 적절한 명절 기념방식의 하나로 의례를 생략하고 절식 위주로 기념하는 것을 제시했다. 이 같은 방향성은 동지 팥죽과 대보름의 오곡밥(찰밥)에서 나타나듯, 한민족 고유의 명절 기념 방식이 절식(음식) 위주일 뿐만 아니라, 차례 의례가 전래되기 이전은 물론, 현대까지도 다수의 한국인에 의해 행해지고 있는 명절의 기념 방식이란 점에서 설득력을 지닌다.

이 연구가 명절 기념 방식의 패러다임을 재고하고, 명절 지내기에 따른 스트레스와 과도한 가사노동을 해소하는 데 도움이 되길 기대한다.

Ⅰ. 들어가는 말

많은 한국인은 설날과 추석 등의 명절을 맞아 떡국, 송편과 같은 음식을 마련하고 이를 상에 차려 조상에게 감사를 표하는 방식으로 명절을 지낸다. 때문에 한국인에게 명절을 쇤다는 것은 그 명절만의 음식인 절식(節食)[1]을 만들고 의례를 행하는 것으로 요약된다. 그런데 이 같은 명절 쇠기는 생산경제 및 주거 환경의 변화, 대가족의 해체와 노인인구의 증가, 그리고 남녀평등의 실현과 여가생활의 중시 등으로 크게 쇠퇴하고 있다.[2] 여기에 명절 쇠기는 '국민 청원'에서 나타나듯, 성별, 세대 간 갈등을 유발하는 사회적 문제가 되고 있다. 명절과 관련한 한국 사회의 이 같은 기류는 많은 사람들이 공감하듯, 형식적 의례와 많은 음식, 그리고 과도한 가사노동 등이 요구된다는 데서 기인한다. 그 결과 명절을 지내지 않거나 명절에 참여하지 않는 기피인구가 크게 늘고 있다. 따라서 지금과 같은 현상이 지속될 경우, 단오, 한식 등을 거의 지내지 않듯, 추석과 설날 또한 사라질 수 있다는 우려를 낳고 있다. 물론 전통 명절을 반드시 고수해야 할 이유는 없다. 명절도 문화의 한 현상이고 이 문화는 끊임없이 변화, 생성되는 초유기체성의 특성(이윤희 2012, 429)이 있고, 문화의 구성원들에 의해 의식적, 무의식적으로 동의되고 유지되는 질서(김유중 2009, 255)이기 때문이다. 그런데 명절은 문화의 대표 이미지로서 과거와 현재를 이어주는 문화의 끈이자, 공동체를 유지하는 울타리 역할을 한다. 때문에 국경과 문화적 경계마저 모호해져가는 글로벌 환경과 다문화시대에서 한국인으로서의 정체성과 공동체를 유지하고, 수천 년 이어져온 한국 문화를 지키기 위해서는 명절

의 계승이 요구된다. 이에 따라 본 연구는 한국 명절이 어떤 한계점을 지니고 있는지 살피고, 한국인 대다수가 실질적 문화 행위로써 보다 쉽게 명절을 쇨 수 있는 방향에서 연구를 진행하고자 한다. 그리고 그 결과로써 전통을 계승하고 명절에 따른 과도한 가사노동과 스트레스, 경제적 부담 등과 같은 문제를 해소하고자 한다.

명절 지내기 방식의 방향성은 김용갑(2019)에 의해 제시된 바 있다. 김은 동지의 팥죽에서 나타나듯, 한민족은 절식 중심으로 명절을 기념했다며, 간소한 음식을 장만해 추석과 설날 등을 지낼 것을 제안했다. 본 연구는 김의 제안을 수용해 왜 이 같은 방향성이 필요한지, 그 배경과 방향성을 현대 한국 사회의 변화된 환경과 명절의 전통 속에서 찾고자 한다. 또한 김의 4대 명절 연구에 더해 명절 기념 방식의 전통성과 보편성을 찾기 위해 연구 범위를 대보름, 2월 1일, 유두, 칠석, 백중 등의 속절 풍속으로 확대하고 이들 명절(속절)에 중점을 두고자 한다.

본 연구는 명절 쇠기가 의례의 시행과 절식의 마련으로 대표된다는 인식 아래 현대와 산업화 이전의 명절 풍속을 담고 있는 국립문화재연구소의 『세시풍속』을 주요 자료로 활용했다. 또한 선행연구에 덧붙여 명절에 대한 인식과 방향성을 전망하기 위해 현재 명절 기념의 주체인 일반인과 미래 명절의 기념 층이 될 고교생을 설문조사하고, 식품 가공학 분야의 연구 성과도 활용했다.

현재 본 논의의 주제와 관련된 연구는 앞서 언급한 김용갑 외에 박종숙(1999), 임돈희(2004), 이욱 외 3인(2012), 이유숙(2018), 유명숙(2018) 등에서 찾을 수 있다. 임은 부모 자식 사이의 감정적 유대 등을 기반으로 명절 제사가 계속되고, 제례는 아들, 딸 구별이 없이

모셔질 것으로 전망했다. 이유숙은 재일교포 주부들의 제사 인식과 기념방식을 통해 주자가례에 입각한 제사가 시대에 맞지 않음과 변화의 필요성을 밝혔다. 유는 주부들이 제사 기념에서 받는 스트레스 정도를 구체적 자료를 통해 제시하고 실용적인 제사 지내기 방안을 제시했다. 또한 박은 제수의 양과 가짓수를 줄이고 제수비용은 형제들이 분담해야 한다는 연구 결과를 내놓았다. 이들의 연구는 명절 지내기 방식의 변화 필요성과 현실적인 기념 방식에 대한 시사점을 제공한다.

Ⅱ. 명절 쇠는 환경의 변화

1. 생산경제 및 사회 환경의 변화

설날은 한해 농사의 풍년을 기원하고 추석은 그 농사의 수고에 대한 감사의례의 성격이 강하다는 점을 고려할 때,[3] 한국의 명절은 대부분 농사와 관계된다고 할 수 있다. (장주근 2013, 317.) 이는 보리 및 밀 수확과 함께 벼농사의 모내기와 김매기 등과 관련되는 5월의 단오와 6월의 유두는 물론, 7월의 백중 등에서도 똑같이 적용된다. 따라서 한국의 명절은 농업 생산경제 환경에서 태동하고 발달했으며, 농촌과 농민에 의해 주로 기념되고 유지됐다고 할 수 있다. (조선총독부편 2014, 91.) 이는 19세기의 세시기와 문헌은 물론, 일제 강점기의 기록에서 뒷받침된다. 추석과 관련해 『동국세시기』(1849)는 시골 농가의 최고 명절이라 기록하고 있으며(鄕里田家爲一年最重之

名節)『운양집』(1864)도 비슷한 내용을 담고 있다. 때문에 1970년대 산업화 이후 농업 생산경제가 쇠퇴하고 새마을 운동과 도시화 등으로 농촌 환경이 바뀌면서 명절이 쇠퇴한 것은 자연스런 일이라고 할 수 있다. 실제로『세시풍속』은 농업 관련 명절과 속절 풍속이 이 무렵 이후 크게 줄었음을 보고하고 있다. 남제주 대정(62)[4]과 표선(48)의 경우, 70년대 들어 단오의 명절 쇠기가 사라졌으며, 전북 장수 천천(592)에서는 1960년대까지 단오 무렵은 보리가 익고 모를 내는 시기이므로 중요한 명절이었다. 또한 경북 상주 만산(242)은 '새마을운동' 이후로 단오에 그네뛰기를 하지 않고 있으며, 경기 파주시 파주(629)에서는 1960년대까지 2월 1일에 나이송편을 해먹는 풍속이 있었다고 보고하고 있다.

농업경제의 쇠퇴는 자연스럽게 농업인구의 감소를 불러왔고, 이는 명절 풍속이 주로 농민에 의해 유지됐다는 측면에서 명절 쇠기의 감소로 이어졌다. 통계청 〈성별 경제활동인구 총괄〉 자료[5]에 따르면, 2019년 농가인구는 223만여 명으로 15세 이상 전체 인구 4,450만여 명의 약 5%를 차지한다. 그런데 60여 년 전인 1955년의 전업 농가인구는 1295만여 명으로 당시 인구 2150여만 명의 60.2%를 차지했다.[6] 이는 60여 년 만에 농업인구가 약 80%이상 감소했고, 그만큼 명절을 기념하는 적극적 인구 층이 줄었음을 의미한다.

농업인구의 감소에 반해 경제활동과 다문화 가정의 인구는 크게 증가했다. 통계청 〈다문화 가구[7]〉 자료에 따르면 다문화 가구 수는 2010년 38만 7천 가구에 이르렀으며, 2018년에는 33만 5천여 가구인 것으로 집계됐다. 이는 다문화 가구당 평균 인원을 3.5명으로 가

정할 때 2018년 현재 117만여 명의 다문화 가구원이 있고, 이들 중 상당수는 명절 문화에 익숙하지 않다는 것을 의미한다.

2. 주거환경의 변화

한국 명절(속절)에서 행해지고 준비되는 의례와 음식 상당수는 성주, 조왕신 등 가택신(앙)과 연관된다. 이들 가택신(앙)은 주택과 마당, 장광 등으로 대표되는 농어촌의 주거 공간은 물론 주변의 골목길, 마을, 그리고 넓게는 산과 하천 등의 자연경관과 조화돼 태동하고 발달·유지돼 왔다고 할 수 있다. 따라서 산업화와 도시화 등으로 변화된 농어촌의 주거공간과 마을 환경은 명절 쇠기의 풍속에 절대적 영향을 미쳤다. 이는 명절 쇠기가 기본적으로 의례 대상인 조상이나 신령 등에게 음식 등을 대접하고 풍년이나 건강, 장수 등을 기원한다는 측면에서 이들 신령이 존재하고, 이들 신령을 모시는 의례행위를 할 장소가 부재하거나 크게 변화되면 더 이상의 풍속 유지가 불가능하기 때문이다.

한 예로 남부 해안지방과 강원도지역에서 성했던 2월 1일 영등풍속은 지역에 따라 차이가 있지만 장독대나 부엌에서 대나무에 천을 매달아 영등할머니를 모시고 정화수와 음식을 차려 집안의 평안과 건강 풍년 등을 기원하는 풍속이었다. 이 풍속에서는 영등을 위해 대문에 황토를 뿌리거나 종이를 불살랐으며, 제물을 땅에 묻기도 했다.[8] 따라서 이 풍속이 지속되기 위해서는 장독대(부엌)라는 공간과 정화수를 뜰 샘, 그리고 황토를 뿌릴 대문과 소지와 제물을 물을 마당이나 땅이 필요하다. 그런데 현대 한국인 대다수는 아파트

에 거주한다. 더 이상의 풍속의 유지와 계승이 구조적으로 불가능한 것이다. 이는 명절의 신앙대상 대부분에 비슷하게 적용된다.

통계청 〈주택의 종류〉 자료에 따르면 2018년 현재 한국의 주택 수는 1,763만여 채이며 이 중 아파트와 단독주택이 각각 1,083만여 채와 395만여 채로 61.4%와 22.4%를 차지한다. 여기에 아파트 개념의 연립과 다세대 주택을 포함할 경우 한국인의 주거형태는 76% 이상이 아파트다. 이는 한국인 10명 중 8명가량이 아파트에 산다는 의미이며, 40여 년 전의 단독주택(88.5%) 및 아파트(7.1%)의 비율과 서로 뒤바뀐 주거형태다.[9] 이 통계는 한국의 생산경제와 주거환경에서 태동하고 발달된 명절문화가 주거환경의 변화로 그 기반을 거의 상실했음을 보여준다.

주거 공간과 관련된 주요 의례는 차례와 가택신 위하기 등으로 이들 의례의 신앙대상은 조상을 비롯해 성주, 조왕, 삼신(지앙), 장독대, 터주 등이다. 집 안팎에 존재하는 이들 신은 지역과 집안에 따라 그 위치와 장소에서 약간의 차이를 보인다. 예컨대 가신 중에서 최고의 신으로 여러 가택신을 통괄하고 집안의 안태(安泰)를 지키는 성주(『충북 세시풍속』 제천 금성, 29)의 경우, 강원도 영월군 영월(306)과 충남 보령 웅천(101)에서는 대청마루에 있다고 여긴다. 반면 충남 천안 병산(252)에서는 방안에 머문다고 보며, 충남 당진 송악(347)에서는 대들보 아래에 성주가 거한다고 믿는다. 따라서 이들 지역에서는 속절을 맞아 가신을 위할 경우 해당 공간에서 의례와 함께 음식을 올린다.

한국 명절의 의례 장소와 신앙대상은 설날과 대보름, 추석과 동지의 경우 대개 집안이며, 그 대상은 조상과 성주가 주를 이룬다.

([표1] 참조.) 2월 1일과 칠석의 경우 부엌(살강)이나 장독대이며 각각 영등 할매와 북두칠성 등이 주된 신앙대상이다. 유두와 백중은 주로 논과 밭이며 자연신에게 풍농과 비를 기원한다.

[표1] 동지에 팥죽을 올리는 민간신앙 대상

헌죽(獻粥) 대상	출현 지역 수	헌죽 대상	출현 지역 수
성주	101	터주	9
조왕/ 부엌(정지)	37 / 4	광(곳간)	5
조상	34	쌀독(터 · 용단지)	5
삼신	24	마구간(외양간)	4
장독대(장광)	11	샘	1

*출처: 〈국립문화재연구소, 『세시풍속』〉 지역 편 9편 전체. 471개 조사지역의 동지풍속에서 민간신앙의 헌죽 대상을 추출함.

3. 인구의 변화와 가족의 해체

노인인구의 변화와 고령화 및 대가족의 해체, 그리고 1인 가구의 증가도 명절 문화의 쇠퇴에 큰 요인이 되고 있다. 특히 2020년 하반기부터 한국은 출생인구 대비 사망인구가 더 많은 자연인구 감소국가에 돌입할 것으로 전망돼 명절 쇠기의 환경은 더 악화될 것으로 예상되고 있다.

명절이 전통이란 점에서 명절은 이들 전통에 익숙한 노인층을 중심으로 계승돼 왔다. 따라서 산업화 이전을 경험한 노인 세대의 감소와 이들 인구의 고령화는 명절 쇠기의 감소를 부추기고 있다. 통계청 자료에 의하면 2018년 65세 이상 고령인구 비율은 14.3명이며, 2020년에는 15.7명에 이를 것으로 전망되고 있다.

[표2] 한국의 1인 가구인원 및 독거노인 가구 비율

연도	1인 가구 인구	독거노인 가구 비율(%)	조출생률(명)	조혼인율(명)
1970			31.2	9.2
1985	660,941		16.1	9.4
1990	1,021,481		15.2	9.3
2000	3,170,675	3.8	13.5	7
2010	4,142,165	6.1	9.4	6.5
2018	5,848,594	7.2	6.4	5.4

*자료 출처: KOSIS 국가통계포털(http://kosis.kr/) -〈인구동태건수 및 동태율 추이〉
**조혼인율 · 조출생률은 인구 천 명당 비율.

또한 1인 가구는 1985년도에 66만여 명에 불과했지만 2018년에는 585만여 명으로 33년 만에 9배가량 크게 늘었다. 즉 한국의 가족 체계는 점차 대가족→ 핵가족→ 1인 가구로 변화하고 있고, 이는 명절이 대가족 체계에서 형성·유지됐으며, 가족의 유대감을 확인하는 문화적 장치라는 점에서 명절 기념의 기초적 토대가 점차 상실되고 있음을 의미한다.

여기에 더욱 심각한 것은 통계청의 인구 추계결과 한국 사회는 2020년 하반기 이후 사실상의 인구 감소 사회에 진입한다는 점이다.[10] 통계청 인구 추이와 언론보도에 의하면 늦어도 2020년 6월부터는 인구의 자연감소가 시작되고, 외국인의 국내 유입을 감안하더라도 2030년부터는 인구의 순감소로 이어진다는 것이다. 이에 따라 한국 인구는 2028년 5194만 명을 정점으로 줄기 시작해 2067년에는 3929만 명으로 4천만 명 미만의 인구가 될 것으로 전망되고 있다. 이는 그만큼 명절을 유지하고 부양할 실질적 인구가 감소해 대

책마련이 시급함을 보여준다.

4. 민주적 가치의 확산과 남녀평등

정치제도와 가치의 변화는 명절 쇠기 환경에 큰 영향을 미치고 있다. 한국 명절의 대표 의례는 차례이며, 이 의례는 유교의 제사에 속한다. 때문에 명절 의례에는 유교의 가치와 이 가치를 파생시킨 왕조시대의 정치 이념이 담길 수밖에 없다. 또한 성주위하기 등의 민간신앙의례도 전통시기의 가치와 신앙적 색채를 띠고 있다. 따라서 이들 의례는 현대의 정치 제도 및 가치와 조화되기 어렵다고 할 수 있다.

민간신앙 의례의 경우, 조선초기에도 음사와 미신으로 치부될 정도로 당시의 시대적 가치와 맞지 않았으며(강상순 2016, 108) 차례에는 유교의 봉건적 가치와 사상이 내포돼 있기 때문이다. 기원전 5세기 무렵, 공자는 가족 간의 혈연의식에 기초한 질서를 사회 전체에 적용해 주(周)나라 시대의 문화적 전통을 계승하려 했다. 이 질서는 종손이 제사를 지낸다는 종법(宗法)과 영지는 천자와 혈연이 가까운 순으로 배분돼 통치한다는 봉건(封建)제도가 기반이 됐으며, (박원재 2002, 25) 제사는 이를 구현하는 수단이었다. 따라서 제례의 한 형식으로써 명절 차례는 종법 질서와 봉건적 사상 및 가치를 실천하는 행위라고 할 수 있다. 그 결과 여성은 제수 장만을 비롯한 가사노동을 전담하지만 제사에는 직접 참여하지 못하고 서열상 남성의 밑에 머문다. 남성들도 사정은 비슷해 종손(장손, 장남)과 차손(차남)의 서열이 구별되고, 제사는 이 같은 위계질서를 확인하고 공고히 하는

역할을 한다.

이 같은 제도와 구조는 결혼한 여성 상당수가 자신의 부모나 친정 가족과는 명절을 함께 지내지 못하고 친정 제사에는 참여가 어색한 사회 환경을 만들며, 결과적으로 여성에 대한 차별과 소외로 이어진다. 이는 외가와 친가를 구분하지 않는 현대의 보편적 정서에 맞지 않는 것은 물론, 여성들의 경우 '근본에 보답[報本反始]'[11]하는 것을 덕목으로 여기는 유교의 가치와도 반하는 결과에 처하게 된다.

따라서 남녀평등과 여권신장, 부계와 모계를 구분하지 않는 사회 환경, 그리고 민주적 정치제도의 현대 사회에서 차례는 명절 쇠기를 어렵게 하는 중요 요인이 되고 있다.

5. 명절 쇠기의 기피 풍조

'더도 말고 덜도 말고 늘 가윗날만 같아라' 하는 속담이 있듯, 산업화 이전 명절은 즐거운 날이었다. 『열양세시기』에 나타나듯 추석에는 비록 가난한 시골사람일지라도 술을 빚고 닭을 잡아 넉넉한 명절을 지냈다. (雖窮鄕下户 例皆釀稻爲酒 殺鷄爲饌肴) 그런데 현대에 들어 많은 한국인에게 명절은 번거롭고 부담스런 의례일이 되고 있다. 이는 명절과 제사를 폐지해달라는 '국민청원'과 명절을 즈음한 연휴에 많은 한국인이 해외여행에 나서고 있는 것에서도 확인된다.

청와대 홈페이지에는 명절과 제사 폐지를 청원하는 글이 다수 게재돼 있다. 한 청원인은 '국민 대다수가 스트레스 받는 명절 폐지를 간청한다'고 했으며, 또 다른 청원인은 추석과 설날 명절을 하나로

줄여 달라고 요청했다. 언론보도 또한 청와대 게시판을 인용해 '누구를 위한 명절이고 제사인지 의문'이며, '본 적도 없는 남의 조상을 위해서 여성들은 왜 시간과 생활을 희생해야 하느냐', '명절과 제사가 시대에 맞지 않는 풍속이자 성 불평등의 원인', '가족 사이를 불편하게 하는 명절'이라는 등의 명절에 대한 인식을 보여주고 있다.[12]

이와 함께 명절 연휴에 해외여행을 가는 인구수(출국자수)도 크게 늘고 있다. 언론보도와 출입국통계 자료에 의하면[13] 지난 2011년 설 연휴동안의 출국자는 174천여 명이었으나 2016년에는 333천여 명으로 크게 증가했다. 특히 2017년 추석 연휴에는 무려 102만여 명이 출국했다. 매년 수십만 명이 명절을 쇠는 대신 외국행을 선택하며, 명절을 여가활용의 기회로 삼아 기피하는 결과로 이어지고 있다.

이 같은 명절 기피의 주된 배경은 무엇보다 번거로움과 과도한 가사노동이라고 할 수 있다. 명절 쇠기는 의례와 가족 모임에 소요될 음식물 등의 구입과 장만으로 시작돼 차례상을 차리는 과정으로 이어진다. 상차림에만 떡, 탕, 포, 나물, 생선, 지짐류, 산적류, 당과류, 과실, 술 등 최소 10가지 이상 소요되며 각 명절에 따라 떡국과 송편 등의 절식이 추가된다. 여기에 가족과 친지 대접을 반복하며, 이 가사노동은 대부분 여성이 담당한다. 이로 인해 여성들의 가사노동량은 감내 수준을 넘어서게 된다. 부당한 노동 환경에 반대하며, 남녀평등과 삶의 우선적 가치를 학습하고 경험한 대다수 여성과 한국인에게 이 같은 명절 쇠기는 수용하기 어려울 수밖에 없다.

명절에 대한 한국인의 인식은 설문조사와 선행연구에서도 뒷받침된다. 본 연구가 고교생과 직장인을 대상으로 명절인식을 조사한 결과, 명절하면 '많은 음식장만', '차례 지내기', '친척집 방문' 등이

연상된다고 답했으며, 명절의 과도한 가사노동을 줄이기 위한 해결책으로 '나눠서 일하기', '음식 줄이기', '의례의 생략' 등을 선택했다. ([표3] 참조.)

[표3] 일반인 및 고교생의 명절 인식

질문지 내용	응답내용	응답자 수		
		고교생	일반인	합계
		141	116	257(%)
1. 명절하면 떠오르는 2가지?	많은 음식 장만	104	59	163(63)
	차례(의례) 지내기	63	74	137(53)
	친척집 · 손님 방문	79	37	116(45)
2. 가사노동을 줄이기 위해 가장 필요한 것?	나눠서 일하기	90	51	141(55)
	장만 음식 줄이기	36	54	90(35)
	차례(의례)의 생략	25	32	57(22)
3. 명절은 계속 유지 · 계승돼야 한다?	매우 그렇다	40	27	67(26)
	그렇다	71	70	141(55)
	그렇지 않다	30	19	49(19)

*조사 대상(257명): 고교생 141명(광주광역시 인문계), 일반인 116명(전남 · 북 지역 공무원)
**조사 일시 및 방법: 2019년 5월 21일~24일 / 설문지 응답 / 1, 2번 문항 중복응답 포함.

또 다른 설문조사는 명절의 과도한 가사노동이 부부싸움이나 파산과 맞먹을 정도로 주부(여성)들에게 심각한 스트레스를 주며(유명숙 2018, 19) 이 때문에 대다수 주부(77.3%)들은[14] 사후의 본인 제사를 희망하지 않고, 응답자의 45%는 (의례 없이) 고인이 생전에 즐겨 먹던 음식 5가지가 제수 음식으로 적당하다고 답했다. 특히 응답자의 32%(113명)는 제수와 의식(의례) 모두를 생략하고 마음만으로 제

사를 지내야 한다고 밝혔다.[15] 이처럼 다수의 한국인은 명절에 큰 부담을 느끼며 이는 명절 기피로 이어지고 있다.

III. 명절을 쇠는 방식으로써 의례와 절식

1. 의례의 종류

한국 명절의 기념방식은 의례의 시행과 절식의 마련으로 대표된다. (김용갑 2018b, 269.) 1년을 주기로 계절과 월에 따라 행해지는 풍속이 세시풍속이고, 이들 중 많은 사람들에 의해 기념되거나 축하되는 날이 속절(俗節)이다. 그리고 이 중 대다수가 참여하는 이름 있는 속절이 명절(名節)이다. (선희창 2010, 136.) 본 연구는 속절과 명절의 의미에 큰 차이가 없는 만큼 명절로 통칭하거나 혼용했다.

한국의 명절은 고려시대 9대 속절에서 조선시대에 4대 절사 또는 5대 절향으로 집약되고, 현재에 이르러서는 추석과 설날만이 대다수에 의해 기념된다. 그리고 음력 1월 15일의 대보름과 양력 12월 22일 무렵의 동지에는 상당수 지역에서 의례가 생략된 채 오곡밥(찰밥)과 팥죽 등을 차려 기념한다. 이와 함께 일부 농촌지역을 중심으로 음력 6월 15일의 유두와 7월 7일의 칠석, 그리고 7월 15일의 백중에도 간단한 의례나 밀(개)떡, 부침개 등을 장만해 기념하는 풍속이 있다. 한국 세시풍속의 특징은 대보름, 유두, 백중, 추석에서 나타나듯 보름과 관련성이 깊고 특히 대보름은 중국으로부터 역법 도입 이전의 설로 보기도 한다. (이화형 2015, 329.)

명절을 쇠는 방식으로써 의례는 크게 유교의 제사의례인 차례와 성줏상 차리기 등의 민간신앙의례로 대별된다. 이들 의례 중 차례의 출현빈도가 가장 높으며 설과 추석에 집중적으로 나타난다. 차례는 유교의 의례인 제사는 물론, 천신(薦新) 의례(송재용 2007, 202)까지도 포함하는 명칭이며, 지역과 집안에 따라 제사, 차사 등으로도 불리고 차례 단독이나 차례+성줏상 차리기 형식으로 출현한다. 차례는 명절이나 절기의 제사인 참례(參禮)에서 유래해 16세기부터는 제사를 뜻하는 단어로 정착됐고 민간에서 그 사용이 확대됐다. (최배영 2017, 7-9.) 차례가 한국인 다수에 의해(명절)의례로 정착된 것은 조선 후기로(권오영 2010, 473) 『주자가례』의 다양한 의례를 수용하고 실천한데 따른 결과였다. (임영정 2002, 154.)

명절에서 차례와 함께 병행되거나 단독으로 행해지는 의례로는 성줏상 차리기[16] 등의 가택신 의례가 있다. 대보름과 동지에서 주로 나타나며, 본 연구에서는 이들 의례를 '민간신앙의례'로 칭했다. 명절에서 이 의례는 주로 성주나 삼신, 조왕, 장광, 장독대 등을 대상으로 행해지며, 신앙대상은 지역과 집안에 따라 다르고 다양하다. 민간신앙의례의 두드러진 특징은 유교의 차례에 비해 차리는 음식 가짓수가 적고 형식이 간소하다는 점이다. 예컨대 많은 지역과 집안에서 성줏상은 별도로 차리지만 음식 수는 3~4가지에 불과하며 일부에서는 상차림 없이 음식을 바닥 등에 놓는 것으로 의례가 행해진다.

이 밖에 명절 쇠기의 의례로는 대보름과 동지 등에 주로 나타나는 절식(음식) 뿌리기와 떼어두기 등을 들 수 있다. 이들 의례는 어떤 형식 없이 신앙대상에게 직접 음식을 드리고 기원한다는 측면에

서 의례의 시원 격으로 이해될 수 있다. 이 의례는 동지의 팥죽 뿌리기를 제외하고도 『세시풍속』에서 40회 이상 확인된다.

이들 의례 외에 비손이나 고사, 그리고 단오의 '쑥 걸기'[17] 및 (애)동지에서 나타나는 의례 생략하기의 '無의례'[18]도 넓은 의미의 명절 쇠기 방식이라고 할 수 있다.

2. 절식의 종류

명절을 쇠는 한 방식으로써 절식은 대부분 떡이거나 떡과 관련된 음식이다.[19] 이는 한국의 명절이 탄생하고 발달된 고대 농경 사회에서 쌀은 귀한 음식이며[20] 떡은 이 귀한 쌀을 다량 사용해 만들어졌고, 귀한 것을 조상과 신에게 올린다는 인식에서 비롯된 것으로 여겨진다.[21] 이런 인식에서 유두와 백중의 절식인 부침개와 개떡 등은 다수의 지역에서 그 재료가 밀이고 형식도 전을 부치는 것임에도 '밀(개)떡' 등으로 떡 명칭이 사용되고 있다.[22]

이들 절식은 오랜 시간을 걸쳐 그 종류가 변화하며 절식으로 발전했다. 조선시대의 문헌은 절식의 변화상을 보여준다. 『택당집』(1647년)은 보름날의 약반, 3월 3일(삼짇날)의 쑥떡, 초파일의 송편, 유두의 수단, 그리고 칠석의 상화와 중구의 인절미를 기록하고 있다. (上元藥飯 三三日艾餠 燈夕松餠 流頭日水團 七夕霜花之類 重九引餠.) 반면 『도곡집』(1766년)과 『지수재집』(1878년)은 삼짇날의 송편, 칠석의 상화, 중구의 국화전, 그리고 동지의 팥죽을 적고 있다.[23] 이 같은 속절의 음식은 현대에 들어 설날의 떡국, 대보름의 오곡밥(찰밥), 추석의 송편, 그리고 동지의 팥죽으로 보편화됐다.

설날의 절식인 떡국은 ‘병탕(餠湯)’(『열양세시기』), ‘탕병(湯餠)’(『경도잡지』), ‘첨세병(添歲餠)’(『청장관전서』) 등으로 불렸으며, ‘탕병(湯餠)’이 『사가시집』에 출현하는 것으로 미루어 최소 15세기 중기에는 식음됐다고 할 수 있다. 하지만 이는 득남 잔치인 ‘탕병회(湯餠會)’의 음식이었으며, (제2권, 시류. 病客未參湯餠會) 조선시대 여러 문헌에 ‘탕병’의 경우, 국물에 국수를 넣은 것도 의미해 현재와 같은 떡국인지는 불분명하다.[24] 탕병의 경우 중국 한나라 시기 병(餠) 중에서 가장 보편적인 음식이었으며, 물에 삶은 작은 면 조각이나, 증병을 조각내 물에 삶은 것을 지칭했다. (왕런샹 2010, 226.) 기록상 떡을 사용한 설날 떡국은 최소 18세기 중엽으로, 『성호전집』은 ‘정조에 떡국을 올리는데 떡을 잘라 만든 것’이라고 기록하고 있다.[25] 떡국이 설날 음식으로 대중화된 시기는 1970년대로 쌀의 자급에 따른 결과였다.

대보름의 절식은 오곡밥과 찰밥이지만 오곡밥 명칭의 출현빈도가 월등히 높다. 또 일부의 지역과 집안에서는 오곡밥과 찰밥을 동일한 의미로 사용한다.[26] 이는 많은 지역에서 오곡의 하나로 찹쌀을 넣는데 따른 것으로 풀이된다. 그런데 일부에서는 보름을 전후해 하루는 오곡밥을 먹고 다음날은 찰밥을 먹는 식으로 엄격히 구분하기도 한다. 찰밥은 문헌 기록상 다른 절식들보다 그 역사가 가장 깊다. 13세기 문헌인 『삼국유사』(권1, 기이, 사금갑)에 오기일의 나반(糯飯)으로 등장하며(十五日爲烏忌之日以糯飯祭之) 『경도잡지』도 대보름 찰밥은 신라시대부터의 풍속이라고 적고 있다. (糯米飯 新羅舊俗也.) 따라서 이들 기록에 의하면 한국인은 488년 이후부터 찰밥을 대보름의 절식으로 먹었다.[27]

2월 1일 ‘영등’에서는 쑥떡과 시루떡(백설기)이, 그리고 나이떡으

로는 대부분 송편이 빚어진다. 쑥떡의 경우 『거란국지(권27)』(1180년)에 발해와 관련해 등장한 것으로 미뤄 그 역사가 1천 년 이상이라고 할 수 있다.[28]

단오의 절식으로 흔히 수리취떡을 들지만 가장 출현 빈도가 높은 떡은 쑥덕이다. 이는 수리취떡의 재료인 수리취가 해발 1,300미터 이상의 고지대에서 자생해(안완식, 2009, 326) 남한 대다수의 지역에서 채취가 불가능할 뿐만 아니라, 그 명칭이 쑥의 푸른빛에서 와전됐기 때문이다.[29] 이런 이유로 쑥떡의 출현비율은 수리취떡보다 배 이상 높다.[30]

유두와 칠석, 백중에는 밀(개)떡, 국수, 부침개 등이 주로 마련되며 대부분 유두와 칠석에 빚어진다. 이들 음식은 대다수 한국인들이 쌀로 만든 음식을 떡으로 인식한다는 점에서 떡과는 다소 거리가 있다. 그럼에도 다수의 지역에서는 개살구 등에서 나타나듯, 그 대상에 버금간다는 의미의 접두사 '개'를 붙이지 않고 바로 '밀떡'으로 칭하고 있다. 무안 해제(467)의 경우 단오와 마찬가지로 밀떡을 만드는데 이를 두고 '유두떡'이라고 부른다.

추석의 대표절식인 송편은 기록상 송병(松餠)과 함께 '엽자발발(葉子餺餺)(송편)'(『동문유해』(1748년), '엽발(葉餺)'(『월여농가』(1861년), 『명물기략』) 등으로 나타난다. '엽발(葉餺)'에서 살필 수 있듯, 송편은 식물의 잎에 싸서 가공하는 방식에서 기원해 잎 대신 곡물 반죽을 사용하는 주악 형태로 빚어진 것으로 보인다. 이후 작게 빚어 기름에 튀기는 주악과 크게 빚는 송편 형태로 나뉘어 정착했다고 할 수 있다. (김용갑 2018a, 191.) 송편이 추석의 대표 음식으로 대두된 시기는 떡국과 마찬가지로 1970년대 쌀의 자급 이후다.

동지를 기념하는 절식은 팥죽과 '동지떡'이다. 이는 동지가 음력으로 11월 초에 위치하면 애동지로 치부하고 이때는 많은 지역에서 팥죽 대신 팥이 들어간 떡을 하기 때문이다. (김용갑 2018b, 269.) 팥죽과 관련한 기록은 14세기 시문집에 '두죽(豆粥)'(『익재난고』, "齊奴豆粥咄嗟烹"; 『목은고』(권10), "豆粥如酥翠鉢")으로 출현하며, 『도은집』(권2)(두미-豆糜)과 이어 『춘정집』(1권)(두미-豆糜), 『용재총화』(2권)(두죽-豆粥)에 등장한다. 두미(豆糜)와 두죽(豆粥)이 팥죽임은 『목은집』(권24)의 "팥을 삶아서 죽을 쑤니 붉은 빛이 짙게 감돈다"는 기록에서 확인된다. (小豆烹爲粥 光浮赤面濃.) 팥죽은 고려 중기 이전에 대중화됐다. (최덕경 2005, 207.)

3. 『세시풍속』에 나타난 명절의 의례와 절식

본 연구는 한국 명절의 상세한 기념 풍속을 살피기 위해 국립문화재연구소가 발간한 『세시풍속』을 주요 자료로 활용했다. 이 책자는 2000년 초 간행됐으며, 남한 내 9개 행정구역을 471개 조사지역으로 나눠 조사 당시의 세시의례, 음식, 속신과 신앙, 민속놀이 등을 수록한 것은 물론, 피조사자들의 기억 속에 남아있는 1970년 이전의 세시풍속까지 담고 있다. 한국 명절 쇠기 방식의 미래 방향성을 살피기 위해 『세시풍속』에 나타난 대보름, 2월 1일, 유두, 칠석과 백중, 그리고 동지 관련 의례와 절식을 분석했다.

[표4] 『세시풍속』에 나타난 명절의 절식과 의례 출현 지역 수

속절	절식			의례	
		출현 지역 수	출현비율	출현 지역 수	출현비율
설날	주식류	421	89	471	100
	떡류	168	36		
대보름	절식	461	98	208	44
2월 1일	절식	232	49	224	48
단오	절식	165	35	74	16
유두	절식	202	43	178	38
칠석	절식	131	28	267	57
백중	절식	71	15	109	23
추석	송편	386	82	463	98
동지	팥죽	465	99	229	49

*출처: 〈국립문화재연구소, 『세시풍속』〉 지역 편 9편 전체에서 명절의 절식과 의례를 추출해 수치화 함. 동지의 의례 출현 지역 수는 '팥죽 뿌리기'를 제외한 수치임.

1) 의례

『세시풍속』에 나타난 한국의 9개 명절의 절식과 의례 출현 빈도는 위의 표에서 나타나듯 절식의 경우 동지〉 대보름〉 설날〉 추석〉 2월 1일〉 유두〉 단오〉 칠석〉 백중 순이다. 의례는 설날〉 추석〉 칠석〉 동지〉 2월 1일〉 대보름〉 유두〉 단오〉 백중 순으로 출현 지역수가 많다. 따라서 산술적으로 절식을 마련하는 빈도에 따른 한국 최대 명절은 동지와 대보름이며, 의례를 행하는 빈도 측면에서는 설날과 추석이라고 할 수 있다. 이는 명절 쇠기가 절식보다는 의례에 비중을 두고 있고, 이들 의례는 대부분 차례라는 점에서 한국 명절의 유교 영향을 살피게 한다. 그런데 한국 명절 쇠기는 표면상 유교의 차례가 지배적이지만 실제는 유교의 의례라고 보기 어려운 측면

이 많다. 무엇보다 많은 지역과 집안에서 차례와 함께 성줏상 차리기 등의 민간신앙의례를 병행하기 때문이다. 전주 완산 효자(182), 고성 동해(472)에서는 설 차례상을 차리기 전 성줏상을 먼저 차리며, 이는 성주가 조상의 어른으로 인간이 나기 이전에 집이 있었다고 보기 때문이다. 전북 장수 장계(536), 전북 김제 요촌(48)과 남원 운봉(69)에서는 성줏상을 마루에 차리며, 임실군 임실(479)에서는 성줏상→ 삼신상→ 차례상 순으로 설 명절을 지낸다. 이처럼 차례와 성주 등의 가신을 위하는 의례는 유두에 여수 돌산(191), 부안군 부안(368)지역 등에서 나타나며, 추석의 경우 부여군 부여(416)와 부여 임천(449), 서천 한산(482)에서 출현한다. 또한 강원 고성 동해(485)에서는 동지에 팥죽을 쑤면 삼신, 조왕, 성주 앞에 떠 놓고 비손하는 등 가택신 관련 신앙의례는 상당수 지역에서 나타난다.

대표적 의례인 차례는 거의 모든 명절에서 출현하지만 추석과 설날 차례의 대부분을 제외하고는 유교적 의례와는 다소 거리가 있다. 신주나 지방을 마련하지 않은 채 행해지기 때문이다. 이는 제사를 받는 조상이 정해지지 않는다는 점에서 유교의 제사로 보기 어렵고, 오히려 철에 따라 새로운 음식을 조상에게 올리고 한해 농사의 풍년을 기원하는 천신이나 고사에 가깝다. 이 같은 비유교적 의례는 대보름과 동지, 2월 1일, 유두, 백중 등에서 두드러지게 나타난다. 이들 차례의 특징은 형식과 절차도 매우 간단하고 차리는 음식도 간소하다는 점이다. 함평군 함평(825)에서는 보름날, 오곡밥과 나물, 탕 등 3가지 음식만을 준비한 상을 성주·조왕·장독에 올리며, 완도 고금(681)은 보름에 찰밥으로 차례상을 차리지만 고기나 떡은 준비하지 않는다. 또한 구례군 구례(366)는 보름날 오곡밥으로 차

례를 지내지만 수저는 올리지 않는다. 또한 칠석에 당진 송악(368)에서는 뒤란의 중앙에 짚을 깔고 간장만으로 끓인 미역국과 큰 양푼에 수저 7개를 꽂은 제물을 차려 동서남북에 재배하고 칠성(아이를 돌보는 신령)을 위하며, 동지에 강릉 주문진(29), 강릉 옥계(36), 속초 대포(94) 등에서는 팥죽 그릇에 숟가락을 꽂아 놓고 차례나 제사를 지낸다. 이와 엇비슷한 의미의 차례는 함평 나산(797), 무안 청계(495)를 비롯해 군산 나포(31)와 김제 금산(40), 보령 천북(92) 등에서도 나타난다. 또한 백중에 여수 화양(229)에서는 오곡밥을 지어 조상에게 차례를 지내지만 절은 하지 않고 상만 차려두며, 전북 남원 운봉(81)에서는 풋것으로 간단히 전을 부쳐 차례상과 성줏상을 차리고 비손만을 한다.

이와 함께 음식 차리는 형식도 간단하다. 설에 익산 함라(148)에서는 메를 시루째 올리거나 큰 양푼에 담아 차례를 지내며, 단오에 정읍 옹동(235)에서는 성줏상에 미역국·밥·과일만 놓고 반찬이나 수저 없이 차례를 지낸다. 이들 풍속은 의례가 행해지는 많은 지역에서조차 의례보다는 절식 위주의 간단한 명절(속절) 쇠기를 하고 있음을 살피게 한다.

명절별 의례는 2월 1일이 가장 다양해 '영등 지내기', '나이떡 먹기', 그리고 머슴날 풍속 등이 지역에 따라 다르거나 혼합돼 출현한다. 영등은 경남, 경북을 중심으로 충남, 충북에서, 나이떡은 경기도를 중심으로 충남 등에서 비중 있게 나타난다. 유두와 백중은 농사와 관련된 농신제 및 고사 등이 주를 이루며 칠석은 북두칠성 기원과 불공이 다수를 차지한다.

2) 뿌리기 및 떼어두기(놓기) 의례

본 연구는『세시풍속』자료를 활용해 (팥죽)뿌리기와 (떡)떼어두기 등을 명절을 쇠는 의례의 한 유형으로 구분했다. 대보름과 동지 등에서 주로 나타나는 이들 의례는 그 형식과 의미가 고수레나 주술행위의 성격을 띠지만 신앙대상에게 직접 음식(제물)을 드리고 기원한다는 측면에서 차이가 있다. 다수의 집안에서는 팥죽을 집 안팎에 뿌리거나 농사의 풍요를 기원하며 음식을 조금 떼어놓는 방식으로 의례를 지낸다. 경북 청도 매전(814)에서는 대보름날 소금과 흰밥 등을 물가에 뿌려 태평을 기원하며, 양산 물금(272)에서는 유두에 농사가 잘되게 해달라고 떡이나 밀전병을 사방에 뿌린다. 또한 춘천 서면에서는 칠석에 음식을 조금 떼어 풍농을 기원하며 논에 던진다. 이와 유사한 뿌리기의 경우 대보름, 유두, 칠석, 백중, 동지에서 출현하며, 떼어두기는 대보름, 유두, 칠석에서 나타난다.

이들 의례는『구당서』(其俗多淫祀)와『고려도경』(其俗淫祠鬼神)의 음사(淫祠)기록에서 살필 수 있듯, 한민족이 다양한 대상을 신으로 섬기고 자주 의례를 행한 것이 하나의 배경이 된 것으로 여겨진다. 이 같은 의례 환경에서 매번 정성들여 신을 대접할 수도, 모든 신을 동등하게 대접할 필요도 없으며, 번거로운 형식으로는 많은 신을 한 번에 모실 수도 없다. 이런 이유가 복합적으로 작용해 뿌리기와 같은 원시의 초기 의례가 한국인의 의례로 지속됐다고 볼 수 있다. 그 결과 신께 드리는 양은 적어 떡의 경우 조금씩만 떼어 두고 팥죽은 국물을 뿌렸으며, 식도구를 생략하고 신앙대상이 머무는 장소에 직접 놓거나 뿌리는 행위로 나타났다고 할 수 있다.[31] 이는 산신제나 묘제 등에서 살필 수 있듯, 상차림이 없는 형태의 의례('무(無)상차

림')가 현재까지도 행해진다는 점에서 뒷받침된다. 따라서 무언가를 뿌리거나 떼어두기는 한민족 고유의 천신 또는 제사 방식이었거나 이와 관련된 의례형식이었다고 볼 수 있다. 즉, 상차림은 후대의 식도구이며 고대인의 관점에서 제의나 축제에서 중요한 것은 귀한 음식을 신께 드리는 행위 자체일 수 있고, 이런 인식에서 짚 등을 깔거나 맨 바닥에 직접 음식 등의 제물을 드렸으며, 이 전통이 현대의 일부 속절 풍속에까지 남았다고 추정할 수 있다.

『세시풍속』은 이들 의례와 관련한 다양한 명절 풍속을 보여준다. 대보름에는 찰밥(오곡밥)과 떡 등을 집 주변에 뿌리거나 이들 음식의 일부를 장광이나 부엌, 마루 등에 떼어 놓았다. 유두와 백중에도 떡 등의 음식을 물구멍이나 논두렁에 뿌리거나 놓아두었다. 특히 동지에는 거의 대부분의 지역과 집안에서 집 안팎 곳곳이나 가택신이나 머무는 장소에 팥죽을 뿌리거나 떡을 놔뒀다.

따라서 뿌리기는 귀한 것을 신에게 바쳐 원하는 바를 이루려는 한민족의 무속적 신앙관과 관련되며, 뿌리기는 행위의 결과적 측면에서 주술적 행위로 볼 수도 있지만, 행위와 기원의식이라는 전체적 맥락에서는 신을 대접하고 복을 구하는 의례의 한 형식에 속한다. 이런 측면에서 동지의 팥죽 뿌리기[32]와 묘제에서의 술 뿌리기, 그리고 액막이로써의 소금과 물, 죽 뿌리기 등은 모두 신에게 귀한 것을 드려 해악을 막고 복을 구하는 의례의 일종으로 볼 수 있다. 팥죽, 술, 소금, 물은 생명 유지의 필수품으로 시대와 지역에 따라서는 귀한 제물에 속하기 때문이다.

따라서 한국 명절 쇠기에서 나타나는 이 같은 뿌리기와 떼어두기는 신을 대접하는 의례의 한 형식으로 신앙대상에게 적은 양의 음

식을 떼어 두거나 뿌리기→ 놓아두기→ 짚이나 자리를 깔고 놓아두기→ 상차림으로 변화했다고 할 수 있다.

3) 절식

추석과 설날을 제외한 명절별 대표 절식은 동지 팥죽이 전체 471개 조사 지역 중 465곳에서 출현했으며, 오곡밥은 365곳에서 출현해 각각 99%와 84%의 출현빈도를 보였다. 하지만 찰밥, 잡곡밥, 보름밥 등 오곡밥과 유사한 형태는 453곳(96%)이며, 떡 등의 기타 절식까지 포함할 경우, 대보름의 절식 출현빈도는 461개 지역으로 98%에 달한다. 이는 한국의 명절(속절) 쇠기가 절식 위주임을 보여주는 대표적 사례로 위의 표에서 살필 수 있듯, 대보름과 동지의 절식 출현 빈도는 이들 의례의 출현빈도인 49%와 44%에 비해 배 이상 차이가 난다. 유두에서도 의례 대비 절식의 출현빈도가 5%가량 높다. 물론 칠석과 백중은 반대로 의례의 출현빈도가 높다. 그런데 이들 속절은 각각 도교 및 불교와 연관되며, 이로 인해 이날 불공을 드리거나 북두칠성에게 기원하는 의식이 많은 것에서 비롯된다. 따라서 산업화와 도시화 및 농업의 쇠퇴 등의 영향으로 대보름과 동지, 유두 등의 기념이 크게 줄고 반면, 추석 등은 크게 확산됐음을 고려할 때, 절식 위주의 명절 쇠기는 유교의 차례 도입 이전은 물론 이후에도 크게 성했던 명절을 지내는 방식이자, 한민족의 유구한 의례전통임을 살필 수 있다.

[표5] 대보름 등의 속절에 나타난 주요 절식(떡)의 출현 지역 수

속절	대보름		2월 1일			유두			칠석			
절식종류	오곡밥	찰밥	송편	시루떡	쑥떡	부침개	밀떡	밀개떡	밀떡	백설기	시루떡	부침개
강원(54)	54	20	11	12		6	2		3			5
경기(82)	82	6	68	2		9	15	2	33	3	2	15
경남(66)	64	2		2	10	1	5	1	1		1	
경북(71)	35	30	3	8	10	1	6	3				
전남(66)	58	11		3	3	5	9	9	1		3	
전북(42)	29	19		2		4	1	8	1		3	
제주(12)	3	3										
충남(45)	41	7	5	1		6	1	4	1	8	7	
충북(33)	29	3	10	3		10	1			13	6	1
합계(471)	395	101	97	33	23	42	40	27	40	24	22	21

*출처: 〈국립문화재연구소, 『세시풍속』〉 지역 편 9편에 출현한 대보름 · 2월 1일 · 유두 · 칠석의 주요 절식을 추출해 수치화 함.

명절별 절식은 2월 1일의 경우, 충청 이북 지역에서는 나이떡으로 송편의 출현 비중이 압도적으로 높다. 반면 영등 권역인 경상도와 경상도 인근의 산악지역 및 전남해안가, 그리고 섬진강 유역 등은 백설기, 쑥떡, 시루떡, 송편, 오곡밥 등의 다양한 절식이 출현한다.

음력 6월 15일, 유두의 절식은 밀(개)떡과 국수이며, 밀가루로 만든 밀(개)떡이 67곳(14%)으로 출현빈도가 가장 높고 전남과 경기에서도 다수 출현한다. 경기 광주시 광주(88)에서 호박을 넣은 부침개를 밀떡이라고 하는 것에서 나타나듯, 평택, 안양을 비롯해 경기 일

부지역은 부침개를 밀떡으로 부르며, 진도 임회(798) 등의 전남 일부 지역은 이를 밀개떡으로 칭한다. 국수는 밭농사가 많은 충북과 경북에서 출현빈도가 높게 나타났다.

Ⅳ. 명절 쇠는 방식의 방향성

1. 현대의 가치 및 사회 · 문화와 생활환경의 수용

한국 명절의 환경은 크게 바뀌었다. 따라서 이에 걸맞은 변화 없이 옛 방식을 고수할 경우 산업화 이후 민속놀이와 여러 세시풍속이 거의 사라지거나 축소된 것처럼 명절 자체가 소멸될 수도 있다. 이 같은 우려를 해소하고 대다수가 실천할 수 있는 명절 쇠기의 방향성은 무엇보다 변화된 현대의 가치와 사회·문화 및 생활환경을 수용하는 것이다. 이는 명절이 한 문화의 구성원 대다수에 의해 기념되는 대중성을 지니며, 이러한 대중성은 그 문화 구성원의 생활양식과 조화되고 지지를 받는 가운데 형성되기 때문이다. 즉 명절은 문화의 형성자이자 향유 층인 한국인의 가치 및 문화적, 사회적 여건과 조화돼야 한다. 그런데 한국 사회는 명절 기념이 성했던 산업화 이전과 판이하게 바뀌었다. 다수가 대학을 졸업한 높은 교육수준과 함께 세계 10위권의 경제성장, 민주주의 성숙, 그리고 높은 수준의 남녀평등 환경을 보여주고 있다. 여기에 국민 절반가량이 맞벌이 환경에서 살고 있고, 해마다 수 천만 명이 해외에 나갈 정도로 여행과 여가를 중시한다. 또한 다문화 가정과 '한류'에서 보여주

듯 한국 문화는 글로벌 문화의 중심부에 위치한다.

통계청 자료에 의하면, 2016년 현재 맞벌이는 모두 533만여 가구로 배우자가 있는 전체 1186만여 가구의 44.9%를 차지한다. 이 같은 수치는 지난 2011년 507만, 43.6%에 비해 26만 가구가 증가한 것이다.

여성의 경제활동 증가와 적극적 사회참여는 여성 공무원의 비율에서도 확연히 나타난다. 2018년 현재 전체 지방직 공무원 32만 28백여 명 중 12만 22백여 명이 여성으로 전체의 31.3%를 차지한다. 국가직 공무원이 대부분인 교원 비율은 더욱 압도적으로 높다. 2019년 현재 초중고의 전체 교사 수는 43만 21백여 명이며, 이 중 29만 41백여 명이 여성이다. 전체 교사 10명 중 7명가량(68%)이 여성인 셈이다. 특히 초등학교의 경우 여성 교원은 14만 54백여 명에 달해 10명 중 8명가량을 차지하며, 유치원은 98.5%가 여성이다.

이런 요인 등으로 한국은 지난 2015년 유엔개발계획(UNDP)의 '성불평등지수' 순위에서 세계 10위를 차지했다. 조사 대상인 전 세계 188국 중에서 한국이 10번째로 평등하다는 의미다.[33]

이처럼 한국은 높은 학력과 함께 여성의 경제, 사회적 지위가 향상됐고 남녀평등과 여권신장 면에서 크게 바뀌었다. 이는 남녀차별과 과도한 가사노동으로 상징되는 현재의 명절 쇠기가 더 이상 지속되기 어려움을 시사한다. 특히 산술적으로 30여만 명의 여성 교사가 매일 542만여 명의 초·중·고교 학생[34]들을 교육한다는 점에서 한국 문화의 미래 구성원이자 명절 기념주체가 될 학생들은 자연스런 성 평등 교육을 받고 있는 셈이며, 이에 따라 여성차별이 두드러진 명절 쇠기 방식의 변화 요구는 앞으로 더욱 거세질 전망이다. 여

성 교사들이 교실에서 보여주는 인성 훈육 담당자와 지식 전달자로서의 위치와 역할은 가장 강력하고 효과적인 성 평등의 교육이자 롤 모델이며, 명절 교육이 되기 때문이다.

따라서 생활환경과 경제적 여건이 크게 바뀌고 성적 평등이 세계 최고 수준인 현대 한국 사회에 걸맞은 명절 쇠기 방식이 요구되며, 그 방향성은 형식과 허례의 탈피, 남녀평등, 여가활동의 중시 등과 같은 보편적 가치와 정서를 담은 명절 기념방식에서 찾아야 한다고 할 수 있다.

2. 절식 중심 전통의 계승

명절은 전통문화의 계승과 민족 공동체 유지의 핵심 요소다. 따라서 명절 쇠는 방식은 전통의 계승이 우선적으로 고려돼야 한다. 명절 쇠기가 의례의 시행과 절식의 마련이란 점에서 전통의 온전한 계승은 이들 두 요소의 수용과 유지라고 할 수 있다. 하지만 의례는 과도한 가사노동과 남녀차별 등과 같은 많은 문제를 안고 있다. 따라서 명절 쇠는 방식의 방향성은 의례의 변화에서 찾아져야 하며, 그 방법은 폐지(생략) 또는 간소화라고 할 수 있다.

앞서 살폈듯, 명절의 의례는 차례와 민간신앙의례로 대표된다. 차례는 대다수 한국인이 추석과 설날에 행하며, 이 의례는 부모 공경과 조상숭배를 보여주는 제사의례에 해당된다. 때문에 차례의 간소화를 넘어 폐지 주장은 다수의 공감대를 얻기 어려워 보인다. 그런데 다수가 인식하는 것만큼 유교와 제사의례는 한국의 유구한 전통문화가 아니며, 이 의례는 18세기 들어 대다수 한국인에게 수용됐

다. (강상순 2016, 103; 이인숙 2006, 41.) 이는 5천여 년의 한민족 역사에 비추어 결코 길다고 보기 어렵다. 이런 이유로 추석 차례는 19세기 무렵의 『동국세시기』 등의 기록에도 나타나지 않는다. 특히 명절 차례의 경우 많은 지역에서 신주나 지방을 마련하지 않는 등 유교의 제사 형식에서 벗어난 형태로 행해지며, 다수의 지역에서는 명절의례가 유교와 민간신앙의례가 결합된 '차례 + 가신 위하기' 형태로 나타난다. 여기에 차례는 남녀차별과 과도한 가사노동 유발 등 현대의 정서와 가치로는 수용하기 어려운 많은 한계점을 안고 있다. 그럼에도 다수의 한국인들은 막연한 유교 숭상의 인식 속에 은연중 자신들이 실제 행하는 민간신앙의례를 열등시하고 차례를 한국의 유구한 전통으로 여기며 이의 생략(폐지)에 부정적인 반응을 나타낸다. 이는 역설적으로 명절 쇠기의 방향성이 무엇인지를 웅변한다고 할 수 있다.

따라서 전통을 계승하는 방향성은 절식 측면에서 찾아야 함을 알 수 있다. 이는 무엇보다 대보름날의 오곡밥(찰밥)과 동지의 팥죽에서 나타나듯, 한민족은 절식 위주의 명절 쇠기 전통을 지니고 있기 때문이다. 이들 절식의 역사는 산술적으로 유교의례가 유입되고 확산된 고려 말과 조선 후기에 비해 각각 삼국시대(찰밥)와 고려 중기(동지)란 점에서 시기적으로도 앞선다. 또한 이들 명절에서는 절식의 출현빈도가 의례보다 배 이상 높게 나타난다. 특히 절식의 계승은 의례가 지닌 여러 문제점을 야기하지 않으며, 추석 송편, 설날 떡국에서 나타나듯 높은 상징성을 지니고 있다.

한국 명절의 절식 전통은 대보름과 동지 외에도 농경의 세시명절인 음력 2월 1일(노비일-송편), 삼짇날(음력 3월 3일-화전), 유두, 칠석

(음력 7월 7일), 그리고 백중과 복날 등에서도 찾을 수 있다.

3. 기념 방식의 수월성

명절의 유지·계승은 그 의미와 함께 실천의 문제이고, 실천은 지내기가 얼마만큼 간소하고 손쉬운가와 관련이 있다. 따라서 명절의 의례가 많은 음식과 과도한 가사노동을 유발한다는 점에서 명절 쇠기의 수월성은 절식의 마련에서 찾아진다. 절식은 그 명절에 맞춰 대다수 한국인이 공통적으로 마련하는 음식으로 한국 명절에서는 대부분 떡이거나 떡과 관련된 음식이다. 그런데 이 떡은 만드는 데 예로부터 많은 시간과 고된 가사노동을 필요로 했다. 따라서 언뜻 보기에 떡(절식)을 마련해 명절을 쇠는 것은 쉽지 않고 방향성의 취지에 맞지 않게 느껴질 수 있다. 하지만 이는 현대에 들어 떡 만들기가 일상 음식만큼이나 쉬워졌다는 사실이 널리 알려지지 않은 데서 비롯된다. 전통사회에서 떡 만들기가 어렵고 장시간이 필요했던 이유는 밀과 달리 쌀에는 글루텐(gluten)[35] 성분이 없어(해롤드 맥기저 2011, 73-74) 가공의 어려움이 따르고, 이를 극복하기 위해 밤부터 쌀을 불리고 새벽에 만들었기 때문이다. 그런데 최근에 새로운 제분법이 개발됐고 이 제분법에 의한 쌀가루는 떡 만들기의 불편을 해소해주고 있다.(신말식 2009, 103.) 밀가루처럼 자유자재로 떡 만들기가 가능하며, 만들어진 '떡'은 생김새와 맛, 질감에서 빵이나 케이크와 같기 때문이다.(김지명·노준희·신말식 2018, 375-383.)

이는 명절과 제사의 필수품인 떡 만들기가 크게 쉬워졌고, 맛과 모양 또한 현대인의 구미에 맞게 개선됐음을 보여준다. 또한 최근

들어 이 같은 떡(쌀빵, 구운떡-자고병(炙烤餠))은 제과점에서도 구입할 수 있고 떡 제조업체수도 전국적으로 1만 3천 곳이 넘어 구매 환경도 크게 개선됐다. 따라서 절식(떡)을 장만하거나 구입해 명절을 쇠는 것은 전통을 계승하는 가장 수월한 명절 쇠기 방식이 될 수 있다.

4. 의례의 생략과 대표절식 위주의 명절 쇠기

이상과 같은 방향성에 따라 한국 명절의 쇠기 방식은 차례로 대표되는 의례를 생략하고 송편과 떡국 등만을 마련하는 절식 위주의 기념이라고 할 수 있다. 이 방식은 무엇보다 한(韓)민족이 명절을 기념하는 유구한 전통이란 점에서 설득력을 지닌다. 또한 여성 차별과 과도한 가사노동 유발이라는 현실적이고 시급한 문제를 극복할 수 있다는 장점이 있다.

특히 과도한 가사노동과 관련, 그간의 논의는 분담과 의례의 간소화 등에 초점이 맞춰져 가사노동은 당연시 되고 가사노동의 총량은 외면한 채 고통을 가족과 산술적으로 나누는 문제점을 안고 있었다. 때문에 의례의 생략은 이런 문제를 근원적으로 해소하며, 가사노동의 총량 자체를 없애는(제로=0) 방향이라고 할 수 있다.

이 같은 방향성은 또한 제사는 물론 부계 중심의 가족제도에 대한 인식에도 영향을 미칠 것으로 예상된다. 유교 제사(차례)는 '근본에 보답[報本反始]'을 가치로 조상을 받들고 종자를 공경[尊祖敬宗]하는 방법으로 실천된다. (이인숙 2006, 37.) 그런데 다수의 주부들은 여자라는 이유로 자신을 낳고 길러준 친부모(조상)를 찾아 보본(報本)하는 『가례』의 가르침을 따르지 못한다. '보본반시'가 여성들에게는

오히려 부모와 조상을 소외시키는 굴레가 된다는 의미다. 이는 최근 들어 많은 가정이 직장생활 등을 이유로 자녀의 돌봄과 육아를 친정 부모에게 의존한다는 점에서 현실적 상황과도 배치된다. 때문에 의례의 폐지는 모계와 부계를 동등시하는 인식과 가치의 확산으로 이어질 수 있다.

따라서 가장 설득력 있는 명절 쇠기의 방향성은 의례의 생략과 절식 위주의 기념이라고 결론지을 수 있다. 이의 구체적 방식은 떡국이나 팥죽 한 그릇, 송편 한 접시를 작은 상에 차려 조상에게 절을 드리는 형식으로 음식과 의례를 축소하고, 이후 점차 명절날의 점심이나 저녁 식탁에 절식 하나만을 차리는 것이라고 할 수 있다. 또한 이 방식으로써 명절의 의미를 찾고 가족 만남의 장을 마련해 전통문화로서 명절을 유지·계승하는 방안이다. 이 같은 명절 쇠기에 대해 일부에서는 차린 음식이 없다는 등의 형식상 정성을 지적할 수 있을 것이다. 하지만 아예 지내지 않는 것보다는 시대에 맞게 변용해 전통을 유지하려는 마음의 정성이 중요하며, 의례는 마음, 즉 정성이 우선인 것은 조선시대 유교 의례의 전범인 『가례』의 가르침이기도 하다. 조선시대 대유학자였던 이익은 '하찮은 나물과 물로도 제사를 지낼 수 있으며 중요한 것은 마음인 정성'이라고 했다.[36]

Ⅴ. 맺는말

이상으로 명절 쇠는 방식의 문제점과 이를 극복할 수 있는 적절한 방향성에 대해 살펴봤다. 동지와 대보름에서 살필 수 있듯, 한(韓)민족은 유교의 차례 의례가 확산되기 이전, 음식(절식) 위주로 명절을 쇠었다. 본 연구는 이 전통을 부활시켜 과도한 가사노동과 생활환경 등의 변화로 점차 퇴색해 가는 명절 문화를 유지·계승하는 방안을 제시했다.

2장에서는 한국 명절이 처한 사회, 문화적 환경 등을 살폈다. 추석 연휴에 1백만 명 이상이 해외여행에 나선 것에서 나타나듯, 최근 들어 명절의 의미는 크게 퇴색되고 기념 인구 또한 많이 줄고 있음을 여러 통계자료를 통해 밝혔다. 변화된 명절 환경은 무엇보다 농업생산경제가 아니며, 전통명절의 주된 계승 층이었던 농업인구가 60년 만에 1천3백여 만에서 233만여 명으로 줄었고, 명절기념의 공간인 주거 형태 또한 단독주택에서 마당과 부엌 등이 없는 아파트 등으로(76%)로 변화돼 가택 신앙이 사라지는 요인이 됐음을 제시했다. 이어 명절을 기념하는 가족과 세대의 규모가 바뀌어, 1인 가구 인원수는 35년 만에 590여만 명으로 9배가량 늘었으며, 홀로 사는 노인 가구도 10가구 중 한 가구에 달해 명절 쇠기를 부양할 가족과 세대의 형태 자체가 약해졌음을 보여줬다.

외형적 환경의 변화와 함께 유교의 제사의례인 차례는 봉건적 질서와 남녀 차별의 가치를 담고 있어 현대의 민주적 가치나 정서에 부합하지 못함도 밝혔다. 이런 이유들로 명절 연휴 마다 다수가 해외여행에 나서고 많은 고교생과 일반인들이 명절의 유지와 계승에

소극적이라는 언론기사와 설문조사 결과도 제시했다.

3장에서는 명절을 쇠는 방식으로써 의례와 절식의 종류를 제시했다. 또한 『세시풍속』 자료를 분석해 추석과 설날을 비롯한 대보름, 동지, 유두 등의 명절이 어떤 의례를 행하고 절식을 마련하는 지를 분석했으며, 그 결과 추석과 설날의 의례 출현비율이 90%를 넘는데 반해, 동지와 대보름은 절식의 출현비율이 90%를 넘는다는 내용을 담았다. 명절 의례의 경우 차례와 함께 성줏상 차리기 등의 민간신앙의례 출현빈도가 높고, 다수의 한국인이 차례라는 명칭으로 행하는 의례 중 상당수가 사실상 유교의례와는 거리가 멀다는 점도 밝혔다. 그리고 이를 통해 한민족 고유의 명절 쇠기 방식은 의례보다는 절식 위주임을 규명했다. 또한 (팥죽) 뿌리기는 주술적 행위로도 볼 수 있지만 행위와 풍농 등의 기원이 함께 나타난다는 점에서 의례임을 실제 풍속의 사례를 통해 제시했다.

4장에서는 이들 논의를 바탕으로 명절 쇠는 방식의 방향성에 대한 구체적 기준을 들었다. 그 기준은 전통의 계승, 현대의 가치와 변화된 생활환경의 수용, 그리고 수월성임을 밝혔다.

결론적으로 한국 명절 쇠기 방식의 방향성은 의례의 생략과 절식만의 기념으로 요약된다. 이 같은 기념 방식은 제사 의례 역시 차례와 유사하고 비슷한 문제점을 안고 있다는 점에서 제사 지내기 방식의 방향성에도 똑같이 적용된다고 할 수 있다.

이 연구는 절식 위주의 명절 기념이 한국 고유의 전통 중 하나이며 한국 명절 문화의 문제점과 그 해결책을 제시했다는데 의의가 있을 것이다. 그럼에도 좀 더 다양한 접근을 통한 해결방안을 담지 못했고 노인세대의 경우 수용이 쉽지 않을 것이란 한계를 안고 있

다. 따라서 본 연구를 계기로 명절에 관한 활발한 논의가 전개되었으면 한다. 또한 이 연구가 명절 쇠기 방식의 패러다임을 재고하고 명절에 따른 스트레스와 과도한 가사노동을 해소하는 데 도움이 되길 기대한다.

미주

1 * 이 논문은 고려대 『아세아연구』(2020, 63권 1호, pp.9-43)를 통해 발표됐다. 해당 명절의 의미에 맞게 만들어 먹는 대표 음식.

2 현대 일부 한국인의 삶의 방식과 지향가치는 '밀레니얼 패밀리(Millennial Family)'와 '나나랜더'라는 신조어에서 잘 드러난다. 이들 용어는 가성비 있는 집안일 처리, 동반자적 부부 의식, 개인 취미와 성취 및 자기 계발 중시, 그리고 획일화된 규범과 관습의 거부로 대표된다. (김난도 외 2019, pp.141-164.)

3 추석이 풍년수확 감사의 명절이 아님은 『동국세시기』의 기록에서도 확인된다. 『동국세시기』 추석, "其新穀已登西成不遠."

4 ( )는 해당 지역 『세시풍속』에 나타난 페이지를 의미한다. 예컨대 '남제주 대정(62)'는 『제주 세시풍속』, 남제주 대정, p.62를 나타낸다.

5 자료; KOSIS 국가통계포털.

6 자료: KOSIS 국가통계포털, 1955년 농가, 비농가별 가구 및 가구원수.

7 내국인(귀화) 및 외국인(결혼이민자)이 한국인 배우자와의 혼인으로 이루어지거나 그 자녀가 포함된 가구 -통계청 용어 해설.

8 『강원 세시풍속』 강릉 왕산, 15 ; 『경남 세시풍속』 산천 곤양, 223 ; 『전남 세시풍속』 여수 호명동, 206의 2월 1일 풍속 참조.

9 KOSIS 국가통계포털(http://kosis.kr/) -〈주택총조사〉

10 한국경제신문, 2019년 12월 18일자. "2020 인구절벽 쇼크"

11 자신이 태어난 근본이 되는 선조의 은혜에 보답함.

12 대한민국 청와대 국민청원 및 제안(http://www1.president.go.kr/) ; 민중의 소리, 2019년 2월 6일자 ; 중앙일보, 2018년 9월 24일자.

13 동아일보, 19년 9월 11일자 ; 중앙일보, 2017년 10월 13일자.

14 기제사를 지내는 수도권 거주 30~59세의 주부 352명을 대상으로 함.

15 이들 중 2%(7명)만이 부담이 가더라도 전통적인 상차림을 고수했다. (유명숙 2018, pp.79-83.)

16 ‘성주’는 집안의 길흉화복을 담당하는 집안 최고의 가신(家神)이며 성줏상은 이 신을 위해 차려진다. (『충북 세시풍속』, 29.)

17 『형초세시기』에 ‘단오에 쑥을 뜯어 사람의 형상을 만들어 문 위에 걸어두고 해로운 기운을 물리친다’는 기록과 함께 『경도잡지』와 『동국세시기』에는 ‘애호(艾虎)’ 풍속으로 나타난다.

18 동지가 음력으로 11월 초에 들면 지역과 집안에 따라 ‘애동지’라 부르며, 이때는 부정을 막기 위해 명절을 기념하지 않는 것으로써 명절을 지낸다. 본 연구에서는 이를 ‘무(無)의례’의 기념 방식으로 칭했다.

19 설날의 떡국과 동지의 팥죽은 각각 그 재료와 만드는 과정에서 떡이 쓰이거나 떡의 형태를 빌렸다.

20 ‘갱미(粳米)-됴ᄒᆞᆫ니ᄣᆞᆯ’(『동의보감』)에서 살필 수 있듯, 전통시기 멥쌀은 도정이 아주 잘된 쌀을 일컬었고 이 멥쌀로 떡과 메를 지어 제사를 지냈다.

21 ‘모든 귀신은 먹으면 먹은 값을 하고 못 먹으면 또한 그 값을 한다는 기초관념으로 인해(제사에) 최대한의 음식대접은 최대의 효성 및 최상의 보상과 직결되는 문제로 인식했다.’(김상보·황혜성 1988, 222.)

22 이는 중국의 경우 쌀가루로 만든 떡은 이(餌), 밀가루로 만든 떡은 병(餠)이라 칭한 것 나타나듯(원선임 외 2008, 419) 고대시기에는 곡물의 덩이진 음식을 떡으로 여긴 것에서 비롯됐다고도 할 수 있다.

23 “上元藥飯 三三松餠 流頭水團 七夕霜花 重九菊煎 冬至豆粥之類 從俗薦之.” - 『지수재집』에는 동지 절식에 대한 언급은 없다.

24 기록상 중국 설날 떡국은 12세기 육방옹의 〈세수서사시〉의 주석에 ‘연혼돈(年餛飩-설에 먹는 떡(국))’으로 등장한다. (장지연 2014, 565.)

25 제48권, 잡저. “參禮. 正朝有湯餠. 切餠作湯者也.”

26 『성호사설』(만물문, 각서)은 약밥은 찰밥이며 대추와 밤을 넣어 만든다고 기록하고 있다. (“即糯飯也 即新羅炤智王祭烏之遺俗而今和以棗栗也”.)

27 일본에서도 890년부터 축하하는 의례음식으로 찰밥을 먹었고 헤이안 시대에 다양한 잡곡밥으로 발전했다. (구자옥 외 2003, 40.)

28 『동국세시기』 단오풍속에도 ‘요(遼) 지방 풍속에 5월 5일 발해(渤海)의 주방에서

쑥떡을 올린다'는 내용과 함께 조선의(쑥떡) 풍속이 여기서 비롯된 것 같다는 기록이 나온다.

29 『세시풍요』. "푸른 쑥은 곧 술의취(戌衣翠)다. 술의 때에 처음으로 뜯는다. (翠艾卽戌衣翠 始採於戌衣時.)"(김용갑 2018c, 49.)

30 『세시풍속』을 집계한 결과 단오에 쑥떡이 출현한 횟수는 90회이며, 취떡류는 45회다. (김용갑 2018c, 35.)

31 설날 상(床) 없이 자리를 깔고 조상수대로 한꺼번에 밥과 음식을 차려놓고 차례를 지낸다. (『충북 세시풍속』, 139.) ; 설을 맞아 삼신께 음식을 올릴 때 방바닥에 짚이나 쟁반을 깔고 올린다. (『전북 세시풍속』, 322.) ; 팥죽을 사방에 가져다 놓는다. (『충북 세시풍속』, 265.) ; 단오에 장독대 옆에 자리를 깔고 그 위에 취떡을 시루 째 올려놓고 집안의 안녕과 오곡의 풍년을 축원한다. (『강원 세시풍속』, 351.)

32 중국의 동지에도 뿌리기와 비슷한 '향모(餉耗)' 풍속이 있다. (신미경·정희정 2008, 290.)

33 조선일보 웹페이지(https://news.chosun.com/) -2017년 10월 18일자. -우리나라 성 평등 순위는? 이 기사는 유엔의 조사결과를 바탕으로 했다. 반면 세계경제포럼(WEF)이 발표한 2016 성 격차 지수는 한국이 116위로 거의 최하위를 기록하고 있다.

34 2019년 현재 유치원 원아는 63만, 초등학생은 272만, 중학은 129만, 고교는 141만여 명이다. -KOSIS 국가통계포털(http://kosis.kr/) -유치원, 초·중·고등학교 개황.

35 '글루텐은 물과 합쳐지면 특유의 점탄성을 발현하는 특수한 단백질로'(김희갑·김인숙 1997, 32) 여러 모양을 만들고 고정해주는 물질이다.

36 제14권, 제향(祭享). "想苟其齋誠蘋蘩蘊藻之菜潢汙行潦之水皆可以薦獻 何必豐侈而後方可以享祀耶."

참고문헌

□ 논문

강상순. 2016. “조선사회의 유교적 변환과 그 이면: 귀신과 제사공동체”. 『역사민속학』 제50호.

권오영. 2010. “조선조 사대부 제례의 원류와 실상”. 『민족문화논총』 46집.

김상보·황혜성. 1988. “서울지방의 무속신앙 제상차림을 통하여 본 식문화에 대한 고찰”. 『한국식생활문화학회지』 Vol.3(3).

김용갑. 2018a. “추석 대표 음식으로서 송편의 발달 배경”. 『인문논총』 제75권 제2호. 서울대 인문학연구원.

_____. 2018b. “전남지역 명절의 절식 출현빈도”. 『인문학연구』 제29집. 인천대 인문학연구소.

_____. 2018c. “단오의 대표 음식으로서 쑥떡의 발달 배경과 단오의 성격”. 『아세아연구』 61권 3호. 고려대 아세아문제연구소.

김유중. 2009. “한국 문화의 바람직한 세계화를 위한 전략적 고찰”. 『한국비교학』 17권 1호.

김지명·노준희·신말식. 2018. “글루텐프리 쌀생면의 제조 및 품질특성”. 『한국식품조리과학회지』 34(4).

신말식. 2009. “쌀의 고유특성과 가공식품 개발”. 『한국식품 영양과학회 산업심포지엄 발표집』.

신미경·정희정. 2008. “한중일 세시풍속과 세시음식에 대한 비교”. 『동아시아식생활학회지』 18(3).

양옥다. 2006. “발해의 몇 가지 음식습관에 대하여”. 『한국고대사연구』. 42.

원선임·조신호·정낙원·최영진·김은미·차경희·김현숙·이효지. 2008. “17세기 이전 조선시대 떡류의 문헌적 고찰”. 『한국식품조리과학회지』 24(4),

유명숙. 2018. “주부의 제사스트레스와 실용적 제사탐색을 위한 연구”. 성균관대 석사논문.

이유숙. 2018. “재일 교포 사회에서의 ‘제사’의 변용과 계승문제 고찰-재일코리안 여성들

의 이야기를 통해-". 『원불교사상과 종교문화』 77.

이윤희. 2012. "세계화시대 한국문화 발전의 방향모색". 『한국사상과 문화』 63집.

이인숙. 2006. "『주자가례』와 조선 중기의 제례문화 -결속과 배제의 정치학-". 『정신문화연구』 제29권 제2호(통권103호).

이화형. 2015. "한중세시풍속의 융합성비교-정월명절을 중심으로", 『동아시아고대학』 제40집, 동아시아고대학회.

최덕경. 2005. "조선의 동지 팥죽과 그 사회성". 『역사민속학』 20.

최배영. 2017. "조선시대 절사에 관한 연구". 『차문화 ·산업학』 제35집.

□ 단행본

구자옥·이도진·허상만 공역. 江署一浩 저. 2003. 『쌀의 품질과 맛』. 농촌진흥청.

국립문화재연구소. 『세시풍속』(전남편: 2003), (전북편: 2003), (경남편: 2002), (경북편: 2002), (충남편: 2002), (강원편: 2001), (경기편: 2001), (제주편: 2001), (충북편: 2001), 국립문화재연구소.

김난도. 2019. 『트랜드 코리아 2020』. 서울: 미래의 창.

김용갑. 2019. 『한국 명절의 절식과 의례』. 서울: 도서출판 어문학사.

김희갑·김인숙. 1997. 『밀과 밀가루』. 한국제분공업협회.

선희창. 2010. 『조선풍속사(삼국~고려편)』. 평양: 사회과학출판사.

송재용. 2007. 『한국 의례의 연구』, 제이앤씨.

안완식. 2009. 『한국 토종작물자원 도감』. 서울: 도서출판 이유.

왕런샹 지음. 주영하 옮김. 2010. 『중국음식 문화사』. 서울: (주)민음사.

이욱 외 3인. 2012. 『조상제사 어떻게 지낼 것인가』. 서울: 민속원.

임돈희. 2004. 『조상제례』. 서울: 대원사.

임영정. 2002. 『한국의 전통문화』. 서울: 도서출판 아름다운세상.

장주근. 2013. 『장주근 저작집Ⅳ 세시풍속편』. 서울: 민속원.

장지연 지음. 황재문 옮김. 2014. 『만물사물기원역사』. 서울: 한겨레출판.

조선총독부 편, 장두식·김영순 옮김. 2014. 『조선의 습속』. 민속원.

해롤드 맥기 저. 이희건 역. 2011. 『음식과 요리』. 도서출판 백년후.

□ 고문헌

『고려도경』/ 『경도잡지』/ 『구당서』/ 『도곡집』/ 『도은집』/ 『동국세시기』/ 『동문유해』/ 『동의보감』/ 『명물기략』/ 『목은고』/ 『목은집』/ 『사가시집』/ 『삼국유사』/ 『성호사설』/ 『성호전집』/ 『세시풍요』/ 『수서』/ 『열양세시기』/ 『운양집』/ 『월여농가』/ 『용재총화』/ 『익재난고』/ 『지수재집』/ 『청장관전서』/ 『춘정집』/ 『택당집』/ 『형초세시기』

□ 기타

KOSIS 국가통계포털(http://kosis.kr/)

대한민국 청와대 국민청원 및 제안(http://www1.president.go.kr/)

동아일보, 19년 9월 11일자

민중의 소리, 19년 2월 6일자

조선일보 웹페이지(https://news.chosun.com/)

중앙일보, 18년 9월 24일자, 17년 10월 13일자.

한국경제신문, 2019년 12월 18일자. “2020 인구절벽 쇼크”

주제어

멥쌀, 멥쌀떡, 송편, 한국문화, 한국민족

한국 멥쌀떡 발달 배경

김용갑

한국의 멥쌀떡은 백설기, 가래떡(떡국), 송편, 절편, 쑥떡, 콩·팥떡 등으로 이들 떡은 찰 성분의 함량이 인디카보다 높은 자포니카 계열의 멥쌀로 만든다. 한민족(韓民族)은 수도작(水稻作)의 유입으로 기원전부터 멥쌀떡을 먹었다.

이들 떡의 발달 배경은 멥쌀이 지닌 찰진 성분에 의해 덩이가 형성되는 가공의 용이성에 기초한다. 여기에 한반도 선주민이 지녔던 메성 선호의 잡곡문화, 많은 수확량과 유전적 우월성을 지닌 메벼의 생태적 특성, 그리고 자포니카 재배에 적합한 한반도의 기후 및 떡의 수요를 늘린 세시풍속 등의 발달을 들 수 있다. 이 밖에 흰색을 숭상하고 찹쌀에 대해 부정적이었던 고대 한민족의 정서와 가치 또한 발달 배경에 속한다.

한반도에 유입된 수도작 문화와 멥쌀은 한민족 형성과 한국 문화의 토대가 됐다.

Ⅰ. 서론

한민족(韓民族)은 떡을 만드는 데 주로 멥쌀을 사용한다. 멥쌀은 전통시기 도정 정도가 뛰어난 쌀을 지칭했으며, 성분상 찹쌀에 비해 찰기가 떨어지는 쌀이다. '멥쌀떡'은 이 같은 쌀로 빚은 떡이라 정의할 수 있다.

한민족이 밥으로 먹는 자포니카[1] 계열의 멥쌀을 떡의 재료로 이용하는 것은 같은 멥쌀을 주식으로 하는 중국 동북3성 및 일본 등과 다른 음식문화다. 또한 쌀을 생산하는 세계 모든 나라에서 찾기 힘든 한민족의 독특한 식문화 현상이다. 이들 국가는 밥 이외의 떡과 유사한 음식을 대부분 찹쌀로 만든다.[2] 한민족만이 동북아 3국 중 유일하게 멥쌀을 활용해 다양한 떡을 만들고, 떡의 재료가 되는 쌀 수확 관련 추수감사제(추석)를 지내고 있다.[3] 설날에는 가래떡으로 떡국을 끓이고, 추석에는 송편을 빚는다. 이들 떡은 한국문화의 표식(culture mark)[4]이며, 멥쌀로 만들어진다. 그만큼 한국(한민족) 문화에서 멥쌀떡은 비중이 크며, 한국의 문화를 동북아시아의 문화와 차별 짓는 요소가 된다.

그럼에도 왜 한민족만이 멥쌀로 떡을 만들고, 이 같은 떡이 발달하게 됐는지에 대한 연구는 현재까지 발견되지 않고 있다. 이에 본 연구는 한민족이 어떤 계기와 이유로 멥쌀떡을 먹게 됐고, 멥쌀로 다양한 떡을 빚게 된 배경은 무엇인지를 규명하고자 한다.

이는 개별 문화가 의식주에 잘 반영되고, 특히 음식문화의 경우 보수적이어서 전통을 가장 많이 간직한 것에서 나타나듯, 한국의 대표적 전통음식인 멥쌀떡의 발달 배경을 규명하면 한국 식문화(食

文化)의 근간과 이를 일군 한민족이 누구인가를 살필 수 있기 때문이다. 또한 더 나아가 한국 문화 속에 내재된 동아시아적 요소를 파악하고 문화의 상호 연관성 이해를 통해 다문화 시대, 문화의 다양성과 타 문화에 대한 이해를 제고할 수 있기 때문이다.

따라서 이 연구는 멥쌀떡 발달배경을 소재와 주제로 한 동아시아 문화의 이해 제고 및 한민족과 한문화(韓文化)에 대한 정체성 규명 작업이라고 할 수 있다.

이에 본 연구는 문헌자료를 통해 자포니카형의 멥쌀이 어떤 계기로 한민족 떡의 재료로 쓰이게 됐으며, 시대별 멥쌀떡은 어떤 것이 있고 그 발달 배경은 무엇이며, 그 결과 한문화와 한민족에게 어떤 영향을 미쳤는지 등을 살펴보고자 한다.

떡과 관련한 기존의 연구는 주로 떡의 종류와 제조법, 재료가 되는 쌀과 떡의 가공 및 품질 개선 위주로 진행되고 있으며, 인문학적 접근보다는 식품가공학적 접근이 주를 이루고 있다. 다만 이철호와 이종미는 떡을 문화사적으로 고찰했다. 이철호 외(1987)는 한국 떡을 떡 문화로 규정해 문화사적 고찰과 함께 떡 가공의 과학적 연구 성과를 다루고, '떡 품질 개선과 병이류의 과학적 제조를 위해서는 원재료 전분의 호화도와 노화속도를 조절하는 것이 필수적'이라는 연구 결과를 제시했다. 이종미(1992)는 한민족의 떡 출현 역사를 고고학적 자료로 제시하는 한편, 세시와 의례별 떡을 밝혔다.

본 연구의 주제와 관련되거나 참고가 되는 주요 연구 성과는 다음과 같다.

먼저, 떡의 이용실태를 비롯해 조리서 및 고문헌, 의궤에 수록된 떡을 종류별로 분류하고 만드는 방법과 쓰인 재료, 도구 등을 살핀

연구다.

임국이 외(1988)는 현대의 떡 이용실태를 조사하고, 가정에서 이용하는 떡의 경우 인절미, 송편, 흰떡 순으로 빈도가 높다고 제시했다. 이효지(1988)는 조선시대의 떡을 문헌별로 살펴 198종을 제시하고, 떡을 만드는 방법에 따라 구분했다. 김천호(1991)는 일본 법륭사의 제물을 통해 삼국시대의 떡을 간접적으로 규명했다. 이 밖에 『세시풍속』[5]은 기억 속에 존재하는 한국 전통시기의 떡과 현대의 떡 자료를 담고 있다. 김옥희(2008)는 한국 현대 떡 산업을 고찰하고, 빵 업체보다는 떡을 제조 판매하는 업체가 더 많으며, 현대에 들어서도 떡의 수요와 공급이 늘고 있음을 보여주고 있다.

다음으로, 멥쌀떡의 식용 시기를 고찰하는데 도움을 주는 쌀(벼)과 관련한 연구는 쌀과 벼의 기원 및 유물 관련, 그리고 쌀과 관련한 문화 분야 등이 있다.

허문회 외(1986)를 비롯, 안승모(1999), 윤서석 외(2000)는 벼의 생태 및 전파, 기원지 등을 체계적으로 정리해 보여줬으며, 박태식 외(2004)는 청원군 소로리 고대볍씨는 재배종으로 한반도도 고대 벼 재배지역 중 한 곳이며, 그 상한 시기는 기원전 13,000여 년이라는 의견을 개진했다. 김태호(2008)와 신중진(2012)은 한반도 재래 벼의 품종과 특징, 그리고 일제 강점기 시기 한반도에 도입된 신품종을 소개하고 있다. 벼의 기원 및 역사, 그리고 벼농사와 관련한 문화적 연구 중 윤서석(2001)은 한민족의 식생활문화를 선사시대부터 조선시대까지 통시적으로 보여주고 있다. 위안리(苑利)(2005)는 한반도의 수도작(水稻作)이 중국 동남방의 한 종족에 의해 한반도에 전래됐으며, 그 시기는 기원전 10세기와 기원전 3세기 두 차례에 걸쳐 이

뤄졌고, 이로 인해 한민족의 수도작과 이와 연관된 다양한 벼농사 문화가 시작됐다고 밝히고 있다. 정연식(2008)은 조선 후기 쌀의 가치와 당시 쌀의 특징을 제시했다. 이와 함께 주영하(2011)는 음식문화를 인문학적 관점에서 제시하고 있으며, 허탁운(2013)은 한국 농경과 밀접한 연관성을 맺고 있는 중국의 농업발달을 고대 문명지와 발굴 유물로 보여줘, 한국 농경 발달을 동아시적 시각에서 살피게 한다.

Ⅱ. 시대별 멥쌀떡의 발달

1. 멥쌀떡의 정의, 어원 및 유래

벼는 전 세계적으로 10만 가지 이상의 품종들이 있는 것으로 보고되고 있다. (해롤드 맥기 2011, 726.) 한국 멥쌀떡에 쓰이는 쌀은 낟알의 모양과 재배지역에 따른 분류로써 자포니카(japonica)이자(김태호 2008, 389), 중, 단립형에 속하며, 한자로는 갱미(粳米)라 한다. 또한 쌀의 구성 성분 중 아밀로펙틴(amylopectin)의 함량이 80%에 달해(김완수 외 2005, 124), 찹쌀에는 못 미치지만 인디카(indica) 계열의 쌀보다는 높은 찰성을 지니고 있다.

멥쌀〔粳米〕은 찰성에 대비되는 메성을 지닌 쌀이기도 하지만, 전통 시기인 조선시대에는 메성을 지닌 쌀 중에서도 '(품질 또는 도정이) 좋은 쌀'을 의미했다.[6] 따라서 멥쌀을 의미하는 '갱미(粳米)'의 개념은 현대와는 달랐다.

본 연구의 멥쌀떡은 이같은 자포니카 계열의 멥쌀을 주재료로 해 만든 떡으로 백설기와 가래떡, 절편, 송편 등이 이에 속한다. 또한 가공형태와 활용목적 등에 의해 100% 멥쌀 재료만으로 빚어지거나 멥쌀에 타 곡물이 혼합된 떡도 멥쌀떡의 범주에 포함된다. 따라서 본 논문의 멥쌀떡은 주재료인 멥쌀과 관련해 통칭한 용어로써 대부분의 멥쌀떡은 그 혼합된 재료 등에 의해 쑥떡, 밤떡, 모시송편 등의 이름으로 불린다.

멥쌀떡은 찹쌀 등의 함량이 많으면 그 사용 목적에 부합한 떡을 만들기 어렵고, 또 타 곡물로 대체될 수 없다는 특징을 지닌다. 한 예로 멥쌀이 아닌 찹쌀만으로 백설기를 만들 경우, 찹쌀가루 특성에 의해 젤 형태로 변해 찰떡이 된다. 가래떡도 찹쌀로 할 경우, 기다란 떡 모양을 만들기 어렵고, 국물에 떡 덩이가 모두 풀리게 된다. 따라서 100% 멥쌀떡은 한국인의 식감과 음식 활용을 위해 개발됐고, 한국 식문화에서 발전한 한민족만의 특화된 떡이라고 할 수 있다.

찹쌀이 주재료인 인절미와 경단류를 제외한 현대 한국 떡의 대부분은 멥쌀이 주원료가 되거나, 또는 다른 곡물과 혼합된 형태로 만들어진다. 하지만 전통시기 한국 떡의 주재료는 지역과 경제적 여건에 따라 차이가 있었다. 중남부의 논농사 지대가 아닌, 쌀이 귀한 밭농사 지역의 경우, 지역에서 생산되는 다양한 곡물이 떡의 주재료로 활용됐다. 한 예로, 송편의 경우, 쌀이 주로 생산되는 중남부 지방에서는 멥쌀 전부(흰송편) 또는 멥쌀과 찹쌀을 8대 2 비율(쑥, 모시송편 등)로 섞어 만들었다. 하지만 쌀이 생산되지 않거나 귀했던 일부 강원도 지역의 경우 감자나 옥수수[7] 등을 활용하거나, 이들 잡곡에 소량의 쌀을 섞어 떡을 만들었다. 경제적 사정이 어려운 경우

는 쌀이 아닌 잡곡이 주재료가 되거나[8] 아예 떡을 만들지 못했다.[9] 이는 멥쌀떡이 시기적으로는 과거에서 현재를 아우르지만 지역과 계층에 따라서는 부분적이었음을 보여준다. 또한 멥쌀떡이 주재료와 관련한 명칭이기도 하지만, 많은 떡의 재료로 섞이고 있다는 점에서 한국 떡을 통칭하는 이름으로도 사용이 가능함을 살필 수 있게 한다.

1) 멥쌀떡의 어원

멥쌀떡은 '멥쌀+떡'이 더해진 형태이며, 이 중 멥쌀은 '멥+쌀'의 구조를 갖고 있다. 중국 양쯔강 남쪽에서 멥쌀을 'Mi' 또는 'Me'로 부르고, 현재도 제사상에 오르는 밥을 '메'라고 하며, '고어에서도 뫼가 진지, 밥을 뜻함(『月印釋譜』-松江의 『續美人曲』)'(이춘녕 1992, 37)을 고려할 때, 찹쌀과 대비되는 멥쌀의 '메'는 산(山)을 의미하는 '뫼'가 아닌 전래시기부터 불린 음가로 여겨진다. 이는 사멸한 어형을 간직한 경우가 많은 한국의 방언들에서 어두 'ㅁ'음 간직한 어휘가 많이 남아 있음에서도 반증된다.[10]

떡은 '썩〉떡'의 변화를 겪은 것으로 보이며, '썩'의 어원은 현재까지 정확히 규명되고 있지 않다. 하지만 이북과 강원도의 일부지역 방언에 떡을 의미하는 단어로 '시더기'류가 있으며, 이는 '시더기〉시덕〉썩〉떡'의 변천을 겪었다는 주장(조영언 2004, 153)이 가장 설득력 있게 보인다. 이 주장은 떡을 의미하는 심마니들의 말(시더기, 시더구, 시더귀)과 일본어 'sitogi(달걀 모양으로 신전에 바침(大野 晋, 『日本語以前』. 1991, p.136))', 그리고 떡 또는 과자와 관련된 아이누어(sitoho-좁쌀로 만든 떡) 등에서도 뒷받침된다. (조영언 2004, 153.)

2) 멥쌀떡의 유래

떡은 문헌 기록상 기원전 2세기 무렵 중국에서 만들어졌지만[11] 한민족의 쌀로 빚는 떡은 중국(동)남방의 수도작 문화가 기원전 10세기를 전후한 시기, 한반도로 전파되는 과정에서 전해진 것으로 여겨진다. 이는 한국을 비롯, 중국 남방, 필리핀, 그리고 태국이 떡을 만들 때 쌀을 물에 불린 다음, 가루로 가공하는 전통을 가지고 있으며(윤서석 2001, 39-43), 한국의 대표적 떡인 인절미의 찹쌀이 중국 남방은 물론, 동남아시아 찰성문화권의(윤서석 외 2000, 224-225, 236) 주요한 떡 재료라는 점과 함께 이 떡의 경우 쌀을 난알째 익혀 메로 쳐서 만든다는 공통점 등에서 뒷받침되고 있다.

2. 시대별 멥쌀떡의 발달

1) 고려시대 이전

문헌기록을 통해 살필 수 있는 고려시대 이전의 떡은 유전병, 구운떡과 함께 백설기, 기주떡 등을 들 수 있다. 유전병은 곡물가루를 반죽해 기름에 지진떡이며, 구운 떡은 곡물가루를 불에 굽거나 타고 남은 재속에 떨어뜨리는 방법으로 굽는 떡을 말한다. (해롤드 맥기, 789-790.) 또한 기주떡은 쌀가루에 술을 넣어 발효시킨 다음 찐 떡을 일컬으며, 증편 또는 술떡으로도 불린다. 이들 떡은 『삼국사기』(권1 유리 이사금 1년: 吾聞聖智人多齒, 試以餅噬之)와 『삼국유사』(권2 효소왕대 죽지랑: 舌餅一合), 그리고 『입당구법순례행기』(권2 839년: 寺家設餺飩餅食宯 作八月十五日之節)에 나타난다.

이와 함께 고려시대 이전의 떡은 보수성이 강한 무속의 제상

에 올리는 현물에 의해서도 추정된다. 한국 무속은 기록상 부족국가 시대로 거슬러 올라가며, 의례의 현물은 6~7세기경에 확립됐다고 한다. 떡 현물로는 백설기와 팥편이 주로 쓰인다. (김상보 외 1988, 222.)

고려시대 이전의 떡은 대부분 주재료가 멥쌀이며, 찹쌀가루를 이용하는 유전병도 고대시기 찹쌀의 재배가 흔하지 않았을 뿐만 아니라, 현재도 일부 지방에서는 멥쌀가루를 사용해 빚어진다[12]는 점에서 멥쌀로 만들었을 가능성도 높다.

2) 고려시대

고려시기에는 이전의 무속신앙에 더해져 불교가 성행하고 유교가 유입됐다. (고석규 외 2016, 279.) 무속 및 이와 습합된 불교 의례 등과 함께 고려 후기부터는 귀족과 관료들 위주로 조상 제사의례가 시작돼 떡의 수요가 증가했다.[13] 이 같은 고려시대 떡 수요는 기본적으로 벼농사의 확대로 떡을 빚을 수 있는 쌀의 수확이 증가했기에 가능했다. 따라서 통일신라시대까지 산발적이었던 떡은 고려시대 접어들어 한국 고유의 떡 체계를 어느 정도 갖추게 되었다. (이성우 1997, 58.)

고려시대의 대표적인 떡으로는 밤떡인 '고려율고'와 쑥떡인 '청애병', 그리고 단자류의 '수단' 및 '상화' 등을 들 수 있다.

『해동역사』(권23)에는 멥쌀가루와 말린 밤가루, 그리고 꿀물 등을 섞어 만든 밤설기떡(고려율-高麗栗)이 등장하며, 『지봉유설』(권19)은 멥쌀가루와 어린 쑥 잎으로 만든 쑥설기떡(청애병-青艾餠)을, 그리고 『목은집』(유두삼영)은 눈같이 희고 맛이 달며 새콤한 떡수단(단자병-

團子餠)과 함께 팥소를 넣고 지진 차수수 전병(점서-粘黍)을 소개하고 있다. (윤서석 2001, 498.) 이 밖에 『거가필용』은 중국으로 건너간 고려떡인 밤설기, 감떡을 수록하고 있다. 밤설기떡인 고려율고는 중국에서 밤과 찹쌀가루로 만들었으나, 고려의 본래 가공재료는 멥쌀이었다. (윤서석 2001, 498.) 이는 중국에서 찰성이 거의 없는 인디카 계열의 쌀로는 가공이 어렵고, 찰성을 활용해 떡을 만드는 중국의 전통에 따라 찹쌀로 대체됐다고 할 수 있다.

3) 조선시대

조선시대는 앞선 중국 강남농법과 수도작이 정착 또는 확대되면서 쌀 수확량이 크게 증가했다. (권영국 1999, 597.) 특히 조선전기의 경우, 조선 전 기간에 걸쳐 가장 많은 토지를 경작한 반면, 인구수는 많지 않아 토지에 대한 인구 압력이 낮았다.[14] 이는 조선 중기 이전의 휴경문제와 이후 농민들의 실제 가처분 쌀 수량 문제에 논의의 여지가 있지만 전체적으로 곡물의 여유를 의미하며, 농업 생산력의 바탕 위에 무속의례와 세시풍속의 성행[15] 및 잔치와 제례 등의 의례행사가 빈번해짐에 따라[16] 떡 하는 풍속이 일반에까지 크게 확산되는 배경으로 작용했다. 특히 19세기 말의 조선 시대와 연결될 수 있는 풍속 자료가 포함된 『세시풍속』[17]에는 멥쌀로 빚는 백설기와 팥시루떡, 그리고 가래떡(떡국) 및 쑥떡 등의 출현 빈도가 높다.[18] 멥쌀떡은 찹쌀떡에 비해 가공이 쉽고, 공정도 까다롭지 않아 양반층 보다는 일반인들 사이에서 크게 발달됐다. 이는 조선시대 양반층에 의해 기록된 많은 문헌에서 찹쌀을 재료로 한 떡의 종류가 더 많지만, 일상의 세시 절기나 생일 등의 의례에서는 백설기, 팥시루떡과

같은 멥쌀떡의 사용빈도가 더 높다는 데서 뒷받침된다.

조선시대에 발간된 조리 및 식품관련 고문헌 21종을 대상으로 멥쌀과 찹쌀의 주재료 사용을 분석한 결과, 멥쌀을 주재료로 한 떡은 100종이었으며, 반면, 찹쌀을 주재료로 한 떡은 150종으로 찹쌀을 활용한 떡의 비율이 50% 높았다. (오순덕 외 2010, 34.) 하지만 이들 찹쌀떡의 대부분은 궁중과 양반가에서 쓰인 떡이며, 일반인과 일상에서 자주 빚어지는 떡은 멥쌀떡이었다. 또한 찰떡의 경우, 소량으로 다양하게 만들어져 실제 떡 소비량에서는 멥쌀떡에 뒤졌다. 이는 궁중잔치에서 소요된 멥쌀과 찹쌀의 양 비교와 서울지역의 전승민요인 〈떡타령〉 등에서 잘 나타난다.

〈원행을묘정리의궤〉에 의하면 당시 21종류, 31가지의 떡이 만들어졌으며, 이들 떡에 소요된 쌀은 멥쌀이 16말3되, 찹쌀이 11말 4되였다. (박혜원 1994, 138.) 31가지의 떡 중 찹쌀이 주재료가 된 떡이 몇 종인지는 분명하지 않지만 멥쌀이 찹쌀보다 1.5배가량 더 쓰이고 있음을 살필 수 있다. 또한 〈떡타령〉[19]에 등장하는 13개의 떡은 호만두와 인절미, 꿀설기를 제외하고는 모두 멥쌀을 주재료로 하고 있다.

조선시대의 떡은 중기 이후 점차 유교의례가 확대되고, 후기 들어 일반인들의 생활의례로까지 수용되면서 다양하고 화려해지는 한편, 멥쌀떡도 크게 발달한 것으로 보인다. 이는 문헌에서 확인된다. 조선시대 떡 종류는 한글과 한문으로 쓰인 조리서 등에서만 198가지가 나타나며, 확인된 일부 문헌에서만 250종에 이르고 있다. (윤서석 2001, 492.) 문헌별로는 『도문대작』에 20종이 나타난 것을 비롯, 『요록』 13종, 『동의보감』 10종, 『음식디미방』 9종 등이다.

(원선임 외 2008, 421.) 이들 문헌에 등장한 떡의 종류는 백설기, 밤떡, 증편, 화전, 송편을 비롯해, 인절미, 쑥떡, 개떡, 석이병, 잡과병, 석탄병, 건시단자, 경단, 팥떡, 찰시루떡 등으로 대다수가 멥쌀떡이다.

4) 조선시대 이후~현대

현대의 떡은 만드는 빈도 등에서 전통시기에 비해 줄었다.[20] 가정에서 이용되는 떡의 종류는 37종으로 '인절미(67.9%), 송편(66.6%), 흰떡(51.4%), 개피떡(43.4%)' 순으로 친떡류가 주종을 이루고 있다. (이종미 1992, 191.)

하지만 개인이 아닌 한국 전체 떡 하는 횟수와 제조량, 그리고 일반인이 떡을 접하는 빈도 측면에서는 전통시기에 비해 크게 뒤지지 않는다. 통계청 집계 결과[21] 제과점보다 떡 제조업체 수가 많으며, 현대에 들어 세련된 느낌을 주는 '떡카페'는 물론, 떡을 파는 노점상을 거리 곳곳에서 어렵지 않게 접할 수 있기 때문이다. 특히 현대 멥쌀떡은 제분법의 발달로 순수 쌀가루만을 사용해 서양의 빵이나 케이크와 같은 식감과 모양을 지닌 '구운떡[자고병(炙烤餠)]'으로까지 발달했다.[22]

따라서 현대에 들어 한국인들은 전통시기보다 쉽게 떡을 접하고 소비할 수 있는 환경에서 생활하고 있으며, 이는 한민족의 떡 문화가 외형적 모습만 바뀌었을 뿐, 현대에도 여전히 성행하며 발전 중에 있다는 것을 의미한다.

현재 소비자들이 즐겨 찾는 떡은 백설기를 비롯, 팥, 콩가루시루떡, 인절미, 송편, 꿀떡, 모듬떡, 무지개떡, 떡국떡, 떡볶이용 가래떡 등과 함께 구름떡, 쑥인절미, 백인절미, 잡과, 주악, 콩설기, 깨찰편,

석탄병, 과일설기떡, 두텁떡, 백편, 백증편, 호박고지찰떡, 흑임자경단 등으로 나타나고 있다. (한복려 2002, 584.) 상다수가 멥쌀을 재료로 사용하고 있음을 살필 수 있다.

조선시대 말엽인 전통시기에서 현대에 이르는 지역별 주요 떡은 『세시풍속』[23]에서 살필 수 있다. 지역별 멥쌀떡은 강원도의 경우 떡국, 가래떡, 시루떡, 백설기, 송편, 취떡, 흰떡, 쑥떡이며, 경기는 떡국, 송편, 백설기, 시루떡, 쑥떡, 충북은 백설기, 떡국, 송편, 시루떡, 삼신떡(흰떡), 쑥떡, 충남은 떡국, 시루떡, 백설기, 백무리, 도신떡(추수 후 올리는 시루떡), 송편, 쑥떡, 경북은 가래떡, 백설기, 송편, 수지떡[24], 절편, 시루떡, 영둥떡(백설기), 쑥떡, 경남은 떡국, 송편, 시루떡, 백시루, 절편, 참떡(백설기), 쑥떡, 전북은 떡국, 송편, 시루떡, 백설기, 흰무리, 쑥떡, 전남은 떡국, 송편, 시루떡, 문지떡[25], 백설기, 쑥떡, 제주는 시루떡, 솔벤[26], 쑥떡, 등이다. 특이한 것은 삼국시대부터 문헌에 등장하는 백설기 명칭이 제주에서는 등장하지 않고 경남의 경우도 참떡이란 이름 외에 단 1회 출현한다는 점이다.

III. 멥쌀떡 발달 배경

1. 멥쌀의 가공 용이성과 유전적 우월성

한민족이 밥과 떡을 만들 때 이용하는 자포니카 계열의 멥쌀은 인디카 계열의 쌀보다 높은 찰 성분을 지니고 있다. 이로 인해 익혔을 때 덩이 형태로 뭉쳐지며, 상온에서도 비교적 말랑말랑한 상태를 유지한다. (해롤드 맥기 2011, 726.) 이 같은 특성 덕택에 멥쌀은 동북아시아에서 밥의 형태로 발달했고, 일본에서는 초밥, 그리고 한국에서는 멥쌀떡이라는 독특한 음식문화를 탄생시켰다.

반면, 인디카 계열의 쌀은 세포막이 두꺼워 파괴되지 않고 전분입자가 세포막내에서 호화돼 점성이 약하다. 이 때문에 낟알이 서로 붙지 않고 부슬부슬 흩어져(이경애 외 2008, 251) 가공이 용이하지 않다. 자포니카 멥쌀의 이 같은 가공의 용이성은 한민족이 멥쌀떡을 탄생시키고 발달시키는 근본적인 요인이 됐다.

또한 메벼(멥쌀)는 유전적으로 우성이고 수확량이 많은 생태적 장점이 있다. 메벼가 지닌 이 특성 또한 멥쌀떡 발달의 한 요인으로 작용했다.

반면, 열성인 찰벼는 인간의 지속적이고 선택적인 재배 노력이 가해지지 않으면 점차 찰성을 잃고 메벼화 된다. 이런 찰벼의 특성은 멘델의 '우성의 법칙'과 '분리分離의 법칙'에 지배돼(농촌진흥청 2010, 13 참조), 재배의 어려움과 수확량의 감소로 이어진다. 이는 수도작인과 함께 한반도로 전래된 찰성의 벼[27]가 이후 여러 지역으로 확산되는 과정에서 점진적으로 메벼화 됐음을 의미한다. 이주민 집

단의 경우, 경험적으로 찰벼의 열성 특성을 인지해 선택적 재배를 지속했겠지만, 벼 재배에 대한 지식과 경험이 부족한 전파지의 초보 재배자들은 자연 재배에 의존해 시간이 지날수록 찰성은 축소되고, 메성의 벼가 확산되는 결과로 이어질 가능성이 크기 때문이다.

한편, 한국과 달리 같은 자포니카계의 쌀을 식용하는 일본과 중국 동북 3성은 멥쌀떡이 발달하지 않았다. 중국 동북3성의 경우, 찹쌀로 떡을 만드는 중국의 전통 속에 19세기 이후 한반도에서 이주한 조선족에 의해 수도작이 개척되면서(이바오중 2004, 64-65) 자포니카 계열의 멥쌀이 보급된데 따른 것으로 풀이된다. 즉, 전래된 멥쌀을 주식으로 이용하는 반면, 떡의 경우 찹쌀 전통이 계승된 데서 비롯됐다고 할 수 있다. 이는 19세기 멥쌀의 재배가 확대되기 이전, 중국 요동지역의 떡장수들이 '고려율고'와 송편 비슷한 각서류의 '고려떡'을 찹쌀로 만든 것에서 나타난다. (心田稿 제1권 연계기정 무자년(1828) 기록.) 고려에서는 멥쌀로 빚었지만(윤서석 2001, 242) 중국에서는 찹쌀을 손쉽게 구할 수 있어, 이를 이용해 떡을 만든 것이다.

일본의 경우는, 조엽수림 문화권으로 아시아의 찰벼 문화권 벨트에 속해(윤서석 외 2000, 114, 224, 236) 이같은 찰성의 떡문화가 지속돼 멥쌀떡이 발달되지 않은 것으로 여겨진다.

메벼의 유전적 우월성은 수확량에서 두드러진다. 찰벼는 생장 과정에서 난알의 일부분이 수분으로 채워지고, 수확 후 건조과정을 거치면 이 부분의 수분이 증발해 공간으로 남게 된다. 빈 공간만큼 수확량의 무게가 줄게 된다. 실제로 한반도 이남지역에서 가장 많이 재배되는 메벼와 찰벼 품종[28]의 수확량을 단순 비교했을 때, 메벼 품종인 '신동진'은 10a당 624kg의 생산량을 보인 반면, 찰벼인

'동진찰'은 539kg을 나타내고 있다.[29] 메벼가 85kg 더 많이 생산되며, 찰벼는 메벼 수확량의 86.3%에 머물고 있다.

이 같은 적은 수확량으로 인해 찰벼의 재배면적과 품종수는 전통시기부터 메벼에 비해 적었다. 1492년 편찬된 『금양잡록』에는 모두 27종의 벼 품종이 기록돼 있고, 이 중 3품종이 찰벼이며(仇郎粘(구렁출), 所伊老粘(쇠노출), 多多只粘(다다기출)), 그 비율은 11%다. 1825년 편찬된 『행포지』와 1840년 무렵의 『연경재전서』에 나타난 벼 품종 및 찰벼 품종 수는 각각 69종과 9품종(찰벼 13% -구랑찰, 쇠노찰, 다다기찰, 유듀찰, 양뿐찰, 정근찰, 징금찰, 불정찰, 얼웅찰), 그리고 40종과 5품종(찰벼 12.5% -구랑출(九郎糯), 쇠노출(鐵糯), 불경출(紅糯), 어룽출(駁糯), 다다기출(纍子糯))이다. (신중진 2012, 91-94; 장권열 1988, 346; 서유구 2012, 484.) 이 같은 비율은 2015년 한반도 이남에 재배된 찰벼 품종의 비율인 18.4%와 크게 차이 나지 않는다.[30] 이로 볼 때 한민족은 전통적으로 전체 벼 재배 품종의 10~20%가량을 찰벼에 할애했다.

이처럼 전통 농경시기 찰벼의 적은 생산량은 한정된 토지를 경작해 식량과 생활에 필요한 경비를 충당하는 농업경제 체제에서 메벼가 주를 이루고 찰벼가 소외되는 결과를 낳았으며, 멥쌀의 생산증가는 멥쌀떡 발달의 한 요인이 됐다고 할 수 있다.

2. 수도작에 적합한 기후환경

한반도는 지리적으로 온대성 기후대에 위치해 사계절이 뚜렷하다. 벼는 기온과 강수량, 일조시간, 일사량 등의 기상조건에 민감하게 반응하며, 이 요소들은 벼의 생장에 큰 영향을 미친다. (이윤선 외 2008, 406.) 따라서 한반도의 기후적 특징은 중남부지방을 중심으로 벼의 생장 환경에 대체로 적합하다. 한반도 중부이남 지역의 연평균 기온은 10~15℃ 이며, 강수량은 1,000~최고 1,900mm로 여름철에 연강수량의 50~60%가 집중된다.[31]

벼는 생육기간 150일 동안 연강수량 1천mm이상, 평균기온 17~18도 이상의 고온을 필요로 한다. 또한 충분한 물을 공급할 수 있는 하천유역의 충적평야가 가장 적합하다. (윤서석 2001, 73.)

이 같은 기후적 여건 속에서 한반도로 전래된 벼(수도)는 한반도의 강우량 집중시기와 잘 맞았다. 한반도는 벼 생육기인 4~9월까지의 6개월간 연 강수량의 2/3가 내리기 때문이다. 또한 여름철의 높은 기온도 벼의 생장기 조건과 잘 부합해 전래 초기부터 수도작은 한반도에 적합했다. (강인희 2000, 70.) 특히 한반도의 기후는 동남아의 열대성 기후와는 달리 폭염기간이 길지 않아, 온도가 높을수록 높은 아밀로스 함량과 식감을 떨어뜨리는 벼의 단점을 극복할 수 있어, 밥맛 좋고 찰성이 높은 멥쌀 벼 재배에 적합하다.

이처럼 한반도의 기후는 중남부를 중심으로 수도작에 적합해 한민족이 쌀을 주식으로 하는 것은 물론, 멥쌀떡을 만드는 주재료를 제공하는 토대가 됐다.

3. 메성의 잡곡문화와 수도작의 전래

한반도와 주변의 거주자들은 벼농사(수도작) 이전 시기 잡곡을 경작했다. 한민족의 형성 이전 선주민[32]들이 재배하고 식용한 기장과 조 등의 잡곡은 곡물의 전분이 찰기가 있는 '찰성(waxy)'과 찰기가 없는 '메성(non-waxy)'으로 구분되는 특징을 지닌다.[33] 그리고 찰성은 경작자의 선별과 관리 하에서만 나타나는 재배 곡류의 열성 형질이다. (윤서석 외 2000, 223.)

선주민들은 오랜 경작을 통해 이들 잡곡의 찰성을 발견, 재배하며 식용했다. 이는 『주례』에 찰기장을 의미하는 기장 '서(黍)'와 메기장을 의미하는 피 '직(稷)'자 기록이 나타나고(오주연문장전산고 경사편 주례: 六穀 稌黍稷粱麥苽), 이들 곡물로 찰기장떡과 멥쌀떡을 만드는 설명을 담고 있는 데서 뒷받침된다. (성호사설 제4권 만물문 구이분자: 周禮糗餌粉粢 以稻米黍米 或先屑而餅之 或先炊而擣之.) 『주례』가 시기적으로 최소 기원전 3세기 이전의 저작물이고, 지역적으로도 고대 동북아시아의 잡곡문화와 관련 있음을 고려할 때, 찰성과 메성의 구분은 수도작 전래 이전, 동북아의 잡곡문화에 속한 선주민들 또한 찰성을 아는 식문화를 소유했음을 살필 수 있다. 하지만 선주민들이 지녔던 찰성 경작은 찰성에 강한 집착을 보이는 동남아시아 남방의 수도작민들과는 다른 것으로, 이들은 찰성 선호보다는 오히려 반대로 메성을 선호하거나 찰성에 무집착하는 민족적 음식 성향을 지녔던 것으로 보인다.[34] 이 같은 음식 성향은 이들 선주민들의 기원이 메성 위주의 북유럽과 북방 아시아 지역에서 기원해 한반도에 도달한 종족일 가능성이 크기 때문이며, 또한 식물지 측면에서 찰

성의 벼는 히말라야산맥을 경계로 중앙아시아와 유럽에 전파되지 못했고, 찰성의 기장은 아프카니스탄, 유럽, 그리고 중앙아시아에서는 나타나지 않는 것에 근거한다. (윤서석 외 2000, 234-236.)

한민족이 고대시기부터 메성을 선호하는 전통이 있었다는 것은 한반도로부터 문화적 영향을 직접 받은 일본의 고대 사찰 제사를 비롯해, 한민족과 다른 동남아의 찰성 선호 전통, 그리고 문헌 기록 등에서 뒷받침된다.

일본 법륭사는 '성덕태자' 제사를 전통적인 방법으로 지내고 있으며, 그 역사는 1400여 년에 달한다. 제물로 쓰이는 떡은 봉황떡, 수선, 매화떡, 네모난떡, 쥐귀떡, 고양이귀떡 등으로 모두 멥쌀가루로 만들어진다. (김천호 1991, 227.) 멥쌀떡은 찹쌀로 떡을 빚는 현재의 일본 식문화와 다른 것으로, 불교제사는 백제, 신라, 고구려의 영향이다. 이를 통해 한민족은 서기 600년 무렵, 이미 멥쌀로 떡을 빚는 메성의 식문화를 가졌음을 추론할 수 있다.

이 같은 메성 선호의 선주민 식감에 기원전 10세기 전후 수도작이 한반도에 유입됐다. 그런데 초기 수도작은 찰성 품종 위주였다. (윤서석 외 2000, 111.) 이는 한반도에 벼를 전파한 것으로 유력시되는 중국 동남방지역이 전통적인 찰성 곡물 선호지역이고, 벼 원산지와 전파 루트에 속할 수 있는 인도 아삼, 중국 운남, 그리고 중국 동남방, 타이완, 류큐열도, 일본에 이르는 지역이 초승달 형태의 '조엽수림문화권'으로 이 문화권의 특징 중 하나가 찰성 곡류의 높은 재배분포와 찰성 음식에 대한 강한 선호라는 데서 나타난다. (윤서석 외 2000, 236.)

한반도에 전래된 초기의 벼가 찰성 위주였음은 문헌 기록에서

도 뒷받침된다. 기록상 멥쌀이란 명칭이 기원전 3세기 이전 편찬된 『주례(周禮)』에서 나타나기 때문이다.[35] 이전의 문헌인 『이아(爾雅)』(稌稻), 『시경(詩經)』(稌糯), 『예기(禮記)』(稻糯)에는 찰벼가 벼〔稻〕이고, 벼가 찰벼〔糯〕라고 기록돼(농촌진흥청장 2005, 163-165), 벼가 찰벼를 의미하고 있다.[36] '찹쌀이 벼이고, 벼가 찹쌀'이라는 기록과 함께 찹쌀 다음으로 멥쌀이란 단어가 출현한 것은 고대시기 찹쌀이 쌀을 대표했고, 이어 멥쌀의 재배와 생산이 확대됐음을 보여준다고 할 수 있다. 따라서 수도작의 한반도 전래가 기원전 10세기 무렵 1차로 있었고, 이어 기원전 3세기 무렵 재차 한반도에 전해졌음을 고려할 때(위안리(苑利) 2005, 54), 초기 전래 당시의 품종은 찰성임을 살필 수 있다. 수도작의 전래시기인 기원전 10세기 무렵은 고고학적으로 빗살무늬 토기와 무문토기의 교체시기와도 맞아떨어지며(박경신 2004, 59; 천선행 2015, 24; 위안리(苑利) 2005, 21), 중국 대륙 거주민들의 한반도 중남부 이주는 중국의 역사서인 『후한서』(후한서 동이열전 진한: 耆老自言秦之亡人, 避苦役, 適韓國)등의 기록에서도 확인된다.

그런데 찰성으로 한반도에 전래된 수도작은 선주민의 메성선호와 한반도의 기후,[37] 벼의 생태적 특성,[38] 주식으로 정착시키려는 국가적 정책과 노력으로[39] 등으로 인해 자포니카 계열의 메성 위주로 발달하게 됐다. 여기에 쌀은 식감이 뛰어나고, 수확량도 많아, 점차 지배계층을 중심으로 기장과 조 등을 대체하는 주된 식량으로서 역할과 위치를 차지하게 되고, 기존의 잡곡을 대신한 멥쌀떡이 출현하게 됐다.

결과적으로 한민족의 농경문화는 기후적 조건과 함께 민족 식물

학적 배경[40] 속에서 북방 잡곡경작과 남방 수도작이 결합해 생성됐으며, 동북아 잡곡문화는 멥쌀떡의 재료(성질적) 측면에서 한반도 거주민이 메성에 친숙하게 하는 시원적인 민족적 음식 성향을 제공했고, 수도작 문화는 멥쌀떡의 원재료인 멥쌀이 한반도에서 대량으로 생산돼 떡의 재료로까지 이용되는 기초를 제공했다고 할 수 있다. 그리고 이같은 메성 전통의 기반 위에서 멥쌀떡의 발달이 가능했다고 할 수 있다.

4. 세시풍속의 발달과 종교 및 생활의례의 성행

1) 세시풍속의 발달

고려와 조선시대 크게 성행한 세시 절기의 기념은 멥쌀떡 발달에 기여했다. 고려시대에는 설과 상원, 입춘, 한식, 초파일, 단오, 유두, 칠석, 추석, 동지 등의 9대 속절이 있었으며(고전연구실 편찬 1997, 546-547: 俗節,元正上元寒食上巳端午重九冬至八關秋夕), 이들 세시 절기는 점차 집약돼 조선 후기에는 설날, 추석, 한식, 단오, 그리고 동지가 5대 명절로 자리하게 된다.[41] 하지만 농경 문화권에 속한 한민족은 이들 명절과 함께 1년 12달 세시 절기를 기념했다. 이를 통해 한해 농사의 풍년을 기원하며, 수확에 감사한 것은 물론, 가족의 건강과 행운을 빌었다. 그리고 이들 의례에 천신된 음식에는 거의 떡이 필수로 쓰였다.

세시 절기의 떡과 관련된 기록은 조선시대의 『택당집』, 『도곡집』, 그리고 『동국세시기』 등을 비롯, 전통시기에서 현대에 이르는 『세시풍속』 자료집에서 찾을 수 있다. 17세기 후반에 간행된 『택당집』

(택당집 16권 잡저: 上元藥飯 三三日艾餠 燈夕松餠 流頭日水團 七夕霜花之類 重九引餠)은 삼짇날 쑥떡과 초파일의 송편, 그리고 유두날의 수단을 기록하고 있으며, 18세기 후반 간행된 『도곡집』(도곡집 권26 잡저: 上元藥飯 三三松餠 流頭水團 七夕霜花 重九菊煎 冬至豆粥之類)은 삼짇날 송편, 유두일의 수단을 보여준다. 특이한 것은 이들 기록에 삼짇날의 세시떡이 17세기 쑥떡에서, 18세기에는 송편으로, 그리고 19세기에는 화전으로 바뀌고 있는 점이다. 이로 볼 때, 세시 절기의 떡 종류가 시대 또는 지역에 따라 조금씩 차이가 있었음을 살필 수 있다.

이어 19세기 중엽의 『동국세시기』는 설날에 떡국과 흰떡, 켜시루떡 등이 멥쌀을 주재료로 해 찹쌀 등을 섞어 빚어졌으며, 2월 노비날과 3월 삼짇날에는 송병과 오병, 산병류 등이 멥쌀을 주재료로 만들었음을 보여준다. 또한 멥쌀떡으로 5월 단오의 수리취떡을 비롯해, 6월 유두의 수단, 8월 추석의 송편, 그리고 10월 상달의 쑥떡이 있었음을 살피게 한다. 절기 외에도 시기에 따라 다양한 멥쌀떡이 빚어졌다. 『동국세시기』와 같은 지역인 서울지방의 전승 민요 〈떡타령〉에도 속절(俗節)의 다양한 떡이 등장한다. '정월 보름 달떡, 2월 한식 송병, 3월 삼진 쑥떡, 4월 초파일 느티떡, 5월 단오 수리치떡, 6월 유두 밀전병, 7월 칠석 수단, 8월 가위 오려송편, 9월 9일 국화떡, 10월 상달 무시루떡, 동짓달 동짓날 새알시미, 그리고 섣달 골무떡'이 빚어졌다. (강인희 2000, 348.)

조선 말기인 전통시기부터 현대까지의 남한 세시문화를 보여주는 『세시풍속』에는 1월부터 12월까지의 지역별 떡이 나타난다. 강원도의 경우, 거의 1년 12달 멥쌀떡이 빚어지고, 심지어 경상북도 영덕군 창수면 일부 지역[42]에서는 타 지역에서 찹쌀가루 등의 곡물

반죽에 꽃잎을 더해 기름에 지지는 화전도 멥쌀가루를 이용해 만들고 있다. 또한 많은 지역에서 동지가 음력 11월의 보름 이전에 들면, 애동지 또는 소동지라 하여 팥죽 대신 팥떡 등으로 기념했다.[43] 이 팥떡 또한 대부분 지역에서 멥쌀 또는 찹쌀을 조금 섞은 멥쌀로 만들었다. 이를 통해 근현대에 올수록 다양한 세시 절기를 기념하고 이들 절기에 쓰이는 떡의 종류와 멥쌀떡이 증가하고 있음을 살필 수 있다. 결과적으로 세시풍속의 떡 수요에 부응하기 위해 멥쌀이 떡의 재료로 확대되면서 멥쌀떡이 발달됐다고 볼 수 있다.[44]

2) 종교 및 생활의례의 성행

『고려도경』(고려도경 제3권 성읍 민거: 蓋其俗淫祠鬼神 亦厭勝祈禳之具耳)과 『청장관전서』(청장관전서 사소설 하: 家人疾病惑於巫瞽 以爲先 亡某親之祟也)에 나타나듯[45], 고려에 이어 조선시대에도 민간을 중심으로 여전히 무속 신앙이 지켜졌고 무속의례가 폭넓게 행해졌다.[46] 무당이 행하는 굿에서는 떡이 필수 제물로 쓰였으며, 이때 쓰인 떡은 멥쌀로 만든 백설기, 증편과 함께 찹쌀이 조금 섞인 멥쌀 팥떡이었다.[47] 새해 초 점보기와 고사지내기, 망자를 위한 씻김굿 등 전통시기의 무속신앙과 의례가 현재까지 이어지고 있는 것에서도 살필 수 있듯, 이들 의례의 성행은 멥쌀떡 발달의 요인이 됐다.

또한 삼국시대 및 고려시대의 도교와 불교, 그리고 조선 후기 유교의례의 생활화와 함께 생일, 회갑 등의 각종 기념 의례의 증가도 멥쌀떡 발달의 배경이 됐다. 이들 의례에서는 필수적으로 떡이 쓰였기 때문이다.[48]

『삼국유사』는 가야왕들의 제사에 떡이 쓰였음을 기록하고 있다.

(삼국유사 기이 가락국기: 每歲時釀醪醴設以餅·飯·茶·菓庶羞等奠年年不墜.) 이어 고려말과 조선시대의 제사를 비롯한 유교 의례(이성우 1997, 104-105; 윤서석 2001, 501)에 쓰인 떡은 흰떡(절편)과 인절미, 그리고 팥시루떡 등이었다. 흰떡과 팥시루떡은 멥쌀이 주재료인 멥쌀떡이다. 이 밖에 생일, 혼례 등의 생활 의례에서도 흰떡(절편), 설기떡, 송편, 가래떡 등의 멥쌀떡이 주로 쓰였다. 조선시대 유교의례의 생활화는 떡 수요를 늘려, 자연스럽게 생산량이 가장 많은 멥쌀이 이들 떡의 재료로 활용되면서 멥쌀떡의 발달을 가져왔다.

5. 찰떡을 찰기장으로 만드는 유교전통

『주자가례(朱子家禮)』가 제시한 관혼상제는 고려 후기 귀족 계층으로 유입돼 조선중기 이후 사대부를 중심으로 한 지배계층에 정착했다.[49] 『주자가례』는 이들 의례에 소요되는 제물의 내용을 담고 있고, 떡의 경우 구이분자(糗餌粉餈) 등이 쓰였다. 구이는 쌀을 가루 내서 만드는 떡이고, 분자는 쌀을 익혀 짓이겨 만드는 떡이다. (성호사설 제4권 만물문 구이분자: 盖餌則先屑米為粉然後溲之故曰餅之 粢則炊米爛擣之故曰合蒸也.) 오늘날의 설기류(메·차설기) 떡이 구이이고, 인절미가 분자라고 할 수 있다. 그런데 『성호사설(星湖僿說)』과 『상변통고(常變通攷)』는 인절미가 현재처럼 찹쌀이 아닌 쌀이나 찰기장으로 만든다고 기록하고 있다.[50] 특히 『상변통고』는 중국 한나라 시기의 대유학자 정현(鄭玄)의 말을 인용하고 있다.[51] 이는 전통적 유교의례에서는 찹쌀이 쓰이지 않고, 찰성분의 떡을 찰기장이 대신하고 있음을 보여준다.

이 같은 찹쌀 불사용의 유교전통은 조선시대 궁중의 의례에서도 확인된다. 조선시대 궁중에서 사용된 물품의 회계를 기록한 19세기 초의 『만기요람(萬機要覽)』은 궁중의 대전과 대비전 등에서 쓰인 곡물 품목에 찹쌀을 직접 의미하는 '나미(糯米)'는 물론, 찹쌀과 함께 광의의 찰성분 곡물을 지칭하는 '점미(粘米)'를 기록하고 있지 않다. 대신 이 문헌은 찰성 곡물로 햇찰기장쌀[新黍米]을 기록하고 있다.[52] 이는 궁중의례에서 떡을 만드는데 찹쌀이 사용되지 않았음을 의미한다고 할 수 있다. 유교의례에서의 찰기장 사용은 유교의 시조인 공자가 선호했던 곡물이란 점[53]과 함께 『상변통고』 등에서 나타나듯, 유교 전통에 따라 제물을 마련하려는 유교도들의 전통 엄수의지에서 기인한 것으로 보인다.

이처럼 조선시대 의례 문화를 주도한 지배층들이 제례에 소요되는 찰떡을 찹쌀이 아닌 찰기장으로 만들고, 그 외의 떡은 멥쌀을 사용한 유교 전통은 찹쌀을 떡 재료에서 소외시키고, 멥쌀이 의례 떡의 재료라는 인식을 확산시켰을 것이다. 이 같은 전통과 함께 찹쌀의 적은 생산량까지 더해져 멥쌀이 떡의 주재료로 확대 사용되면서 멥쌀떡의 발달로 이어졌다고 할 수 있다.

6. 흰색 숭상과 찹쌀에 대한 부정적 정서

멥쌀떡은 한민족의 통과의례와 세시절기에 필수적으로 쓰이는 대표적 음식이다. 한국인은 첫 백일을 어머니가 차려준 백설기와 맞이하고, 첫돌은 가족들의 축하 속에 팥시루떡과 백설기[54]를 맛보게 된다. 이어 혼례에서 배우자를 맞이할 때도 떡은 축하음식으로

서, 그리고 혼례의 상징으로서 신랑과 신부의 집을 오가고 하객의 접대에 쓰인다. 상례에서도 멥쌀로 만든 떡이 전통시기부터 쓰였다.[55] 그만큼 한민족에게 떡은 삶의 시작과 마지막을 함께 하는 음식이다.

이 때문에 한민족이 떡에서 느끼는 의미와 정서는 유별나며, 특히 멥쌀떡의 경우 이 같은 의미에 더해 흰색을 선호하는 민족적 성향까지 반영하고 있다.[56]

하지만 한민족은 멥쌀보다 더 흰색인 찹쌀에 대해서는 식품으로써 일정부분 부정적 인식을 가졌다. 현전하는 중국 최고의 농서로 한민족의 농업과 식문화 및 지식인의 사물인식에 지대한 영향을 끼친 『제민요술』[57]과 조선시대 한의학의 준거가 된 『본초강목』[58], 그리고 조선 초기 종합의약서인 『향약집성방』[59]은 찹쌀을 풍과 심장병 등을 야기하는 곡물로 설명하며, 심지어 먹지 말아야 한다고 기록하고 있다. 이 같은 중국 고대 문헌과 조선시대 의학서의 기록은 한민족의 찹쌀 인식에 부정적 영향을 강하게 미쳤을 것이다. 실제로 찹쌀은 『제민요술』의 기록처럼 소화가 잘되지 않는 특성을 지니고 있다. 찹쌀은 성분상 덱스트린 형태로 멥쌀 전분에 비해 당화가 빨라 소화흡수는 양호하지만 떡으로 가공되면 구조가 치밀해지고 점성이 강해져 소화액의 침투가 어려워지기 때문이다. (류기형 2002, 63.) 이 밖에 찹쌀의 지방질은 멥쌀보다 유리지방산과 저급 불포화지방산이 많아 산패되기 쉽다는 단점도 지니고 있다. (김완수 외 2005, 124.)

찹쌀에 대한 부정적 인식과 곡물적 특성은 같은 흰색〔素色〕인 멥쌀의 활용을 늘리고, 그 연장선에서 멥쌀을 떡의 재료로 확대 사용

해, 멥쌀떡의 발달로 이어졌다고 할 수 있다.

Ⅳ. 결론

한국의 전통 식문화 속에서 멥쌀떡의 시대적 발달상황과 발달배경을 고찰해 봤다. 한민족이 주식과 멥쌀떡을 만드는 데 이용하는 멥쌀은 조선시대 도정 정도가 우수한 쌀을 지칭했다. 한민족은 수도작 문화가 한반도에 유입된 기원전 10세기 무렵부터 멥쌀로 떡을 만들었으며, 자포니카 계열의 중, 단립종인 이 멥쌀은 식품 가공적 측면에서 찰 성분인 아밀로펙틴 함량이 인디카 계열보다 높아 떡을 빚을 수 있는 가공적성을 지니고 있다.

한민족은 이 같은 가공의 용이성을 활용해 고려시대 이전에는 구운떡과 백설기를 만들었고, 고려시대에는 이들 떡과 함께 밤떡, 청애병 등을, 그리고 조선시대에는 송편, 콩·팥떡, 가래떡(떡국), 절편 등 100여 가지의 멥쌀떡을 만들어 명절과 각종 의례 등에 사용한 것은 물론, 일상의 간식으로 먹었다. 현대에 들어서도 이들 멥쌀떡은 대부분 그대로 빚어지고 있으며, 현재는 서양의 케이크와 같은 '구운떡'으로까지 발전해 한국 멥쌀떡의 오랜 전통과 발전 가능성을 보여준다.

멥쌀로 떡을 만드는 전통은 자포니카 계열의 멥쌀을 주식으로 하는 동북아시아의 쌀 문화권에서는 거의 나타나지 않는 한국만의 특이한 음식문화다. 이들 국가와 지역은 주식으로 멥쌀을 먹지만 떡은 거의 대부분 찹쌀을 이용해 만든다. 한국만이 유일하게 멥쌀로

많은 떡을 만들고 쌀 관련 추수감사제까지 지내고 있다.

이 연구의 목적은 수도작 문화와 연관된 이같은 멥쌀떡이 한반도에서 발달한 배경을 찾는데 있었다. 또한 더 나아가 도출된 발달 배경을 통해 동아시아와 한국 음식문화의 연관성을 살피고, '한국인은 누구이고, 그 문화는 무엇인가'라는 한국문화의 기원과 이를 이룬 한민족의 정체성을 이해하는 데도 도움을 주고자 했다.

멥쌀떡이 한국만의 특이한 식문화이고, 식문화는 문화의 기본 3요소 중 가장 전통적 요소를 많이 간직한 보수적 문화 현상이란 점에서 멥쌀떡은 본 연구가 지향하는 목적 달성에 적합한 소재였다.

고문헌과 식품영양 및 가공 등의 선행연구를 검토한 결과, 본 연구는 다음과 같은 한국 멥쌀떡의 발달 배경을 규명할 수 있었다.

수도작이 한반도에 유입되기 이전, 한반도에 거주했던 선주민이 지녔던 메성 선호의 잡곡문화와 함께 이후 중국 동남방에서 도래한 수도작 문화의 유입이 그 발달 배경의 토대가 됐다. 다음으로 메벼의 유전적 우월성과 많은 수확량 등과 같은 벼의 생태적 특성과 함께 자포니카 계열의 수도작 재배에 적합한 한반도의 기후 및 떡의 수요를 증대시킨 세시풍속의 발달, 그리고 각종 의례의 생활화가 발달배경이 됐다. 이와 함께 찰떡을 찰기장으로 만드는 유교전통, 전통시기 한민족이 가졌던 흰색 숭상과 찹쌀에 대한 부정적 인식 등도 멥쌀떡의 발달을 가져왔다.

이들 발달배경을 통해 멥쌀떡은 한국의 기후, 민족적 음식 성향 등에 의해 탄생하고 발달된 한민족 특유의 음식임을 살필 수 있다. 남방에서 유입된 쌀이 한국의 기후적 특성에 따라 자포니카 계열의 쌀로 선택되고, 민족적 음식 성향에 의해 찰성이 아닌, 메성 위주로 선

별, 재배돼 한민족의 문화 속에서 그 발달이 촉진됐기 때문이다. 이후 멥쌀떡은 한국 문화의 대표 이미지인 추석, 설날과 결합되고 송편과 떡국(가래떡)이라는 한국 명절의 상징음식으로까지 발달했다.

따라서 멥쌀떡은 동아시아의 음식문화 속에서 남방과 북방계의 문화와 민족이 한반도 공간에서 빚어낸 한민족의 정체성과 역사성을 집약적으로 보여주는 결과물이자, 한국 식문화의 대표 음식이라 할 수 있다. 이는 멥쌀떡 발달 배경을 통해 한민족이 남방계와 북방계의 결합에 의해 탄생했고, 그 문화 또한 이들 두 계열의 융합에 의해 형성됐다는 결론 도출을 가능하게 한다.

이 연구는 한국인의 대표적 별식인 멥쌀떡을 인문학적 주제로 살폈다는 점, 그리고 연구 자료를 고문헌과 함께 식품영양 및 가공, 방언, 농업, 고고학 등의 다양한 인접 학문 분야까지 확대해 학제간 연구의 필요성을 환기시켰다는 주제 선정과 연구방법에 의미가 있을 것이다.

이 연구를 계기로 한국의 전통 음식이 식품영양과 가공 분야의 주요 연구대상에 머무르지 않고 인문학의 다양한 연구 주제로 확대되는 것은 물론, 세계화와 다문화시대, 문화의 다양성과 타문화를 이해하는 소재로 활용되길 기대한다.

미주

1 * 이 논문은 고려대 『아세아연구』(2017, 60권 4호, pp.39-74)를 통해 발표됐다.

벼(쌀)의 형태와 성분에 의한 분류로 크게 장립형의 인디카(Indica)와 중, 단립형의 자포니카(Japonica)로 구분되며, 쌀알의 형태가 인디카는 기다린 반면 자포니카는 타원형에 가깝다.

2 일본에도 멥쌀로 만든 '달걀모양'의 떡(구자옥 외 공역. 江署一浩 저. 2003. 『쌀의 품질과 맛』. 농촌진흥청, p.41)과 가루로 쪄서 치대어 개어 만드는 '반은떡'(최인학 외. 2004. 『비교연구를 통한 한국민속과 동아시아』. 서울: 민속원, p.491) 같은 것이 일부 있다. 하지만 이 떡은 전통시기 이후 나타난 떡으로 일본의 전통 음식은 아니다. 이런 측면에서 중국 동북지역 조선족들에 의해 빚어지는 멥쌀떡 또한 중국의 전통 떡은 아니다. 중국은 전통적으로 찹쌀과 밀로 떡을 빚었고, 일본은 찹쌀을 이용했다. 베트남도 찹쌀로 떡을 만든다. (임홍재. 2010. 『베트남 견문록』. 서울: 김영사, p.291.)

3 중국의 공휴일과 명절 일수는 원단(元旦, 신정, 1월 1일) 등 모두 9일이지만 추석과 같은 추수감사제는 없다. (남궁양석 외. 2006. 『중국의 언어와 문화』. 서울: 학고당, p.110.) 중국 중추절(8월 15일)은 가족이 재회해 월병을 먹으며 만월을 구경하는 날이다. 일본의 경우도 12개의 국경일에 정월 초하루는 포함되지만 추수감사제는 없다. 양력 8월 15일 '오본'이란 명절이 있는데 이는 가족 재회와 조상숭배의 례로 짜여 있다. 이날 조상의 영혼이 1년에 한번 이승의 집을 찾아오는 날이라 여겨 각종 음식을 장만해 제사를 지내고, 조상의 묘를 참배한다. (김영. 2006. 『일본문화의 이해』. 서울: 제이엔씨, p.38, p.49.) '오본'은 음력 7월 15일 조상을 공양하는 민속적 불교의식이다. (박전열 외. 2000. 『일본의 문화와 예술』. 서울: 한누리미디어, pp.132-133.)

4 문화와 관련, 나경수는 '문화표상(culture image)'과 이를 구성하는 하위 요소로 '문화표식(culture mark)' 용어를 사용하고 있다. (나경수. 2010. "호남의 Culture Image". 『한국지역지리학회 학술대회발표집』, pp.36-37.)

5 국립문화재연구소. 2001. 『세시풍속』 강원도편. 서울: 국립문화재연구소, 『세시풍속』 경기도편(2001), 『세시풍속』 제주도편(2001), 『세시풍속』 충청북도편(2001), 『세시풍속』 경상남도편(2002), 『세시풍속』 경상북도편(2002), 『세시풍속』 충청

남도편(2002), 『세시풍속』 전라남도편(2003), 『세시풍속』 전라북도편(2003).

6 『동의보감(東醫寶鑑)』(1610년) '갱미(粳米)-됴ᄒᆞᆫ니ᄡᆞᆯ'(신중진. 2012. "『연경재전집(研經齋全集)』에 실린 稻벼 곡물명(穀物名)에 대한 어휘사적 연구". 『동아시아문화연구』 Vol.52, p.92.)

7 강원도 평창군 봉평면 창동리의 2월 송편, 태백시 상사미 마을 추석 송편(국립문화재연구소. 2001. 『강원도 세시풍속』. 국립문화재연구소.) 제주도도 차조 등으로 떡을 만들었다.

8 제주도는 조사대상 12개 지역 중 표선면 성읍2리 구렁팟마을을 제외한 11개 지역에서 송편을 빚지 않은 것으로 나타났다. -국립문화재연구소. 2001. 『제주도 세시풍속』. 국립문화재연구소, p.57.

9 쌀이 아닌 재료로 송편을 빚는 강원도 지역도 다수였다. -국립문화재연구소. 2001. 『강원도 세시풍속』. 국립문화재연구소, p.204, p.229, pp.338-339, p.400, p.445 참조.

10 매쌀(경남 합천, 거창), 맵살(황해 다수지역), 맵쌀(경남, 전남북 일부지역), 멥쌀(경남북, 충남북, 전남북, 강원 다수 지역), 멧쌀(충남북, 경남, 전북 일부지역), 몝쌀, 미쌀, 밉살, 밉쌀, 입살, 입쌀(강원, 경북, 충북, 전남북 일부지역) -최학근. 1994. 『증보 한국방언사전』. 서울: 명문당, pp.1147-1148.

11 五洲衍文長箋散稿, 周禮: 原餠 起七國時 古無餠也.

12 전남 강진군 병영면 심인리 동삼인 마을에서 유두에 만들던 '문지떡'은 쌀가루를 재료로 솥뚜껑에 참기름 바르고 익혀 먹었다. -국립문화재연구소. 2003. 『세시풍속』 전남편. 서울: 국립문화재연구소, p.263 및 경북 영덕 창수면에서는 화전을 쌀가루와 진달래로 만들었다. -국립문화재연구소. 2002. 『세시풍속』 경북편. 서울: 국립문화재연구소, p.557.

13 조상 제사에서는 귀족층인 6품까지 떡을 제물로 사용할 수 있었다. -윤서석. 2001. 『우리나라 식생활 문화의 역사』. 서울: 신광출판사, p.287.

14 이영구 외. 2004. "조선전기의 인구와 농업생산력 연구". 『농업사연구』. 3(2), p.41 '조선시대 토지와 인구' 참조. 이 논문에 의하면 조선 전기인 1550년 조선의 토지면적은 433만 7천ha, 인구는 863만 명으로 추산돼 인구 압력이 1.99로 1875년 토지면적 432만 5천ha, 인구수 1,631만 명의 인구 압력 3.77보다 배가량 낮았다. 이

자료는 당시 행해진 휴경 문제는 고려하지 않고 있다.

15 『동국세시기』 등의 조선시대 세시기와 『택당집』, 『증보산림경제』, 『청장관전서』 등에서 조선시대 무속과 세시풍속의 성행을 살필 수 있다. **家人疾病惑於巫瞽 以爲先 亡某親之祟也**(사람이 질병이 생기면 무당과 점쟁이에게 미혹되어 이들을 우선으로 해 자기 친척을 죽게 한다.) - 『청장관전서』, 사소절(士小節) 하. 한편 무속 의례에서 주로 사용된 떡은 백설기와 팥편이었으며, 백설기는 산신, 제석식, 용신, 칠성신 등의 천신에게 올리는 현물이었다. -김상보 외. 1988. "서울지방의 무속신앙 제상차림을 통하여 본 식문화에 대한 고찰". 『한국식생활문화학회지』. 3(3), p.222. 반면 팥편은 성황신 등 잡귀신과 조상신에게, 그리고 최고의 신에게는 증편이 올려졌다. -이종미. 1992. "한국의 떡 문화. 형성기원과 발달 과정에 관한 소고". 『한국식생활문화학회지』. 7(2), p.185.

16 윤서석. 앞의 책, p.498 및 '주자가례가 17세기 사족들의 생활문화로 완전 정착했다.' -고석규 외. 2016. 『한국사 속의 한국사2』. 고양: 느낌이 있는 책, p.169.

17 국립문화재연구소가 2001년부터 2003년까지 간행한 남한의 9개 지역 풍속조사서로 강원, 경기, 충북, 충남, 전북, 전남, 경북, 경남, 제주 지역에 전승되거나 피조사자들의 기억 속에 전승되는 세시풍속을 수록하고 있다. 따라서 이 책에 수록된 떡은 역사적 시간대로 20세기 초와 연결돼 전통시기의 떡이 포함돼 있다. 총 10권으로 지역별 세시풍속 9권과 총괄편(2006년 간행)으로 구성돼 있다.

18 백설기, 팥시루떡 등과 함께 쑥떡은 고려시대 '청애염병(青艾染餅)'(『고려도경』, 『송사』)이란 명칭에 이어, '애병설고(艾葉雪糕)'(『용재총화』), '애고(艾糕)'(『성소부부고』, 『지봉유설』), '애병(艾餅)'(『택당집』), '청병(青餅)'(『요록』), '청호병(青蒿餅)'(『성호사설』), '쑥단자'(『증보산림경제』), '애고(艾糕)'(『경도잡지』, 『해동역사』) 등으로 불리며 1천여 년이 넘는 역사를 보여준다.

19 두귀반쪽 송편, 세귀반쪽 호만두, 네귀반쪽 인절미, 먹기 좋은 꿀설기, 보기 좋은 백설기, 시금털털 증편, 키 크고 싱거운 흰떡, 의가 좋은 개피떡, 글방 데련님 필낭떡, 각집 아가씨 실패떡, 세살둥둥 사레떡, 서방사령의 청절편, 도감포 송기떡, 대전별감의 새떡. 〈떡타령의 일부〉 -강인희. 2000. 『한국의식생활사』. 서울: 삼영사, p.348.

20 윤서석. 앞의 책, p.492 및 이종미(1992) 논문 -조선시대 문헌에 등장한 떡은 총 250종이었으나(윤서석), 현대는 37종(이종미)으로 나타났다.

21 통계청 자료(2006년)에 의하면 국내 떡류 식품 제조 업체수는 13,725개로 10년 전인 1996년 4,151개에 비해 무려 3.3배나 증가했다. 하지만 같은 기간 제과점 업체수는 오히려 2.5배 감소했다. -김옥희. 2008. "우리나라 떡 산업의 현황과 전망". 『東아시아食生活學會 2008년도 추계학술대회 논문집』, pp.49-50.

22 참조논문- Song Ji-Young 외. 2007. "Effects of soaking and particle sizes on the properties of rice flour and gluten-free rice bread". 『Food Science and Biotechnology』. 16(5), pp.759-764 및 김용갑. 앞의 논문, p.41.

23 이 책들에 수록된 떡은 조사지역에서 전승되거나 피조사자들의 기억 속에 전승된 것임을 고려할 때 시간적으로 20세기 초와 연결돼 전통시기의 떡이 포함돼 있다.

24 경북 포항시 죽장면 입암1리 솔안마을에서 음력 1월 14일 만들던 쌀수제비 떡으로 밥 대신 먹었다. -국립문화재연구소. 2002. 『세시풍속』 경북편. 서울: 국립문화재연구소, p.372.

25 유두에 쌀가루를 재료로 솥뚜껑에 참기름 바르고 익혀 먹은 떡. -국립문화재연구소. 2003. 『세시풍속』 전남편. 서울: 국립문화재연구소, p.263.

26 제주지역 떡 이름으로 쌀가루를 반죽해 반달모양으로 빚은 다음, 솔잎을 넣어서 찌거나 삶은 떡. -김순자(『제주도방언의 어휘연구』, 서울: 박이정. 2015, p.170)는 솔벤을 '송편의 제주방언'으로 정의한 『표준국어대사전』의 설명이 타당치 않다고 주장한다.

27 '아시아에서 자포니카 전파의 제1진은 전부 찰성의 품종이다.' -윤서석 외. 2000. 『벼·잡곡·참깨 전파의 길』. 서울: 신광출판사, p.111.

28 농촌진흥청 국립농업과학원. 「2015_벼 품종별 재배면적(최종)」 자료 기준.

29 국립식량과학원 홈페이지, 〈작물정보-벼-일반벼-품종정보〉.

30 농촌진흥청 국립농업과학원 「2015_벼 품종별 재배면적(최종)」 자료에 의하면 이해 전체 재배 벼 품종수는 228종이며, 이 중 찰벼는 동진찰, 백옥찰 등 42종이었다.

31 한국기상청 홈페이지(www.kma.go.kr) 기후자료.

32 수도작인들의 도래 이전, 한반도와 주변에 거주한 주민을 칭한다.

33 메성과 찰성 형태의 전분이 나타나는 곡류는 7종으로 벼, 보리, 조, 기장, 수수, 옥수수, 율무다.

34 윤서석 외. 앞의 책, p.111 및 시노다 오사무 지음. 윤서석 외 역. 1995.『중국음식문화사』. 서울: 민음사, p.65. 시노다 오사무는 한반도 북부와 지리적으로 인접한 중국 북방인들이 원래 끈기가 없는 조나 기장(차조는 주로 양조 원료)에 익숙해 있었으므로 찰진 쌀은 좋아하지 않아, 외미, 남경미라는 찰기가 적은 품종을 매우 좋아했다고 설명한다.

35 『주례(周禮)』- '稌(도)는 멥쌀(粳)'-농촌진흥청장(최한기 저.) 2005.『농정회요 Ⅰ』. 수원: 농촌진흥청, pp.164-165.

36 물론, 이 당시에도 메벼는 존재했다. 하지만 메벼를 지칭하는 개별 한자 없이 찰벼가 이를 대신했다는 것은 그 만큼 메벼의 출현이 늦고 그 생산량이 적었다는 의미로 해석된다. '도(稻)는 고대에 갱미(粳米)를 가리키고 또 나미(糯米)를 가리키기도 한다.' -위안리(苑利) 지음. 최성은 옮김. 2005.『도작문화로 본 한국문화의 기원과 발전』. 서울: 민속원, p.326.

37 중국 운남성의 벼 품종 재배시험에서 나타나듯, 벼는 기온에 따라 품종 재배지가 달라지며, 한반도는 자포니카 계열의 재배지에 속한다. -윤서석 외. 앞의 책, p.100.

38 벼는 찰성이 열성이라는 유전적 특성을 지녀 인간의 선택적 재배에 의해서만 찰성이 유지된다.

39 수리시설, 농사, 천문기술 보급 등 -권영국. 1999. "고려시대 농업생산력 연구사 검토".『사학연구』59호, p.599 및 강인희 2000. 앞의 책, p.112.

40 식품의 찰성, 메성 선호와 관련한 민족 식물학적 문제는『벼· 잡곡· 참깨 전파의 길』(윤서석 외. 앞의 책, p.111, p.236)에서 거론되고 있다. 태국북부-아삼에 걸친 산악지대에서 동쪽의 일본까지 찰성과 메성 품종이 함께 분포하지만 네팔과 인도는 메성 품종이 거의 대부분이고, 극히 일부만 찰성 품종이라는 것이다. 이 같은 품종의 차이는 찰성의 집착과 비집착에서 비롯되며, 이는 민족 식물학적 차이로 이야기될 수 있다는 설명이다.

41 **今之與正朝端午秋夕爲四節祀卽東俗也. 朝家則幷冬至爲五節享**(오늘날은 설, 단오, 그리고 추석과 함께(한식을) 4대 절사(절기나 명절의 제사)로 삼는데(이는) 곧 조선의 풍속이다. 조정에서는 동지를 더해 5대 명절로 삼아 제사를 지낸다.) -『동국세시기(東國歲時記)』, 한식 -이석호 역주. 1991.『조선세시기』, 서울: 동문선, pp.73-74.

42 국립문화재연구소. 2002.『세시풍속』경상북도편. 서울: 국립문화재연구소, p.557.

43 애동지 명칭은 강원도 주문진, 삼척, 원주를 비롯, 경기도 수원, 안산, 충북 충주, 영동, 충남 논산, 보령, 전북 익산, 정읍, 전남 순천, 곡성, 무안, 경북 영덕, 영양, 의성, 경남 사천, 남해의 일부 지역등이며, 소동지는 강원 삼척 및 전남 장성 일부 지역에서 불린다.

44 멥쌀의 생산량이 증대돼 세시 절기의 떡 재료로의 사용이 확대됐다는 해석도 가능할 것이다.

45 '대개 그 풍속이 귀신에게 제사지내는 것을 숭상하고 또한 염승(주술을 써서 사람을 누르는 일)과 기양(재앙은 물러가고 복이 오라고 비는 일)하는 것이다.'(『고려도경』제3권 성읍 민거) -서긍 지음. 조동원 외 옮김. 2005.『고려도경』. 서울: 황소자리 출판사, p.82 참조), '가족 중에 질병이 생기면 무당과 점쟁이에게 미혹되어 이들을 우선으로 해 자기 친척을 죽게 한다.'(『청장관전서』사소설 하.)

46 '10월 초하룻날 찹쌀로 인절미를 만들어 소뿔 위에 붙이고서 뽕나무 잎에 떡을 싸서 소에게 먹여, 한 해의 노력에 보답한다.' -농촌진흥청(유중림 저). 2003.『증보산림경제(增補山林經濟)Ⅰ』. 수원: 농촌진흥청, p.80 및 '서낭당과 비슷한 부군당에서 관리가 제사를 지낼 정도로 무속의 분위기가 상당히 강했다.' -고석규 외. 2016. 앞의 책, p.150.

47 김상보 외. 앞의 논문, p.222 - 이 논문은 〈윤숙경. 1982. "떡의 발달과정과 조리법에 대한 고찰".『안동대논문집』4집〉을 인용해 '백설기가 산신, 제석신, 용신, 칠성신 등 천신에게 바치는 현물이고, 팥편은 성황신 등 잡귀 등의 귀신과 조상신께 드리는 주된 현물이다'고 밝히고 있다.

48 '우리나라 의례음식에서 제 1위의 것은 떡이다.' -고대민족문화연구소 편. 1997.『한국민속대관/ 일상생활 의식주』. 서울: 고대민족문화연구소 출판부, p.463 및 '떡은 불교에서 6법 공양물의 하나에 속한다' -장혜영. 2010.『한국전통문화의 허울을 벗기다-한중문화 심층 해부』. 서울: 도서출판 어문학사, p.140.

49 '주자가례가 17세기 사족들의 생활문화로 완전 정착했다.' -고석규 외. 위의 책, p.169.

50 以稲米黍米或先屑而餅之 或先炊而擣之 又熬大豆為屑粘着之 今俗所謂印坊

餠也(멥쌀과 기장쌀로써 혹은 먼저 가루를 만들어 떡을 만들기도 하고, 혹은 쌀을 먼저 쪄 쳐서 만들기도 하는데, 그 위에 콩을 볶아 가루를 만들어 떡에 붙이니, 지금 세속에서 이르는 인절미[印切餠]라는 것이다.) -『성호사설(星湖僿說)』 제4권, 만물문(萬物門) 구이분자(糗餌粉餈).

51 鄭云 合蒸曰餌 餠之曰餈 此皆稻米黍米所爲也(정현(鄭玄)이 말하길 합쳐 찐 것이 이(餌)이고, 병(餠)으로 만든 것이 자(餈=인절미)이다. 이것들은 모두 쌀과 찰기장으로 만든다.) -『상변통고』 16권, 상례(喪禮) 견전(遣奠).

52 햇찰기장쌀[新黍米] 12두 -『만기요람(萬機要覽)』 재용편 공상(供上) -대전과 중궁전 등에서 사용된 곡물에 찹쌀이 보이지 않지만 호조의 재용편에서는 찹쌀이 점미(粘米)로 나타난다.

53 서(黍 찰기장)는 차진 조[黏粟]이다. 오곡의 첫 번째로 공자는 먼저 찰기장밥을 드셨다. -『임하필기(林下筆記)』 제35권, 벽려신지(薜荔新志.)

54 돌상의 백설기는 아이가 순진무구하고 깨끗하게 성장하라는 뜻을 담고 있다. -한국민속학회 엮음. 2008.『생업, 의식주, 물질문화』. 서울: 민속원, p.200.

55 삼식(糝食) -윤서석, 위의 책, p.467 및 -임국이 외. 1988. "떡의 이용실태 및 시판제품에 대한 평가",『한국식생활문화학회』 3권2호, p.166.

56 在國衣尙白『삼국지 위서 동이전』, 부여 -진수 지음. 김원중 옮김. 1966.『삼국지 위서 동이전』. 서울: 민음사, p.726 및 浣濯衣服 湅涚絲麻 皆婦女從事. 雖晝夜服勤 不敢告勞 -『고려도경』 잡속 및 주강현. 1996.『우리 문화의 수수께끼』. 서울: 한겨레신문사, pp.87-93.

57 '오래 먹으면 사람의 몸이 가벼워지고 사람의 근육이 이완된다. 고양이나 개가 먹으면 역시 다리가 굽어 걸을 수 없으며 말이 먹으면 다리가 무거워진다. 임산부가 고기와 섞어 먹으면 아이에게 좋지 않다.' -진장기(陳藏器) -농촌진흥청장. 앞의 책, p.170.

58 '나미(糯米: 찹쌀)는 근육을 이완시키므로 사람들이 잠을 많이 자게 된다. 그 성질이 무르다.' -왕영(汪穎) -농촌진흥청장. 앞의 책, p.168.

59 '찹쌀은 성질이 차서 먹으면 잘 졸리고 풍이 생기며 기가 동하게 된다. 그러므로 많이 먹지 말아야 한다.' -맹선(孟詵) -과학백과사전출판사 동의학편집부. 1991.『향약집성방』, 여강출판사, p.240, pp.325-326.

참고문헌

단행본

강인희. 2000.『한국의식생활사』. 서울: 삼영사

고대민족문화연구소. 1980.『한국민속대관』(제4권 세시풍속·전승놀이). 서울: 고대민족문화연구소 출판부

_____. 1997.『한국민속대관』(제3권 일상생활·의식주). 서울: 고대민족문화연구소 출판부

고석규·고영진. 2016.『한국사 속의 한국사1』. 고양: 느낌이 있는 책

_____. 2016.『한국사 속의 한국사2』. 고양: 느낌이 있는 책

고전연구실 편찬. 1997.『북역 고려사』 제7책. 서울: 도서출판 신서원

과학백과사전출판사 동의학편집부. 1991.『향약집성방』. 여강출판사

구자옥·이도진·허상만 공역. 江署一浩저. 2003.『쌀의 품질과 맛』. 농촌진흥청

국립문화재연구소. 2001.『세시풍속』(강원도편). 서울: 국립문화재연구소,『세시풍속 경기도편(2001),『세시풍속』 제주도편(2001),『세시풍속』 충청북도편(2001),『세시풍속』 경상남도편(2002),『세시풍속』 경상북도편(2002),『세시풍속』 충청남도편(2002),『세시풍속』 전라남도편(2003),『세시풍속』 전라북도편(2003)

김부식 저. 고전연구실 옮김. 1997.『북역 삼국사기 상』. 서울: 도서출판 신서원

김순자. 2015.『제주도방언의 어휘연구』. 서울: 박이정

김영. 2006.『일본문화의 이해』. 서울: 제이엔씨

김완수·신말식·이경애·김미정. 2005.『조리과학 및 원리』. 서울: 라이프사이언스

남궁양석·이종순·방준호 공저. 2006.『중국의 언어와 문화』. 서울: 학고당

농촌진흥청(최한기 저). 2005.『농정회요 I』. 수원: 농촌진흥청

_____(유중림 저). 2003.『증보산림경제 I』. 수원: 농촌진흥청

류기형. 2002. 『쌀의 여행』. 서울: 도서출판 효일

박전열 외. 2000. 『일본의 문화와 예술』. 서울: 한누리미디어

서긍 지음. 조동원 외 4인 옮김. 2005. 『고려도경』. 서울: 황소자리 출판사

서유구 지음. 정명현·민철기·정정기 옮김. 2012. 『임원경제지』. 서울: 씨앗을 뿌리는 사람

시노다 오사무 지음. 윤서석 외 옮김. 1995. 『중국음식문화사』, 서울: 민음사

안승모. 1999. 『아시아 재배벼의 起源과 分化』. 서울: 학연문화사

위안리(苑利) 지음. 최성은 옮김. 2005. 『도작문화로 본 한국문화의 기원과 발전』. 서울: 민속원

윤서석·윤숙경·조후종·이효지·안명수·안숙자·서혜경·윤덕인·임희수 공역. 2000. 『벼·잡곡·참깨 전파의 길』. 서울: 신광출판사

윤서석. 2001. 『우리나라 식생활 문화의 역사』. 서울: 신광출판사

이경애·변광의·구난숙·김미정·김미라·윤혜현·송효남. 2008. 『식품학』. 서울: 파워북

이석호 역주. 1991. 『조선세시기』, 서울: 동문선

이성우. 1997. 『한국식생활의 역사』. 서울: 수학사

일연 지음. 이민수 역. 1984. 『삼국유사』. 서울: 을유문화사

임홍재. 2010. 『베트남 견문록』. 서울: 김영사

장혜영. 2010. 『한국전통문화의 허울을 벗기다-한중문화 심층 해부』. 서울: 도서출판 어문학사

조영언. 2004. 『한국어 어원사전』. 서울: 다솜출판사

주강현. 1996. 『우리 문화의 수수께끼』. 서울: 한겨레신문사

주영하. 2001. 『음식인문학: 음식으로 본 한국의 역사와 문화』. 서울: 휴머니스트

진수 지음. 김원중 옮김. 1966. 『삼국지 위서 동이전』. 서울: 민음사

최인학 외. 2004. 『비교연구를 통한 한국민속과 동아시아』. 서울: 민속원

최학근. 1994. 『증보 한국방언사전』. 서울: 명문당

한국민속학회 엮음. 2008.『생업, 의식주, 물질문화』. 서울: 민속원

해롤드 맥기 저. 이희건 역. 2011.『음식과 요리』. 서울: 도서출판 백년후

허문회 외. 1986.『벼의 유전과 육종』. 서울: 서울대학교 출판부

허탁운 지음. 이인호 옮김. 2013,『중국문화사 상』. 서울: 천지인

논문

권영국. 1999. "고려시대 농업생산력 연구사 검토".『사학연구』59호, p. 597, p. 599.

김상보·황혜성. 1988. "서울지방의 무속신앙 제상차림을 통하여 본 식문화에 대한 고찰".『한국식생활문화학회지』. 3(3), p.222.

김옥희. 2008. "우리나라 떡 산업의 현황과 전망".『東아시아食生活學會 2008년도 추계학술대회 논문집』, pp.49-50.

김천호. 1991. "일본 법륭사 성덕태자제사 공물을 통한 한국고대식 추정연구".『한국식생활문화학회지』. 6(2), p.227.

김태호. 2008.「신품종 벼 "IR667"(통일)과 한국 농학의 신기원」.『한국과학사학회지』. 30(2), p.389.

나경수. 2010. "호남의 Culture Image".『한국지역지리학회 학술대회발표집』(2010.1), pp.36-37.

박경신. 2004. "韓半島 中部以南地方 土器 시루의 發展過程".『숭실사학』. 17, p.59.

박태식·이융조. 2004. "소로리(小魯里) 볍씨 발굴(發掘)로 살펴본 한국(韓國) 벼의 기원(起源)".『농업사연구』. 3(2), p.120, p.129.

박혜원. 1994. "떡 재료의 특성에 관한 문헌적 고찰".『동아시아식생활학회지』. 4(1), p.138.

신중진. 2012. "『연경재전집(研經齋全集)』에 실린 稻벼 곡물명(穀物名)에 대한 어휘사적 연구".『동아시아문화연구』. 52, pp.91-94.

오순덕·이귀주. 2010. "주재료에 따른 조선시대 떡류의 문헌적 고찰".『한국식생활문화학회지』. 25(1), p.34.

원선임·조신호·정낙원·최영진·김은미·차경희·김현숙·이효지. 2008. “17세기 이전 조선시대 떡류 의 문헌적 고찰”. 『한국식품조리과학회지』. 24(4), p.421.

이바오중 Bao Zhong Yi. 2004. “조선인의 이주와 중국 동북지역의 논 개발 -근대 중국 동북지역의 논(畓) 개발사 연구에 대한 새로운 시각”. 『농업사연구』. 3(2), pp.64-65.

이영구·유병규. 2004. “조선전기의 인구와 농업생산력 연구”. 『농업사연구』. 3(2), p.41

이윤선·이승호. 2008. “기후변화가 벼의 생산량에 미치는 영향”. 『지리학연구』. 42(3), p.406.

이종미. 1992. “한국의 떡 문화. 형성기원과 발달 과정에 관한 소고”. 『한국식생활문화학회지』. 7(2), p.185, p.191.

이철호·맹영선. 1987. “한국 떡에 관한 문헌적 고찰”. 『한국식생활문화학회지』. 2(2), pp.117-132.

이춘녕. 1992. “韓國古代의 農業技術과 生產力硏究”. 『국사관논총』 31집, p.37

이효지. 1988. “조선시대의 떡문화”. 『한국식품조리과학회지』. 4(2), pp.91-106.

임국이·김선효. 1988. “떡의 이용실태 및 시판제품에 대한 평가”. 『한국식생활문화학회』. 3(2), p.166.

장권열. 1988. “우리나라의 고농서 - Ⅱ. 화본과작물의(禾本科作物) 종류와 품종의 변천(1492 - 1886)”. 『한국육종학회지』. 20호, p.346.

정연식. 2008. “조선시대 이후 벼와 쌀의 상대적 가치와 용량”. 『역사와현실』. (69), pp.293-321

천선행. 2015. “청동기시대 조기설정 재고”. 『호남고고학보』. 51, p.24.

한복려. 2002. “떡의 상품화 방안”. 『한국식품조리과학회지』. 18(5), p.584.

Song Ji-Young·Malshick Shin. 2007. “Effects of soaking and particle sizes on the properties of rice flour and gluten-free rice bread”. 『Food Science and Biotechnology』. 16(5), pp.759-764.

고문헌

『도곡집』

『만기요람』

『삼국지위서』

『상변통고』

『성호사설』

『심전고』

『오주연문장전산고』

『임하필기』

『입당구법순례행기』

『택당집』

『청장관전서』

『후한서』

기타

국립식량과학원 홈페이지 〈작물정보-벼-일반벼-품종정보〉

-http://www.nics.go.kr/index.do (검색일: 2016. 06. 05.)

농촌진흥청 국립농업과학원 제공자료 〈2015_벼 품종별 재배면적(최종)〉

한국기상청 홈페이지 기후자료

-http://www.kma.go.kr (검색일: 2017년 10월 20일)

농촌진흥청. 2010. 『찰벼 재배 매뉴얼』. 농촌진흥청, p.13.